大学赤本シリーズ

292

成蹊大学

法学部－A方式

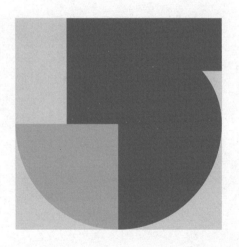

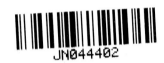

教学社

はしがき

おかげさまで，大学入試の「赤本」は，今年で創刊70周年を迎えました。

これまで，入試問題や資料をご提供いただいた大学関係者各位，掲載許可をいただいた著作権者の皆様，各科目の解答や対策の執筆にあたられた先生方，そして，赤本を使用してくださったすべての読者の皆様に，厚く御礼を申し上げます。

以下に，創刊初期の「赤本」のはしがきを引用します。これからも引き続き，受験生の目標の達成や，夢の実現を応援してまいります。

本書を活用して，入試本番では持てる力を存分に発揮されることを心より願っています。

編者しるす

＊　＊　＊

学問の塔にあこがれのまなざしをもって，それぞれの志望する大学の門をたたかんとしている受験生諸君！　人間として生まれてきた私たちは，自己の欲するままに，美しく，強く，そして何よりも人間らしく生きることをねがっている。しかし，一朝一夕にして，この純粋なのぞみが達せられることはない。私たちの行く手には，絶えずさまざまな試練がまちかまえている。この試練を克服していくところに，私たちのねがう真に人間的な世界がはじめて開かれてくるのである。

人生最初の最大の試練として，諸君の眼前に大学入試がある。この大学入試は，精神的にも身体的にも，大きな苦痛を感ぜしめるであろう。あるスポーツに熟達するには，たゆみなき，はげしい練習を積み重ねることが必要であるように，私たちは，計画的・持続的な努力を払うことによって，この試練を克服し，次の一歩を踏みだすことができる。厳しい試練を経たのちに，はじめて満足すべき成果を獲得できるのである。

本書は最近の入学試験の問題に，それぞれ解答を付し，さらに問題をふかく分析することによって，その大学独特の傾向や対策をさぐろうとした。本書を一般の参考書とあわせて使用し，まとはずれのない，効果的な受験勉強をされるよう期待したい。

（昭和35年版「赤本」はしがきより）

挑む人の、いちばんの味方

赤本創刊70周年

1954年に大学入試の過去問題集を刊行してから70年。赤本は大学に入りたいと思う受験生を応援しつづけてきました。これからも，苦しいとき落ち込むときにそばで支える存在でいたいと思います。

そして，勉強をすること，自分で道を決めること，努力が実ること，これらの喜びを読者の皆さんが感じることができるよう，伴走をつづけます。

そもそも赤本とは…

受験生のための大学入試の過去問題集！

70年の歴史を誇る赤本は，500点を超える刊行点数で全都道府県の370大学以上を網羅しており，過去問の代名詞として受験生の必須アイテムとなっています。

なぜ受験に過去問が必要なのか？

大学入試は大学によって問題形式や頻出分野が大きく異なるからです。

赤本の掲載内容

傾向と対策

これまでの出題内容から，問題の「**傾向**」を分析し，来年度の入試に向けて具体的な「**対策**」の方法を紹介しています。

問題編・解答編

- 年度ごとに問題とその解答を掲載しています。
- 「**問題編**」ではその年度の試験概要を確認したうえで，実際に出題された過去問に取り組むことができます。
- 「**解答編**」には高校・予備校の先生方による解答が載っています。

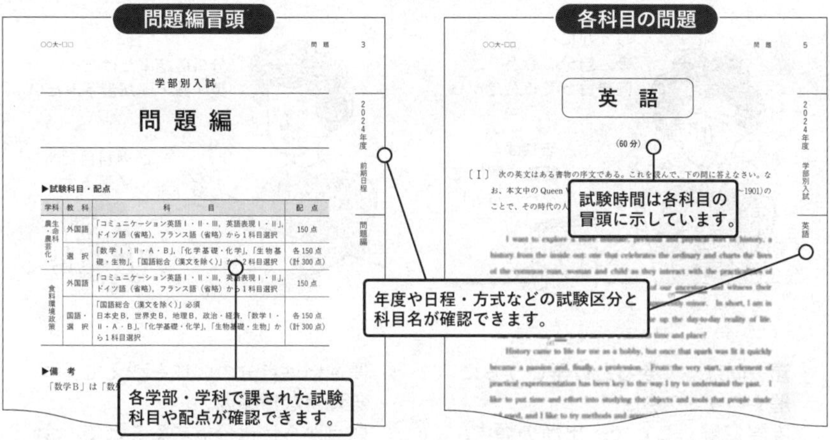

他にも，大学の基本情報や，先輩受験生の合格体験記，
在学生からのメッセージなどが載っていることがあります。

掲載内容について

著作権上の理由やその他編集上の都合により問題や解答の一部を割愛している場合があります。
なお，指定校推薦入試，社会人入試，編入学試験，帰国生入試などの特別入試，英語以外の外国語科目，商業・工業科目は，原則として掲載しておりません。また試験科目は変更される場合がありますので，あらかじめご了承ください。

受験勉強は

過去問に始まり，

STEP 1

なにはともあれ

まずは解いてみる

しずかに…
今，自分の心と
向き合ってるんだから
ムーン
それは
問題を解いて
からだホン!

過去問は，**できるだけ早いうちに解く**のがオススメ！
実際に解くことで，**出題の傾向，問題のレベル，今の自分の実力**がつかめます。

STEP 2

じっくり具体的に

弱点を分析する

分析の結果だけど
英・数・国が苦手みたい
スリー
必須科目だホン
頑張るホン

間違いは自分の弱点を教えてくれる**貴重な情報源。**
弱点から自己分析することで，**今の自分に足りない力や苦手な分野**が見えてくるはず！

合格者があかす 赤本の使い方

傾向と対策を熟読

（Fさん／国立大合格）

大学の出題傾向を調べるために，赤本に載っている「傾向と対策」を熟読しました。

繰り返し解く

（Tさん／国立大合格）

１周目は問題のレベル確認，２周目は苦手や頻出分野の確認に，３周目は合格点を目指して，と過去問は繰り返し解くことが大切です。

赤本の使い方 解説

過去問に終わる。

STEP 3

志望校にあわせて

苦手分野の重点対策

明日からはみんなで頑張るよ！
参考書も！ 問題集も！
よろしくね！
呼んだ？
なにを!?
どこから!?
グッ
グッ

参考書や問題集を活用して，苦手分野の**重点対策**をしていきます。**過去問を指針**に，合格へ向けた具体的な学習計画を立てましょう！

STEP 1 ▶ 2 ▶ 3

サイクルが大事！

実践を繰り返す

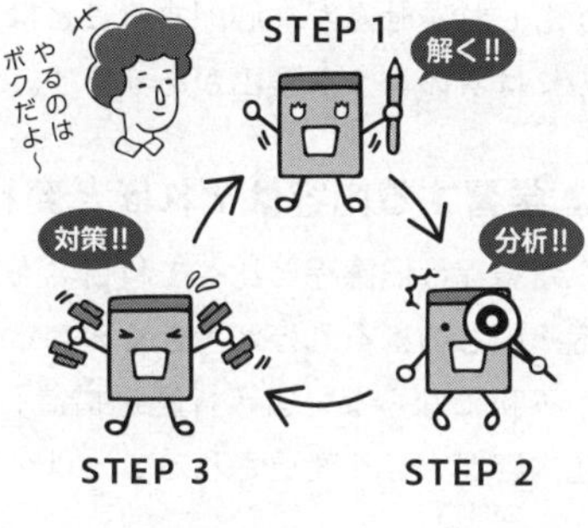
やるのはボクだよ〜
STEP 1
解く!!
分析!!
対策!!
STEP 3
STEP 2

STEP 1〜3を繰り返し，実力アップにつなげましょう！
出題形式に慣れることや，**時間配分を考えること**も大切です。

目標点を決める
(Yさん／私立大合格)
赤本によっては合格者最低点が載っているので，それを見て目標点を決めるのもよいです。

時間配分を確認
(Kさん／私立大学合格)
赤本は時間配分や解く順番を決めるために使いました。

添削してもらう
(Sさん／私立大学合格)
記述式の問題は先生に添削してもらうことで自分の弱点に気づけると思います。

新課程入試 Q&A

2022 年度から新しい学習指導要領（新課程）での授業が始まり，2025 年度の入試は，新課程に基づいて行われる最初の入試となります。ここでは，赤本での新課程入試の対策について，よくある疑問にお答えします。

Q1. 赤本は新課程入試の対策に使えますか？

A. もちろん使えます！

旧課程入試の過去問が新課程入試の対策に役に立つのか疑問に思う人もいるかもしれませんが，心配することはありません。旧課程入試の過去問が役立つのには次のような理由があります。

● 学習する内容はそれほど変わらない

新課程は旧課程と比べて科目名を中心とした変更はありますが，学習する内容そのものはそれほど大きく変わっていません。また，多くの大学で，既卒生が不利にならないよう「経過措置」がとられます（Q３参照）。したがって，出題内容が大きく変更されることは少ないとみられます。

● 大学ごとに出題の特徴がある

これまでに課程が変わったときも，各大学の出題の特徴は大きく変わらないことがほとんどでした。入試問題は各大学のアドミッション・ポリシーに沿って出題されており，過去問にはその特徴がよく表れています。過去問を研究してその大学に特有の傾向をつかめば，最適な対策をとることができます。

出題の特徴の例	・英作文問題の出題の有無 ・論述問題の出題（字数制限の有無や長さ） ・計算過程の記述の有無

新課程入試の対策も，赤本で過去問に取り組むところから始めましょう。

Q2. 赤本を使う上での注意点はありますか？

A. 志望大学の入試科目を確認しましょう。

過去問を解く前に，過去の出題科目（問題編冒頭の表）と 2025 年度の募集要項とを比べて，課される内容に変更がないかを確認しましょう。ポイントは以下のとおりです。科目名が変わっていても，実際は旧課程の内容とほとんど同様のものもあります。

英語・国語	科目名は変更されているが，実質的には変更なし。 ▶▶ **ただし，リスニングや古文・漢文の有無は要確認。**
地歴	科目名が変更され，「歴史総合」「地理総合」が新設。 ▶▶ **新設科目の有無に注意。ただし，「経過措置」**（Q３参照）**により内容は大きく変わらないことも多い。**
公民	「現代社会」が廃止され，「公共」が新設。 ▶▶ **「公共」は実質的には「現代社会」と大きく変わらない。**
数学	科目が再編され，「数学 C」が新設。 ▶▶ **「数学」全体としての内容は大きく変わらないが，出題科目と単元の変更に注意。**
理科	科目名も学習内容も大きな変更なし。

数学については，科目名だけでなく，どの単元が含まれているかも確認が必要です。例えば，出題科目が次のように変わったとします。

旧課程	「数学Ⅰ・数学Ⅱ・数学 A・数学 B（数列・ベクトル）」
新課程	「数学Ⅰ・数学Ⅱ・数学 A・**数学 B（数列）・数学 C（ベクトル）**」

この場合，新課程では「数学C」が増えていますが，単元は「ベクトル」のみのため，実質的には旧課程とほぼ同じであり，過去問をそのまま役立てることができます。

Q3.「経過措置」とは何ですか？

A. 既卒の旧課程履修者への対応です。

多くの大学では，既卒の旧課程履修者が不利にならないように，出題において「経過措置」が実施されます。措置の有無や内容は大学によって異なるので，募集要項や大学のウェブサイトなどで確認しておきましょう。

○旧課程履修者への経過措置の例

- 旧課程履修者にも配慮した出題を行う。
- 新・旧課程の共通の範囲から出題する。
- 新課程と旧課程の共通の内容を出題し，共通範囲のみでの出題が困難な場合は，旧課程の範囲からの問題を用意し，選択解答とする。

例えば，地歴の出題科目が次のように変わったとします。

旧課程	「日本史 B」「世界史 B」から１科目選択
新課程	「**歴史総合**，日本史探究」「**歴史総合**，世界史探究」から１科目選択※ ※旧課程履修者に不利益が生じることのないように配慮する。

「歴史総合」は新課程で新設された科目で，旧課程履修者には見慣れないものですが，上記のような経過措置がとられた場合，新課程入試でも旧課程と同様の学習内容で受験することができます。

要チェックだホン

新課程の情報は WEB もチェック！
より詳しい解説が赤本ウェブサイトで見られます。
https://akahon.net/shinkatei/

科目名が変更される教科・科目

	旧課程	新課程
国語	国語総合 国語表現 現代文A 現代文B 古典A 古典B	現代の国語 言語文化 論理国語 文学国語 国語表現 古典探究
地歴	日本史A 日本史B 世界史A 世界史B 地理A 地理B	歴史総合 日本史探究 世界史探究 地理総合 地理探究
公民	現代社会 倫理 政治・経済	公共 倫理 政治・経済
数学	数学Ⅰ 数学Ⅱ 数学Ⅲ 数学A 数学B 数学活用	数学Ⅰ 数学Ⅱ 数学Ⅲ 数学A 数学B 数学C
外国語	コミュニケーション英語基礎 コミュニケーション英語Ⅰ コミュニケーション英語Ⅱ コミュニケーション英語Ⅲ 英語表現Ⅰ 英語表現Ⅱ 英語会話	英語コミュニケーションⅠ 英語コミュニケーションⅡ 英語コミュニケーションⅢ 論理・表現Ⅰ 論理・表現Ⅱ 論理・表現Ⅲ
情報	社会と情報 情報の科学	情報Ⅰ 情報Ⅱ

目　次

UNIVERSITY GUIDE

大学情報

基本情報

学部・学科の構成

大　学

●経済学部

経済数理学科

現代経済学科

●経営学部

総合経営学科

●法学部

法律学科

政治学科

●文学部

英語英米文学科

日本文学科

国際文化学科

現代社会学科

●理工学部

理工学科（データ数理専攻，コンピュータ科学専攻，機械システム専攻，電気電子専攻，応用化学専攻）

大学院

経済経営研究科 / 法学政治学研究科 / 文学研究科 / 理工学研究科

大学所在地

成蹊大学

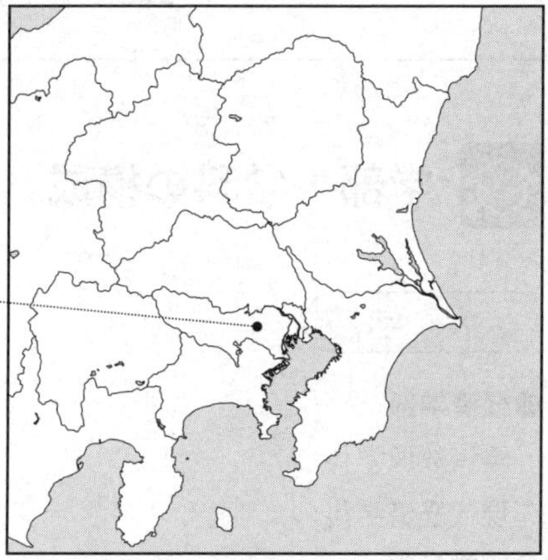

〒180-8633　東京都武蔵野市吉祥寺北町 3 - 3 - 1

入試データ

入試状況（志願者数・競争率など）

◯競争率は受験者数÷合格者数で算出。合格者数には追加合格者を含む。

◯一般選抜入試方式について

A方式：３教科型学部個別入試

E方式：２教科型全学部統一入試

G方式：２教科型グローバル教育プログラム統一入試

C方式：共通テスト利用３教科型入試

S方式：共通テスト利用４教科６科目型奨学金付入試

P方式：共通テスト・独自併用５科目型国公立併願アシスト入試

M方式※：共通テスト・独自併用５科目型多面評価入試

※M方式は2024年度一般選抜から廃止。

2024年度　一般選抜状況

学部・学科・専攻			募集人員	志願者数	受験者数	合格者数	競争率
経済	経済数理	A　方　式	26	346	313	78	4.0
		E　方　式	6	83	77	21	3.7
		C　方　式	13	460	459	122	3.8
		P　方　式	3	52	52	26	2.0
	現代経済	A　方　式	53	1,036	910	154	5.9
		E　方　式	9	314	290	44	6.6
		G　方　式	4	31	31	17	1.8
		C　方　式	16	548	547	177	3.1
		P　方　式	7	168	168	105	1.6
経営	総合経営	A　方　式	115	2,378	2,114	360	5.9
		E　方　式	16	615	578	107	5.4
		G　方　式	4	44	44	17	2.6
		C　方　式	20	1,020	1,019	256	4.0
		P　方　式	10	110	110	55	2.0

（表つづく）

学部・学科・専攻			募集人員	志願者数	受験者数	合格者数	競争率
法	法律	A 方式	110	1,188	1,036	237	4.4
		E 方式	19	424	407	118	3.4
		G 方式	5	38	38	19	2.0
		C 方式	30	1,265	1,265	303	4.2
		P 方式	30	173	173	139	1.2
	政治	A 方式	60	726	597	152	3.9
		E 方式	9	227	214	53	4.0
		G 方式	3	62	62	27	2.3
		C 方式	20	640	640	163	3.9
		P 方式	20	77	77	64	1.2
文	英語英米文	A 方式	43	367	313	109	2.9
		E 方式	6	231	222	35	6.3
		G 方式	4	28	28	16	1.8
		C 方式	10	291	291	121	2.4
		P 方式	12	83	83	74	1.1
	日本文	A 方式	38	402	353	90	3.9
		E 方式	5	187	175	25	7.0
		C 方式	7	292	292	80	3.7
		P 方式	6	60	60	39	1.5
	国際文化	A 方式	44	445	390	152	2.6
		E 方式	7	284	273	37	7.4
		G 方式	4	59	59	11	5.4
		C 方式	10	521	521	161	3.2
		P 方式	6	75	75	52	1.4
	現代社会	A 方式	43	465	415	108	3.8
		E 方式	6	131	124	28	4.4
		C 方式	7	280	280	107	2.6
		P 方式	6	49	49	34	1.4
理工	データ数理	A 方式	26	405	344	65	5.3
		E 方式	7	127	122	38	3.2
		C 方式	16	337	336	96	3.5
		S 方式	4	99	99	53	1.9
	コンピュータ科学	A 方式	34	571	500	94	5.3
		E 方式	9	153	146	37	3.9
		C 方式	20	480	479	109	4.4
		S 方式	4	113	113	42	2.7

（表つづく）

学部・学科・専攻			募集人員	志願者数	受験者数	合格者数	競争率
理工	機械システム	A 方式	34	387	332	94	3.5
		E 方式	9	97	93	31	3.0
		C 方式	20	485	484	155	3.1
		S 方式	4	100	100	43	2.3
	電気電子	A 方式	26	320	266	87	3.1
		E 方式	7	76	73	20	3.7
		C 方式	16	334	334	131	2.5
		S 方式	4	109	109	56	1.9
	応用化学	A 方式	30	348	296	103	2.9
		E 方式	8	97	95	28	3.4
		C 方式	18	417	417	135	3.1
		S 方式	4	151	151	82	1.8
合計			1,172	21,481	20,113	5,592	—

2023 年度　一般選抜状況

学部・学科・専攻			募集人員	志願者数	受験者数	合格者数	競争率
経済	経済数理	A 方式	24	395	353	59	6.0
		E 方式	6	88	81	19	4.3
		C 方式	12	468	468	142	3.3
		P 方式	3	89	89	27	3.3
		M 方式	3	11	11	6	1.8
	現代経済	A 方式	50	1,193	1,063	136	7.8
		E 方式	8	295	286	32	8.9
		G 方式	4	34	34	12	2.8
		C 方式	15	695	694	172	4.0
		P 方式	7	84	84	58	1.4
		M 方式	5	6	5	5	1.0
経営	総合経営	A 方式	115	1,963	1,782	416	4.3
		E 方式	16	470	455	78	5.8
		G 方式	4	72	72	15	4.8
		C 方式	20	803	801	200	4.0
		P 方式	10	91	91	44	2.1
法	法律	A 方式	110	1,193	1,035	258	4.0
		E 方式	19	314	296	100	3.0
		G 方式	5	24	24	13	1.8
		C 方式	30	600	600	251	2.4
		P 方式	30	129	129	117	1.1
	政治	A 方式	60	647	550	165	3.3
		E 方式	9	182	167	47	3.6
		G 方式	3	43	43	28	1.5
		C 方式	20	475	474	197	2.4
		P 方式	20	54	54	46	1.2
文	英語英米文	A 方式	43	313	257	101	2.5
		E 方式	6	170	160	46	3.5
		G 方式	4	49	49	11	4.5
		C 方式	10	374	374	160	2.3
		P 方式	12	52	52	48	1.1

（表つづく）

学部・学科・専攻			募集人員	志願者数	受験者数	合格者数	競争率
文	日本文	A 方式	38	351	303	81	3.7
		E 方式	5	114	100	23	4.3
		C 方式	7	256	256	81	3.2
		P 方式	6	36	36	30	1.2
	国際文化	A 方式	44	270	225	105	2.1
		E 方式	7	169	162	60	2.7
		G 方式	4	46	46	17	2.7
		C 方式	10	231	231	112	2.1
		P 方式	6	43	43	39	1.1
	現代社会	A 方式	43	371	338	105	3.2
		E 方式	6	141	137	15	9.1
		C 方式	7	426	426	95	4.5
		P 方式	6	53	53	22	2.4
理工	データ数理	A 方式	26	387	326	97	3.4
		E 方式	7	106	101	26	3.9
		C 方式	16	247	247	110	2.2
		S 方式	4	60	60	37	1.6
	コンピュータ科学	A 方式	34	477	387	60	6.5
		E 方式	9	113	105	26	4.0
		C 方式	20	313	313	111	2.8
		S 方式	4	71	71	36	2.0
	機械システム	A 方式	34	476	399	74	5.4
		E 方式	9	112	108	31	3.5
		C 方式	20	336	336	169	2.0
		S 方式	4	86	86	45	1.9
	電気電子	A 方式	26	349	291	74	3.9
		E 方式	7	118	114	21	5.4
		C 方式	16	278	278	131	2.1
		S 方式	4	76	76	48	1.6
	応用化学	A 方式	30	396	322	64	5.0
		E 方式	8	92	86	28	3.1
		C 方式	18	332	332	156	2.1
		S 方式	4	127	127	69	1.8
合計			1,172	18,435	17,154	5,207	―

追加合格者について

合格者の入学手続状況により，３教科型学部個別入試（Ａ方式）および２教科型グローバル教育プログラム統一入試（Ｇ方式）の合格発表日に発表された補欠者の中から成績順に追加合格者が発表される。

● 3 教科型学部個別入試（A 方式）

学部・学科・専攻		2024 年度		2023 年度	
		補欠発表者数	追加合格者数	補欠発表者数	追加合格者数
経　済	経済数理	102	16	100	0
	現代経済	200	25	200	10
経　営	総合経営	340	0	460	136
法	法律	211	87	133	124
	政治	163	71	87	87
文	英語英米文	85	34	80	11
	日本文	83	23	81	12
	国際文化	91	90	64	30
	現代社会	100	48	73	28
理　工	データ数理	90	0	121	34
	コンピュータ科学	108	0	101	26
	機械システム	112	0	107	16
	電気電子	98	0	90	25
	応用化学	109	0	103	24

● 2 教科型グローバル教育プログラム統一入試（G 方式）

学部・学科		2024 年度		2023 年度	
		補欠発表者数	追加合格者数	補欠発表者数	追加合格者数
経　済	現代経済	10	4	15	0
経　営	総合経営	16	9	27	8
法	法律	21	8	9	4
	政治	39	16	22	17
文	英語英米文	15	9	16	0
	国際文化	25	0	20	4

合格者最低点

学部・学科・専攻			満点	合格者最低点	
				2024 年度	2023 年度
経済	経済数理	A 方式	400	210	218
		E 方式	500	368	307
		C 方式	700	504	496
		P 方式	1000	746	715
		M 方式	—		—
	現代経済	A 方式	300	184.71	174.45
		E 方式	500	422	372
		G 方式	700	—	—
		C 方式	600	444	454
		P 方式	900	644	600
		M 方式	—		—
経営	総合経営	A 方式	350	255.76	240.69
		E 方式	600	506	446
		G 方式	700	—	—
		C 方式	1000	763	773
		P 方式	900	678	660
法	法律	A 方式	320	216.48	217.45
		E 方式	500	414	353
		G 方式	700	—	—
		C 方式	1000	771	728
		P 方式	900	597	551
	政治	A 方式	320	213.92	219
		E 方式	500	409	352
		G 方式	700	—	—
		C 方式	1000	760	731
		P 方式	900	587	550

（表つづく）

学部・学科・専攻			満　点	合格者最低点	
				2024 年度	2023 年度
文	英　語 英米文	A　方　式	450	273.26	273.03
		E　方　式	500	421	350
		G　方　式	700	—	—
		C　方　式	700	511	512
		P　方　式	900	593	525
	日本文	A　方　式	350	235.04	228.15
		E　方　式	500	425	375
		C　方　式	700	538	518
		P　方　式	900	628	601
	国際文化	A　方　式	400	250.34	239.53
		E　方　式	500	430	360
		G　方　式	700	—	—
		C　方　式	500	382	356
		P　方　式	900	654	577
	現代社会	A　方　式	400	263.59	250.54
		E　方　式	500	427	394
		C　方　式	500	375	383
		P　方　式	900	683	666
理工	データ 数　理	A　方　式	360	211	176
		E　方　式	600	429	363
		C　方　式	600	421	405
		S　方　式	900	631	607
	コンピュ ータ科学	A　方　式	360	218	193
		E　方　式	600	414	363
		C　方　式	600	430	426
		S　方　式	900	645	631
	機　械 システム	A　方　式	360	190	175
		E　方　式	600	411	348
		C　方　式	600	407	376
		S　方　式	900	615	593
	電気電子	A　方　式	360	178	167
		E　方　式	600	375	330
		C　方　式	600	393	383
		S　方　式	900	606	592

（表つづく）

学部・学科・専攻			満　点	合格者最低点	
				2024 年度	2023 年度
理工	応用化学	A　方　式	360	204	186
		E　方　式	600	405	366
		C　方　式	600	410	382
		S　方　式	900	617	610

（備考）

- 合格者最低点は追加合格者を含んでいる。
- G方式の合格者最低点は非公表。
- 2023 年度：M方式は大学入学共通テスト（1000 点満点）と面接（段階評価）によって，総合的に判定される。なお，合格者最低点は非公表。

入試ガイドの入手方法

成蹊大学の一般選抜はすべて Web 出願です。『入試ガイド』は入学試験要項の抜粋版で，願書ではありません。入学試験要項は，成蹊大学の入試情報サイト S-NET（https://www.seikei.ac.jp/university/s-net/）でご確認いただけます（10 月上旬公開予定）。『入試ガイド』の郵送をご希望の方は，テレメールにてお申し込みください（送料 200 円／ 10 月中旬発送開始予定）。

成蹊大学のテレメールによる資料請求方法

スマートフォンから　QRコードからアクセスしガイダンスに従ってご請求ください。

パソコンから　教学社 赤本ウェブサイト(akahon.net)から請求できます。

問い合わせ先

成蹊大学　アドミッションセンター

〒180-8633　東京都武蔵野市吉祥寺北町 3－3－1

TEL　0422-37-3533(直通)

FAX　0422-37-3864

URL　https://www.seikei.ac.jp/university/s-net/

Eメール　nyushi@jim.seikei.ac.jp

TREND & STEPS

傾向と対策

科目ごとに問題の「傾向」を分析し，具体的にどのような「対策」をすればよいか紹介しています。まずは出題内容をまとめた分析表を見て，試験の概要を把握しましょう。

注　意

「傾向と対策」で示している，出題科目・出題範囲・試験時間等については，2024 年度までに実施された入試の内容に基づいています。2025 年度入試の選抜方法については，各大学が発表する学生募集要項を必ずご確認ください。

英　語

年度	番号	項　目	内　容
2024 ●	〔1〕	発　音	発音・アクセント
	〔2〕	文法・語彙	語の定義
	〔3〕	文法・語彙	空所補充
	〔4〕	文法・語彙	語句整序
	〔5〕	読　解	内容説明，内容真偽
	〔6〕	読　解	同一用法，内容真偽，内容説明
2023 ●	〔1〕	発　音	発音・アクセント
	〔2〕	文法・語彙	語の定義
	〔3〕	文法・語彙	空所補充
	〔4〕	文法・語彙	語句整序
	〔5〕	読　解	内容真偽，内容説明
	〔6〕	読　解	内容説明，内容真偽，空所補充，同一用法
2022 ●	〔1〕	発　音	発音・アクセント
	〔2〕	文法・語彙	語の定義
	〔3〕	文法・語彙	空所補充
	〔4〕	文法・語彙	語句整序
	〔5〕	読　解	内容説明，内容真偽
	〔6〕	読　解	内容説明，内容真偽，空所補充

（注）●印は全問，◑印は一部マークシート方式採用であることを表す。

読解英文の主題

年度	番号	主　題
2024	〔5〕	金庫破りジミー＝バレンタインと刑事
	〔6〕	より良い刑務所について
2023	〔5〕	悪魔との約束に勝った男
	〔6〕	リモートワークについて
2022	〔5〕	魔法の断崖
	〔6〕	人間の組織の発達について

傾向　読解力の向上に努めよう さまざまな分野での知識が必要

01 出題形式は？

試験時間は60分である。全問マークシート方式で，各小問は四者択一形式である。大問は6題で，解答個数は40個。これらについては，過去数年間変更がない。

02 出題内容はどうか？

〔1〕発音・アクセント，〔2〕語の定義，〔3〕空所補充，〔4〕語句整序問題，はここ数年変わらず出題されている。〔5〕〔6〕の読解問題は，やや抽象的で学術的な内容や，最近議論の的となった事柄が取り上げられることが多い。また近年は，〔5〕で小説やエッセーが出題されている。登場人物とその人間関係，設定などを正確に把握しながら読み進める必要がある。各設問に正しく答えながら読んでいけばストーリーが理解できる出題となっている。長めの英文ではあるが，常に先の設問を頭に入れながら焦らず読むようにしたい。

03 難易度は？

1つの大問中でも，標準的なものから難度の高いものまで，さまざまな設問が出題されている。また，読解問題については，年度によって多少難しい英文が出題されることもあり，どれだけ読解問題に慣れているかが合否の大きな分かれ目となるだろう。

対策

01 文法・語彙力

文法・語彙に関する力をつけるには，さまざまな形式の問題を盛り込んだ問題集を１冊用意し，それを徹底的にマスターするのがよい。また，語句整序問題に対処するためには，構文問題集の基本例文を暗唱するのが効果的である。なお，受験生が間違えやすいポイントを完全網羅した総合英文法書『大学入試 すぐわかる英文法』（教学社）などを手元に置いて，調べながら学習するとよいだろう。例年，語の定義問題が出題されているので，英英辞典を使う習慣をつけて，その単語がどのように説明されているか，どういう語感をもつのかということにも注意を払っておきたい。

02 読解力

読解問題では，一読での理解が困難な英文が出題されることもあり，内容把握が難しい箇所について問われることもある。その場合，該当する部分を何回か読み返すこと。このような問題に慣れるためには，普段から単語集で単語を覚えるだけではなく，多くの英文を読み，その中で知らない単語や語句を覚えていくことが大切である。また，簡単な単語で，知っている訳語をあてはめても英文の意味がわからない場合は，辞書で調べてみること。意外な訳語が見つかることもある。読解力は一朝一夕で身につくものではないので，コツコツと努力を続けることが重要である。自分に合った長文の読み方，スタイルを習得しておくことが望ましい。おすすめの問題集としては『大学入試 ぐんぐん読める英語長文』（教学社）などが挙げられる。

また，小説を読んで心理描写に慣れておくこと，新聞やニュースなどで日頃から現代の風潮などに注目し，関連する知識・常識の習得を心がけることも大切である。一見遠回りではあるが，背景にある事柄を理解していれば，それだけ英文の読解も容易になる。

日本史

年度	番号	内　容	形　式
2024 ●	〔1〕	原始～近代の文化・外交・政治・経済	選択・配列
	〔2〕	「老松堂日本行録」「和俗童子訓」「脱亜論」など―古代～近代の政治・経済・文化　⊘**史料・視覚資料**	選択・配列
	〔3〕	中世～現代の政治・経済	選択・配列
2023 ●	〔1〕	原始～現代の政治・外交	選択・配列
	〔2〕	「海国兵談」「北海道旧土人保護法」―中世～近代の政治・文化　⊘**史料・地図・視覚資料・統計表**	選択・配列
	〔3〕	古代～近代の政治・経済	選　択
2022 ●	〔1〕	中世の政治・経済	選択・配列
	〔2〕	中世～近代の政治・文化	選択・配列
	〔3〕	「尾張国郡司百姓等解文」「婦選獲得同盟会報」―古代～近代の政治・文化　⊘**史料・図**	選択・配列
	〔4〕	近現代の政治・経済・外交	選択・配列

（注）●印は全問，◑印は一部マークシート方式採用であることを表す。

傾向　近現代史重視の出題　正文・誤文選択問題に注意

01　出題形式は？

全問マークシート方式が採用されている。試験時間は60分。大問数は2022年度は4題だったが，例年3題である。解答個数は50個，設問形式は，空所補充問題のほかに，下線部の関連事項について文章群から正文・誤文を選択させる問題や年代配列問題もよく出題されている。

なお，2025年度は出題科目が「歴史総合，日本史探究」となる予定である（本書編集時点）。

02 出題内容はどうか？

時代別では，2022 年度は〔1〕が中世，〔2〕が中世～近代，〔3〕が古代～近代，〔4〕が近現代からの出題，2023 年度は〔1〕が原始～現代，〔2〕が中世～近代，〔3〕が古代～近代からの出題，2024 年度は〔1〕が原始～近代，〔2〕が古代～近代，〔3〕が中世～現代からの出題であった。近現代については，例年，出題が全体の 4 割前後を占めている。

分野別では，政治史・外交史・社会経済史の出題が多く，文化史がそれに次ぐ。文化史では仏教・儒学，文学・思想・絵画などが出題されることが多く，過去には近世儒学史がテーマとして取り上げられたこともある。

史料問題は，2022 年度は〔3〕で尾張国郡司百姓等解文・婦選獲得同盟会報，2023 年度は〔2〕で『海国兵談』・北海道旧土人保護法，2024 年度は〔2〕で健児の制，『類聚三代格』，『老松堂日本行録』，『和俗童子訓』，「脱亜論」，改正治安維持法が出題された。

03 難易度は？

全体としては教科書レベルである。ただし，正文・誤文選択問題では，細かい部分で判断に迷う記述が多く見られ，注意を要する。教科書の脚注部分や用語集なども活用して，細部にわたる知識の整理をしておく必要がある。試験では教科書レベルの問題に手早く解答し，難しい正文・誤文選択問題をじっくり検討するなど，時間配分を工夫したい。

対策

01 教科書学習の徹底を

出題の多くが教科書の内容からであることを考えてみても，教科書を繰り返し学習し，内容を理解しておくことが大切である。その際には，単に歴史用語を暗記するだけでなく，流れの中でその歴史的意義をしっかりつかむ学習を心がけたい。教科書本文はもちろんのこと，収録されている年表や図版，さらには地図や系図・グラフ，史料や欄外の脚注にも十分注意を払う必要がある。

02 用語集の利用

正文・誤文選択の問題は，細かい部分で判断に迷うものが多い。正誤問題対策には正しい知識を獲得することが大切である。そのためには教科書以外に用語集の活用が欠かせない。用語集の説明文を参照したと思われる選択肢もあるので，『日本史用語集』（山川出版社）などを活用して教科書の内容の理解を深め，歴史事項についての知識をより正確なものにしておこう。

03 年代の把握

「○年の出来事について述べた文として適切なもの」や，「次の出来事が起こった順に並べたもの」を選ぶ問題など，年代に関する問いは多い。事項を覚える際に年代もセットで理解するようにし，年表で確認する作業を繰り返しておくこと。年代といっても西暦の一つ一つを単独で覚えようとするのではなく，それぞれの事項を歴史の流れの中に関連づけて理解することが大切である。

04 近現代史の対策

近現代からの出題が多くを占めており，十分な準備が必要である。内閣制度導入までは1860年代・1870年代・1880年代など年代ごとに，内閣制度導入後は内閣ごとに，出来事を整理しておく必要がある。その場合，教科書や図説資料集の巻末などにある年表を活用すると有効である。また，戦後史は対策が遅れがちになるので，注意を要する。2022年度は平成不況である「複合不況」の用語が選択肢中に登場した。2023年度は橋本龍太郎内閣時代の出来事，2024年度は1940年代後半の出来事の順番や，1960年代の出来事が問われた。政治・外交を軸に経済・文化などを関連させて整理をしておくこと。戦後史については世界史的な視野から重要事項を理解しておく必要もある。

05 過去問にあたる

各年度で形式が類似しており，特定分野からの出題も見られるので，過去問にあたっておくことは有効である。また，他学部の問題も形式や傾向に共通する部分があるので，本シリーズを利用して出題傾向をつかんでおくとよい。

世界史

年度	番号	内容	形式
2024 ●	〔1〕	古代世界各地の小問集合	選　択
	〔2〕	環海洋世界の歴史	選　択
	〔3〕	近世・近代ヨーロッパ文化史	選　択
	〔4〕	20～21 世紀のアジア・アフリカ	選　択
2023 ●	〔1〕	世界史上の反乱・戦争・戦い	選　択
	〔2〕	中世以前のキリスト教史	選　択
	〔3〕	共和政の歴史	選　択
	〔4〕	隋唐以降の中国と周辺勢力との関係	選　択
2022 ●	〔1〕	古代から現代までの小問集合	選　択
	〔2〕	イスタンブルの歴史	選　択
	〔3〕	「デモクラシー」をめぐる歴史　✓史料	選　択
	〔4〕	ラテンアメリカ近現代史	選　択
	〔5〕	20 世紀の中国とその周辺諸国との関係　✓年表	選　択

（注）●印は全問，◑印は一部マークシート方式採用であることを表す。

傾向　正文・誤文選択問題に注意　年代把握と近現代史の重点学習を

01　出題形式は？

全問マークシート方式。大問は，2022 年度は 5 題，2023・2024 年度は 4 題と変化しているが，解答個数は 50 個で変わりはない。試験時間は 60 分。下線部ないし空欄に関する語句の選択問題と，正文・誤文（主に誤文）の選択問題を中心とし，配列問題や，2 つの文の正誤をそれぞれ判断して，その正誤の組み合わせを答える問題も出題されていたが，2022 年度以降はすべて選択問題であった。また，2022 年度には史料や年表が出題された。

なお，2025年度は出題科目が「歴史総合，世界史探究」となる予定である（本書編集時点）。

02 出題内容はどうか？

地域別では，一国史や一地域の大問であっても，関連した周辺諸国や同時代の他地域が問われることが多く，多様な地域から出題しようとする意図がうかがえる。欧米地域では，イギリス・フランス・ドイツなどの西ヨーロッパとアメリカ合衆国関連の問題が目立っているが，2022年度〔4〕ではラテンアメリカの近現代史が出題された。アジア地域では，中国史に関しては，2022年度は〔5〕で，2023年度は〔4〕で出題されたが，2024年度は〔1〕〔2〕〔4〕で小問単位で出題されるなど，年度によって変化がある。また，アフリカ，東南アジア，太平洋地域などの未学習となりやすい地域からの出題が散見されることも特徴の一つとなっている。

時代別では，数世紀にわたる時代を対象とする大問が多いのが特徴である。そのなかでも19世紀以降からの出題が多く，特に20世紀以降の世界情勢には注意しておきたい。

分野別では，政治史中心のオーソドックスな出題であるが，社会経済史，文化史も小問として問われている。2024年度は〔3〕が文化史の大問だった。教科書のすみずみまでを視野に入れた学習が求められる。

03 難易度は？

2022年度〔3〕のような全問正文・誤文選択問題の大問があることからもわかるように，正文・誤文選択問題が多くを占める。誤りの部分は比較的はっきりとわかるように作問されているものの，用語集の説明文レベルの知識がないと判定しにくい問題も含まれている。また，選択肢の文章もやや長いため，60分の試験時間で解答するには，それなりのスピードが求められており，その点で難度が高い問題といえる。問題ごとの難易を見極めて，基本的な問題から手早く的確に解いていこう。

対策

01 教科書の正確な理解

問題の大半は教科書をマスターしていれば対応できる。実際，誤文の誤りの部分は基礎知識がしっかりとしていれば判断できるようになっている問題がほとんどである。まずは教科書を（欄外の説明も含めて）精読し，基本的な事項や流れを理解することが重要である。このとき，教科書の本文中に出てくる年代には気を配っておこう。

02 用語集の活用

問題の中には用語集レベルの知識がないと解答しにくいものもある。教科書を読んでいてわからない用語を目にしたときには，『世界史用語集』（山川出版社）などの用語集で確認するようにしたい。その際，目的の項目だけでなく，その周辺に載っている項目にも目を通しておくとよい。こうした学習の積み重ねが着実に知識を増やし，得点力アップにつながる。

03 通史的な整理を

2022年度〔２〕イスタンブルの歴史，2023年度〔４〕隋唐以降の中国と周辺勢力との関係など，ある国や地域の長期間の歴史を概観する出題が見られる。一つの地域を軸として，周辺地域，関係する諸勢力，影響などをまとめて整理しておくことも重要だろう。世界史資料集にまとまって掲載されているような地域・テーマについて，確認しておく必要がある。ヨーロッパについては，各国史だけではなく，ヨーロッパ地域全体の流れも押さえたい。

04 19～20世紀の重点的学習

例年，19世紀以降からの出題が目立っている。教科書の全体をまんべんなく押さえた上で，特に19世紀以降については念入りに学習しておこう。教科書だけでなく用語集も精読し，市販の問題集にもできるだけあたっておくとよい。19世紀以降は国際関係が重要な要素となるので，国際会議・条約・戦争などを年代ごとに整理することも大切である。外交関係では，会議などの開催地や参加メンバーにも注意しておこう。特に，第二次世界大戦後の世界については，冷戦・民族紛争・地域紛争・地域統合などの動向に目を向けた重点的な学習が求められる。加えて，年号の知識がそのまま解答につながる問題があるので，重要年号に関しては意識して頭に入れておくとよい。

05 過去問にあたる

本シリーズを利用して，他学部も含めて過去問にあたっておくことをすすめる。正文・誤文選択問題が多く，解答にスピードが求められることが，学部を問わない特徴である。出題形式・傾向・難易度・問題量を実感し，時間配分をあらかじめ考えておくことが重要である。実際の試験を想定しながら，時間を計って過去問演習に取り組み，実戦力を養っておこう。

政治・経済

年度	番号	内　容	形　式
2024 ●	〔1〕	日本国憲法の成立	選択・正誤
	〔2〕	日本の財政と今後の課題	選択・配列
	〔3〕	国際経済と国際平和問題	正誤・選択
2023 ●	〔1〕	日本国憲法の統治制度と基本的人権	選択・配列
	〔2〕	物価変動と株式会社のしくみ	選択・正誤
	〔3〕	国際経済と国際平和問題	選択・配列
2022 ●	〔1〕	日本の議会政治	選択・配列
	〔2〕	資本主義経済の動向	選択・配列
	〔3〕	地球環境問題と地方自治改革	正誤・選択

（注）●印は全問，◑印は一部マークシート方式採用であることを表す。

傾向　質・量ともに充実の正文・誤文選択問題　文章の細かな読み取りに注意！

01　出題形式は？

大問は3題，解答個数は50個で一定している。全問マークシート方式である。試験時間は60分。正文・誤文選択問題が大部分で，ほかに配列問題や正誤問題が出題されることもある。

02　出題内容はどうか？

政治分野では日本国憲法が中心的なテーマとなっており，基本的人権に関する問題のほか，統治機構に関する出題も多く見られる。小問の中には最近の立法や条約，判例など，時事的事柄への理解が必要なものも多い。

経済分野に関しては，経済理論や日本経済の展開，税制度，国際経済システムなど重要単元のほか，時事問題がしばしば取り上げられている。

国際分野においては従来，国際政治，国際経済についての出題が見られたが，2022年度は〔3〕で地球環境問題が，2023年度〔3〕と2024年度〔3〕でウクライナ戦争など時事的なテーマを扱った出題が見られた。

03　難易度は？

基本的な事項が多いが，一方で，経済指標や時事問題についてきわめて難度の高い問題も出題されている。必ずしもすべての内容について熟知していなくとも，基本的な知識と論理の組み合わせで解けることも多いが，試験時間内にすべてをこなすのはかなり難しい。基本的な問題か難しい問題かをすぐに判断し，前者を確実に得点しつつ，後者での上積みができるよう，時間配分を意識して取り組もう。

対策

01　教科書の基本的事項を確実に

問題の多くは，教科書レベルの知識を問う設問であるので，基本的事項を確実に身につける学習をしよう。まずは政治・経済の全体的な知識や流れを理解するために，憲法条文も含めて，教科書の通読を繰り返し行うことが大切である。その際，重要事項はノートなどに整理するとよい。また，教科書の学習と並行して，『用語集 公共＋政治・経済』（清水書院），『政治・経済用語集』（山川出版社）などを活用し，基本用語を理解するとともに記憶にとどめたい。

02　資料集の効果的な活用を

教科書の基本事項の理解を深め，幅広い知識を身につけるためには，『政治・経済資料』（東京法令出版），『政治・経済資料集』（清水書院）などの資料集を積極的に活用したい。資料集の効果的な活用は，政治・経済の知識を広げるだけでなく，思考力を養う意味でも大切である。

03 新聞を読み，時事問題への対応を

例年出題されている時事的要素のある問題への対策として，『2024 年度版ニュース検定公式テキスト「時事力」発展編』（毎日新聞出版）などを利用するとよいだろう。また，全国のニュースに目を向けることも勧めたい。それによって，時事問題への関心を深め，現代の政治・経済の動向に敏感になれば，自然に時事的知識が身につくようになる。

04 徹底的な問題演習を

『私大攻略の政治・経済』（河合出版）など解説の詳しい問題集を活用して，徹底的に問題演習を行おう。問題演習は，政治・経済についての知識や自分の実力を確認する実戦的な学習となるからである。また，多くの問題をこなすことによって，政治・経済的な知識が増え，自信を深めることにもなる。

数　学

年度	番号	項　目	内　容
2024 ●	〔1〕	小 問 3 問	(1) 2 次方程式 (2)整式の割り算 (3)比例式
	〔2〕	小 問 2 問	(1)正弦定理，球に内接する立方体 (2)円順列
	〔3〕	小 問 3 問	(1)余弦定理，三角形の面積 (2)連立方程式 (3) 1 次不定方程式
	〔4〕	微・積分法	接線の方程式，直線と曲線で囲まれる部分の面積，軌跡
2023 ●	〔1〕	小 問 2 問	(1)式の値　(2)対数
	〔2〕	小 問 4 問	(1)じゅず順列　(2) 3 倍角の公式　(3)三角比　(4)余り
	〔3〕	場 合 の 数，図形と計量	三角形の個数，正三角形の一辺の長さ
	〔4〕	微・積分法	直線の方程式，直線と曲線で囲まれた部分の面積，関数の最小値
2022 ●	〔1〕	小 問 3 問	(1)場合の数　(2)平方根と式の値　(3) 2 つの放物線に囲まれた部分の面積
	〔2〕	小 問 2 問	(1) 2 変数関数の最小値　(2)三角比
	〔3〕	小 問 3 問	(1)最大公約数と最小公倍数　(2)整数部分の桁数　(3)平方根と式の値
	〔4〕	確　　率	コインの並べ方

(注)　●印は全問，◑印は一部マークシート方式採用であることを表す。

出題範囲の変更

2025 年度入試より，数学は新教育課程での実施となります。詳細については，大学から発表される募集要項等で必ずご確認ください（以下は本書編集時点の情報）。

2024 年度（旧教育課程）	2025 年度（新教育課程）
数学Ⅰ（データの分析を除く）・Ⅱ・A※	数学Ⅰ（データの分析を除く）・Ⅱ・A※

※数学Aの出題範囲は，全分野とする。

旧教育課程履修者への経過措置

新教育課程と旧教育課程の内容を考慮した出題をする。

傾向　幅広い基本知識を問う

01　出題形式は？

例年，大問4題の出題。例年，〔1〕〔2〕〔3〕が小問集合で，〔4〕が誘導式の設問であるが，2023年度は〔1〕〔2〕が小問集合で，〔3〕〔4〕が誘導式の設問であった。全問マークシート方式で，空欄に入る0～9の数字または負の符号をマークする。試験時間は60分である。

02　出題内容はどうか？

出題範囲全体からほぼまんべんなく出題されている。基本知識を問う問題が多いが，小問集合形式で広範囲の項目を問う出題が続いている。また，図形やグラフを使って解く問題がよく出されている。さらに，ここ数年，整数に関する問題が見られる点にも注意したい。

03　難易度は？

例年，すべて基本的な出題となっているが，60分という試験時間で全問解くためには，計算処理の確実さだけでなく速さも求められる。特に，2022年度は〔3〕，2023年度は〔4〕において，計算の要領を問う出題となっていた。落ち着いて取り組み，ケアレスミスをなくし，確実に得点できるよう時間配分を工夫しよう。

対策

01　基礎力の充実

全範囲にわたる基本的な事項を整理し，苦手分野のないよう学習しておく必要がある。教科書の例題や章末問題を繰り返し解いて基礎力の充実を図ろう。標準レベルまでの演習問題を解き，入試でよく使われる定理や公式を自由に活用できる応用力も身につけておきたい。

02 確実で速い計算力の養成

60 分という試験時間で全問解くためには，要領よく計算をこなす力が不可欠である。マークシート方式では計算ミスは致命的である。計算過程は整理して書き残しておくなど，普段から注意深く計算に取り組む習慣を身につけておきたい。マーク用の問題集を利用して演習を繰り返し，形式に慣れておこう。

03 頻出分野の徹底

場合の数と確率，微・積分法は頻出である。基本的な問題のパターンに慣れ，考え方や公式の使い方を定着させた上で，素早く正確に計算できるようにしておこう。

国　語

年度	番号	種類	類別	内　容	出　典
2024 ●	〔1〕	現代文	評論	書き取り，内容説明，読み，空所補充，内容真偽	「文学は予言する」鴻巣友季子
	〔2〕	現代文	評論	書き取り，空所補充，内容説明，語意，内容真偽	「明治の音」内藤高
	〔3〕	現代文	評論	書き取り，語意，内容説明，空所補充，指示内容，内容真偽	「『オピニオン』の政治思想史」堤林剣・堤林恵
2023 ●	〔1〕	現代文	評論	書き取り，語意，空所補充，内容説明，内容真偽	「経済社会の学び方」猪木武徳
	〔2〕	現代文	評論	書き取り，語意，段落挿入箇所，内容説明，内容真偽	「知的創造の条件」　吉見俊哉
	〔3〕	現代文	随筆	書き取り，内容説明，空所補充	「猫に学ぶ」ジョン・グレイ
2022 ●	〔1〕	現代文	評論	書き取り，内容説明，表現効果，主旨	「主体性は教えられるか」岩田健太郎
	〔2〕	現代文	随筆	書き取り，語意，内容説明	「ぼくの東京全集」　小沢信男
	〔3〕	現代文	評論	書き取り，語意，空所補充，内容説明，表現効果，内容真偽	「プライバシーという権利」宮下紘

（注）●印は全問，◑印は一部マークシート方式採用であることを表す。

傾向　現代文３題は評論からの出題が多い　傍線部や空欄の前後に細心の注意を

01　出題形式は？

全問マークシート方式による選択式の問題。現代文３題の出題で，試験時間は60分。

02 出題内容はどうか？

評論を中心とした出題で，文章のテーマは社会学・心理学・科学・哲学・文学・政治・法学・歴史・教育・言語など多岐にわたる。

内容説明と空所補充の比重が大きいが，傍線部や空欄の前後を丁寧に読解することによって正解がわかる設問が多い。内容真偽も頻出なので，一文一文に注意し，読み落とすことなく正解を導きたい。また，書き取りや語意も出題されている。かつては文学史などの出題も見られたので，基本的な語彙力や国語常識は身につけておきたい。

03 難易度は？

問題文そのものが述べていることはそれほど難解ではない場合が多いが，抽象的な表現を用いた文章もあり，注意が必要である。文章の長さは標準的であろう。設問は選択肢も含めて標準的な良問だが，よく工夫された選択肢なので，落ち着いて取り組みたい。それぞれの大問を 15 分程度で解き終え，マークミスの点検も含めてなるべく見直しの時間を作りたい。

対策

01 評　論

社会系，人文系，政治・法学系など，幅広い分野の評論文に慣れておく必要がある。社会科学や人文科学などについて，基本的な概念を知識としてもっていれば内容を把握しやすいので，日頃から読書に努めたい。外国語の文章の翻訳文が出題されることもあるので，訳文特有の文体にも慣れておこう。新書からの出題も多いので，積極的に読んでみよう。その際，文章の内容を細かく丁寧に読み取る練習とともに，全体の主旨や論理展開をつかみ，段落要約などにも力を入れておくとよい。『大学入試 全レベル問題集 現代文』（旺文社）の私大標準レベルなどを利用して，問題演習もしておこう。また，語意の問題も出題されているので，わからない語句や表現については，こまめに辞書を引く習慣をつけておくこと。空所補充の際にも，選択肢としてあがっている語の意味をそれぞれ正確に知っていれば，答えやすくなる。『イラストとネットワーキングで覚える 現代文単語げんたん』（いいずな書店）などを用いて，語彙力を高めておきたい。

02 随　筆

評論の出題が中心であるが，随筆も出題されることがあるので，文学的な文章の読解練習も必要であろう。文学的文章では，論理展開を追うことよりも，むしろ心理・心情を的確にとらえることのほうが重要である。心理・心情ははっきりと表現されない場合も多いので，言葉の裏に込められたものを本文の流れに沿って解釈する訓練を積んでおこう。

03 漢　字

書き取りは必出であり，重要な得点源である。マークシート方式なので実際に書く必要はないが，独特の出題方法には慣れておく必要がある。語彙力も同時に問われており，『頻度順 入試漢字の総練習』（三省堂）などを１冊しっかり仕上げて，確実に点を取れるようにしておきたい。

04 国語常識

過去には文学史も出題されている。近現代の重要な作品と作者は覚えておくこと。国語便覧や『原色 新日本文学史』（文英堂）などを利用して，文学思想の流れに沿って整理しておくとよい。口語文法も，助詞や助動詞，接続詞などの用法を中心に復習しておこう。

2024年度

問題と解答

3教科型学部個別入試（A方式）

問題編

▶試験科目・配点

教　科	科　目	配　点
外国語	コミュニケーション英語Ⅰ・Ⅱ・Ⅲ，英語表現Ⅰ・Ⅱ	120 点
地歴・公民・数学	日本史B，世界史B，政治・経済，「数学Ⅰ（データの分析を除く）・Ⅱ・A」のうちから1科目選択	100 点
国　語	国語総合（近代以降の文章），現代文B	100 点

▶備　考

数学Aの出題範囲は，全分野とする。

英　語

（60 分）

I　次の問１～問５の英単語の最も強いアクセント（強勢）のある母音と同じ発音の母音を持つ語を①～④の中から一つずつ選び，その番号の該当欄をマークしなさい。

問１　ridiculous　［1］

① new　② pick

③ fun　④ tide

問２　qualification　［2］

① sit　② cat

③ make　④ done

問３　influential　［3］

① net　② clue

③ ink　④ shy

問４　appropriate　［4］

① apple　② time

③ top　④ mode

問５　unfortunately　［5］

① board　② date

③ noon　④ fan

Ⅱ　次の問１～問５の英語による定義に最も近い語を①～④の中から一つずつ選び，その番号の該当欄をマークしなさい。

問１　choose to take up or follow (an idea, method, or course of action)　6

① tailor　② adopt
③ range　④ blow

問２　extremely angry or full of energy, effort, and speed; violent or intense　7

① curious　② nervous
③ furious　④ serious

問３　an act of breaking or failing to observe a law, agreement, or code of conduct　8

① breach　② brake
③ brief　④ brand

問４　a call to a gathering of people to raise their glasses and drink together in honor of a person or thing　9

① chase　② waste
③ toast　④ grace

問５　in a state of peaceful happiness; willing to accept something; satisfied　10

① constant　② conscious
③ contrary　④ content

III　次の問1〜問5の文の空所を埋めて意味を成す文を完成させるのに最も適当な語句を①〜④の中から一つずつ選び，その番号の該当欄をマークしなさい。

問1　*Joe was surprised to hear that the tour was canceled, and wants to know the reason.*

Joe: Do you know why?

Alex: Yeah, it was canceled (　　) bad weather.　11

① on behalf of　② on account of
③ in addition to　④ just in case

問2　This is the free shuttle you are looking for.　It travels (　　) between the station and the stadium.　12

① back and forth　② across each other
③ of all time　④ on the side

問3　I am honored to receive this award.　I hope I can (　　) the expectations.　13

① bring me for　② speak ill of
③ live up to　④ miss out on

問4　No, you can stay.　(　　) would I want to throw you out!　14

① Without fail　② By no means
③ To be sure　④ Quite possibly

問5　*A team of astronauts are about to board the ship.　A reporter is interviewing its captain.*

Reporter: Are you ready to go on this long journey?

Captain: Yes.　We are (　　) proper tools and resources.　15

① rarely ready for　② provided against
③ prepared ourselves to　④ equipped with

Ⅳ 次の問1〜問5の日本語とほぼ同じ意味になるように，かっこ内の語を並べ替えて，現代英語の標準的文法にかなう英文を完成させるとき，かっこ内で六番目にくる語を①〜④の中から一つずつ選び，その番号の該当欄をマークしなさい。

問1 今のところ彼らに連絡がつかないままである。 16

We have (attempt, been, contact, in, our, them, to, unsuccessful) so far.

① been ② in
③ to ④ them

問2 あなたたちはふだん何語でコミュニケーションをとっているのですか？ 17

In (communicate, do, each, language, usually, what, with, you) other?

① communicate ② do
③ language ④ what

問3 あなたはこの問題に対する解決策は何であるとお考えですか？ 18

What do (is, problem, solution, the, think, this, to, you)?

① problem ② solution
③ to ④ you

問4 飛行機に搭乗するまで更に3時間待たねばなりません。 19

We need to (before, boarding, for, hours, more, the, three, wait) plane.

① before ② hours
③ the ④ wait

問5 私たちは，新鮮な空気を得るためにドアを開けたままにしておくように言われた。 20

We (door, leave, open, the, to, to, told, were) get some fresh air.

① door ② leave
③ told ④ were

V 次の英文を読み，その後に続く問１～問10について，それぞれの指示にしたがって正しいと思われるものを①～④の中から一つずつ選び，その番号の該当欄をマークしなさい（長文なので時間配分に注意すること。*印を付した語については問題文末尾に注がある）。

In the prison shoe shop, Jimmy Valentine was busily at work making shoes. A prison officer came into the shop and led Jimmy to the prison office. There Jimmy was given an important paper. It said that he was free.

Jimmy took the paper without showing much pleasure or interest. He had been sent to prison to stay for four years. He had been there for ten months. But he had expected to stay only three months. Jimmy Valentine had many friends outside the prison. A man with so many friends does not expect to stay in prison long.

"Valentine," said the chief prison officer, "you'll go out tomorrow morning. This is your chance. Make a man of yourself. You're not a bad fellow at heart. Stop breaking safes open, and live a better life."

"Me?" said Jimmy in surprise. "I never broke open a safe in my life."

"Oh, no," the chief prison officer laughed. "Never. Let's see. How did you happen to get sent to prison for opening that safe in Springfield . . . ?"

"Me?" Jimmy said. His face still showed surprise. "I was never in Springfield in my life."

"Take him away," said the chief prison officer. "Get him the clothes he needs for going outside. Bring him here again at seven in the morning. And think about what I said, Valentine."

At a quarter past seven on the next morning, Jimmy stood again in the office. . . .

Then the chief prison officer put out his hand for a handshake. That was the end of Valentine, Prisoner 9762. Mr. James Valentine walked out into the sunshine. . . .

He went straight to a restaurant. There he tasted the first sweet joys of being free. He had a good dinner. After that he went to the train station. He gave some money to a blind man who sat there asking for money, and then he got on the train.

Three hours later he got off the train in a small town. Here he went to the restaurant of Mike Dolan.

Mike Dolan was alone there. After shaking hands he said, "I'm sorry we couldn't do it sooner, Jimmy my boy. But there was that safe in Springfield, too. It wasn't easy. Feeling all right?"

"Fine," said Jimmy. "Is my room waiting for me?"

He went up and opened the door of a room at the back of the house. Everything was as he had left it. It was here they had found Jimmy, when they took him to prison. There on the door was a small piece of cloth. It had been torn from the coat of the cop, as Jimmy was fighting to escape.

There was a bed against the wall. Jimmy pulled the bed toward the middle of the room. The wall behind it looked like any wall, but now Jimmy found and opened a small door in it. From this opening he pulled out a dust-covered bag.

He opened this and looked lovingly at the tools for breaking open a safe. No finer tools could be found any place. They were complete; everything needed was here. They had been made of a special material, in the necessary sizes and shapes. Jimmy had planned them himself, and he was very proud of them. . . .

In half an hour Jimmy went downstairs and through the restaurant. He was now dressed in good clothes that fitted him well. He carried his dusted and cleaned bag. . . .

A week after Valentine, 9762, left the prison, a safe was broken open in Richmond, Indiana*. No one knew who did it. Eight hundred dollars were taken.

Two weeks after that, a safe in Logansport* was opened. It was a new kind of safe; it had been made, they said, so strong that no one could break it open. But someone did, and took fifteen hundred dollars.

Then a safe in Jefferson City* was opened. Five thousand dollars were taken. This loss was a big one. Ben Price was a cop who worked on such important matters, and now he began to work on this.

He went to Richmond, Indiana, and to Logansport, to see how the safe-breaking had been done in those places. He was heard to say:

"I can see that Jim Valentine has been here. He is in business again. Look at the way he opened this one. Everything easy, everything clean. He is the only man who has the tools to do it. And he is the only man who knows how to use tools like this. Yes, I want Mr. Valentine. Next time he goes to prison, he's going to stay there until his time is finished."

Ben Price knew how Jimmy worked. Jimmy would go from one city to another far away. He always worked alone. He always left quickly when he was finished. He enjoyed being with nice people. For all these reasons, it was not easy to catch Mr. Valentine.

People with safes full of money were glad to hear that Ben Price was at work trying to catch Mr. Valentine.

One afternoon Jimmy Valentine and his bag arrived in a small town named Elmore*. Jimmy, looking as young as a college boy, walked down the street toward the hotel.

A young lady walked across the street, passed him at the corner and entered a door.

Over the door was the sign, "The Elmore Bank." Jimmy Valentine looked into her eyes, forgetting at once what he was. He became another man. She looked away, and brighter color came into her face. Young men like Jimmy did not appear often in Elmore.

Jimmy saw a boy near the bank door, and began to ask questions about the town. After a time the young lady came out and went on her way. She seemed not to see Jimmy as she passed him.

"Isn't that young lady Polly Simpson?" asked Jimmy.

"No," said the boy. "She's Annabel Adams. Her father owns this bank."

Jimmy went to the hotel, where he said his name was Ralph D. Spencer. He got a room there. He told the hotel man he had come to Elmore to go into business. How was the shoe business? Was there already a good shoe shop?

The man thought that Jimmy's clothes and manners were fine. He was happy to talk to him.

Yes, Elmore needed a good shoe shop. There was no shop that sold just shoes. Shoes were sold in the big shops that sold everything. All business in Elmore was good. He hoped Mr. Spencer would decide to stay in Elmore. It was a pleasant town to live in, and the people were friendly. . . .

Mr. Ralph Spencer remained in Elmore. He started a shoe shop. Business was good.

Also, he made many friends. And he was successful with the wish of his heart. He met Annabel Adams. He liked her better every day.

At the end of a year everyone in Elmore liked Mr. Ralph Spencer. His shoe shop was doing very good business. And he and Annabel were going to be married in two weeks. Mr. Adams, the small-town banker, liked Spencer. Annabel was very proud of him. He seemed already to belong to the Adams family.

One day Jimmy sat down in his room to write this letter, which he sent to one of his old friends:

Dear Old Friend :

I want you to meet me at Sullivan's place next week, on the evening of the 10th. I want to give you my tools. I know you'll be glad to have them. You couldn't buy them for a thousand dollars. I finished with the old business — a year ago. I have a nice shop. I'm living a better life, and I'm going to marry the best girl on earth two weeks from now. It's the only life — I wouldn't ever again touch another man's money. After I marry, I'm going to go further west, where I'll never see anyone who knew me in my old life. I tell you, she's a wonderful girl. She trusts me.

Your old friend,

Jimmy.

On the Monday night after Jimmy sent this letter, Ben Price arrived quietly in Elmore. He moved slowly about the town in his quiet way, and learned all that he wanted to know. Standing inside a shop, he watched Ralph D. Spencer walk by.

"You're going to marry the banker's daughter, are you, Jimmy?" said Ben to himself. "I don't feel sure about that!"

The next morning Jimmy was at the Adams home. He was going to a nearby city that day to buy new clothes for the wedding. He was also going to buy a gift for Annabel. It would be his first trip out of Elmore. It was more than a year now since he had done any safe-breaking.

Most of the Adams family went to the bank together that morning. There were Mr. Adams, Annabel, Jimmy, and Annabel's married sister with her two little girls, aged five and nine. They passed Jimmy's hotel, and Jimmy ran up to his room and brought along his bag. Then they went to the bank.

All went inside — Jimmy, too, for he was one of the family. Everyone in the bank was glad to see the good-looking, nice young man who was going to marry Annabel. Jimmy put down his bag. . . .

The Elmore bank had a new safe. Mr. Adams was very proud of it, and he wanted everyone to see it. It was as large as a small room, and it had a very special door. The door was controlled by a clock. Using the clock, the banker planned the time when the door should open. At other times no one, not even the banker himself, could open it. . . . The two children, May and Agatha, enjoyed seeing the shining heavy door, with all its special parts.

While they were busy like this, Ben Price entered the bank and looked around. He told a young man who worked there that he had not come on business; he was waiting for a man.

Suddenly there was a cry from the women. They had not been watching the children. May, the nine-year-old girl, had playfully but firmly closed the door of the safe. And Agatha was inside.

The old banker tried to open the door. He pulled at it for a moment. "The door can't be opened," he cried. "And the clock — I hadn't started it yet." . . .

"My baby!" her mother cried. "She will die of fear! Open the door! Break it open! Can't you men do something?"

"There isn't a man nearer than the city who can open that door," said Mr. Adams, in a shaking voice. "My God! Spencer, what shall we do? That child — she can't live long in there. There isn't enough air. And the fear will kill her." . . .

Annabel turned to Jimmy, her large eyes full of pain, but with some hope, too. . . .

"Can't you do something, Ralph? Try, won't you?"

He looked at her with a strange soft smile on his lips and in his eyes.

"Annabel," he said, "give me that flower you are wearing, will you?"

She could not believe that she had really heard him. But she put the flower in his hand. Jimmy took it and put it where he could not lose it. Then he pulled off his coat. With that act, Ralph D. Spencer passed away and Jimmy Valentine took his place.

"Stand away from the door, all of you," he commanded.

He put his bag on the table and opened it flat. From that time on, he seemed not to know that anyone else was near. Quickly he laid the shining strange tools on the table. The others watched as if they had lost the power to move.

In a minute Jimmy was at work on the door. In ten minutes — faster than he had ever done it before — he had the door open.

Agatha was taken into her mother's arms.

Jimmy Valentine put on his coat, picked up the flower and walked toward the front door. As he went he thought he heard a voice call, "Ralph!" He did not stop.

At the door a big man stood in his way.

"Hello, Ben!" said Jimmy, still with his strange smile. "You're here at last, are you? Let's go. I don't care, now."

And then Ben Price acted rather strangely.

"I guess you're wrong about this, Mr. Spencer," he said. "I don't believe I know you, do I?"

And Ben Price turned and walked slowly down the street.

（注）

*Richmond, Indiana：米国中部の州であるインディアナ州の東部にある都市

*Logansport：インディアナ州の中北部にある市

*Jefferson City：米国北中部の州であるミズーリ州の中部にある同州の州都

*Elmore：米国中南部の州であるアーカンソー州にある町

O. Henry, “A Retrieved Reformation,” *O. Henry’s American Scenes*, adapted by Elinor Chamberlain, IBC Publishing, Inc., 2005, pp. 39-53. より一部省略

問1　Jimmy はどのような理由で刑務所に入っていたと思われますか。　**21**

① 横領の罪
② 金庫破りの罪
③ 詐欺の罪
④ 無実の罪

問2　刑務所を出たJimmy が最初にしたことは何ですか。　**22**

① レストランで食事をした。
② 友人に会いに行った。
③ 銀行でお金をおろした。
④ 髪を切りに行った。

問3　Jimmy がMike Dolan に会ったときに起こったこととして，本文の内容に合致するものを選びなさい。　**23**

① Mike Dolan はJimmy のために食事を用意してくれた。
② Mike Dolan はJimmy を刑務所からもっと早く出してやれなかったことを詫《わ》びた。
③ Mike Dolan はJimmy のために新しく部屋を用意してくれた。
④ Mike Dolan はJimmy から借りていたお金を返してくれた。

問4　Jimmy が刑務所を出た後に起こったこととして，本文の内容に合致しないものを選びなさい。　**24**

① Jimmy が刑務所を出てから1週間後にはインディアナ州のRichmond で金庫が破られた。
② Logansport では誰にも破ることはできないと言われていた金庫が破られた。
③ Jefferson City では5000ドルの大金が盗まれた。
④ 立て続けに起こった3つの金庫破りの手口が似ていたので，Ben Price が捜査することになった。

問5 Ben Priceが，3つの金庫破りの犯人をJimmyだと考えた理由として，本文の内容と合致するものを選びなさい。 [25]

① 現場近くでJimmyが目撃されていたから

② Jimmyが金庫破りを再開したという情報を得ていたから

③ Jimmy以外には不可能な鮮やかな手口で行われていたから

④ 現場にJimmyのものと思われる道具が残されていたから

問6 Elmoreという町にJimmyがやってきた日に起こったこととして，本文の内容と合致するものを選びなさい。 [26]

① JimmyはAnnabelの目を見つめた瞬間，Elmoreに来た本来の目的を忘れてしまった。

② Annabelは銀行から出てきてJimmyとすれ違ったとき，Jimmyに見つめられて顔を赤らめた。

③ Jimmyはホテルに行って本名で部屋を取った。

④ Jimmyはホテルの従業員からAnnabelが銀行家の娘であることを聞いた。

問7 Ben PriceがElmoreにやってきたときに起こったことに関して，本文の内容と合致するものを選びなさい。 [27]

① Ben PriceがElmoreにやってきたのを知って，Jimmyは金庫破りの道具を譲るという手紙を友人に送った。

② Ben PriceはElmoreの町を彼流に静かに歩き回って，Jimmyに関する必要な情報をすべて集めた。

③ Ben PriceはJimmyに「銀行家の娘と結婚するんだって，ジミー。果たしてそうなるかな」と声をかけた。

④ JimmyがAdams家の人々と一緒に銀行に来たとき，Ben Priceはその銀行の中で張り込んでいた。

問8　Elmore 銀行に関する記述として，本文の内容と合致しないものを選びなさい。　28

① Elmore 銀行には新しい金庫が設置され，Adams 氏はそれを Jimmy をはじめ Adams 家の人々みんなに披露したいと思った。

② Elmore 銀行の新しい金庫は時計によって制御され，決められた時間以外は決して開けられないようになっていた。

③ Adams 氏が新しい金庫を Jimmy たちに披露したとき，まだ金庫は使われていなかった。

④ 子どもたちがいたずらで金庫のドアを閉めたところ突然時計が作動し，Agatha は閉じ込められてしまった。

問9　Annabel が Jimmy になんとかしてくれるように懇願してから起こったことに関して，本文の内容と合致しないものを選びなさい。　29

① Annabel のなんとかならないのという言葉を聞いて，Jimmy はいつもとは違う笑みを浮かべて彼女を見つめた。

② 身につけている花をくれるよう Jimmy に言われて Annabel は戸惑ったが，言う通りにした。

③ みんなが手伝ってくれたので，これまででいちばん速く，10分後には Jimmy は金庫の扉を開けていた。

④ Agatha が無事助け出されたあと，出て行こうとした Jimmy は呼び止める声を聞いたような気がしたが，足を止めなかった。

問10　本文の内容と合致するものを選びなさい。　30

① 出所した Jimmy が自分の部屋に戻ると，彼の金庫破りの道具を入れたカバンがベッドの下に元のまま残されていた。

② Jimmy は常にグループで行動し，短時間で金庫破りを行うので，捕まえるのは簡単ではなかった。

③ Elmore のホテルの従業員は Jimmy に，Elmore には靴も扱う大きな商店があるので，開業するなら他の業種がよいと言った。

④ Jimmy が Ben Price に声をかけて，さあ行こうと言うと，Ben Price は Jimmy が誰かわからないふりをした。

Ⅵ 次の文章は，アメリカの拘置所（jail）及び刑務所（prison）に関するものである。英文を読み，その後に続く問1～問10について，それぞれの指示にしたがって正しいと思われるものを①～④の中から一つずつ選び，その番号の該当欄をマークしなさい（*印を付した語句については問題文末尾に注がある）。

When people are found guilty of committing a crime, a judge will decide how they should be punished. Sometimes they are allowed to live in their own homes and they have to pay ①a fine or serve their communities, but sometimes they are incarcerated, which means they are ordered to live in a jail or a prison. During this time, they cannot leave and they have to follow the rules of the facility.

Jails and prisons are called correctional facilities* because they are meant to help correct the person's behavior so that person does not commit any more crimes. But as a criminologist — someone who studies crime and prisons — I often wonder how people decided that incarceration was a good way to "correct" people.

There is a long history of using jails and prisons as punishment for breaking the law, and to keep communities safe. But there is also debate about how well those systems work, how fair they are and how to improve them.

②Although jails and prisons are similar, they usually have different purposes. Most of the people living in jail have not been convicted* of a crime yet and are waiting for the court to decide if they are guilty. A person who is found guilty can be sent to live in the jail as punishment, but they typically stay for less than one year.

If the judge sentences someone to be incarcerated for a longer period of time, that person is normally sent to a prison in another part of the state. Sometimes the prison is far away from their home, and it can be difficult for their families to visit.

In the past, people were not sent to jails and prisons as ③a legal punishment. Instead, these places were used to contain people who were suspected of a crime, to keep them from escaping before their punishment was decided.

If they were found guilty, sometimes they were punished with physical pain, such as being whipped. Sometimes they were forced to work without pay or for very low wages. Others might be sent far away from their communities and not allowed to come back. The most serious punishment was execution, and many people were killed for their crimes.

④Over time, most countries decided that these types of punishment were cruel or ineffective, so they started using jails and prisons as places where people could be punished by losing their freedom for a specific amount of time. Judges could give some people longer sentences if their crimes were more serious, and shorter sentences if their crimes did not deserve a long punishment.

People expected that some prisoners would learn a lesson from their prison experience. If they were scared of going back to prison, hopefully they would be less likely to break the law in the future. Some prisons tried ⑤to "rehabilitate" people by giving them an education, job training or therapy* that might help them prepare to return home.

In the 1970s, there was an increase in the number of crimes reported in the United States, and many people were scared. They thought that society would be safer if more people were sent to prison. The size of the prison population increased from around 200,000 people in the 1970s to around 2 million people in recent years.

People started spending very long periods of time in prison, and more people were given ⑥life sentences, meaning that they could never return home. Before, those punishments had been reserved for very serious crimes, but new laws passed during this time made them more common.

⑦Prisons became overcrowded*, which spread resources more thinly, including programs to help prisoners prepare to return to society. More people wound up committing crimes again after they returned home.

People who study correctional facilities, like me, have found ⑧many problems to fix. Some have to do with the large number of people in prisons. Many nondangerous people wind up serving time there, when they could serve a different punishment and receive therapy in their communities instead.

⑨Another major problem is racial discrimination. Many researchers have found that Black, Hispanic and Native American people are more likely to be sent to prison than people from other racial and ethnic groups, even if they were convicted of the same crimes. This can cause a lot of serious problems for their families and communities.

Societies might always need to incarcerate some people who have committed serious crimes or who pose a danger to others. Perhaps the system can become safer, fairer and more successful in punishing crimes while rehabilitating.

（注）

*correctional facilities：矯正施設，更生施設

*convict：法廷が（人を）～の罪で有罪にする

*therapy：治療，セラピー

*overcrowded：すし詰めの，過密な

Joshua Long, "Why are there prisons? An expert explains the history of using 'correctional' facilities to punish people," *The Conversation*, January 30, 2023. より一部省略

問１　下線部①fineについて，本文で使われている意味と同じ意味で使われている文章を選びなさい。　31

① She told us that everything was going to be just fine.

② There is a fine line between anxiety and excitement.

③ If you want to use red instead of blue, that's fine, too.

④ The state will impose a fine of $50 for smoking in bars.

問２　下線部②Although jails and prisons are similar, they usually have different purposesについて，本文の内容と合致しているものを選びなさい。　32

① 拘置所にいるほとんどの人は，有罪か無罪かの法廷の判決を待っている。

② 刑務所では，刑期が１年以上経過すると，違う州の刑務所に移送されることになっている。

③ 拘置所は，有罪がまだ確定していない者だけを対象とする施設である。

④ 刑務所では，犯罪者と家族との面会が一切許されていない。

問３　下線部③a legal punishmentについて，かつての刑罰の種類について，本文の内容と合致しないものを選びなさい。　33

① 犯罪者に対して，むち打ちのような，身体的苦痛を与える刑罰が行われることがあった。

② 犯罪者には，ごく低賃金か，まったく対価のない労働が科されることがあった。

③ 犯罪者は，コミュニティから離れた場所への移動が禁じられることがあった。

④ 犯罪の内容によっては，犯罪者の生命で償う死刑もあった。

問４　下線部④Over time に関連して，時とともにどう変化したか，本文の内容に合致しないものを選びなさい。　34

①　犯した罪が重大であるほど，刑務所で過ごす期間がより長くなった。
②　刑務所で過ごすことは，犯罪の予防には大して効果がないと考えられるようになった。
③　身体的な苦痛を与える罰は残酷だ，と考えられるようになった。
④　行動の自由が制限されるなら犯罪者は法律を守ろうとするかもしれない，と考えられるようになった。

問５　下線部⑤to "rehabilitate" people とあるが，どのような内容を意味しているか。本文の内容に合致するものを選びなさい。　35

①　受刑者が社会に戻って普通の生活を営めるようになること
②　被害者が，犯罪で受けた怪我などを治し，体力を回復すること
③　受刑者の刑務所での生活に対する恐怖が薄れ，むしろ楽しむようになること
④　教育や職業訓練を通して，一般の人々がより良い仕事に就けること

問６　下線部⑥life sentences が意味するものは何か，本文の内容に合致するものを選びなさい。　36

①　生命を奪う死刑
②　ずっと刑務所から出られない終身刑
③　一生働き続ける労働奉仕刑
④　故郷に二度と戻れない追放刑

問７　下線部⑦Prisons became overcrowded について，これに関連する状況は何か，本文の内容に合致しないものを選びなさい。　37

①　犯罪者の社会復帰を支援するプログラムが手薄になってしまったこと
②　犯罪者を刑務所に入れれば治安が良くなると考える人が多かったこと
③　犯罪者が長い期間にわたって刑務所に入れられるようになったこと
④　刑務所では最低限の食事や住環境などが整っており，外よりもましな生活ができること

問8　下線部⑧many problems to fixについて,「解決すべき問題」とは何か,本文の内容に合致するものを選びなさい。　38

① 犯罪者に対する治療法がまだ確立していない問題
② 刑罰の種類が少なく,犯罪者を刑務所に入れる以外にない問題
③ 刑務所に入れられている犯罪者が多すぎる問題
④ 危険ではない人々が刑期を短縮できない問題

問9　下線部⑨Another major problemについて,「もう一つの大きな問題」とは何か,本文の内容に合致するものを選びなさい。　39

① 地域社会の刑務所の中では,人種差別が横行している。
② 同じ犯罪であっても,刑務所に送られやすい人種とそうでない人種がある。
③ 差別を避けるためにマイノリティ専用の刑務所が必要だが,実現していない。
④ 黒人,ヒスパニック,ネイティブアメリカンの方が,犯罪率が高い。

問10　本文の内容に照らして,筆者の見解に合致するものを選びなさい。　40

① 罪を犯した者や他人に危害を及ぼす者は,すべて刑務所に入れるべきだ。
② 犯罪者には刑罰を科しつつも,彼らの社会復帰を後押しするべきだ。
③ 患者のリハビリや治療に特化した施設を,刑務所の中につくるべきだ。
④ 刑務所に入れられるような犯罪者は,社会から隔離するべきだ。

日本史

（60分）

I 外国との交際に関する次のA～Cの各文章を読んで，下記の設問に答えなさい。

A　日本列島が今のような形になったのは，今から約１万年前(1)のこととされる。人びとは小規模の集団で生活し，他の集団と通婚したり情報を交換したりして，少しずつ社会的な関係を築くようになった。縄文時代の遺物として各地で丸木舟が発見されており，外洋航海の技術があったこともわかっている。

弥生時代には，農耕生産を基盤とする社会が成立し，蓄積された余剰生産物をめぐって集団のあいだで戦いが始まった。強い集団は周辺の集団を従属させ，各地に政治的なまとまりが分立していく。(2)中国の歴史書である『後漢書』東夷伝には，紀元57年に倭の奴国の王の使者が後漢の都におもむいて，皇帝から印綬を受けたことなどが記されている。このような遣使には，倭国内での地位を他の小国より高めようとする意図があったと考えられる。その後，倭国では戦乱が続き，邪馬台国の卑弥呼を女王として立てて，約30の小国の連合体としてまとまった。卑弥呼は，239年に魏の皇帝に遣使している。

中国が南北分裂の時代に入ると，東アジアの周辺地域では国家形成が進んだ。朝鮮半島北部では高句麗が勢力を伸ばし，南部では百済，新羅が小国を統一した。当時の倭国は加耶（加羅）諸国と密接な関係にあり，高句麗との交戦もあった。高句麗の南下にともなう戦乱を避けて(3)多くの人が海を渡り，先進的な技術や文化が日本に伝えられた。

(4)6世紀には，朝鮮半島の情勢変化や中国の南北朝統一など国際的緊張を背景に，倭国での政治権力にも変化があった。新しく台頭した蘇我氏は，渡来人と結んで朝廷の財政権を握り，勢力を強めていった。蘇我馬子は推古天皇のもとで，その甥で摂政の厩戸王と協調して国家組織を整備した。『日本書紀』には，607年に小野妹子を遣隋使として派遣したとある。随行した留学生や学問僧は長期間中国に滞在し，制度や思想，文化に関する新しい知識を持ち帰って，大きな影響を与えた。

隋にかわって中国を統一した唐は，律令制度に基づく充実した国家体制を整え，広大な領域を支配して周辺地域に大きな影響を与えた。倭国は630年に最初の遣唐使を派遣し，東アジアの新しい動向に応じて中央集権体制の確立をめざした。その後，国内での政変や内外の大きな戦争・内乱があったが，律令国家の形成に向かった。702年に派遣された遣唐使は，大宝令により，中国にはじめて「日本」という国号を通知した。なお，(5)東北地方の蝦夷に対しては武力を背景とした政策を進め，南九州の隼人も制圧された。

問1　下線部(1)に関連して，旧石器時代および新石器時代に関する記述として不適切なものを次の中から1つ選び，その番号の該当欄をマークしなさい。　1

① 旧石器時代末期には，極小の石器を木や骨などでつくった柄にはめこんで組み合わせて使う石器が出現した。

② 尖頭器は，棒の先端につけて石槍として狩猟に使用された。

③ 群馬県岩宿で完新世に堆積した関東ローム層から打製石器が発見されたことにより，日本における旧石器時代の文化の存在が明らかとなった。

④ 磨製石器が発達する約1万年前から金属器が出現するまでは，新石器時代と呼ばれる。

問2　下線部(2)に関連して，弥生時代の外交に関する記述として不適切なものを次の中から1つ選び，その番号の該当欄をマークしなさい。　2

① 壱与（台与）による晋への遣使から倭の五王による南朝への朝貢までの間，中国の歴史書に倭国との交渉に関する記述はみられない。

② 紀元前1世紀頃の倭国は，100余りの国が分立しており，楽浪郡に定期的に使いを送っていた。

③ 三角縁神獣鏡は，邪馬台国が交渉した魏の鏡とする説がある。

④ 107年には，倭国王帥升らが生口160人を武帝に献上した。

問3　下線部(3)に関連して，古墳時代の大陸文化の受容に関する記述として不適切なものを次の中から1つ選び，その番号の該当欄をマークしなさい。　3

① 百済から五経博士が渡来して，儒教が伝えられた。

② 渡来した阿知使主を祖先とする西文氏は，文筆や出納に従事した。

③ ヤマト政権は渡来人を韓鍛冶部・陶作部・錦織部などの技術者集団に組織した。

④ 弥生土器の系譜を引く土器とは異なる，硬質で灰色の須恵器の製作技術が伝えられた。

問４　下線部(4)に関連する次のア～エの出来事を古いものから順に並べたものを次の中から１つ選び，その番号の該当欄をマークしなさい。 [4]

ア　百済の聖明王が仏像・経論などを伝えた。

イ　隋が中国を統一した。

ウ　蘇我馬子が物部守屋を滅ぼした。

エ　筑紫国造磐井が大規模な戦乱をおこした。

① ア → エ → イ → ウ
② イ → ウ → ア → エ
③ ウ → イ → エ → ア
④ エ → ア → ウ → イ

問５　下線部(5)に関連して，辺境の支配に関する記述として不適切なものを次の中から１つ選び，その番号の該当欄をマークしなさい。 [5]

① 鹿児島県の東半部に，大隅国がおかれた。
② 712年に出羽国がおかれた。
③ 南西諸島の島々からは，赤木などが貢進された。
④ 陸奥国府となる胆沢城が築かれた。

B　10世紀になると，日本と国交のあった周辺諸国があいついで滅び，東アジアの情勢は大きく変化した。(6)朝廷は外交に対して消極的な態度をとり，国家間の通交が断絶した状況は14世紀末頃まで続いた。しかし，民間の商船が活発に往来し，大陸の文物は絶えずもたらされた。日宋貿易による利潤は，(7)平氏繁栄の重要な経済的基盤であったといわれる。

チンギス＝ハンの登場により，中国北方の遊牧民であるモンゴル民族が統一され，大帝国が建設された。1260年に皇帝となった孫のフビライ＝ハンは，都を [(8)] に移し，国号を元と改めて中国全土を支配した。元は，朝鮮半島の高麗を服属させた後，日本に対しても国交を求め，使者を派遣して朝貢を強要した。(9)鎌倉幕府の執権はこれを拒否し，(10)２度にわたる元軍の襲来を受けた。その後も元とは正式な国交は開かれなかったが，幕府は寺院の修造費用を調達するために，貿易船を派遣している。

1368年，元は滅亡し漢民族による明が建国された。また，高麗に替わって朝鮮王朝も建国され，(11)室町幕府将軍の足利義満は両国とも国交を開いた。海賊集団の倭寇には悩まされ，明や高麗は日本に取り締まりを求めてきたほどであった。

問6　下線部(6)に関連して，貴族の政治や生活に関する記述として不適切なものを次の中から1つ選び，その番号の該当欄をマークしなさい。　6

① 貴族の正装は，男性は衣冠やそれを簡略にした直衣，女性は女房装束であった。

② 吉凶・禍福を占う陰陽道がさかんになり，貴族の行動は日柄などによって制限された。

③ 国政の重要事項は，陣定という公卿の会議で審議された。

④ 受領のなかには任国に赴かず，目代と在庁官人に国務を処理させるものもいた。

問7　下線部(7)に関連して，平氏とその周辺に関する記述として不適切なものを次の中から1つ選び，その番号の該当欄をマークしなさい。　7

① 平清盛は蓮華王院を造営し，太政大臣となった。

② 藤原成親・俊寛らは平氏打倒を計画したものの，失敗した。

③ 藤原頼長・源義朝により，平清盛と結ぶ藤原通憲が自殺に追い込まれた。

④ 平氏都落ちの後，源頼朝は東海・東山両道の東国支配権を認められた。

問8　空欄 (8) にあてはまる語として最も適切なものを次の中から1つ選び，その番号の該当欄をマークしなさい。　8

① 大都

② 長安

③ 洛陽

④ 臨安

問9　下線部(9)に関連して，執権をつとめた人物に関する記述として不適切なものを次の中から1つ選び，その番号の該当欄をマークしなさい。　9

① 北条高時のもとでは，内管領の長崎高資が権勢をふるい，得宗専制政治に対する御家人の反発が高まっていった。

② 北条時頼は三浦泰村一族を宝治合戦で滅ぼし，また，新たに引付・引付衆を設置した。

③ 北条泰時は，執権となって新たに連署・六波羅探題を置き，評定衆を選んで合議に基づく体制を整えた。

④ 北条義時は，侍所別当の和田義盛を滅ぼし，自ら政所と侍所の別当を兼ねて幕府の実権を握った。

問10　下線部(10)に関連して，蒙古襲来に関する記述として不適切なものを次の中から１つ選び，その番号の該当欄をマークしなさい。　10

① 異国警固番役は文永の役より前に始まり，九州地方の御家人に課せられた。

② 元軍と戦う武士の姿などを描いた『蒙古襲来絵巻』は，絵と詞書を織りまぜて時間の進行を表現する絵巻物である。

③ 高麗は元に服属したものの，李成桂による反乱などの抵抗があり，軍の士気に影響した。

④ 文永の役の後，元は南宋を滅ぼし，東路軍・江南軍の二手に分かれて再度襲来した。

問11　下線部(11)に関連して，室町幕府の組織・財政に関する記述として不適切なものを次の中から１つ選び，その番号の該当欄をマークしなさい。　11

① 鎌倉府の長官は鎌倉公方であり，関東管領が補佐した。

② 段銭や棟別銭と呼ばれる臨時税が賦課されることがあった。

③ 徳政令の分一銭は債権者にわたり，幕府の財源とはならなかった。

④ 有力な武士などを集めて，奉公衆と呼ばれる直轄軍を編成した。

C　(12)世界が大航海時代を迎えると，ヨーロッパ諸国が東アジアに進出してくる。倭寇の頭目である王直の船に乗ったポルトガル人が種子島に漂着し，はじめて来日したヨーロッパ人となった。南蛮人による貿易は中継貿易でもあって，鉄砲，火薬やヨーロッパの特産品のほか，中国の生糸・絹織物や東南アジアの産物などがもたらされた。南蛮貿易はキリスト教の布教と結びつけられて進められ，日本の文化に影響を及ぼした。

天下統一を果たした豊臣秀吉は，日本を中心とする新しい国際秩序をつくるため，ポルトガル政庁や台湾などに服属と入貢を求める文書を送った。また，海賊取締令を出し，倭寇などの海賊行為を禁止して海の支配を強化した。秀吉はさらに，明をめざして朝鮮に２度出兵したが，２度目の戦争中に病死し，全軍が撤退している。(13)朝鮮との講和は，1607年に成立した。

征夷大将軍となった(14)徳川家康は，アンナンやカンボジアなどに修好を求める外交文書を国の代表者として送り，友好関係を深めた。家康は，オランダ船リーフデ号が豊後に漂着すると，その航海士と水先案内人のイギリス人とを外交・貿易の顧問として，オランダ・イギリスとの交易が始まった。(15)キリスト教は当初黙認されていたが，禁教となり，(16)江戸幕府は最終的にヨーロッパ諸国のうちオランダとのみ通商関係を結んだ。中国とも交易がおこなわれたが，国交が回復したのは明治に入ってからのことである。

18世紀後半，世界が新たな転換期に入ると，(17)外国との交渉を避けてきた日本の外交政策は動揺し始めた。(18)最初はロシアが日本との接触を試み，その後，幕府はイギリスやアメリカの船舶への対応を余儀なくされた。アヘン戦争の情報は，幕府に特に強い衝撃を与えたといわれる。

ペリー来航の翌年，(19)幕府は日米和親条約を締結し，それから4年後にアメリカを含む5か国の列強と不平等な条約を締結した。

問12　下線部(12)に関連して，ヨーロッパ人の東アジア進出に関する記述として不適切なものを次の中から1つ選び，その番号の該当欄をマークしなさい。　12

① オランダ・イギリスは合同で東インド会社を設立し，アジアへ進出した。

② スペインは，大西洋・太平洋を横断し，フィリピンを占領してマニラを拠点に東洋貿易をおこなった。

③ キリスト教の布教は，イエズス会を中心におこなわれたが，のちにフランシスコ会なども来日した。

④ ポルトガルは，インドのゴアを拠点にして，中国のマカオに進出した。

問13　下線部(13)に関連して，1607年以前の出来事を次の中から1つ選び，その番号の該当欄をマークしなさい。　13

① 糸割符制度の創設

② 己酉約条の締結

③ 慶長遣欧使節の派遣

④ 琉球征服

問14　下線部(14)の人物に関する記述として不適切なものを次の中から1つ選び，その番号の該当欄をマークしなさい。　14

① 関ヶ原の戦いの後，五奉行の1人である石田三成を処刑し，ともに五大老であった毛利輝元・上杉景勝を減封した。

② 1605年に将軍職を徳川秀忠に譲り，駿府に移って大御所として実権を握った。

③ 北条氏滅亡後，関東に移封されて約250万石の領地を支配する大名となった。

④ 本能寺の変の後，賤ヶ岳の戦いで柴田勝家とともに豊臣秀吉と戦った。

問15　下線部(15)に関連して，江戸時代の宗教に関する記述として不適切なものを次の中から1つ選び，その番号の該当欄をマークしなさい。　15

① 陰陽道は，公家の吉田家が全国の陰陽師を組織した。

② キリスト教の他，日蓮宗不受不施派の信仰も禁止された。

③ 大乱となる一揆が起こった天草・島原の地は，キリシタン大名の有馬晴信・小西行長の領地であった。

④ 仏教では，明僧隠元隆琦が禅宗の黄檗宗を伝え，万福寺を開いた。

問16　下線部(16)に関連して，江戸幕府の職制に関する記述として不適切なものを次の中から1つ選び，その番号の該当欄をマークしなさい。　16

① 最高職の大老は臨時のものであり，通常は譜代大名から任命される老中が幕政を統轄した。

② 三奉行のうち，寺社奉行のみ将軍直属で譜代大名より任命された。

③ 幕府直轄領には郡代・代官が派遣され，遠国奉行が統轄した。

④ 若年寄は老中を補佐し，旗本・御家人を監視する目付を支配した。

問17　下線部(17)に関連して，1639年より前の政策に関する記述として不適切なものを次の中から1つ選び，その番号の該当欄をマークしなさい。　17

① 在外日本人の帰国を禁止した。

② 中国船の寄港を長崎に限定した。

③ 奉書船以外の渡航を禁止した。

④ ポルトガル船の来航を禁止した。

問18　下線部(18)に関連して，江戸後期に発生した外国との接触に関係する次のア～エの出来事を古いものから順に並べたものを次の中から1つ選び，その番号の該当欄をマークしなさい。　18

ア　イギリス軍艦が長崎に侵入し，オランダ商館員を人質にして食料や薪水を強要した。

イ　オランダ商館の医師が帰国に際して，持ち出し禁止の日本地図を所持していたことにより国外追放となり，関係者が処罰された。

ウ　国後島に上陸したロシア軍艦の艦長が監禁され，報復として高田屋嘉兵衛が抑留された。

エ　日本人漂流民を送還して交易しようと来航したアメリカ商船モリソン号が，異国船打払令により撃退された。

① ア → イ → エ → ウ

② ア → ウ → イ → エ

③ ウ → ア → エ → イ

④ ウ → エ → イ → ア

問19　下線部⒆に関連して，幕末の貿易に関する記述として不適切なものを次の中から１つ選び，その番号の該当欄をマークしなさい。　**19**

① 金銀比価が日本では１：５であったのに対し海外では１：15であり，10万両以上の金貨が海外に流出した。

② 雑穀・鯨油・蠟・呉服・生糸は必ず江戸の問屋を経て輸出するよう命じられた。

③ 取引は，輸出品を取り扱う売込商，輸入品を扱う引取商が，居留地において外国人商人とおこなった。

④ 輸出入額は横浜が圧倒的に多く，取引相手国はイギリスが優位を占めた。

Ⅱ　次のＡ～Ｆの各資料を読んで，下記の設問に答えなさい。資料は一部書き改めたところがあります。

A　(1)太政官符す応に健児を差す*べき事

大和国三十人　河内国三十人　和泉国二十人……

常陸国二百人　近江国二百人……

以前，右大臣の宣を被るにいわく，勅を奉るに，今諸国の兵士，辺要の地を除くの外，皆停廃に従へ。其の兵庫・鈴蔵及び(2)国府等の類は，宜しく健児を差して以て守衛に充つべし。宜しく［　(3)　］の子弟をえらび差して，番を作りて守らしむべし。

延暦十一年六月十四日

出典：『類聚三代格』

注）＊　つかわす。指定し徴発すること。

問１　下線部⑴に関連して，この制度を採用した天皇に関する記述として最も適切なものを次の中から１つ選び，その番号の該当欄をマークしなさい。　**20**

① 太上天皇となった後，平城京に再び都を戻そうとした。

② 称徳天皇の死後に藤原百川らによって迎えられ，仏教政治で混乱した行財政の再建につとめた。

③ 平安宮の殿舎に唐風の名称をつけ，宮廷儀式を整えた。

④ ６年ごとの班田を12年ごとに改めて，班田収授を励行した。

問2　下線部(2)に関連して，奈良・平安時代の地方官衙に関する記述として不適切なものを次の中から1つ選び，その番号の該当欄をマークしなさい。　21

① 国司の四等官は，守・介・掾・目と表記された。

② 国府は国内統治の拠点であったが，専ら政務の中心地とされ，倉庫など経済に関わる施設は郡家に置かれた。

③ 国分寺は国府の近くで営まれ，20人の僧と金光明最勝王経が置かれた。

④ 平城京は，中央を南北に走る朱雀大路で東西が左京・右京にわかれ，民政を担う左京職・右京職が置かれた。

問3　空欄 (3) にあてはまる語として最も適切なものを次の中から1つ選び，その番号の該当欄をマークしなさい。　22

① 郡司

② 国司

③ 防人

④ 正丁

B　次の文章は，朝鮮の文官の紀行文に記された日本の農業生産力に関する記述である。

尼崎村に宿して日本を詠う

日本の農家(4)は，秋に水田を耕して大小麦を種き，明年初夏に大小麦を刈りて苗種を種き，秋初に稲を刈りて木麦を種き，冬初に木麦を刈りて大小麦を種く。一水田に一年 (5) たび種く。乃ち川塞がれば則ち水田と為し，川決すれば則ち田と為す。

出典：『老松堂日本行録』

問4　下線部(4)に関連して，農民の自治的な組織である惣村に関する記述として不適切なものを次の中から1つ選び，その番号の該当欄をマークしなさい。　23

① 惣掟に基づいて村民自身が警察権を行使することを，地下検断・自検断という。

② 惣村の運営は，おとな（長・乙名）や沙汰人などの村の指導者がおこなった。

③ 惣村は，領主に対して年貢の納入などを請け負うこともあった。

④ 村民の会議を宮座といい，神社の祭礼をおこなって惣村の結合の中心となった。

問5　空欄 (5) にあてはまる漢数字として最も適切なものを次の中から1つ選び，その番号の該当欄をマークしなさい。 24

① 一
② 二
③ 三
④ 四

問6　室町時代の農業の発達に関する記述として不適切なものを次の中から1つ選び，その番号の該当欄をマークしなさい。 25

① 手工業の原料作物として，苧・桑・楮・漆・藍などの栽培がさかんになった。
② 肥料として，刈敷・草木灰・下肥が広く使われ，購入肥料（金肥）として売買された。
③ 品種改良された早稲・中稲・晩稲や多収穫米である大唐米が普及した。
④ 揚水用の水車などが使用され，灌漑や排水施設が整備・改善された。

C　次の文章は，貝原益軒が著した児童教育書より引用したものである。

婦人には三従の道あり。およそ婦人は柔和にして，人にしたがふを道とす。わが心にまかせて行なふべからず。故に三従の道と云事あり。是亦女子にをしゆべし。父の家にありては父にしたがひ，夫の家にゆきては夫にしたがひ，夫死しては子にしたがふを三従といふ。

出典：『和俗童子訓』

問7　貝原益軒の著作物として最も適切なものを次の中から1つ選び，その番号の該当欄をマークしなさい。 26

① 群書類従
② 清良記
③ 農業全書
④ 大和本草

問8　この資料に関連して，江戸時代の学問・思想や教育に関する記述として不適切なものを次の中から1つ選び，その番号の該当欄をマークしなさい。 27

① 石田梅岩は心学をはじめ，儒教道徳に仏教や神道をとりいれ，庶民の生活倫理をやさしく説いた。
② 宇田川玄随の門人である稲村三伯は，日本最初の蘭日辞書『ハルマ和解』を刊行した。
③ 荷田春満らによる国学は，洋学だけでなく儒教・仏教も外来思想として排した。
④ 封建社会は上下尊卑の身分秩序で構成され，教学として朱子学が重んじられた。

問 9　江戸時代の女性と職業に関する記述として不適切なものを次の中から 1 つ選び，その番号の該当欄をマークしなさい。　28

① 家督や財産・家業は男性の長子相続が基本とされ，社会における女性の活動の場は限定された。

② 女性の黄表紙作者である恋川春町は，幕府から処罰された。

③ マニュファクチュアでは，多くの女性が高機などで働いた。

④ 野郎歌舞伎は女形の発達をもたらし，芳沢あやめらの名優が出た。

D

問10　この錦絵と同時期に描かれた浮世絵のタイトルと作者の組み合わせとして最も適切なものを次の中から 1 つ選び，その番号の該当欄をマークしなさい。　29

① 朝比奈小人嶋遊 —— 歌川国芳

② 東海道五十三次 —— 葛飾北斎

③ 当時全盛美人揃 —— 喜多川歌麿

④ 柳鷺群禽図屏風 —— 呉春

問11 江戸後期の民衆文化に関する記述として不適切なものを次の中から１つ選び，その番号の該当欄をマークしなさい。 30

① 神に酒肴を供えて月の出を待つ庚申講などの集まりが生まれた。

② 狂言作者の河竹黙阿弥による白浪物などが評判を呼んだ。

③ 湯治や物見遊山などが普及し，民衆の旅が一般化した。

④ 農村では，若者が中心となって歌舞伎をまねた村芝居が催された。

Ｅ 次の文章は，1885年３月16日の『時事新報』に掲載されたものである。

我日本の国土は亜細亜の東辺に在りと雖ども，(6)其国民の精神は既に亜細亜の固陋を脱して西洋の文明に移りたり。然るに爰に不幸なるは近隣に国あり，一を支那と云ひ，一を朝鮮と云ふ。此二国の人民も古来亜細亜流の政教風俗に養はるること，我日本国民に異ならずと雖ども，……此二国の者共は一身に就き又一国に関して改進の道を知らず，交通至便の世の中に文明の事物を聞見せざるに非ざれども，耳目の聞見は以て心を動かすに足らずして，其古風旧慣に恋々するの情は百千年の古に異ならず……。

輔車脣歯とは隣国相助くるの喩なれども，今の支那朝鮮は我日本国のために一毫の援助と為らざるのみならず，西洋文明人の眼を以てすれば，三国の地利相接するが為に，時に或は之を同一視し，支韓を評するの価を以て我日本に命ずるの意味なきに非ず。例へば支那朝鮮の政府が古風の専制にして法律の恃む可きものあらざれば，(7)西洋の人は日本も亦無法律の国かと疑ひ，……之を喩へば比隣軒を並べたる一村一町内の者共が，愚にして無法にして然かも残忍無情なるときは，稀に其町村内の一家人が正当の人事に注意するも，他の醜に掩はれて堙没するものに異ならず。其影響の事実に現はれて，間接に我外交上の故障を成すことは実に少々ならず，我日本国の一大不幸と云ふ可し。左れば(8)今日の謀を為すに，我国は隣国の開明を待て共に亜細亜を興すの猶予ある可らず，寧ろ其伍を脱して西洋の文明国と進退を共にし，其支那朝鮮に接するの法も隣国なるが故にとて特別の会釈に及ばず，正に西洋人が之に接するの風に従て処分す可きのみ。悪友を親しむ者は共に悪名を免かる可らず。我れは心に於て亜細亜東方の悪友を謝絶するものなり。

問12 この論説を著した人物に関する記述として最も適切なものを次の中から１つ選び，その番号の該当欄をマークしなさい。 31

① 新思想の啓蒙書として，『西国立志編』や『文明論之概略』を著した。

② 三田育種場を開設し，西洋式農業技術の導入をはかった。

③ 森有礼や西周・加藤弘之らと明六社を組織し，近代思想の普及につとめた。

④ 文部省が新設された後，私学の慶應義塾を創設した。

問13　下線部(6)に関連して，西洋文明の受容に関する記述として不適切なものを次の中から1つ選び，その番号の該当欄をマークしなさい。　**32**

① 官吏の制服は洋服となり，ざんぎり頭や牛鍋が東京や開港場を中心に広まった。

② 太陽暦を採用して明治4年12月3日を明治5年1月1日とし，西洋諸国の例にならった祝祭日を定めた。

③ 天賦人権の思想は，自由民権運動の指導理論の一つとなった。

④ 本木昌造により活版印刷技術が導入され，日刊新聞や雑誌が相次いで創刊された。

問14　下線部(7)に関連して，この論説が執筆された時点での日本の法制に関する記述として最も適切なものを次の中から1つ選び，その番号の該当欄をマークしなさい。　**33**

① 貴族院の土台として華族令を定め，家格や勲功により公・侯・伯・子・男の爵位を授けた。

② 条約改正のため，憲法・民法・商法・刑法・民事訴訟法・刑事訴訟法が相次いで公布され，法治国家としての体裁が整えられた。

③ 政府顧問モッセの助言を得ながら，市制・町村制および府県制・郡制を制定した。

④ ドイツ人法学者に草案を起草させ，刑法と治罪法が公布された。

問15　下線部(8)に関連して，朝鮮問題に関する記述として不適切なものを次の中から1つ選び，その番号の該当欄をマークしなさい。　**34**

① 天津条約には，日清両軍の朝鮮からの撤兵や再派兵時の事前通告などが規定された。

② 反日改革派の金玉均は清仏戦争を好機としてクーデターをおこしたが，清国軍の来援により失敗した。

③ 閔氏一族に反対する大院君を支持する軍隊が反乱を起こし，呼応した民衆らとともに日本公使館が襲われた。

④ 民権論者の中に国権論を唱えるものが現れ，欧化主義と対立した。

F　次の文章は，大正時代に制定されたある法律の，改正法から抜粋したものである。

第一条　国体(9)ヲ変革スルコトヲ目的トシテ結社ヲ組織シタル者又ハ結社ノ役員其ノ他指導者タル任務ニ従事シタル者ハ［ (10) ］若ハ五年以上ノ懲役若ハ禁錮ニ処シ情ヲ知リテ結社ニ加入シタル者又ハ結社ノ目的遂行ノ為ニスル行為ヲ為シタル者ハ二年以上ノ有期ノ懲役又ハ禁錮ニ処ス

私有財産制度ヲ否認(11)スルコトヲ目的トシテ結社ヲ組織シタル者，結社ニ加入シタル者又ハ結社ノ目的遂行ノ為ニスル行為ヲ為シタル者ハ十年以下ノ懲役又ハ禁錮ニ処ス

出典：『官報』

問16　下線部(9)に関連して，天皇制に関する記述として不適切なものを次の中から1つ選び，その番号の該当欄をマークしなさい。 35

① 貴族院において天皇機関説が反国体的であると排撃されると，岡田啓介内閣は天皇機関説を否認する声明を出した。

② 美濃部達吉の憲法学説は，上杉慎吉らの学説と対立した。

③ 文部省は「国防の本義と其強化の提唱」を発行し，全国の学校・官庁などに配布して思想統制をすすめた。

④ 吉野作造の民本主義は，主権の所在は問わずに民主主義の長所を採用するという考え方である。

問17　この法律に関する記述として不適切なものを次の中から1つ選び，その番号の該当欄をマークしなさい。 36

① 改正法の制定と同年，道府県の警察に特別高等課が設置された。

② この改正法は，田中義一内閣のもと帝国議会で成立した。

③ この法律は，その後の改正を経てGHQにより廃止された。

④ 空欄 (10) には，「死刑又ハ無期」と記された。

問18　下線部(11)に関連して，社会主義・共産主義に関係する次のア～エの出来事を古いものから順に並べたものを次の中から1つ選び，その番号の該当欄をマークしなさい。 37

ア　『戦旗』の創刊

イ　全国水平社の結成

ウ　日ソ国交樹立

エ　労働農民党の組織

① ア → エ → イ → ウ

② イ → ウ → エ → ア

③ ウ → ア → イ → エ

④ エ → イ → ア → ウ

問19　この改正法が制定された翌年の事件として最も適切なものを次の中から1つ選び，その番号の該当欄をマークしなさい。 38

① 二・二六事件

② 三・一五事件

③ 四・一六事件

④ 五・一五事件

Ⅲ　人々の政治的な結びつきに関する次のA～Cの各文章を読んで，下記の設問に答えなさい。

A　(1)明治6年の政変で辞職した参議たちは，政治結社を組織したり政府に反対する暴動の首領となったりして，それぞれの道を歩んだ。下野した参議の1人である板垣退助は，1875年に同志とともに大阪に結社を設立した。その結社は後に国会期成同盟と改称され，天皇宛の国会開設請願書を政府に提出しようとするなど活発な運動を展開した。1881年に結党した日本最初の政治政党である自由党は，国会期成同盟を母体として結成された。また，翌年に成立した立憲改進党は，大隈重信を党首とした。自由党の支持基盤が地方農村であったのに対し，立憲改進党は都市部の知識人や実務家に支持された。

自由民権運動の展開には浮き沈みがあった。(2)政府による言論統制の強化や深刻な不況による農村の窮迫などは運動を停滞させたが，その不満は一部を急進化させ，直接行動を起こすものもいた。自由党は1884年に解党し，同じ頃に立憲改進党も活動を停止するが，大同団結を経て政党は再建に向かっていった。

(3)選挙で勝利した民党が第1回帝国議会において衆議院の過半数を占めると，政府は民党と対立した。その関係を大きく変化させたのは日清戦争の勝利と三国干渉であり，(4)1898年には，初の政党内閣である隈板内閣が成立した。

問1　下線部(1)に関連して，政変後の出来事に関する記述として最も適切なものを次の中から1つ選び，その番号の該当欄をマークしなさい。　**39**

① 板垣退助らは民撰議院設立の建白書を正院に提出し，有司専制を批判して国会の開設を求めた。

② 沖縄を日本領とし，琉球藩を設置して琉球国王の尚泰を藩王とした。

③ 台湾出兵に反対して下野していた木戸孝允が，政府に復帰した。

④ 福岡県の秋月で前参議の江藤新平が反乱を起こしたが，政府に鎮圧された。

問2　下線部(2)に関連して，政府・行政の対応に関する記述として不適切なものを次の中から1つ選び，その番号の該当欄をマークしなさい。　**40**

① 板垣退助らに働きかけて洋行を援助し，費用は三井が提供した。

② 埼玉県秩父地方で発生した事件の鎮圧のため軍隊を派遣した。

③ 讒謗律を改正して政党の支部設置を禁止した。

④ 福島県令三島通庸は河野広中ら自由党員を大量検挙した。

問3　下線部(3)に関連して，初期議会に関する記述として不適切なものを次の中から1つ選び，その番号の該当欄をマークしなさい。　41

① 第1次松方正義内閣は，民党と対立して衆議院を解散し，激しい選挙干渉をおこなった。

② 第1次山県有朋内閣は，詔勅の力を借りて予算を成立させた。

③ 超然主義は，黒田清隆首相の声明に由来し，政府の政策は政党に左右されないというものである。

④ 立憲改進党と吏党の国民協会などは対外硬派として連合し，政府の条約改正交渉を攻撃した。

問4　下線部(4)に関連して，隈板内閣およびその前後の出来事に関する記述として不適切なものを次の中から1つ選び，その番号の該当欄をマークしなさい。　42

① 大隈重信首相・板垣退助内相以下，陸相・海相を除くすべての閣僚が憲政党員であった。

② 自由党と立憲改進党が合同して結成された憲政党は，衆議院の絶対多数を占めた。

③ 退陣後に成立した第2次山県内閣は，政党の影響力が官僚や軍部におよぶのを防ぐため文官任用令の改正と軍部大臣現役武官制の制定をおこなった。

④ 文部大臣辞任をきっかけに，憲政党は憲政党と憲政本党とに分裂した。

B　伊藤博文や山県有朋などは元老と呼ばれ，実質的に集団で天皇の代行的役割を果たした。元老は，憲法やその他の法令にもとづいて組織されたものではなかったが，首相の推薦や重要な政策に関与するなど，内閣に対して背後から影響力を行使した。そうして桂太郎と(5)西園寺公望が交代で内閣を組織する桂園時代を迎える。しかし1913年，(6)第3次桂太郎内閣は2カ月足らずで退陣に追い込まれ，その後に成立した内閣は，政党の影響力を拡大させた。

1924年，元老は政党と距離をおく首相を推薦した。しかし第二次護憲運動により総選挙で敗北し，かわって(7)加藤高明を首相とする連立内閣が組織された。加藤は明治憲法下において，唯一選挙結果にもとづいて首相となった例であり，普通選挙法を成立させた。(8)この第1次加藤高明内閣から犬養毅内閣まで，政党政治は憲政の常道となった。

問５　下線部(5)に関連して，この人物に関する記述として不適切なものを次の中から１つ選び，その番号の該当欄をマークしなさい。　**43**

① 第１次西園寺内閣のときに，全国鉄道網の統一的管理をめざす鉄道国有法が制定された。

② 第１次西園寺内閣のときに，日本社会党の存続が認められ，工場法が制定された。

③ 陸軍による２個師団の増設要求を，財政難を理由に拒否した。

④ 立憲政友会総裁であったが，衆議院第１党の地位を確保しても首相とならないこともあった。

問６　下線部(6)に関連して，第一次護憲運動に関する記述として不適切なものを次の中から１つ選び，その番号の該当欄をマークしなさい。　**44**

① 尾崎行雄や犬養毅らが「閥族打破・憲政擁護」を掲げて倒閣運動を起こすと，運動は全国に広がった。

② 桂太郎が対抗勢力として組織した新党は，立憲同志会となった。

③ 護憲派を支持する民衆が議会を包囲し，警察署や政府系新聞社が襲撃された。

④ 首相になる前の桂太郎は，明治天皇の内大臣兼侍従長となっていた。

問７　下線部(7)に関連して，協調外交に関する記述として不適切なものを次の中から１つ選び，その番号の該当欄をマークしなさい。　**45**

① 九カ国条約により，日本とアメリカが交換した中国の領土保全・門戸開放などに関する公文が破棄された。

② 日・米・英・仏間で，太平洋諸島の現状維持と問題の平和的解決を決めた条約が締結された。

③ 日中関税協定を結び，中国に関税自主権を認めた。

④ 日本人居留民の保護を名目に，３次にわたる山東出兵を実施した。

問８　下線部(8)に関連して，憲政会または立憲民政党の総裁として不適切なものを次の中から１つ選び，その番号の該当欄をマークしなさい。　**46**

① 犬養毅

② 加藤高明

③ 浜口雄幸

④ 若槻礼次郎

C　(9)中世の人々は，個人の力ではなし得ない目的を実現するため，神仏に誓約して一致団結した状態をつくり出した。このうち土一揆は，惣を基盤に土民が蜂起したものであり，時の幕府はその要求を入れて徳政令を発布したこともあった。近世には，(10)各地で百姓一揆が発生して餓死者が相次いだにもかかわらず，豪商が米を買い占め幕府は江戸に廻送するなどしたことに対し，大坂町奉行所の役人が門弟や民衆らとともに武装蜂起した。

近代になり，工場制工業が盛んになると，賃金労働者が増加してくる。労働者は団結して資本家に対抗し，政府は法律を制定して取り締まりを強化した。(11)敗戦後の日本では，抑圧が撤廃され大衆運動が高揚した。(12)1960年の安保闘争は，戦後最大の政治運動である。

問9　下線部(9)に関連して，室町時代の一揆に関する記述として不適切なものを次の中から1つ選び，その番号の該当欄をマークしなさい。　47

① 加賀では，浄土真宗本願寺派の門徒が国人と手を結び，守護富樫政親を倒した。
② 支配者の交代は所有や賃借などの関係を精算するという思想から，嘉吉の徳政一揆は足利義勝の代始めに発生した。
③ 正長の徳政一揆では，京都の借上や問屋などが襲撃され，質物や売買・貸借証文が奪われた。
④ 播磨の土一揆は，守護赤松氏の家臣を国外追放するという政治的要求を掲げた。

問10　下線部(10)に関連して，江戸時代の農民の闘争や抵抗運動に関する記述として不適切なものを次の中から1つ選び，その番号の該当欄をマークしなさい。　48

① 国訴は，村々が自由な流通を求めた合法的な訴訟闘争である。
② 下総の佐倉惣五郎は一揆の代表者として領主に直訴し，義民として伝説化された。
③ 惣百姓一揆の例として，信濃松本藩で発生した元文一揆がある。
④ 幕末には，国学の尊王思想が農村にも広まり，農民の一揆でも世直しが叫ばれた。

問11　下線部(11)に関連して，次のア～エの出来事を古いものから順に並べたものを次の中から1つ選び，その番号の該当欄をマークしなさい。　49

ア　金融緊急措置令の公布
イ　経済安定九原則の指令
ウ　二・一ゼネスト計画
エ　湯川秀樹のノーベル賞受賞

① ア → ウ → イ → エ
② イ → エ → ア → ウ
③ ウ → ア → エ → イ
④ エ → イ → ウ → ア

問12 下線部⑿に関連して，1960年代の出来事に関する記述として不適切なものを次の中から1つ選び，その番号の該当欄をマークしなさい。 50

① 小笠原諸島がアメリカから返還された。

② 公害対策基本法が改正され，環境庁が発足した。

③ 資本主義諸国の中でアメリカにつぐ世界第2位の国民総生産を実現した。

④ 地域格差を是正するため，全国総合開発計画が閣議決定された。

世界史

（60分）

I　A～Cの指示にしたがって，それぞれの設問に答えなさい。

A　周の東遷から秦による統一前までの中国に関する以下の設問（問1～4）に答えなさい。

問1　周は，前8世紀前半に，内紛と西方の遊牧民による攻撃により，都を東方に移した（東周）。このとき都が置かれた地として最も適切なものを次の中から1つ選び，その番号の該当欄をマークしなさい。　［1］

① 咸陽
② 洛邑
③ 長安
④ 鎬京

問2　東周時代に関連する記述として最も適切なものを次の中から1つ選び，その番号の該当欄をマークしなさい。　［2］

① 戦国の世を治めるために，東周の王は中央から官僚を派遣して統治させる郡県制を全国に施行し，それまで国ごとに異なっていた度量衡・文字・車軌（車幅）を一つに定め，貨幣も半両銭に統一した。
② 人々が宇宙の支配者を帝（上帝）とよび，帝と王の祖先を神として崇拝した東周時代，王はその祭りの儀式をつかさどり，甲骨によって帝の意思を占いながら，神権政治をおこなった。
③ 大土地所有をおさえ，小農民を保護育成する目的で導入された均田制によって土地を与えられた農民は，租・調・庸・雑徭の税役を負担し，府兵制によって徴兵された。
④ 東周時代は分裂の時代であったが，各国の領土拡大競争によって中国文化圏は拡大し，その一体感の中から中国を文明の中心とし，周辺地域を夷狄とする華夷思想の原型が生まれた。

問3　戦国時代に有力となった「戦国の七雄」とよばれる国として不適切なものを次の中から1つ選び，その番号の該当欄をマークしなさい。　3

① 斉
② 秦
③ 新
④ 魏

問4　春秋・戦国時代にあらわれた諸子百家とよばれる思想家たちとその所説についての記述として最も適切なものを次の中から1つ選び，その番号の該当欄をマークしなさい。　4

① 孟子は性悪説を唱え，礼によって人々を導くべきであるとし，君主の専制支配を擁護した。
② 荘子は性善説を唱え，善い心をのばすべきだとし，王道政治を理想とした。
③ 韓非は，儒家を批判して血縁関係にとらわれない無差別の愛（兼愛）を説くとともに，平和論（非攻）を主張した。
④ 孔子は，親や年上の兄弟に対する孝・悌という家族道徳を基礎にする人間のあり方を仁とし，その実践による理想的な社会秩序の実現を説いた。

B　古代オリエント・地中海世界に関する以下の設問（問5～7）に答えなさい。

問5　アテネで僭主政治を確立した政治家として最も適切なものを次の中から1つ選び，その番号の該当欄をマークしなさい。　5

① ペリクレス
② ペイシストラトス
③ ソロン
④ テミストクレス

問6　「万物の尺度は人間である」ととなえた人物として最も適切なものを次の中から1つ選び，その番号の該当欄をマークしなさい。　6

① ヒッポクラテス
② タレス
③ ピタゴラス
④ プロタゴラス

問7　ヘレニズム文化についての記述として不適切なものを次の中から1つ選び，その番号の該当欄をマークしなさい。 **7**

① アルキメデスは浮体の原理を発見した。

② エウクレイデスは平面幾何学を大成した。

③ ゾロアスター教が成立し，教典『アヴェスター』が編纂された。

④ エジプトのアレクサンドリアに王立研究所（ムセイオン）が設けられた。

C　古代インドに関する以下の設問（問8～10）に答えなさい。

問8　インドで最初の帝国となるマウリヤ朝をたてた人物として最も適切なものを次の中から1つ選び，その番号の該当欄をマークしなさい。 **8**

① アショーカ

② カニシカ

③ ハルシャ

④ チャンドラグプタ

問9　前1世紀頃にデカン高原を中心に成立した王朝名として最も適切なものを次の中から1つ選び，その番号の該当欄をマークしなさい。 **9**

① サータヴァーハナ朝

② チョーラ朝

③ グプタ朝

④ シンハラ朝

問10　古代インドにおける宗教についての記述として不適切なものを次の中から1つ選び，その番号の該当欄をマークしなさい。 **10**

① バラモン教は，人をバラモン（司祭）・ヴァイシャ（武士）・クシャトリヤ（農民・牧畜民・商人）・シュードラ（隷属民）という4つの身分に分けるヴァルナ制を土台として成立した。

② 仏教の開祖であるガウタマ=シッダールタは，動物を犠牲に捧げる供儀や難解なヴェーダ祭式，バラモンを最高位とみなすヴァルナ制などを否定した。

③ ジャイナ教は，仏教と同じく，バラモン教の祭式やヴェーダ聖典の権威を否定し，とくに苦行と不殺生を強調した。

④ 民間の信仰や慣習を吸収して徐々に形成されたヒンドゥー教は，シヴァ神やヴィシュヌ神など多くの神々を信仰する多神教である。

Ⅱ　環海洋世界に関する次のA～Dの文章を読んで，それぞれについての設問に答えなさい。

A　大航海時代前夜までのヨーロッパをとりまく主な環海洋世界は地中海交易圏と北海・バルト海交易圏であったといえよう。まず地中海交易圏については，①「パクス＝ロマーナ」（ローマの平和）とよばれる政治・経済の安定期において，首都ローマを起点にローマ帝国各地にのびる街道網や地中海の海路が整備され，法律や貨幣，度量衡も統一されたので，帝国全土を結びつける遠隔地商業ネットワークが形成された。その後ゲルマン人の大移動やイスラーム世界の拡大を経て，この海洋世界の統一性は政治的・宗教的には分断されたようにも見える。だが中世盛期の農業生産力の上昇や都市の発達によって貨幣経済が拡大するとともに，また②十字軍をきっかけに，地中海世界でも豊かな通商が維持・拡大されていく。とくにヴェネツィア・ジェノヴァ・ピサなどの海港都市は，銀や毛織物などの商品と引き換えに，東方で香薬や絹織物などの奢侈品《しゃしひん》を輸入し，次いでミラノや③フィレンツェなどの内陸都市も商業と毛織物生産で栄えるようになったのである。オスマン帝国は，15世紀半ばにコンスタンティノープルを攻略してビザンツ帝国を滅ぼした。16世紀には，〔　④　〕のとき，東地中海に進出するとともに，ハンガリーを征服し，ウィーンを包囲するなど，最盛期を迎えた。このイスラームの大帝国においては，⑤キリスト教世界との角逐はあったものの，経済政策の一環として，外国の商人にはカピチュレーションという商業特権が恩恵的に与えられた。

問1　下線部①に関連して，ローマ帝国はこの時代に最大の版図となるが，そのときのローマの支配地として不適切なものを次の中から1つ選び，その番号の該当欄をマークしなさい。　11

① パルティア
② ダキア
③ トラキア
④ ブリタニア

問2　下線部②に関する記述として不適切なものを次の中から1つ選び，その番号の該当欄をマークしなさい。　12

① クレルモン宗教会議（教会会議）で決議された第1回十字軍は，聖地奪回の目的を果たしてイェルサレム王国を建てた。
② 教皇ウルバヌス2世のもとにおこされた第4回十字軍は，資金を出したヴェネツィア商人の思惑に加え，ビザンツ帝室の内紛に巻き込まれる形でコンスタンティノープルを占領し，ラテン帝国を建てた。
③ 第6回，第7回十字軍は，フランスのルイ9世が主導して北アフリカを攻撃したが，

失敗した。

④ 十字軍がおこなわれている間に，聖地巡礼の保護などを目的として，ドイツ騎士団・ヨハネ騎士団・テンプル騎士団などの修道騎士団（宗教騎士団）が結成された。

問3 下線部③の大商人メディチ家が後援した画家で「ヴィーナスの誕生」を描いた人物として最も適切なものを次の中から1つ選び，その番号の該当欄をマークしなさい。 13

① レオナルド＝ダ＝ヴィンチ

② ラファエロ

③ ボッティチェリ

④ ミケランジェロ

問4 空欄〔 ④ 〕に入る人名として最も適切なものを次の中から1つ選び，その番号の該当欄をマークしなさい。 14

① スレイマン1世

② メフメト2世

③ セリム1世

④ バヤジット1世

問5 下線部⑤に関連して，オスマン帝国がキリスト教世界の軍隊と戦った戦争として不適切なものを次の中から1つ選び，その番号の該当欄をマークしなさい。 15

① プレヴェザの海戦

② レパント沖の海戦

③ ニコポリスの戦い

④ アンカラの戦い

B 次に北海・バルト海交易圏について見てみよう。スカンディナヴィアを原住地とするヴァイキングは，8世紀末より，卓越した造船技術と操船術を駆使し，北ヨーロッパ各地に拡大した。彼らは，故地では農業を中心とする生業を営む一方，進出先では略奪をおこない，かつ商人としても北海・バルト海を股にかけて活躍した。さらに，その積極的な商業活動は⑥ローマ＝カトリック圏のみならずギリシア正教圏やイスラーム圏にも及び，進出先に定住したり，国家建設に関わることもあった。11世紀から各地で増加する自治都市の間では，商業上の利益や特権を守るために都市同盟が結成されるようになるが，北海・バルト海沿岸の商人たちがつくった組織がハンザ同盟とよばれるものである。商人たちの発意で生まれたこの組織はやがて〔 ⑦ 〕を盟主とする北ドイツ諸都市の連合体となって，一つの政治体として国王や諸侯と対抗しうる勢力ともなった。不定期の総会以外に統治組織をもたない結束の緩やかな組織であったが，外交使節，在外商館，軍隊などを保持していたのである。また，北ヨーロッパ世界は，ハンザ同盟の加盟諸都市の商人を通じて，手工業地域と一次産品生産地域の一種の分業体制を形成していたともいえる。だが，⑧中世末から近世にかけての諸国の台頭や経済政策の変更などの外的要因により衰退に向かう。

問６　下線部⑥に関連して，このようにして成立したヴァイキング（ノルマン人）系の国として不適切なものを次の中から１つ選び，その番号の該当欄をマークしなさい。　16

① シチリア王国
② ノルマンディー公国
③ ノヴゴロド国
④ ハンガリー王国

問７　空欄〔　⑦　〕に入る都市として最も適切なものを次の中から１つ選び，その番号の該当欄をマークしなさい。　17

① リューベック
② ハンブルク
③ ブリュージュ
④ ケルン

問８　下線部⑧に関連して，オランダ（ネーデルラント連邦共和国）の海洋進出はハンザ同盟の衰退と無関係ではないと考えられるが，16～17世紀におけるオランダについての記述として最も適切なものを次の中から１つ選び，その番号の該当欄をマークしなさい。　18

① オランダは，独立を認めさせるためにスペインの無敵艦隊（アルマダ）と戦い，北海沖の海戦で勝利した。
② オランダは，アンボイナ事件を転機にポルトガルの勢力をインドネシア地域から締め出し，のちのオランダ領東インドの基礎を固めた。
③ ３回に及ぶイギリス=オランダ（英蘭）戦争で勝利したオランダはイギリスからケープ植民地を奪った。
④ 1648年のウェストファリア条約でオランダの独立が国際的に承認された。

C　アジアに目を転じると環インド洋の経済世界も古くから存在していた。早くも1世紀にアラビア海で，4世紀にはベンガル湾でモンスーン航海術が確立して，海上交通は格段に安全確実で迅速になった。沿岸には港市国家が多数生まれ，こうして広い意味での環インド洋の経済世界は活性化していった。8世紀に開かれた〔　⑨　〕の時代，ムスリム商人たちは活動域をインド洋世界にまで拡げていく。⑩13世紀末には，モンゴル帝国が支配する陸上の交易と，中国商人・ムスリム商人が担う海上の交易が円滑に結びついた。15世紀には明の永楽帝の命を受けた鄭和が，大艦隊を率いて⑪東南アジア・インドからアフリカ沿岸へ7回にわたり遠征し，交易をおこなうとともに⑫諸国に明への朝貢を促した。マラッカは，鄭和艦隊の根拠地となることで台頭し，15世紀半ばには東南アジア海域の中心となり，東シナ海・南シナ海の交易とインド洋の交易を結ぶ役割を担った。こうして，15世紀末にポルトガルのヴァスコ＝ダ＝ガマが喜望峰を回ってインド西岸のマラバール海岸の〔　⑬　〕に到達する前に，環インド洋世界ではきわめて成熟した交易ネットワークが形成されていたのであった。

問9　空欄〔　⑨　〕に入る語として最も適切なものを次の中から1つ選び，その番号の該当欄をマークしなさい。　19

① サーマーン朝
② セルジューク朝
③ アッバース朝
④ ウマイヤ朝

問10　下線部⑩に関連して，イスラーム圏を広く旅しただけでなく，海路でインドから中国を往復したといわれ，『大旅行記（三大陸周遊記）』を著したモロッコ生まれの人物として最も適切なものを次の中から1つ選び，その番号の該当欄をマークしなさい。　20

① イブン＝シーナー
② イブン＝ルシュド
③ イブン＝バットゥータ
④ イブン＝ハルドゥーン

問11　下線部⑪に関連して，鄭和の艦隊の一部が遠征したアフリカ東岸の港市として最も適切なものを次の中から1つ選び，その番号の該当欄をマークしなさい。　21

① マジャパヒト
② パレンバン
③ ホルムズ
④ マリンディ

問12　下線部⑫に関連して，明の時代の日本に関する記述として不適切なものを次の中から1つ選び，その番号の該当欄をマークしなさい。　22

① 室町幕府3代将軍をつとめた足利義満は，明に冊封されて「日本国王」の称号を受け，明との間に勘合貿易を始めた。

② 徳川家康は朱印船貿易を促進し，日本人は東南アジアの各地に進出して日本町をつくった。

③ 江戸時代には基本的に「鎖国」という管理貿易体制がとられたが，朝鮮との間では朝貢貿易がおこなわれ，徳川幕府は朝鮮の朝貢使節をたびたび受け入れた。

④ 交易で栄えていた琉球は，島津氏の攻撃を受けてその支配下に入ったが，明との冊封・朝貢関係を継続した。

問13　空欄〔　⑬　〕に入る語として最も適切なものを次の中から1つ選び，その番号の該当欄をマークしなさい。　23

① カルカッタ（コルカタ）

② ボンベイ（ムンバイ）

③ ゴア

④ カリカット

D　最後に環大西洋の世界に目を転じてみよう。15世紀末からのポルトガル・スペインに続いて，16世紀末からは⑭オランダ・イギリス・フランスも世界貿易に参入し，植民地を形成するようになり，西ヨーロッパ主導の「世界の一体化」が始まった。16世紀には大西洋をはさむ広域の分業体制が成立し始めたが，それは支配と従属の関係，あるいは中核と周辺の関係の成立を意味した。⑮それまで自立的であったラテンアメリカや西アフリカの諸地域などでは伝統社会が破壊され，これ以後，自立した発展をとることが困難となった。17世紀にこの分業体制の中核となった西ヨーロッパでは，国家の集権化が進む一方，工業・農業において封建的束縛から解放された労働形態が一般化し，このことは市民社会の成長を進めた。これに対して⑯周辺とされたアメリカでは，従属的な労働形態が一般化した。17～18世紀には大西洋をはさんだ三角貿易がおこなわれた。イギリスなどが三角貿易で得た富は産業革命の展開を促した一因とされている。

問14　下線部⑭に関連して，16世紀のイギリスとフランスの内政に関する記述として最も適切なものを次の中から1つ選び，その番号の該当欄をマークしなさい。　24

① イギリスでは，ウィクリフが聖書を中心とする信仰の原点への回帰を説き，宗教改革の先駆をなした。

② イギリスでは，エドワード１世の時代に，上院（貴族院）・下院（庶民院）からなる模範議会とよばれる身分制議会が成立した。

③ フランスでは，ユグノー戦争とよばれる内乱の中，ヴァロワ朝が断絶し，アンリ４世がブルボン朝を開いた。

④ フランスでは，ルイ14世が財務長官にコルベールを登用して，重商主義政策をおこなってオランダの商業覇権に挑戦した。

問15　下線部⑮に関連して，16～17世紀におけるこの「世界の一体化」の開始過程で滅ぼされた王国として最も適切なものを次の中から１つ選び，その番号の該当欄をマークしなさい。　25

① マラーター（マラータ）王国

② アステカ王国

③ モノモタパ王国

④ ガーナ王国

問16　下線部⑯に関連する記述として最も適切なものを次の中から１つ選び，その番号の該当欄をマークしなさい。　26

① ポルトガル領となったブラジルの地では農場領主制（グーツヘルシャフト）という賦役労働にもとづく大規模農業経営が成立した。

② スペインのアメリカ植民地では，債務奴隷を主な労働力とするアシエンダ制とよばれる大規模な土地所有にもとづく農園経営がひろがった。

③ イギリスのアメリカ植民地では，植民者に先住民の支配を委託するアシエント制をしき，先住民を大農園や鉱山で酷使した。

④ 17世紀以降オランダの植民地であったハイチでは，強制栽培制度にもとづいて砂糖・コーヒーのプランテーション経営がおこなわれた。

Ⅲ　次のＡ～Ｂの文章を読んで，それぞれについての設問に答えなさい。

Ａ　中世ヨーロッパの文化がキリスト教と聖職者によって担われたのに対して，絶対王政期に文化を担ったのは宮廷であった。ルイ13世が建てた狩猟用の離宮を土台にしてルイ14世が大幅な増築によって完成させたヴェルサイユ宮殿がその典型で，この豪壮華麗な宮殿には，建築・造園・彫刻・家具にいたるまで，当時の芸術の粋が集められた。その影響を受けて〔　①　〕が18世紀半ばにポツダムに建てたサンスーシ宮殿は，より繊細で優美な〔　②　〕様式を代表する建築であった。また，③他の芸術諸領域も宮廷生活を通して発展した。科学革命が進行した17世紀には学問の方法論にも関心が向けられ，経験論や合理論の展開を経て，18世紀には〔　④　〕が，この経験論と合理論を総合する批判哲学を確立してドイツ観念論の基礎をきずいた。一方，主権国家が形成されるにつれて，⑤その国家像をめぐる思想があらわれることとなった。また，主権国家を支える経済思想については，はじめは国家が経済に介入し商工業を保護・育成する重商主義が支配的であった。だが，18世紀になると，⑥経済的自由主義を土台とする古典派経済学が誕生した。18世紀には，理性重視の立場から古い権威や偏見の打破を唱え，カトリック教会や絶対王政を批判する啓蒙思想が，とくにフランスで盛んになった。その集大成が，ディドロと〔　⑦　〕が中心となって編集した『百科全書』であった。さらに，サロン，コーヒーハウスやカフェ，フリーメイソンの会所などを通じて世論が形成され，都市の市民層の活動が社会と政治を変えていくことになった。

問１　空欄〔　①　〕に入る国王名として最も適切なものを次の中から１つ選び，その番号の該当欄をマークしなさい。　**27**

① ヨーゼフ２世
② ヴィルヘルム１世
③ フリードリヒ２世
④ マリア=テレジア

問２　空欄〔　②　〕に入る語として最も適切なものを次の中から１つ選び，その番号の該当欄をマークしなさい。　**28**

① ロココ
② バロック
③ ゴシック
④ ルネサンス

問3 下線部③に関連する記述として不適切なものを次の中から1つ選び，その番号の該当欄をマークしなさい。 29

① 音楽と舞踏を融合したバレエやオペラも，宮廷を舞台として発展した。

② ルイ14世時代のフランスでは喜劇作家のコルネイユとラシーヌ，悲劇作家のモリエールの三大劇作家が出て，形式美を重んじる古典主義演劇を確立した。

③ 絵画では，フランドル派のルーベンスやファン＝ダイク，スペインで活躍したベラスケスやエル＝グレコなどの宗教画や肖像画が宮廷を飾った。

④ 宮廷や教会で活躍したバッハはバロック音楽を大成させた。

問4 空欄〔 ④ 〕に入る人物として最も適切なものを次の中から1つ選び，その番号の該当欄をマークしなさい。 30

① ニーチェ

② ライプニッツ

③ スペンサー

④ カント

問5 下線部⑤に関連する記述として最も適切なものを次の中から1つ選び，その番号の該当欄をマークしなさい。 31

① ジェームズ1世に仕えたボシュエが唱えた王権神授説は，王権は神から授けられたと主張するものであり，王権の絶対性の根拠を神に求めるものであった。

② イギリスのロックは，『リヴァイアサン』を刊行し，「万人の万人に対する闘争」という状態を避けるために各人が契約によって国家を形成したのだから，国家主権は絶対だと主張した。

③ イギリスのホッブズは，『統治二論』を著して，人民の生まれながらの権利を守るために各人が契約によって政府をつくったのであり，政府がこの権利をおかせば，人民には政府に抵抗する権利があると主張した。

④ ルソーは『人間不平等起源論』や『社会契約論』を著して，自由平等と人民主権を説いた。

問6 下線部⑥に関連して，古典派経済学の系譜に入るイギリスの経済学者として不適切なものを次の中から1つ選び，その番号の該当欄をマークしなさい。 32

① アダム＝スミス

② リスト

③ リカード

④ マルサス

問7　空欄〔　⑦　〕に入る人物として最も適切なものを次の中から1つ選び，その番号の該当欄をマークしなさい。 33

① モンテスキュー
② ダランベール
③ ラヴォワジェ
④ ヴォルテール

B　⑧フランス革命に伴う政治的・社会的激変は，文化の領域においても大きな転換をもたらした。皇帝や国王などの宮廷や，貴族などの社交の場で展開されたアンシャン＝レジームの貴族（宮廷）文化にかわって，19世紀には市民層を担い手とする新たな市民文化が主流となった。市民文化は，貴族文化の成果を引き継ぎ，それらを市民層や広く国民に伝える役割を果たした。さらに，⑨美術・文学・音楽などの分野で，それぞれの言語文化や歴史を重視する国民文化の基礎をつくった。また，⑩近代思想や学術が発展し，その成果はやがて義務教育，あるいは新聞などの大衆的メディアを通して国民の中に広まっていった。20世紀になると，義務教育のさらなる普及や⑪労働者政党の成長などに裏づけられて「大衆」の台頭がみられたほか，⑫それまで世界の思想や芸術を主導してきた西欧の影響が後退する傾向も明らかとなった。20世紀末以降，近代社会が「人権平等」を掲げながら，実際には人種や性の差別を許容していた現実を明らかにし，近代を根本的に批判するポスト＝モダニズムの思想が台頭した。さらに，1970年代以降⑬「大きな政府」論への反発から，市場における自由競争を重視する新自由主義への関心も高まった。しかし，世界的規模での自由競争の推奨の結果，国内外で膨大な所得格差が発生し，⑭投機的な活動が深刻な経済危機を生み出した。これに対して，人間社会における何らかの共同性の回復や福祉国家の役割を見直す動きも出てきている。

問8　下線部⑧に関連して，1789年から1799年までのフランスの出来事として最も適切なものを次の中から1つ選び，その番号の該当欄をマークしなさい。 34

① イギリスとの通商を大陸諸国に禁じる大陸封鎖令が出された。
② 男性普通選挙が実施されて国民公会が成立した。
③ 近代市民社会の法の諸原理をまとめた民法典が制定された。
④ フランスとローマ教皇庁との間に宗教協約（コンコルダート）が結ばれた。

問9　下線部⑨に関連する記述として最も適切なものを次の中から1つ選び，その番号の該当欄をマークしなさい。 35

① 19世紀前半のヨーロッパでは，18世紀の理性重視の啓蒙思想に対する反省として写実主義・自然主義が盛んになった。

② 19世紀後半の美術では，マネ・モネ・ルノワールらを中心に，光と色彩を重んじて感覚的な印象をそのままに表現しようとする印象派が生まれた。

③ ドイツの自然主義派に属するゲーテとハイネは，「シュトゥルム＝ウント＝ドランク（疾風怒濤）」とよばれる文学運動を展開した。

④ 音楽ではモーツァルトが先駆となり，シューベルトやショパンが確立した古典派音楽からは，スメタナのような民族性の強い作曲家もあらわれた。

問10 下線部⑩に関する記述として不適切なものを次の中から１つ選び，その番号の該当欄をマークしなさい。 36

① ヘーゲル哲学を批判的に継承したマルクスは，史的唯物論（唯物史観）を樹立した。

② 19世紀末になると，市民社会のゆきづまりが感じられて，神の死を強調して超人を賛美するトーマス=マンがあらわれた。

③ フランスでは，コントの提唱した実証主義哲学が人文・社会科学に大きな影響を与えた。

④ ダーウィンは，『種の起源』で，自然淘汰による適者生存をキーワードに進化論を唱えた。

問11 下線部⑪に関連して，20世紀前半における各国の労働者の政党についての記述として最も適切なものを次の中から１つ選び，その番号の該当欄をマークしなさい。 37

① ロシアでは，日露戦争の戦況が不利になり，血の日曜日事件をきっかけに，ボリシェヴィキの流れをくみ，マルクス主義を掲げる社会革命党が結成された。

② フランスでは，共産党のブルムが首相となり，反ファシズムを掲げる人民戦線内閣が成立した。

③ ドイツでは，社会主義者鎮圧法が廃止されたあと社会民主党が急速に勢力をのばし，1912年には帝国議会第１党となった。

④ イギリスでは，1929年の選挙で労働党がはじめて第１党となり，労働党単独のチェンバレン内閣が誕生した。

問12 下線部⑫に関連して，第一次世界大戦直後に広く読まれた『西洋の没落』の著者として最も適切なものを次の中から１つ選び，その番号の該当欄をマークしなさい。 38

① ベルンシュタイン

② シュペングラー

③ ロマン=ロラン

④ サイード

問13　下線部⑬に関連して，「小さな政府」をめざす新自由主義的改革をおこなった政権として不適切なものを次の中から1つ選び，その番号の該当欄をマークしなさい。　39

① イギリスのサッチャー保守党政権
② 西ドイツのコール中道右派連立政権
③ アメリカ合衆国のレーガン民主党政権
④ 日本の中曽根康弘自民党政権

問14　下線部⑭に関連して，1997年のアジア通貨危機はある国の通貨急落をきっかけとしておこった。その国名として最も適切なものを次の中から1つ選び，その番号の該当欄をマークしなさい。　40

① 中国
② タイ
③ シンガポール
④ ミャンマー

Ⅳ　20～21世紀のアジア・アフリカに関連する以下の設問に答えなさい。

問1　第一次世界大戦で敗戦国となったオスマン帝国において，国民国家の樹立をめざすムスタファ＝ケマルは，戦勝国側と条約を結んで，新たな国境の画定・治外法権の廃止・関税自主権の回復に成功した。この条約として最も適切なものを次の中から1つ選び，その番号の該当欄をマークしなさい。　41

① ローザンヌ条約
② ロカルノ条約
③ トリアノン条約
④ セーヴル条約

問2　中東戦争に関する記述として最も適切なものを次の中から1つ選び，その番号の該当欄をマークしなさい。　42

① 国際連合によるパレスチナ分割案（アラブ人地域とユダヤ人地域への分割）の決定に対して，ユダヤ人はこれを受け入れて1948年にイスラエルの建国を宣言したが，アラブ諸国はこれに反対し，イスラエルとの間にパレスチナ戦争（第1次中東戦争）がおこった。

② エジプトのナセルによるスエズ運河の国有化に対するイギリス・アメリカ合衆国・イスラエルの軍事行動によっておこったスエズ戦争（第2次中東戦争）は，国際世論の批判を招いた結果，上記3国が撤退して停戦となった。

③ パレスチナ解放機構（PLO）の反イスラエル抵抗闘争が強化される中，サウジアラビア・シリアなどとイスラエルとの間におこった第3次中東戦争（六日間戦争）の結果，イスラエルが占領地を拡大する一方で多数の難民が生まれ，アラブ民族主義は衰退に向かった。

④ 失地回復をめざしてシリアとエジプトがイスラエルを攻撃しておこった第4次中東戦争の結果，イスラエルは占領地を返還したが，石油輸出国機構（OPEC）の反アラブ諸国に対する原油輸出の制限や原油価格の大幅引き上げにより第1次石油危機がおきた。

問3　1970年代以降の中東に関する記述として最も適切なものを次の中から1つ選び，その番号の該当欄をマークしなさい。 **43**

① イランでは，パフレヴィー2世による近代化路線に反対するイラン革命がおこり，宗教指導者ホメイニを中心とするイラン＝イスラーム共和国が成立した。

② イラクでは，大統領となったサダム＝フセインが国境紛争を理由にイランと戦争をおこして勝利し，さらにシリアに侵攻してこれを併合した（湾岸戦争）。

③ 同時多発テロ事件に直面したアメリカ合衆国のブッシュ（子）大統領は，イスラーム急進派組織アル＝カーイダが事件の実行者であるとして，この組織を保護するイラクのターリバーン政権を打倒した。

④ アメリカ合衆国は，イギリスとともに，アフガニスタンが中東地域の脅威になっているとしてこの国を攻撃して占領統治下におき，日本も復興支援のために自衛隊を派遣した。

問4　第二次世界大戦後の南アジアに関する記述として不適切なものを次の中から1つ選び，その番号の該当欄をマークしなさい。 **44**

① 1947年，ヒンドゥー教徒が多数を占めるインドと，ムスリムが多数を占め，国土が東西にわかれたパキスタンが分離独立した。

② カシミールではムスリムが住民の大半を占めるが，藩王がインドへの帰属を表明したため，2次にわたりインド＝パキスタン戦争（印パ戦争）がおこった。

③ インドの初代大統領インディラ＝ガンディーは，政教分離原則のもと，議会制民主主義による政治を確立した。

④ 東パキスタンは，パキスタンからの独立を求めて戦争を開始し，インドの支援を得て勝利した結果，バングラデシュとして独立した。

問5　第二次世界大戦後の東南アジア諸国の動きについての記述として最も適切なものを次の中から1つ選び，その番号の該当欄をマークしなさい。 45

① インドネシアでは，スカルノらが日本の敗戦直後に独立を宣言したが，イギリスがそれを認めなかったため，4年余りの独立戦争の末，1949年に独立を果たした。

② フィリピンは第二次世界大戦後すぐにスペインから独立して共和国となったが，冷戦の国際環境のなか，アメリカ合衆国に接近して米比相互防衛条約を結んだ。

③ マレー半島のイギリスの植民地は，1957年にマラヤ連邦として独立し，その後北ボルネオおよびシンガポールを加えてマレーシアとなったが，その後シンガポールは離脱した。

④ アウン＝サンの指導下でフランスとの交渉によって1948年に独立を果たしたビルマは，社会主義を志向したが，共産党や少数民族の反乱によって政治的混乱に陥り，軍が政権を握り続けた。

問6　ベトナム戦争に関する記述として最も適切なものを次の中から1つ選び，その番号の該当欄をマークしなさい。 46

① 南ベトナムでは，アメリカ合衆国の支援を受けたホー＝チ＝ミンが，1955年にバオダイを追放してベトナム共和国を樹立し，ベトナム民主共和国（北ベトナム）と対抗した。

② 南ベトナム解放民族戦線の攻勢を共産主義の勢力拡大とみなしたアメリカ合衆国は，ベトナム民主共和国（北ベトナム）への爆撃（北爆）を開始し，大軍を投入した。

③ 長引く戦争に反対する世論の高まりもあって，アメリカ合衆国のカーター大統領は，ベトナム（パリ）和平会談にのぞみ，1973年のベトナム（パリ）和平協定の結果を受けてベトナムから米軍を撤退させた。

④ 30年にわたる独立戦争が終結し，南北を統一し成立したベトナム社会主義共和国は，開発独裁を基調とするドイモイ（刷新）政策を実施した。

問7　両大戦間期の中国に関する記述として最も適切なものを次の中から1つ選び，その番号の該当欄をマークしなさい。 47

① ヴェルサイユ条約の結果，ドイツが山東半島の膠州湾を租借地とし，青島に海軍基地を建設すると，ロシアは旅順・大連に，イギリスは威海衛にそれぞれ租借地を設定した。

② 北京大学で始まったヴェルサイユ条約への抗議運動はやがて全国に広まり，五・三〇運動とよばれる労働者・農民の愛国主義的な運動となった。

③ 第一次世界大戦中におこった新文化運動を背景に中国にマルクス主義が広まった結

果，1921年に，孫文を指導者とする中国共産党が成立した。

④ 南満州鉄道および遼東半島租借地（関東州）の守備を目的とする日本の関東軍は，中国東北部での権益を守るため，列車を爆破して張作霖を殺害した。

問8 1980年代の日本に関連する記述として最も適切なものを次の中から1つ選び，その番号の該当欄をマークしなさい。 48

① 韓国との間に日韓基本条約が結ばれ，国交が正常化された。

② 田中角栄首相が訪中し，日中の国交が正常化された。

③ アメリカ合衆国の施政下におかれていた沖縄が日本に返還された。

④ プラザ合意によって為替相場が円高ドル安へと誘導され，日本の海外投資が増加した。

問9 アフリカの独立に関する記述として不適切なものを次の中から1つ選び，その番号の該当欄をマークしなさい。 49

① サハラ以南のアフリカでは，第二次世界大戦終結当時独立していたのはエチオピア・コンゴ・リベリアだけであった。

② 1960年は多くの国が独立して「アフリカの年」とよばれたが，その後これらの諸国はアフリカ統一機構（OAU）を結成した。

③ アルジェリアは，1950年代に結成された民族解放戦線（FLN）がフランスと戦い（アルジェリア戦争），1962年に独立した。

④ 南ローデシアでは白人政権がイギリスからの独立を一方的に宣言したが，解放勢力の武装闘争や国際世論の批判に直面し，その後，黒人主体のジンバブエ共和国が成立した。

問10 1980年代以降のアフリカに関する記述として不適切なものを次の中から1つ選び，その番号の該当欄をマークしなさい。 50

① アフリカ統一機構（OAU）は，ヨーロッパ連合（EU）をモデルとしてアフリカ連合（AU）に衣替えした。

② 南アフリカでは，アパルトヘイト（人種隔離政策）を支えていた黒人隔離諸法が撤廃され，全民族参加による選挙の結果，黒人のマンデラが大統領に選ばれた。

③ 南アフリカはBRICSとよばれる新興国グループに入り，またいわゆるG20のメンバー国ともなった。

④ エジプトで発生した反政府デモを発端とし，インターネットを用いて民衆を動員した民主化運動は「アラブの春」とよばれ，北アフリカ諸国の長期独裁政権に終止符をうった。

政治・経済

（60分）

I 次の文章を読んで，以下の設問に答えなさい。

日本は，1945年７月に出された①ポツダム宣言を受諾し，連合国に降伏した。ポツダム宣言が列挙した諸要求は，②憲法改正を日本に迫る内容のものであった。③日本政府は，憲法改正案を検討するための④委員会を1945年10月に設置したが，この憲法問題調査委員会によって作成された大日本帝国憲法の改正案は，国体の護持を前提とし，⑤天皇大権を縮小しつつも，⑥天皇の主権者としての地位の存続を図るなど，従来の憲法を微修正する内容にとどまるものであった。

これに対して，連合国軍最高司令官マッカーサーは，⑦連合国軍最高司令官総司令部（GHQ）の構成員に対して，総司令部による独自の憲法草案作成の指針となる，マッカーサー・ノート（マッカーサー三原則）と呼ばれる基本方針を提示した。その内容は，第一に，天皇が国家の元首（the head of the state）の地位にあり，その地位は世襲され，その権限は憲法に基づいて行使されるということである。第二に，[　⑧　]である。第三に，⑨日本の封建制度が廃止されること，皇族以外の華族の特権が子孫に継承されないこと，華族の特権が⑩政治権力を伴わないことである。以上に加え，⑪予算制度が⑫イギリスの制度を模範とすべきことが追記された。

マッカーサー・ノートの示した上記の基本方針に基づいて，総司令部は短期間のうちに憲法草案を作成した。そして，この草案に準拠して作成された日本国憲法草案は，大日本帝国憲法第73条の定める手続にしたがい，枢密顧問の諮《し》詢《じゅん》を経て勅命により帝国議会の審議に付され，⑬生存権の保障規定や⑭文民条項の挿入など，議会審議の過程で若干の修正が加えられたのち，帝国議会の議決と天皇の裁可を得て，日本国憲法として公布された。

以上のような⑮日本国憲法成立の経緯から，この憲法は戦勝国である⑯アメリカに強要された「押しつけ憲法」だという批判も生じた。この点に関連して，日本国憲法の前文は，「日本国民は，正当に選挙された国会における代表者を通じて行動し」，「主権が国民に存することを宣言し，この憲法を確定する」と述べている。前文はまた，「国政は，国民の厳粛な信託によるものであつて，その権威は国民に由来し，その権力は国民の代表者がこれを行使し，[　⑰　]」と宣言して，日本国民の主体性を強調した。

問１　下線部①に関する記述として不適切なものを，次の①～④のなかから一つ選び，その番号をマークしなさい。　1

① ポツダム宣言の掲げた日本に対する要求事項の一つが，日本の民主化だった。

② ポツダム宣言は，敗戦した日本人の基本的人権を認めなかった。

③ 日本の軍国主義勢力の除去が，日本に対して要求された。

④ ポツダム宣言は，日本国民の自由意思による平和的な政府の樹立を迫った。

問２　下線部②に関連して，日本国憲法第96条１項が規定する憲法改正手続として最も適切なものを，次の①～④のなかから一つ選び，その番号をマークしなさい。　2

① 憲法改正原案の作成は，内閣が全員一致の議決により行う。

② 憲法改正の発議は，各議院の議決に基づき国会が行う。

③ 憲法改正原案を参議院が否決した場合は，衆議院が出席議員の３分の２以上の多数で再び可決したときは，衆議院の議決を国会の議決とする。

④ 憲法改正の承認には，国民投票において，満18歳以上のすべての国民の過半数の賛成を必要とする。

問３　下線部③に関連して，日本政府が1940年代に実施した政策として不適切なものを，次の①～④のなかから一つ選び，その番号をマークしなさい。　3

① 警察予備隊を設置し治安と秩序の維持を図った。

② 男性と女性が等しく選挙権と被選挙権を有する国会議員選挙を実施した。

③ 食糧管理法に基づく主要食糧の統制を行った。

④ 教育基本法に基づく学校教育制度を構築した。

問４　下線部④に関連して，日本の地方公共団体に設置される委員会として最も適切なものを，次の①～④のなかから一つ選び，その番号をマークしなさい。　4

① 原子力規制委員会

② 公安審査委員会

③ カジノ管理委員会

④ 収用委員会

問５　下線部⑤に関連して，大日本帝国憲法が規定した天皇大権として不適切なものを，次の①～④のなかから一つ選び，その番号をマークしなさい。 [5]

① 陸海軍の統帥

② 緊急勅令の発布

③ 戒厳の宣告

④ 租税の賦課

問６　下線部⑥に関連して，日本国憲法が定める天皇に関する記述として不適切なものを，次の①～④のなかから一つ選び，その番号をマークしなさい。 [6]

① 衆議院の解散は，天皇の国事行為の一つである。

② 天皇の国事行為には内閣の助言と承認が必要とされるが，この助言と承認は，すべての国事行為に対して，例外なく必要とされる。

③ 日本国憲法は，皇位の世襲を定め，「皇統に属する男系の男子が，これを継承する」と規定している。

④ 摂政は天皇の名で国事行為を行うが，摂政が常時置かれているわけではない。

問７　下線部⑦に関連して，占領軍による統治時代に実施された施策として不適切なものを，次の①～④のなかから一つ選び，その番号をマークしなさい。 [7]

① 過度経済力集中排除法により，財閥を解体し経済の民主化を図った。

② アイヌ民族支援法を制定し，先住民を尊重する施策を推進した。

③ 労働組合法を制定し，労働者の団結権や団体交渉権などを保護した。

④ 検察審査会法を制定し，国民が刑事手続に参加する制度を創設した。

問８　空欄⑧にあてはまる文章として最も適切なものを，次の①～④のなかから一つ選び，その番号をマークしなさい。 [8]

① 天皇を現御神《あきつみかみ》とする考えと，日本国民が他民族に優越する民族であって世界を支配する運命を有するという考えが，架空の観念にすぎないこと

② 日本が国権の発動としての戦争を廃止しなければならず，陸海空軍の保持は認められないということ

③ 基本的人権を保障するべきであり，自由権だけでなく社会権も保障され，とりわけ労働者の権利が保護されなければならないということ

④ 思想，信教，言論，および，集会の自由を制限するすべての法令を廃止し，特高警察を廃止し，政治犯を直ちに釈放すべきこと

問9　下線部⑨に関する記述として不適切なものを，次の①～④のなかから一つ選び，その番号をマークしなさい。　9

① 1947年に刑法が改正され，不敬罪や尊属殺人罪の処罰規定が削除された。

② 日本国憲法により，栄誉，勲章などの栄典の授与は，一代限りであれば，許されることになった。

③ 日本国憲法により，華族の制度は認められないが，皇室の制度は認められることになった。

④ 1947年に民法が改正され，封建的な家族制度が改められた。

問10　下線部⑩に関連して，諸国の政治制度に関する記述として最も適切なものを，次の①～④のなかから一つ選び，その番号をマークしなさい。　10

① フランスでは，大統領制と議院内閣制を組み合わせた，半大統領制とよばれる制度がとられている。

② 中国では，全国人民代表大会が最高決定機関であるとされ，憲法上は，中国共産党に関する規定はない。

③ 発展途上国でとられる開発独裁とは，軍部を排除した官僚による強権的な政治体制である。

④ ファシズム国家とは，独裁者が国内大衆の強い支持を背景に，自国中心主義に基づき自国民の権利や自由を拡充し，外国人を抑圧する政治体制をとる国家であり，スペインのファシスト党に由来する概念である。

問11　下線部⑪に関連して，日本の予算制度に関する記述として不適切なものを，次の①～④のなかから一つ選び，その番号をマークしなさい。　11

① 一般会計予算だけでなく，特別会計予算についても，国会の承認を要する。

② 予算とは，一会計年度における政府の歳入と歳出の見積もりである。

③ 年度の途中で当初予算に追加や変更を行うため，国会の議決を経て修正された予算を補正予算という。

④ 会計年度とは，1月1日から12月31日までをいう。

問12　下線部⑫に関連して，イギリスの政治に関する記述として最も適切なものを，次の①～④のなかから一つ選び，その番号をマークしなさい。　12

① イギリス議会では二院制がとられているが，下院に対する上院優位の原則が確立している。

② イギリスの野党は「影の内閣（シャドー・キャビネット）」を組織し，次期政権を担

う準備をする。

③　イギリス下院の議場は対面式になっており，議長から見て左側に与党，右側に野党が並ぶ。

④　イギリスの下院議員の定数は，日本の衆議院議員の定数の約半数である。

問13　下線部⑬に関連して，日本国憲法第25条１項の条文の一部として最も適切なものを，次の①～④のなかから一つ選び，その番号をマークしなさい。　13

①　「すべて国民は」

②　「公共の福祉に反しない限り」

③　「法律の定めるところにより」

④　「生存する権利を有する」

問14　下線部⑭に関連して，国務大臣の資格に関する記述として不適切なものを，次の①～④のなかから一つ選び，その番号をマークしなさい。　14

①　国務大臣は，例外なく全員が，内閣総理大臣によって任命される。

②　国務大臣は，例外なく全員が，内閣総理大臣の同意がなければ，その在任中訴追されない。

③　内閣総理大臣およびその他の国務大臣は，例外なく全員が，文民でなければならない。

④　内閣総理大臣およびその他の国務大臣は，例外なく全員が，国会議員でなければならない。

問15　下線部⑮に関する記述として正しいものは以下のＡ～Ｃのなかにいくつあるか，最も適切なものを，次の①～④のなかから一つ選び，その番号をマークしなさい。　15

Ａ　日本国憲法は，公布の日から起算して６ヵ月を経過した日に施行された。

Ｂ　日本国憲法は占領軍による統治時代に公布されたが，日本の独立性の回復後に施行された。

Ｃ　日本国憲法草案の審議には，貴族院が関与した。

①　一つ

②　二つ

③　三つ

④　一つもない

問16　下線部⑯に関連して，アメリカの政治に関する記述として最も適切なものを，次の①～④のなかから一つ選び，その番号をマークしなさい。　16

① アメリカ大統領が，連邦議会議員との兼職をすることは，禁止されていない。

② アメリカ連邦議会は，大統領に教書を送り，政策の実施を要請する。

③ アメリカ大統領は，下院の同意を得て，連邦最高裁判所裁判官を任命する。

④ アメリカ連邦最高裁判所は，違憲審査権を行使して，連邦議会が制定した法律の合憲性を審査することができる。

問17　空欄⑰にあてはまる文章として最も適切なものを，次の①～④のなかから一つ選び，その番号をマークしなさい。　17

① その費用は国民がこれを負担する

② その福利は国民がこれを享受する

③ その責任は国民がこれを分担する

④ その代表者は国民がこれを選挙する

Ⅱ　次の文章を読んで，以下の設問に答えなさい。

2023年７月３日，財務省が公表した令和４年度の国の一般会計税収の決算額は，約71兆1374億円であった。この決算額は過去最高額だった前年度の約67兆379億円を約４兆995億円上回っており，３年連続で過去最高を更新した。コロナ禍から①経済が回復してきたことや②歴史的な物価高により，所得税，法人税，消費税の③税収が大幅に増えたことがその要因とされている。

徴収された税金は，④年金・医療などの⑤社会保障・福祉や，道路・公園などの社会資本整備，教育・警察・防衛などの公的サービスを運営するための費用として用いられることになる。

政府の経済活動のことを財政というが，財政は３つの機能を果たしている。資源配分の調整，⑥所得の再分配，⑦経済（景気）の安定化である。このうち資源配分の調整は，⑧市場メカニズムが上手く機能しない⑨市場の失敗と関係している。⑩公害や⑪自然破壊も市場の失敗の一例であり，政府は課徴金や環境税などの税金，あるいは法的規制等でこれに適切に対応しなければならない。また，市場の失敗は，商品に関して持っている情報が売り手と買い手で差があるような場合にも起きる。このような場合，政府は⑫情報の非対称性を緩和することで，取引を適正・円滑にし，またトラブル発生時に適切に対処できるような制度を構築する必要がある。

⑬第二次世界大戦の終結から現在に至るまで，日本は種々の課題に直面してきた。その間，⑭労働環境の変容やグローバル化，⑮エネルギー問題などにより，課題の質にも変化が現れている。たとえば，貧困問題や⑯農業問題においても，時代に応じた解決策が必要である。政府にはこの

ような社会の変化を敏感に受けとめ，それにふさわしい政策を推し進めることが求められている。

問1　下線部①に関連して，国民経済の状態を判断するために用いられる指標に関する記述として最も適切なものを，次の①～④のなかから一つ選び，その番号をマークしなさい。 18

① 国民純生産（NNP）は国内総生産（GDP）から固定資本減耗を控除した額をいう。

② 生産国民所得，分配国民所得，支出国民所得のそれぞれの額は理論上等しくなることはない。

③ 国民総所得（GNI）は国民総生産（GNP）を分配（所得）面からとらえた指標であり，その額はGNPや国民総支出（GNE）と一致する。

④ GDPは市場で取引される財やサービスのみを計算したものではなく，ボランティア活動のような市場を介さない活動や環境破壊による経済的損失も考慮に入れられている。

問2　下線部②に関連して，物価の変動やそれに対応する金融政策に関する記述として最も適切なものを，次の①～④のなかから一つ選び，その番号をマークしなさい。 19

① 現在，日本銀行の主な金融調節手段は公定歩合操作や預金準備率操作ではない。

② 賃金や原材料費・燃料費のコスト上昇率が，労働生産性の増加率を上回ることによって起こるインフレーションをディマンド・プル・インフレーションという。

③ 経済が停滞している状況においても物価の上昇が続くことをジュグラーの波という。

④ 日本銀行は，景気が悪くデフレーションのときは，通貨の供給量をへらして，金利を高めに誘導する。

問3　下線部③に関連して，直接税であり，かつ，地方税であるものとして最も適切なものを，次の①～④のなかから一つ選び，その番号をマークしなさい。 20

① 贈与税

② 相続税

③ 固定資産税

④ たばこ税

問4 下線部④に関する記述として不適切なものを，次の①～④のなかから一つ選び，その番号をマークしなさい。 21

① 賦課方式とは，一定の期間に支給する年金をその期間の保険料でまかなう方式をいう。

② 企業や加入者が，一定の方式で保険料を拠出し，その運用の結果に応じて給付額が決定する確定拠出年金は，アメリカでは広く普及しているが，日本では導入されていない。

③ 第1号被保険者とは自営業者や学生などをいい，第3号被保険者とは第2号被保険者の被扶養配偶者のことをいう。

④ かつて公務員が加入していた共済年金は，現在では厚生年金に統合され，これにより被用者年金制度は一元化されている。

問5 下線部⑤に関する記述として不適切なものを，次の①～④のなかから一つ選び，その番号をマークしなさい。 22

① いわゆる福祉六法とは，児童福祉法，身体障害者福祉法，知的障害者福祉法，老人福祉法，母子及び父子並びに寡婦福祉法，生活保護法のことをいう。

② 第二次世界大戦以前の日本の社会保障制度としては，明治期の恤救《じゅっきゅう》規則，大正期の健康保険法などがある。

③ 介護保険制度に基づいて提供されるサービスの費用は，自己負担分（1割～3割）を除き，公費（税金）と40歳以上の国民から徴収される保険料でまかなわれる。

④ 公的扶助は世帯単位で所得や資産の不足分に対して行われるため，給付を決定する際には親族などから扶養を受けられるかは考慮されない。

問6 下線部⑥に関連して，累進課税制度が採用されているものとして不適切なものを，次の①～④のなかから一つ選び，その番号をマークしなさい。 23

① 所得税

② 法人税

③ 相続税

④ 贈与税

問7 下線部⑦に関連して，景気過熱期のビルト・イン・スタビライザー（景気の自動安定化装置）またはフィスカル・ポリシー（裁量的財政政策）として最も適切なものを，次の①～④のなかから一つ選び，その番号をマークしなさい。 24

① 国債の発行を抑制する。

② 公共事業の計画を追加する。

③ 社会保障関係の支出が増加する。

④ 減税を行う。

問8　下線部⑧に関連して，完全競争市場で供給曲線（S）が左に移動する場合の記述として最も適切なものを，次の①～④のなかから一つ選び，その番号をマークしなさい。 25

① 原材料費が低下した。

② 商品の人気が低下した。

③ 国民の所得が増加した。

④ 悪天候で農作物の収穫が減った。

問9　下線部⑨に関連して，不完全競争に関する記述として最も適切なものを，次の①～④のなかから一つ選び，その番号をマークしなさい。 26

① トラストとは同一産業部門の複数の企業が，競争を避けて利潤を確保・拡大するために，協定を結ぶことをいう。

② 独占禁止法の運用は内閣府の外局である公正取引委員会が担っている。

③ 不況カルテルや合理化カルテルは独占禁止法の適用除外とされているため，禁止されていない。

④ 不当廉売（ダンピング）は消費者にとって利益に働くため，独占禁止法により禁止されていない。

問10　下線部⑩に関する記述として不適切なものを，次の①～④のなかから一つ選び，その番号をマークしなさい。 27

① 日本の「公害の原点」といわれる足尾銅山鉱毒事件では，田中正造らが公害被害を訴える運動を展開した。

② 日本では公害を防止するために，公害防止費用や企業が社会に与えた損害は，原則として企業が負担すべきという汚染者負担の原則が確立している。

③ 水俣病は熊本県水俣市を発生地域とする公害病であり，工場排水中にふくまれる鉱毒が上水を汚染し，水俣川流域の住民がカドミウム中毒を起こしたとして，1968年に損害賠償請求訴訟が提起された。

④ 公害を発生させた企業は，たとえ故意や過失がなくても被害者に対して損害賠償責任を負わなければならない。

問11 下線部⑪に関連して，採択年の順に並べたときに古い方から２番目に来る条約又は議定書を，次の①～④のなかから一つ選び，その番号をマークしなさい。 28

① バーゼル条約

② モントリオール議定書

③ ラムサール条約

④ ワシントン条約

問12 下線部⑫に関する記述として不適切なものを，次の①～④のなかから一つ選び，その番号をマークしなさい。 29

① 1962年にアメリカのケネディ大統領によって提唱された消費者の４つの権利とは，安全を求める権利，知らされる権利，選択できる権利，取消しできる権利をいう。

② 製造物責任（PL）法では，製品の欠陥を立証すれば，製造者にたとえ過失がなくても賠償責任があるとする無過失責任制度が定められている。

③ 事業者が不確実な事項について断定的判断を提供したことで，消費者がその判断を確実と誤認して契約を結んだ場合には，その消費者は消費者契約法に基づいて当該契約を取り消すことができる。

④ 特定商取引法などに規定される，一定期間内であれば消費者が無条件に契約を解除できる制度をクーリングオフ制度という。

問13 下線部⑬に関連して，年代順に並べたときに古い方から３番目に来る出来事を，次の①～④のなかから一つ選び，その番号をマークしなさい。 30

① バブル経済崩壊

② 第二次石油危機

③ 朝鮮戦争の勃発

④ プラザ合意

問14 下線部⑭に関する記述として最も適切なものを，次の①～④のなかから一つ選び，その番号をマークしなさい。 31

① 育児・介護休業法は，男女を問わず，育児休業・介護休業を取得できることを労働者に認めている。

② 男女雇用機会均等法は，事業主に対して，配置・昇進・教育訓練や定年・解雇等について性別を理由とした差別的待遇を行わない努力義務を課している。

③ 男女雇用機会均等法や女性活躍推進法などの法規制により，女性の労働環境が改善され，現在では男女間の賃金格差はほとんどなくなっている。

④　労働基準法の改正により，深夜業や残業を制限する女性の一般的保護規定が強化された。

問15　下線部⑮に関連して，エネルギー源に関する記述として不適切なものを，次の①〜④のなかから一つ選び，その番号をマークしなさい。 32

①　日本では二度にわたる石油危機を経て，石油に代わるエネルギー源の一つとして原子力の開発と導入が進められてきた。

②　2020年における日本のエネルギー供給構成は，割合の高い順に石油，原子力，石炭である。

③　2020年における日本の一次エネルギー消費量は，中国やアメリカよりも少ないが，フランスよりは多い。

④　2011年の東日本大震災で福島第一原発が被災し，大量の放射性物質が飛散するという深刻な事故が起きた後に，ドイツでは原子力政策の見直しが行われた。

問16　下線部⑯に関する記述として不適切なものを，次の①〜④のなかから一つ選び，その番号をマークしなさい。 33

①　GATTのウルグアイ・ラウンドを受けて，ミニマム・アクセスによる米の部分的な市場開放が行われた。

②　日本の食料自給率（カロリーベース）はフランスやドイツ，イギリスと比較すれば低いが，日本国内だけで見れば2000年以降徐々に上昇している。

③　米の生産過剰を解消するために1970年代から行われてきた減反《げんたん》政策は，2018年に廃止された。

④　食の安全を確保するため，食品の偽装表示等については食品安全基本法で対策がとられている。

Ⅲ　次の文章を読んで，以下の設問に答えなさい。

ロシアによるウクライナへの侵攻に注目が集まるなかで，アジアの国際情勢も緊張を増している。そもそも，冷戦は，①ヨーロッパとソビエト社会主義共和国連邦（ソ連）においては終了したといわれるのに対して，冷戦的対立構造は②東南アジアにおいて残存している。そして，東アジアにおける力の配置は，例えば，朝鮮民主主義人民共和国（北朝鮮）による③核兵器とミサイルの開発などによって現在でも変化させられている。また，軍備の拡張と海洋進出を進めている中華人民共和国（中国）は，例えば，南シナ海に対するその主張が国際法に抵触するという国際機関による④拘束的判断が下されたにもかかわらず，それに従うことなく，⑤東シナ海でも日本の請求と対立する主張に基づいて一方的に開発を進めている。

このような緊張の背景には，国際社会のあり方に関する異なる見方が存在する。一方で，国際社会は権力政治の場であり，対立する諸国の軍事力を⑥同盟により均衡させて攻撃を相互に抑止しようとする勢力均衡政策が基本になるという見方がある。他方で，国際連合（国連）憲章が⑦武力行使を禁止したうえで，それを開始した国に対する制裁を集団的に加えることで，平和の回復をはかる集団安全保障体制を確立したので，⑧国連を通した政策が基本になるという見方もある。後者によれば，集団安全保障の措置が講じられるまで自衛権の行使が許容されるのは例外であるとされる。

この点で，国連が国際社会の中央政府には当たらないことを想起することは有用である。総会は立法権を与えられておらず，国際司法裁判所（ICJ）は強制的に管轄する権限を与えられておらず，安全保障理事会（安保理）が行政または法執行の機関に当たるということも困難である。もちろん，国連は，⑨総会設置機関などを通して，国際的な経済・社会・人権に関わる問題への取組みでは，重要な役割を果たしている。とりわけ，社会がコンピュータに大きく依存するようになり，⑩「IT革命」によって電力需要が増加するなかで，⑪気候変動を防止するために化石燃料への依存を軽減するという課題に取り組むことは，国連の優先的課題の一つになっている。

国の安全保障は経済・社会の問題と不可分である。国際社会は，⑫関税及び貿易に関する一般協定（GATT）とその体制を通して，自由な取引に基づく国際経済の安定と発展をめざしてきた。しかし，⑬多国籍企業の活動が本国にとって重大な問題を発生させると考えられるようになった。そのようななかで，GATTと世界貿易機関（WTO）の下でも許容される⑭自由貿易協定（FTA）や経済連携協定（EPA）が締結されたり，国内産業を保護・育成するために⑮保護貿易政策がとられたりすることがある。逆に，⑯開発援助は国の安全保障を強化する手段にもなりうる。経済の問題とならんで，⑰民族問題などの社会の問題も既存の国からの分離・独立運動が発生する原因となりうる。

問1　下線部①に関連する出来事の記述として正しいものはA～Cのなかにいくつあるか，最も適切なものを，次の①～④のなかから一つ選び，その番号をマークしなさい。 34

A　1991年に，ソ連が解体し，独立国家共同体（CIS）が発足した。

B　1993年に，リスボン条約が発効し，欧州共同体（EC）が欧州連合（EU）へと発展し，中・東欧の国々も加盟国となっていった。

C　欧州の分断の終結を宣言したパリ憲章を採択するなどしていた全欧安保協力機構（OSCE）は，1995年に全欧安保協力会議（CSCE）に改組された。

①　一つ

②　二つ

③　三つ

④　一つもない

問2　下線部②に関連する出来事の記述として正しいものはA～Cのなかにいくつあるか，最も適切なものを，次の①～④のなかから一つ選び，その番号をマークしなさい。 35

A　1967年に自由主義陣営に近いフィリピンなどと共産主義陣営に近いラオスなどの10カ国は，地域的な共存・協力を目指し，東南アジア諸国連合（ASEAN）を設立した。

B　1989年に，ASEAN諸国は日・米・韓・カナダ・オーストラリア・ニュージーランドなどとアジア太平洋経済協力会議（APEC）を結成し，地域的協力を拡大した。

C　1994年に第1回会合を開いたASEAN地域フォーラム（ARF）は，ASEAN諸国・日・米・韓や中・ロなども加えた安全保障問題を扱う多国間協議の枠組である。

①　一つ

②　二つ

③　三つ

④　一つもない

問3　下線部③に関する記述として不適切なものを，次の①～④のなかから一つ選び，その番号をマークしなさい。 36

①　核抑止論とは，核報復のおどしで相手国に侵略や核戦争を断念させようとする考え方である。

②　日本は，アメリカの核抑止力への依存（「核の傘」）を防衛政策の中心的な柱としてきた。

③　核ミサイルが到着する前にそれを迎撃し破壊するというアメリカの戦略防衛構想（SDI）を国際世論は歓迎し，緊張緩和（デタント）が進んだ。

④　2017年に核兵器禁止条約が採択された際に，そのような条約は核保有国と非核保有国の亀裂を深めるとして，日本は反対した。

問4　下線部④に関連して，国際社会において拘束的判断を下す機関に関する記述として最も適切なものを，次の①〜④のなかから一つ選び，その番号をマークしなさい。 37

① 常設仲裁裁判所（PCA）は，常任の裁判官をもたず，紛争ごとに裁判官が選任されることを特徴とする。

② 国際司法裁判所（ICJ）は，国連の主要な司法機関であり，国家間の紛争，加盟国と国連との間の紛争，国連機関の間の紛争について，当事者の同意を前提として裁判する。

③ 国際海洋法裁判所（ITLOS）は，国連憲章によって設立された裁判所であり，海洋法分野の紛争解決に特化した裁判所である。

④ 国際刑事裁判所（ICC）は，ICCローマ規程の締約国または安保理の付託によって，侵略をおこなった国を処罰する。

問5　下線部⑤に関連して，海洋における国家の権利・義務に関する記述として最も適切なものを，次の①〜④のなかから一つ選び，その番号をマークしなさい。 38

① 沿岸国は，領土，基線から3海里までに設定する領海，ならびに，領土および領海の上空である領空に主権をもつ。

② 沿岸国は，基線から24海里までの海域のうち領海を除く部分を接続水域として，通関などに関する法令の違反を防止・処罰する権利をもつ。

③ 沿岸国は，基線から200海里までの海域のうち領海を除く部分を排他的経済水域（EEZ）として，他国の船舶の通航を拒否する権利をもつ。

④ 沿岸国は，基線から200海里までまたはそれ以遠の大陸棚について，人類共同の財産として管理することを義務づけられている。

問6　下線部⑥に関する記述として不適切なものを，次の①〜④のなかから一つ選び，その番号をマークしなさい。 39

① 1949年に自由主義陣営が結成した北大西洋条約機構（NATO）は，1966年にはドゴール政権下のフランスが脱退する（2009年に復帰）などしたものの，現在まで存続している。

② 1951年に締結された日米安全保障条約は，1960年の新条約（日本国とアメリカ合衆国との間の相互協力および安全保障条約）への全面改定で，双務性と平等性が強められた。

③ 1955年に共産主義陣営が結成したワルシャワ条約機構は，1991年に，いかなる国も敵とせず，加盟国の領土と国民の防衛を中核的任務とする機構に改組された。

④ 1961年にアジア・アフリカの新興諸国は，ベオグラードで第一回非同盟諸国首脳会議を開催した。

問7 下線部⑦に関する記述として最も適切なものを，次の①～④のなかから一つ選び，その番号をマークしなさい。 40

① 1950年の朝鮮戦争の際に，安保理は国連憲章第42条の下で国連軍を派遣することを決定した。

② 1991年の湾岸戦争の際に，安保理は多国籍軍に武力行使の権限を与えた。

③ コソボ紛争の際の1999年に，安保理は北大西洋条約機構（NATO）による「人道的介入」のための武力行使を承認する決議を採択した。

④ 2003年に安保理は，大量破壊兵器の開発・保有などを理由に，多国籍軍がイラクに武力を行使することを容認する決議を採択した。

問8 下線部⑧に関連して，国際連盟と国連を比較する記述として不適切なものを，次の①～④のなかから一つ選び，その番号をマークしなさい。 41

① 国際連盟規約が第一次世界大戦の戦闘が終了した後で締結されたのに対して，国連憲章は第二次世界大戦の戦闘が終了する前に採択された。

② 国際連盟には米ソが結局加盟しなかったのに対して，米ソも原加盟国となった国連は普遍性の高い機構へと成長した。

③ 国際連盟の総会および理事会では全会一致制がとられたが，国連では，安保理常任理事国が拒否権を行使する場合などを例外として，原則として多数決制がとられた。

④ 国際連盟の決定は原則として勧告にすぎないものとされたのに対して，安保理の決定は拘束力をもちうることとされた。

問9 下線部⑨に関する記述として不適切なものを，次の①～④のなかから一つ選び，その番号をマークしなさい。 42

① 1964年に開催された国連貿易開発会議（UNCTAD）の第1回総会は，プレビッシュ報告に基づく目標を設定した。

② 「かけがえのない地球」をスローガンとして掲げた1972年の国連人間環境会議は，国連環境計画（UNEP）の設置を決定した。

③ 国連開発計画（UNDP）は，1994年の『人間開発報告書』で，「人間の安全保障」を提唱した。

④ 国連は，国連難民高等弁務官事務所（UNHCR）の設置により，難民の国際的保護と救援活動を進めているが，国内避難民は対象とされていない。

問10　下線部⑩に関連して，コンピュータまたは「IT革命」に関連する記述として不適切なものを，次の①～④のなかから一つ選び，その番号をマークしなさい。　43

① 個人情報を一つの番号のもとに集めてネットワークで結ぶマイナンバー制度は，多大な予算がつけられ，情報の漏洩を完全に防止するシステムの構築に成功した。

② インターネットは，権力による情報統制や情報操作などを困難にするものの，世論を意識したポピュリズム（大衆迎合主義）をもたらす危険も指摘されている。

③ 内戦が激化しているシリアで「国家」の樹立を宣言した「イスラーム国」はインターネットを通じて世界中から戦闘員を募り，勢力を拡大させた。

④ 1996年に採択された包括的核実験禁止条約（CTBT）は発効していないが，かりに発効しても，コンピュータを用いるなどする未臨界（臨界前）核実験は禁止していない。

問11　下線部⑪に関する記述として最も適切なものを，次の①～④のなかから一つ選び，その番号をマークしなさい。　44

① 気候変動枠組条約は，人間環境宣言が採択された年に締結された。

② 国連環境開発会議（地球サミット）では，国際排出量取引の導入が盛りこまれた京都議定書が採択された。

③ 京都議定書は，アメリカが離脱したものの，ロシアの批准によって発効した。

④ 発展途上国を含むすべての国に，付表に定められた削減目標の達成を義務づけるパリ協定が採択された。

問12　下線部⑫に関する記述として最も適切なものを，次の①～④のなかから一つ選び，その番号をマークしなさい。　45

① GATTは，冷戦構造を反映する保護主義的なブロック経済化による貿易の大幅な縮小を緩和するために生まれ，アメリカのケネディ大統領の提唱で1964年に発足した。

② GATTは，多角的貿易交渉（ラウンド）を通して，貿易の自由化を推進してきたが，サービス貿易の自由化を決めた交渉は東京ラウンドと呼ばれた。

③ GATTを引き継ぐ常設の国際機関として，GATTに加盟していなかったロシアも原加盟国となって世界貿易機関（WTO）が1995年に設立された。

④ WTOでは，違反国に対する措置の決定にネガティブ・コンセンサス方式を取り入れ，GATTに比べて紛争解決手続が大幅に強化された。

問13　下線部⑬に関する記述として不適切なものを，次の①～④のなかから一つ選び，その番号をマークしなさい。　46

① 多国籍企業が利用してきたタックス・ヘイブンは，2008年のG20（金融サミット）で採択された条約によって規制されることになった。

② 多国籍企業は，海外子会社との企業分業に基づいて，企業内貿易を推進することがある。

③ 多国籍企業による生産拠点の海外への移転は，本国の雇用機会を減少させ，産業の空洞化をまねくおそれもある。

④ 多国籍企業は，投資者が直接外国で営業を行う直接投資の担い手である。

問14　下線部⑭に関する記述として最も適切なものを，次の①～④のなかから一つ選び，その番号をマークしなさい。　47

① FTAやEPAが急増した背景には，WTOにおける多国間の貿易ルールづくりが，各国の利害対立から難航していることがある。

② 北米では北米自由貿易協定（NAFTA）が誕生したのに対して，南米では多国間のFTAやEPAは締結されず，もっぱら2国間のFTAやEPAのネットワークが形成されている。

③ 日本は，WTOを重視する多角主義を他国に先駆けて放棄し，まず先進7か国（G7）の国々とEPAを締結した。

④ FTAや環太平洋パートナーシップ協定（TPP）は国家間の条約なので，条約の違反によって企業が被害を受けた場合にも，その企業が違反国の政府を第三者機関に訴える制度は存在しない。

問15　下線部⑮に関連して，保護貿易と自由貿易に関する記述として最も適切なものを，次の①～④のなかから一つ選び，その番号をマークしなさい。　48

① ケインズは，労働人口や原材料の保有量などに応じて，相対的に安い費用で生産できる商品を輸出し，他国よりも生産費用が高い商品は輸入した方が有利であるという比較生産費説を提唱し，自由貿易論の基礎を築いた。

② 工業製品の部品を生産する国とその組み立てをする国との水平的分業と，各国が異なる工業製品を生産する垂直的分業は，つねに全ての国の利益となることから，自由貿易論が普遍的に受け入れられることになった。

③ シュンペーターは，自由貿易論は交易条件が有利な先進国の論理であり，発展途上国が先進国に追いつくためには保護貿易が必要であると主張した。

④ 国内の産業を保護・育成しようとする保護貿易政策は，輸入品に対する関税を高くしたり，セーフガード（緊急輸入制限措置）を行ったりすることを手段とする。

問16　下線部⑯に関する記述として不適切なものを，次の①～④のなかから一つ選び，その番号をマークしなさい。　49

① 先進国は，政府開発援助（ODA）の実施について，経済協力開発機構（OECD）の開発援助委員会（DAC）で政策調整している。

② 日本は，1991年から2000年までODA額世界第1位を維持し，毎年1兆円超の援助を供与していた。

③ 日本のODAは生活関連分野に偏っていたことから，1992年のODA大綱で，日本企業によるインフラストラクチャー整備に重点をおく戦略的な援助が重視されるようになった。

④ 2015年にODA大綱は開発協力大綱へと名称が改められ，人間の安全保障を推進するための援助が認められるようになった。

問17　下線部⑰に関する記述として不適切なものを，次の①～④のなかから一つ選び，その番号をマークしなさい。　50

① 民族問題は，冷戦終結後，米ソの政治的・軍事的圧力から解放された地域を中心に，多発するようになった。

② 民族間で大量虐殺が行われたことが知られているルワンダでは，内戦後に民族間の融和が進み，比較的良い治安と急速な経済発展ゆえに，同国は「アフリカの奇跡」と称賛されている。

③ 民族問題を原因として内戦が発生したコソボは，国連による暫定統治の後にセルビアから独立を宣言し，国連への加盟を認められた。

④ 民族紛争のなかには，クルド人やバスク人などの運動のように，複数国家に分属させられた民族集団の自治・統合運動も存在する。

数　学

（60 分）

解答上の注意

⑴ 問題の文中の ア ， イウ ， エオ ， カキク などの □ には，数値が入る。

⑵ ア，イ，ウ，… の一つ一つは，それぞれ0から9までの数字，または，負の符号(−)のいずれか一つに対応する。これらをア，イ，ウ，… で示された解答欄にマークする。

［例1］ ア に5と答えたいとき

	−	0	1	2	3	4	5	6	7	8	9
ア	○	○	○	○	○	○	●	○	○	○	○

［例2］ イウ に19と答えたいとき

	−	0	1	2	3	4	5	6	7	8	9
イ	○	○	●	○	○	○	○	○	○	○	○
ウ	○	○	○	○	○	○	○	○	○	○	●

［例3］ エオ に−7と答えたいとき

	−	0	1	2	3	4	5	6	7	8	9
エ	●	○	○	○	○	○	○	○	○	○	○
オ	○	○	○	○	○	○	○	○	●	○	○

［例4］ カキク に186と答えたいとき

	−	0	1	2	3	4	5	6	7	8	9
カ	○	○	●	○	○	○	○	○	○	○	○
キ	○	○	○	○	○	○	○	○	○	●	○
ク	○	○	○	○	○	○	○	●	○	○	○

［例5］ ケコサ に−34と答えたいとき

	−	0	1	2	3	4	5	6	7	8	9
ケ	●	○	○	○	○	○	○	○	○	○	○
コ	○	○	○	○	●	○	○	○	○	○	○
サ	○	○	○	○	○	●	○	○	○	○	○

1　以下の問(1)〜(3)の空欄 $\boxed{}$ に適する答を，解答用紙の所定欄にマークしなさい．

(1)　aを実数の定数とする2つの2次方程式 $-x^2+2ax-2a^2+a+12=0$,
$4x^2+4x-a^2-4a+6=0$ がともに実数解をもつときのaの値の範囲は，
$\boxed{\text{ア}} \leqq a \leqq \boxed{\text{イ}}$ である．

(2)　整式 $P(x)$ を $x-3$ で割ったときの余りが9，x^2-2x-8 で割ったときの余りが $2x+18$ であれば，$P(x)$ を $(x-3)(x^2-2x-8)$ で割ったときの余りは
$\boxed{\text{ウ}}\,x^2-\boxed{\text{エ}}\,x-\boxed{\text{オ}}$ である．

(3)　$\dfrac{x+y}{9}=\dfrac{y+z}{10}=\dfrac{z+x}{11}\neq 0$ のとき，

$\dfrac{xy+2yz+3zx}{2x^2+3y^2+4z^2}=\dfrac{\boxed{\text{カキ}}}{\boxed{\text{クケコ}}}$ である．

2　以下の問(1)と(2)の空欄 $\boxed{}$ に適する答を，解答用紙の所定欄にマークしなさい．

(1)　1辺の長さが2の正三角形に外接する円の半径をRとするとき，半径Rの球に内接する立方体の体積は $\dfrac{\boxed{\text{アイ}}}{\boxed{\text{ウエ}}}$ である．

(2)　6個の数字2，0，2，4，0，3が1つずつ書かれた6枚のカードを等間隔で円の形に並べるとき，並べ方は全部で $\boxed{\text{オカ}}$ 通りある．ただし，同じ数字が書かれたカードは区別せず，回転して一致する並べ方は同じものとみなす．

3　以下の問(1)〜(3)の空欄 $\boxed{}$ に適する答を，解答用紙の所定欄にマークしなさい．

(1)　△ABCにおいて，AB = 5，BC = 7，CA = 8のとき，△ABCの面積は $\boxed{\text{アイ}}\sqrt{\boxed{\text{ウ}}}$ である．

(2)　a，b が互いに異なる実数で，

$$\begin{cases} a^2 + \sqrt{5}\,b - 4 = 0 \\ b^2 + \sqrt{5}\,a - 4 = 0 \end{cases}$$

を満たすとき，$a + b = \sqrt{\boxed{\text{エ}}}$，$ab = \boxed{\text{オ}}$ である．

(3)　$395x - 12y = -1$，$0 < x < 50$ を満たす整数 x，y の組のうち，x の値が最大であるものは，$(x,\ y) = (\boxed{\text{カキ}},\ \boxed{\text{クケコサ}})$ である．

4　座標平面上に放物線 $C : y = x^2 - x$ と点 $\mathrm{A}(1, -4)$ があるとき，以下の小問(1)〜(4)の空欄 $\boxed{}$ に適する答を，解答用紙の所定欄にマークしなさい．

(1)　点Aから C へ引いた接線の方程式は，$y = \boxed{\text{ア}}\,x - \boxed{\text{イ}}$ と $y = \boxed{\text{ウエ}}\,x - \boxed{\text{オ}}$ である．

(2)　C と前問(1)の2本の接線に囲まれた部分の面積は，C と x 軸に囲まれた部分の面積の $\boxed{\text{カキ}}$ 倍である．

(3)　C 上を動く点Pがあるとき，線分APの中点の軌跡を表す方程式は，$y = \boxed{\text{ク}}\,x^2 - \boxed{\text{ケ}}\,x - \boxed{\text{コ}}$ である．

(4)　C と前問(3)の軌跡に囲まれた部分の面積は，C と x 軸に囲まれた部分の面積の $\boxed{\text{サシ}}\sqrt{\boxed{\text{ス}}}$ 倍である．

問七　「エコーチェンバー」は「反響室」という意味であるが、傍線部④「エコーチェンバー化」とはどのような現象か。その説明として最も適切なものを次の選択肢①〜④の中から一つ選び、その番号をマークしなさい。解答番号は 37 。

① 似た意見や思想を持った人々がSNSで結びついて意見を発信すると、発信者に近い立場の意見ばかりが返ってきて、反対意見に触れる機会が少なくなる現象。

② SNSで極端な意見を発信すると、それが注目を集めて急速に拡散されることにより、反対意見を封じ込め、世論の流れを大きく変えてしまう現象。

③ 狭いコミュニティの中でSNSを使って意見を発信すると、排除されることをおそれる心理が働いて同意への圧力が高まる結果、コミュニティ全体が同じ意見になっていく現象。

④ SNSでフェイクニュースが流されて世界中に広がることが繰り返された結果、自身へのオピニオンの支持を拡大するためにフェイクニュースを利用しようとする政治家が各地で現れている現象。

問八　本文の論旨と整合しないものを次の選択肢①〜④の中から一つ選び、その番号をマークしなさい。解答番号は 38 。

① 識字率の上昇によって一般市民も知識を得て政治について議論するようになり、彼らのオピニオンが政治を左右するようになった。

② コミュニケーション技術の進歩により大規模なオピニオン形成が行われ、マイノリティの声は無視されることが増えた。

③ フェイクニュースなどによる情報操作はオピニオンを分断し、デモクラシーという政治制度の正当性自体を揺るがしうる。

④ 日本では、幕末において徳川幕府に代わり天皇の権威が確立される過程で、オピニオンが重要な役割を果たした。

問五 傍線部②「その傾向」の説明として最も適切なものを次の選択肢①～④の中から一つ選び、その番号をマークしなさい。解答番号は 35 。

① 人間として扱われる集団が国民全体に広がるようになったこと。
② オピニオンが国内だけではなく国際的にも影響を与えるようになったこと。
③ 国外の市民との交流が国内のオピニオンに影響を与えるようになったこと。
④ 選挙として制度化されたオピニオンが直接政治に作用するようになったこと。

問六 傍線部③「物事には必ず両義性があり」とあるが、ここでの「両義性」の具体的な内容の説明として最も適切なものを次の選択肢①～④の中から一つ選び、その番号をマークしなさい。解答番号は 36 。

① インターネットの普及で誰でもオピニオンを発信できるようになったが、フェイクニュースが拡大しやすいという負の側面もあるということ。
② 国内のオピニオンは国民国家の統一性を高める役割を果たすが、一方で国際社会で孤立を招きかねないという負の側面もあるということ。
③ オピニオンの規模が大きくなり国際政治まで動かすようになったのはよいことであるが、国内政治がおろそかになるという負の側面もあるということ。
④ オピニオンの主体が拡大したことによりデモクラシーの正当性は強化されたが、意志の統一が難しくなったという負の側面もあるということ。

(c) 諸刃の剣 [32]

① 世の中を変えてしまうほどの打撃を与える可能性があること
② 非常に役に立つ一方で、大きな害を与える可能性があること
③ 人々の間の連帯を断ち切って社会を分断してしまう可能性があること
④ 現在の状況が場合によっては両極端に変動する可能性があること

問三　傍線部①「多数が少数によって支配される時のたやすさ」の説明として最も適切なものを次の選択肢①～④の中から一つ選び、その番号をマークしなさい。解答番号は [33]。

① 最初は少数のオピニオンだったものが意図的な操作によって結果的に多数のオピニオンに変わっていくことは、よくあるということ。
② 独裁者は被治者のオピニオンに耳を傾けなくても、強大な武力と恐怖によって多数の被治者を簡単に支配できるということ。
③ 民衆のオピニオンを味方につけることによって、エジプトのスルタンやローマ皇帝は容易に国を支配できたということ。
④ 権力者は被治者のオピニオンの支持を得ることによって、数の上でまさっている被治者を容易に支配できるということ。

問四　空欄 [a] ～ [d] のそれぞれに入る語句の組み合わせとして最も適切なものを次の選択肢①～④の中から一つ選び、その番号をマークしなさい。解答番号は [34]。

① a―代議制デモクラシー　b―参政権　c―国民主権　d―市民的公共圏
② a―代議制デモクラシー　b―国民主権　c―参政権　d―市民的公共圏
③ a―市民的公共圏　b―参政権　c―国民主権　d―代議制デモクラシー
④ a―市民的公共圏　b―国民主権　c―参政権　d―代議制デモクラシー

(ウ) コウジョウ　29

① 毎年コウレイの新年会が開催された
② 裁判を不服として高等裁判所にコウソした
③ 大安売りでヨジョウ在庫を処分した
④ 短時間の外出でも必ずセジョウするべきだ

問二　傍線部(a)～(c)の表現の本文中の意味と最も近いものを、次の各群の選択肢①～④の中からそれぞれ一つずつ選び、その番号をマークしなさい。解答番号は(a)― 30 、(b)― 31 、(c)― 32 。

(a) 御しがたい　30

① 自分たちの味方にするのが不可能だ
② よい結果が出ることは望めない
③ 思い通りに制御するのがむずかしい
④ 正当性があるかどうか判断しにくい

(b) 負託　31

① 選挙を通じ政治的課題について意見を表明すること
② 責任を引き受けさせたうえで政治を委ねること
③ 政治家の自由に任せて結果の責任を問わないこと
④ 社会が良くなることを期待して政権を支持すること

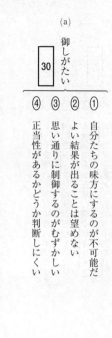

［注三］ マムルーク兵――エジプトなどで採用されたトルコ人の奴隷兵士。彼らの中には軍団長などに抜擢され権力を握る者もいた。

［注四］ ハーバーマス――ユルゲン・ハーバーマス。ドイツの哲学者、社会学者（一九二九―）。

［注五］ ヴァレンヌ逃亡――フランス革命の時代、国王ルイ十六世一家がオーストリアに逃亡をはかり、ヴァレンヌで捕らえられてパリに連れ戻された事件。

問一　傍線部(ア)〜(ウ)のカタカナに該当する漢字と同じ漢字を（傍線を付した部分の漢字表記に）含むものを、次の各群の選択肢①〜④の中からそれぞれ一つずつ選び、その番号をマークしなさい。解答番号は(ア)― 27 、(イ)― 28 、(ウ)― 29 。

(ア)　シッツイ　27

① シッチを埋め立てた場所は水はけが悪い
② 周囲をシッコクの闇が包んでいた
③ 大統領の乗った飛行機がゲキツイされた
④ ヨウツイを傷めて寝たきりの生活になる

(イ)　ハクシャ　28

① 演奏が終わると聴衆は総立ちでハクシュした
② 多数派による少数民族のハクガイがおこなわれた
③ 反乱に加わった者はヨウシャなく処刑された
④ 成熟期が過ぎ需要が減少している産業をシャヨウ産業という

オピニオン同士の相互作用も複雑になった。

　このことは、一見デモクラシーを利するばかりのようにも思える。実際、「人間」として扱われる集団がマムルーク兵から国民全体に広がったことは、国民の(b)負託を受けオピニオンに配慮する政府の決断に対し、これまでにないほどの正当性を与えることになった。そしてそれがさらに国民のオピニオンを集め、国民国家という政治単位の統一性を高めたのである。だが同時に、それは多様な立場と価値観の「人間」を内部に抱え込むことでもあり、意志の統一はかつてよりはるかに困難になったともいえる。③物事には必ず両義性があり、どちらに転ぶかは必然的には決まらない。

　コミュニケーション技術の進歩は、それまで国内で大きな運動を生むことが難しかった少数派に距離や国境を越えた連帯を可能にし、さまざまなマイノリティの声を可視化しつつある。地球環境にまつわる問題提起も、腰の重い国家や企業を飛び越えて一市民の発言や活動が直接世界中に伝わることで、大規模なオピニオン形成を実現している。

　だが他方、ＳＮＳは情報源の多様化によって④エコーチェンバー化しており、ある価値観を持つコミュニティに加わるとそれを強化する情報ばかりを与えられ、多角的な視野を失うことにもなっている。フェイクニュースや監視技術の発達による情報操作は、それを一部の人間が望む方向へと誘導し加速させようとする。結果、市民間の対話は絶望的になり、オピニオンが修復不能なまでに分断されてしまう。

　このような分断が特定の分野のみで単発的に起きているなら影響は限定的だが、政治そのものが党派的になり、分断を(ウ)コウジョウ的に反映するようになれば、「人間」を「国民」に束ねて意思決定を担っていたデモクラシーという政治制度の正当性自体が揺らぐ。オピニオンの分断はデモクラシーの危機となりうる。

　したがって、現在われわれが手にしているオピニオンという武器は、いまやわれわれにとって(c)諸刃の剣ともいえる。声を上げることが連帯を生むか断絶を生むか、それによってデモクラシーの未来も政治の意味も大きく変わるような分岐点がここなのかもしれない。だがそうであればこそ、われわれがどちらを望むのかはこれまでになく重要になるだろう。理論の力が及ばず、必然的な帰結もみえず、両義性に引き裂かれているところでオピニオンは働く。ゆえにオピニオンには現実を動かす力が備わっているのであり、そこに賭けるシステムがデモクラシーなのである。

（堤林剣・堤林恵『「オピニオン」の政治思想史――国家を問い直す』より。一部改変・省略）

〔注一〕ヒューム――デービッド・ヒューム。スコットランドの歴史家、哲学者、政治経済学者（一七一一―一七七六）。

〔注二〕格率――論理における原則を簡単に言い表したもの。

もコーヒーハウスやサロンで文芸や政治について議論を交わし始める。[注四]ハーバーマスいうところの「 a 」の形成は、オピニオンの質と影響力を大きく向上させた。 b こそ持っていなくても、こうしたパブリック・オピニオンはヨーロッパの各国で重視されるようになり、間接的にせよ政治を左右する力を手に入れた。一八世紀末のフランスでは、王権側も革命家たちも自分たちの正当性を主張するにはこのオピニオンを味方につけねばならなかったのである。

だが彼らは同時に、いかにオピニオンが予測しづらく(a)御しがたいかを学ぶことになった。[注五]ヴァレンヌ逃亡が国民のオピニオンを一変させ、革命家すら求めていなかった王権の転覆に繋《つな》がったことはすでにみた。同様の事例は日本史にも存在する。江戸時代末期、それまで最高権力の座に君臨していた徳川幕府の威信が(ア)シッツイし、反対にほとんどの庶民に忘れ去られていた天皇の権威が突如浮上する。三〇〇年間人々を平伏させてきた葵の御紋よりも、誰も見たことのなかった錦の御旗のほうを畏れるようになったのである。

一夜にして敵と味方、天と地が引っ繰り返るような大逆転さえ起こす力がオピニオンには備わっている。ただし、それを予測しコントロールすることは決して容易ではない。ナポレオンやナチスのように、プロパガンダを通じてオピニオンを操作する技術を空恐ろしいほどに磨いていった例もあるが、それが万能ではないこともまた歴史が証明している。多くの場合、権力が失態を犯したり玉座から転げ落ちたりすると、夢から覚めるようにプロパガンダの効果は薄れオピニオンを失ってしまうのだ。

オピニオンの主体が時代とともに拡大し影響力を増していったことは、彼らが支持する正当性理論にも反映された。 c の理念のもとオピニオンは選挙として制度化され、国民という単位に統一されると同時に、直接政治に作用するようになった。いわずと知れた d である。もちろん、依然として間接的な影響力も失っておらず、選挙以外で一般市民が政治的発言をする場は情報産業の発達とともにますます広がっていく。

二〇世紀に入ると、オピニオンは国政ばかりか国際世論として国際政治にも働きかけるまでになった。不戦条約の成立についてもアメリカおよびヨーロッパの世論の後押しが大きく作用したこと、それは戦争違法化を訴える最初期から、運動家たちが意識してオピニオンを動かそうとした努力の結果だったことは、ハサウェイとシャピーロのみならず牧野雅彦および三牧聖子も指摘している。

そして二一世紀の現在、国内はもちろん国外の市民との交流や連携さえ容易にしたインターネットおよびSNSの普及が、②その傾向に(イ)ハクシャをかけたことは疑いの余地がない。一方、意見表明と交換の回路が多様化したことでオピニオンの主体はさらに拡大し、政治に対する影響の与え方も

三　次の文章を読んで、あとの設問に答えなさい。

ヒューム[注一]は、力が常に多数者たる被治者側にあるにもかかわらず、その①「多数が少数によって支配される時のたやすさ」に注目しつつ、次のように述べた。

したがって、統治の基礎となるものはオピニオンをおいてほかにない。そしてこの格率[注二]は、最も専制的にして最も軍事的な政権にも、最も自由かつ最も民衆に開かれた統治とまったく同じように当てはまるのだ。

だが一言で「オピニオン」とまとめられているこの意志の主体は誰だろう？　ヒュームは鋭く指摘する。

エジプトのスルタンやローマの皇帝であれば、おとなしい臣民を彼らの意見や意向に逆らって畜生のようにこき使うこともありえただろう。だが彼は少なくともマムルーク兵[注三]や近衛兵たちについては、人間として彼らのオピニオンにもとづいて指揮を執っていたに違いない。

つまり、オピニオンが統治の基礎であり、被治者のオピニオンなくして支配が成立しえないのは一般的真理だとしても、あらゆる被支配者のオピニオンがすべて同じ重みをもっていたわけでも、同等に尊重されていたわけでもないのだ。「エジプトのスルタンやローマの皇帝」が軍人のオピニオンを重視したのは、当時は武力を操る人間の忠誠さえ獲得すればその他の被治者を従えることなど容易だったからである。武力と恐怖で支配できるならば、民衆のご機嫌取りをする必要はない。人語を話しても聞く者がいない以上、彼らは動物と同じである。

だが時代が変わって社会が豊かになり識字率が上がると、オピニオンに配慮しなければならない「人間」の数が増えていく。国家にとって無視しえない経済力を蓄えた集団が、洗練された説得力のある仕方で政治についての意見を表明し始めるのである。フランスでは一七世紀末から一八世紀末までに全体の識字率が人口の四分の一から半分近くまで、女性についても一四パーセントから四分の一に上昇した。同時期のイングランドでも男性の識字率は六割、女性が四割に達していたといわれている。字を読めるようになった人びとのあいだに印刷物が普及し、貴族にくわえて一般市民

問七　傍線部④「血脈を通わせている」の説明として最も適切なものを次の選択肢①～④の中から一つ選び、その番号をマークしなさい。解答番号は［25］。

①　夏虫の物悲しげな声が、夢幻能の舞台で聞こえてくる音の淵源《えんげん》としてとらえられること。

②　死んだわが子のために祈っている女性の声が、悲しげに鳴く虫の声と自然に重なってくること。

③　虫の声や盆踊りの歌が、西洋音楽と通い合うものとして心地よく耳に響いてくること。

④　盆踊りの歌と虫の声が、ともに、遠い過去を現在に伝える役割を果たす原始の歌であること。

問八　本文の論旨と整合しないものを次の選択肢①～④の中から一つ選び、その番号をマークしなさい。解答番号は［26］。

①　モースが朝の音風景を賑やかと感じたのに対して、ハーンは「物悲しい」と感じた。

②　幽霊としての音とは、過去を現在の中に出現させ、過去との交流を可能にする音である。

③　ハーンには、夜に聞こえる悲しげな女性の声が、死者を呼んでいる声のように感じられた。

④　ハーンが「この国が脈打つ鼓動そのもの」と感じたのは、夜明けに杵が臼を打つ音だった。

① 量によって優位に立とうとする音
② 軍事教練のラッパの音
③ 「大舞踏会の音響」のような下駄の響き
④ 「おおかみ丸」の汽笛の音

問五　傍線部②「黄昏《たそがれ》」に関連して、次のうち空欄の中に「黄昏」の語が入る俳句はどれか。最も適切なものを次の選択肢①～④の中から一つ選び、その番号をマークしなさい。解答番号は 23 。

① □を闇とは見せつ酉《とり》の市
② □によごれて涼し瓜《うり》の泥
③ 山里は汁の中迄《まで》□ぞ
④ 山は暮《くれ》て野は□の芒《すすき》かな

問六　傍線部③「橋という此岸《しがん》と彼岸《ひがん》とを結ぶ象徴的境界を意識させる空間」とはどういうことか。その説明として最も適切なものを次の選択肢①～④の中から一つ選び、その番号をマークしなさい。解答番号は 24 。

① 橋は分断された二つの地域を結ぶ空間であるため、すべての人を受け入れてくれる場所と意識されること。
② 橋はこちら側とあちら側を結ぶ空間であるため、この世とあの世が接する場所とも意識されること。
③ 橋はこちらの岸とあちらの岸を結ぶ空間であるため、死者がよみがえる場所として意識されること。
④ 橋は分断された二つの世界を結ぶ空間であるため、すべての存在が通過していく場所と意識されること。

(オ) リョウブン 19

① 利害得失をコウリョウして最善の策をとる
② 最大派閥のリョウシュウが次期首相に選ばれた
③ 映画界のトップスターに関するシュウブンが世界に流れた
④ この記事に関する一切のブンセキは筆者個人にある

問二　空欄 a ～ i にはそれぞれ、「聴覚」または「視覚」のいずれか一方が入る。空欄 a ～ i のうち、「聴覚」の入る空欄の個数として最も適切なものを、次の選択肢①～④の中から一つ選び、その番号をマークしなさい。解答番号は 20 。

① 四個　② 五個　③ 六個　④ 七個

問三　空欄 X （二箇所とも同じ語が入る）にあてはまる語として最も適切なものを、次の選択肢①～④の中から一つ選び、その番号をマークしなさい。解答番号は 21 。

① 共鳴音　② 不協和音　③ 歓声　④ 残響

問四　傍線部①「昼の「近代」の音」に属さないものを次の選択肢①～④の中から一つ選び、その番号をマークしなさい。解答番号は 22 。

(イ) インエイ 16

① コウイン矢の如《ごと》しということわざがある
② 政界にインゼンたる影響力をもつ
③ 名家のエイコセイスイを描いた小説を読む
④ この部署には少数セイエイを集めた

(ウ) カンキ 17

① 国会に証人としてカンモンされた
② 円をドルにカンサンして物価を比較する
③ リョウキテキな事件が世間に衝撃を与えた
④ 金メダルを獲得してキョウキランブする

(エ) ケンチョ 18

① バランス良く栄養がとれるようコンダテを工夫する
② 彼女は勤務先の会社でチュウケンに属する
③ チョメイな学者を招いて講演会を開催した
④ 老後に備えて若い時からチョチクに励む

［注一］ラフカディオ・ハーン――ギリシャ生まれの作家（一八五〇―一九〇四）。一八九〇（明治二三）年に来日し、日本女性と結婚して小泉八雲と名乗った。『知られぬ日本の面影』『怪談』などの著作がある。

［注二］モース――エドワード・S・モース。アメリカの動物学者（一八三八―一九二五）。一八七七（明治一〇）年に来日、大森貝塚を発見して発掘調査をおこなった。

［注三］按摩――身体をもみほぐして治療をおこなう人。

［注四］ロチ――ピエール・ロチ（ロティ）。フランスの小説家（一八五〇―一九二三）。海軍士官として世界各地を旅行し、紀行文や小説を発表した。日本滞在の経験を題材にした小説『お菊さん』などがある。

［注五］クローデル――ポール・クローデル。フランスの劇作家・外交官（一八六八―一九五五）。一九二一（大正一〇）年から一九二七（昭和二）年にかけて駐日大使を務めた。

問一　傍線部(ア)～(オ)のカタカナに該当する漢字と同じ漢字を（傍線を付した部分の漢字表記に）含むものを、次の各群の選択肢①～④の中からそれぞれ一つずつ選び、その番号をマークしなさい。解答番号は(ア)― 15 、(イ)― 16 、(ウ)― 17 、(エ)― 18 、(オ)― 19 。

(ア)　キチョウ　15

① 緊張して実力をハッキできなかった
② 会社の経営はキキテキな状況に陥った
③ 犯罪を検挙して罰金をチョウシュウする
④ 新居のためにチョウドヒンを買いそろえる

そしてその音は、死者の世界との交流、過去との交流をなす境界としての音、いわば幽霊としての音である。虫であれ、女性の声であれ、音楽あるいは波の音であれ、ハーンが日本で特に注目する音の多くはこの性格を帯びてくる。ハーンの滞在初期の作品としては、「盆踊り」などの印象記の中にも、すでにこの特徴的な傾向は充分に確認できる。山陽から日本海に抜ける旅の途中通過した鳥取県上市《うわいち》（実際は下市）の夜の盆踊り、この作品についてはすでに多くの論考があり、詳細には立ち入らないが、ハーンが記すその夢幻的な雰囲気、動作とそれを突き破るように響く若者の唄が読者に強い印象を与える作品である。現実とはまったく別の光景の中で展開されていくその夢遊病的仕草についてハーンはこう書く。

「今自分が見ているのは、遠い遠い太古のものだ。（…）この踊りこそ、数えきれないほど長い歳月の間にその意味が忘れ去られてしまった動作の象徴であるに違いない」（「盆踊り」仙北谷晃一訳）。夜、夢幻の雰囲気の中で、束の間、過去や死者たちの記憶の世界を現前させる仕草、無意識のうちに人間が反復してきた動作、クローデル[注五]が夢幻能の舞台に与えた形容とよく似た形容をハーンはこの踊りに与えている。そして、踊りの歌も同じく、太古の連続性の上で捉えられる。「われわれ（西洋）の音楽言語の文字である音符をもってしても書き表わすことの出来ない、原始の歌」として。

私にはそれが、私一個の生命より無限に古いもののような気がする（…）あまねき太陽のもと、生きとし生ける万物の喜びや悲しみに X を発するもののような気がする。（…）今宵のあの歌は、自然のもっとも古い歌とおのずからにして調和を保っている。さびしい野辺の歌、あの美しい大地の声を形成する夏虫の嫋々《じょうじょう》たる音楽と、知らず識《し》らずの中《うち》に④血脈を通わせている。

〈 X 〉という言葉は日本におけるハーンの耳の問題を考える上で重要なキーワードであるが、この引用の中にもすでに重要性の一端が窺《うかが》える。ここでは盆踊りの歌と虫の歌が接近する。人の歌と自然との連続性が当然視されている。そして虫の歌は単に現在ではなく、遠い過去からの歌という象徴的意味を強く帯びている。ハーンが注目する音は現在の場に過去を現前させる音である。それは繰り返せば一種の「幽霊」としての音である。ハーンにとって幽霊は過去を現在に伝えていくものとしてきわめて重要な役割を果たす。こうした意味での境界としての音がつねに問題となってくるのである。

（内藤高『明治の音』より。一部改変・省略）

障子を開けて朝の様子を眺め渡す」。

「緑の雲のような庭木の若葉」「青っぽい屋根がいやに目立つ家並み」このあたりから [e] 的描写が優位となってくる。もちろん印象的な音、声はある。朝日に向かって柏手を打つ音、「ホーケキョー」と鳴く鶯《うぐいす》の声、ハーンの思念はそのまま法華経《ほけきょう》におよぶ。そして、朝の活動が活発になる頃、大橋の上の、「大舞踏会の音響」のような下駄の響き。

だが「神々の国の首都」でも、これ以後、「東洋の土を踏んだ日」とも共通して、日中聞こえてくる音の描写は非常に少なくなり、種類も限定されてくる。日中直接ハーンの耳にはいってきた音として特徴的なものは、「おおかみ丸」と人々が呼ぶ小蒸気船の汽笛、他のライバル会社を凌《しの》ぐためにやたらに音量を大きくしたその「想像を絶するほどの耳をつんざく怒り狂った叫び声」、量によって少しでも他より優位に立とうとするいわば近代の病を代表するかのような音である。あるいは、寺の並ぶ古風な趣を湛《たた》えた通りに鳴り響くラッパの音、師範学校の生徒たちが日課の軍事教練の行進をしているときの音である。いずれにせよこの昼間の音は、「近代」そのものを典型的に示す音であることは疑いない。

[f] 的描写の優位は、入日のときまで続く。しかし夜になると、これまで奪われていた権利を奪回するかのように、[g] 的世界が拡がっていく。それは先に触れた、夜になると鳴き始める虫とも同じである。「沼に住む大きな蛙たちの鳴く声にも似てにぎやかに騒いだり低く唸《うな》ったりする音声が町の至る所から夜空のさなかへ立ちのぼる」。夜とともに「うーどんやい、そばーやい」「あめー湯」「河内《かわち》の国、ひょーたん山、恋の辻占《つじうら》」、物売りたちのさまざまな声が響き渡るのにハーンは聴き入っている。それは、①昼の「近代」の音からはすでに外れかかった音でもあろう。

中でも印象的なのは、②黄昏《たそがれ》が過ぎたとき、湖上の橋の上でひとりたたずむ女のつぶやきである。空と水との「境も定かではない薄暗闇」の中、女の指先から白い小さな物がひらひらと落ちていく。「女は何やら低いやさしい声でつぶやいている。死んだわが子のために祈っているのである」。③橋という此岸《しがん》と彼岸《ひがん》とを結ぶ象徴的境界を意識させる空間で、母親が亡くした子を弔うために、地蔵の絵と経文が摺《す》られた紙切れを水の中に一枚ずつ落としていく。「南無地蔵大菩薩《なむじぞうだいぼさつ》」という称名《しょうみょう》を繰り返しながら。こうした現世から死者の世界へそのまま通じるような声が、ハーンの夜の耳を開くのである。

このように、日本滞在初期にも、すでに(エ)ケンチョな夜と昼の対立が存在している。[h] は昼の [i] に対して夜の(オ)リョウブンに属している。そこでハーンが聴き取るのは、何よりも女性の声に代表される音だったのである。

ケッチしたこのエッセイでも、ハーンの耳は敏感に働く。冒頭部、まだ未明の時刻、一日のスタートは音によって感知される。

松江の一日で最初に聞こえる物音は、ゆるやかで大きな脈搏《みゃくはく》が脈打つように、眠っている人のちょうど耳の下からやって来る。それは物を打ちつける太い、やわらかな、にぶい音であるが、その規則正しい打ち方と、音を包み込んだような奥深さと、聞こえるというより寧《むし》ろ感じられるように枕を伝わって振動がやって来る点で、心臓の鼓動に似ている。それは種を明かせば米搗《つ》きの重い杵《きね》が米を精白するために搗き込む音である。（森亮訳）

音がまず謎として提示され、後にそれが種明かしされるという読者を引き込むためのロチ[注四]の手法とも共通しよう。とにかく、松江の夜明けをもっぱら［ d ］に頼りながらハーンは描写していく。土地とそこから目覚めていくものとの関係が、母体と胎児の関係にも似て、もっぱら音を通して語られていく。心臓の鼓動を思わせる杵の音、「実際それはこの国が脈打つ鼓動そのもの」であり、「杵が臼を打つ規則的な、にぶく鳴り響く音こそは日本人の生活から生まれる物音のうち最も哀感を誘うもの（pathetic）」であるとハーンは書く。

この中心の音に続いて、周囲からのさまざまな物音が耳に入ってくる。

それから禅宗の洞光寺《とうこうじ》の大釣鐘がゴーン、ゴーンという音を町の空に響かせる。次に私の住む家に近い材木町の小さな地蔵堂から朝の勤行《ごんぎょう》の時刻を知らせる太鼓の物悲しい（melancholy）響《ひびき》が聞こえてくる。そして最後には朝一番早い物売りの呼び声が始まる。「大根《だいこ》やい、蕪《かぶ》や蕪」と大根そのほか見慣れぬ野菜類を売り回る者、そうかと思えば「もやもやもや」と悲しげな（plaintive）呼び声は炭火をつけるのに使う細い薪の束を売る女たちである。

未明とはいえ、朝の音風景の伝えるニュアンスは、ロチやモースとは相当違う。その物音には「物悲しい」「悲しげ」という形容詞がつけられ、朝の快活さとは別の(イ)インエイを帯びている。モースが聴く陽気で賑やかな物売りとは対照的であり、女の声、物悲しさという点からいえば、先ほどの按摩の声と共通することがわかる。

こうした冒頭の音の(ウ)カンキの後に、ハーンは、初めて目を外の風景に向ける。「町の人たちの生活が始まる早朝の物音に起こされて、私は小さな

二　次の文章を読んで、あとの設問に答えなさい。

耳の人、ラフカディオ・ハーン[注一]、しかし彼は、例えばモース[注二]のように、街中の種々さまざまな奇妙な音のコレクターではない。彼の横浜到着直後の印象記「東洋の土を踏んだ日」には、ほとんど音の描写はない。西成彦氏の指摘にもあるように、それはこの作品の最後を除いて、ほとんど［　a　］的映像のみで進行していく。人力車から目に入る「小さな妖精の国」、青い屋根の小さな家、青い着物を着て笑っている小さい人々。下駄の音などへのわずかな言及はあるにしても、もっぱら色や形の世界が再現され、音のほとんど聞こえてこない世界が展開されていく。音がはっきりと記されるのは、このエッセイの最後、ホテルでの夜、通りから聞こえてくる女性の按摩[注三]の声と笛の音のみである。

「あんまーかみしもーごーひゃくもん」

夜の中から女の声が響いてくる。一種特別なうるわしい節をつけて唱されるその文句は、一語一語、開け放った部屋の窓から、笛のさざ波立つ音のように流れ込んでくる。（…）

「あんまーかみしもーごーひゃくもん」

この長いうるわしい呼び声の合間合間に、決《きま》ってうら悲しい笛の音が入る。長く一節吹いた後、調子を変えた短かい二節が続く。（仙北谷晃一訳）

女の按摩の声（女性の声であることにはまず注意しておく必要があろう）と笛、ハーンのその後の日本滞在を決定づける音である。そこにはすでに「うら悲しい」などハーンにとって日本の一つの(ア)キチョウとなる形容詞がみえる。さらにここで注意すべきことは、こうした音をはっきりと聴き取るのは、夜という場を背景にしたとき、初めて可能になるということである。夜に［　b　］が鋭敏になることは当然かもしれないが、ともかく、今引用した按摩の声と笛が、夜、急にハーンの耳を強く捉えるのである。音、声に関しては、昼間の［　c　］的小ささとは別の、もっと大きく強いものがある。ハーンはこう感じる。

「神々の国の首都」、目覚めのときから眠りにつくまでの松江の一日の推移を、土地にまつわる言い伝えなどをしばしば挟みながら、印象派風にス

問六　空欄 [b] にあてはまる言葉として最も適切なものを次の選択肢①～④の中から一つ選び、その番号をマークしなさい。解答番号は [9]。

① 他者と自分は無関係だという前提から始まる他者の生き方の尊重
② 他者に共感することによってその感情を洞察しようとする努力
③ 他者と感情を共有することなくその気持ちを洞察する知的活動
④ 他者を自分に引きつけてその気持ちを想像しようとする姿勢

問七　次のア～オの各文について、その内容が筆者の立場と合致する場合には①を、合致しない場合には②を、それぞれマークしなさい。解答番号はア― [10]、イ― [11]、ウ― [12]、エ― [13]、オ― [14]。

ア　ネガティヴ・ケイパビリティという考え方は、即決即断を評価することにつながっている。 [10]
イ　SNSは、何もしないことに恐怖を持つ現代人の感覚につけこんで、生産性を高めるように追い立てている。 [11]
ウ　ルイーズ・グリュックの詩は、日常を綴るものであるが、何気ない場面が深い思索につながっている。 [12]
エ　一九四〇年代ごろから、自分から遠く感じるものに関心を持たない読者が増えるようになった。 [13]
オ　多様な価値観の人々が共存するためには、他者に深く共感する力を伸ばしていくべきである。 [14]

① 解決がつくまで不安が続く時間
② 現実からしばし逃避する時間
③ すぐに答えを出さずに考え続ける時間
④ 最後の答えに行きつくまで気をもむ時間

問三　傍線部②「倣」と同じ訓読みをする漢字を次の選択肢①～④の中から一つ選び、その番号をマークしなさい。解答番号は 6 。

① 競　② 習　③ 願　④ 抗

問四　空欄 a にあてはまる語として最も適切なものを次の選択肢①～④の中から一つ選び、その番号をマークしなさい。解答番号は 7 。

① 停止　② 節約　③ 給費　④ 空費

問五　傍線部③「親近型読書」の説明として最も適切なものを次の選択肢①～④の中から一つ選び、その番号をマークしなさい。解答番号は 8 。

① どのような登場人物にも自分の似姿を見つけて記録する読書のこと。
② 登場人物に感情移入するあまり作品を現実だと思い込んでしまう読書のこと。
③ 自分とかけ離れた登場人物に自己同一化して楽しむ読書のこと。
④ 作者や主人公に自分と似た点があることを評価する読書のこと。

(イ) アイゾウ　2

① 弟子が師よりも優れている旨の評判をシュツランの誉れという
② 専門家からはアイマイな回答しか得られなかった
③ 美術館で画家のジガゾウを鑑賞した
④ 自分をいじめた相手に激しいゾウオを抱いた

(ウ) シジョウ　3

① ゲシの日は一年で一番昼が長い
② シカクを取るために勉強している
③ 問題点をカジョウ書きにして整理した
④ 説明がジョウチョウでわかりにくい

(エ) ツイニン　4

① 若かりし頃の幸せな日々をツイオクする
② 昆虫の脚は前・中・後のサンツイある
③ 彼女は極秘の重大なニンムを負っている
④ 彼はニンタイ強くあきらめない性格だ

問二　傍線部①「宙づりの時間」の説明として最も適切なものを次の選択肢①～④の中から一つ選び、その番号をマークしなさい。解答番号は 5 。

そうして、憎しみは絶やせなくても、
憎しみを変えていくことはできる
私たちを生かす愛へと。

それを可能にするのは、自撮り的な共感ではなく、他者への洞察的な理解力なのではないか。

（鴻巣友季子『文学は予言する』より。一部改変・省略）

[注一] アテンション・エコノミー――ネット社会で、情報そのものよりも、それに対する人びとの関心、注目度の方が経済的価値を持つという概念。

[注二] アマンダ・ゴーマン――一九九八年生まれのアメリカの詩人。バイデン大統領の就任式で自作の詩を朗読したことで、その名を広く知られるようになった。

問一　傍線部(ア)〜(エ)のカタカナに該当する漢字と同じ漢字を（傍線を付した部分の漢字表記に）含むものを、次の各群の選択肢①〜④の中からそれぞれ一つずつ選び、その番号をマークしなさい。解答番号は(ア)― [1] 、(イ)― [2] 、(ウ)― [3] 、(エ)― [4] 。

(ア)　ホウセツ　[1]

① 新たな年のホウフを語った
② 彼らは自由ホウニン主義の教育を支持している
③ 健康のためにビタミンをセッシュする
④ 外部とのセッショクを断って生活する

にも広がり、今世紀のゼロ年代には、オンラインメディアの運営会社「BuzzFeed」がrelatableというタグを乱発するようになり、「親近感がわく」「あるある」「私の物語だ」という特定の意味で使われることが爆発的に増えたという。

こうして〝③親近型読書〟が盛り上がるほど、自分から遠く感じるものには関心をもたない読者が増えてしまった。二〇二二年にも、アジア系少女を主人公にした米国ピクサーアニメ映画の「私ときどきレッサーパンダ」に、白人男性の映画業界人が「自分と関係ない話」という趣旨の評を投稿して炎上したことがある。

「ニューヨーカー」誌のコラムニスト、レベッカ・ミードの論考が印象深い。かつての読者は自分とかけ離れた設定や人物の物語に飛び込んでいって自己同一化し、そこに自分の姿を映しだして楽しむということをしたという。これは少なくとも能動的な知的活動だが、近年の〝親近型読書〟は本の中に自分の似姿を見つけて記録する「自撮り」のようなものになってしまっていると比較したのだ。この論考はその後のリレータブル論争に大きな影響を与えた。

これは、シンパシーとエンパシーの違いとして理解できるのではないか。ミードのいう読書の前者がエンパシーを発動する読書であるのに対し、後者はシンパシーによって成り立っている。この二語はよく混同して使われているが、もともとの意味はだいぶ違う。sympathyが「共感する、思いを一にする」ということなら、empathyは「［ b ］」ということだ。

村田沙耶香は『信仰』の著者インタビューで「速度の速い正しさは怖い」と述べた。それは共感ひとつでみるみる伝播《でんぱ》していく一義的な「正義」に対する恐れだろう。

人びとは共感しなくても共存できるはずだ。[注二]アマンダ・ゴーマンが国民の連帯と同時にそれぞれが異なること、すなわち多様性を強く訴えたのはそのためだ。彼女はテキサスの学校での銃乱射事件の後に発表した詩「痛みへの賛歌」でdiffer（それぞれが異なる）という語を使っている。以下では「多様である」と訳した。

私たちは
多様であるか、滅びるか、
勝ちとるか、試練を重ねるかだ。

いだろう。ネットの速くて強い言葉に煽《あお》られることへの倦厭《けんえん》感が形をとりだしている。ウォレスが説くのは一つに、頭に刷りこまれたものを問い直すことだ。

思えば、二〇二一年のノーベル文学賞なども、これほどアテンション・エコノミーから縁遠いものもなかったろう。受賞者はアブドゥルラザク・グルナ。ザンジバル島（現タンザニア）に生まれ、十七歳で革命難民として渡英したアフリカ系イギリス作家だ。欧米の作家でこれまで大きな国際文学賞の受賞歴なく同賞を授与された例は、今世紀ではごく稀である。

その前年二〇二〇年のアメリカ詩人ルイーズ・グリュックへの授賞も、作品の本質をつきつめた結果だろう。平易な語彙で日常を綴《つづ》るその詩を初めて読んだ時、わたしは戦慄した。夫婦が浜辺に黙座するうち、潮の満ち引きのまにまに(イ)アイゾウが去来したり、少女が列車に乗りこむほんの一齣《ひとこま》に、女性の一生が照射されたりする。受賞を機に『野生のアイリス』、『アヴェルノ』などの邦訳が出版されるようになったのは喜ばしい。

草花溢《あふ》れる庭を舞台にした詩集『野生のアイリス』は、グリュックが「二年間一篇の詩も書けなかった、詩人として長く辛い沈黙の後にやってきた」と訳者はあとがきに書いている。

表題作は「苦しみの果てに／扉があった」と始まる。そして、自然との、神との、対話。あるとき神は怒っているようだ。「わたしはあらゆる贈り物をした、／春の朝の青、／お前たちがその使い方を知らなかった時間——」。またあるときは、クローバーから抗議があり、朝顔が現《うつ》し世に生きる人間の罪と苦しみを代弁するようにも見える。

文学は即効薬ではない。愛と訣別《けつべつ》、失望と希望、死と再生をめぐる、遅効性の言葉がここにはある。

読者の判断が全体に「速く」なっているのは、アテンション・エコノミーの仕掛けによるものだけではないだろう。その背景にあるのは、一種の「共感(ウ)シジョウ主義」のようなものだ。

近年、わたしは「外国文学のお勧め」を学生などに尋ねられると、「自分からちょっと遠いなあと感じるものを選ぶといいですよ」と答えることがある。読書を他者や未知との出会いの場ではなく、自らの知識や体験の(エ)ツイニンとして行う人が、昨今増えているように思うからだ。紙媒体にもネットにも、作者や主人公が自分と〝近い〟から信頼できる、共感した、だから作品を評価するという均質な感動が溢《あふ》れている。

こうした現象は英米でも同じらしい。リレータブル（relatable）という語の批評における濫用が長らく指摘されてきた。「関連づけられる」などを意味していたこの語は一九四〇年代に初めて教育業界誌で「親しみのもてる」「身近に感じる」という意味で使われるようになった。これが一般

FacebookやInstagramなどのソーシャル・メディアは目先の興味で引きつけ、わたしたちがじっくり考えようとする時間を奪いあう。

『何もしない』には、古今東西の「抵抗する人びと」が紹介されている。

たとえば、あるとき、デトロイトの大手会計事務所のマーケティング部に、奇妙な研修生が現れた。まわりが忙しく働くなか、彼女はひたすら空を見つめ、働こうとしない。この何もしない人物は社内に動揺と脅威をもたらす。彼女の行動はあるアーティストによる〈研修生〉というパフォーマンス作品だったと後でわかるのだが、現代人は何もしないこと、何も生産性をもたないことに、恐怖に似た感覚を覚えるようだ。

SNSはそこにつけこんで、生産性を高めよと追い立てながら人の思考と時間を［ a ］させ、クリックごとに企業にお金を流す。そのために賛同者の数が可視化され、リプライがあれば即通知が届き、「話題のトピック」がつねに表示される。ユーザーは何か見逃したのではないかというFOMO（fear of missing out＝取りこぼし恐怖）に襲われた挙句、「他人の現実」を生きるようになってしまう。

巨大なIT企業が集まるシリコンバレーで働く両親のもとに育ったオデルは、反テクノロジー派や強硬なナチュラリストではない。SNSの魔の手から離れることで得られるのは、一つはセルフメンテナンスであり、もう一つは他者の視点をもつこと。つまり、［注二］アテンション・エコノミーの操作や洗脳から抜け出し、むしろ主体的に思考することで初めて、他者と出会えるということだ。

そうした主体的思考を取り戻すには、自然回帰や、哲学・文学に触れることは有用だとオデルは言い、多様な思想家や文学者からの言葉を引いてくる。良心に基づく市民的不服従を唱えたディヴィッド・ソロー、『人間の条件』で全体主義に抵抗したハンナ・アーレント、古代の抵抗アーティストとも言うべきディオゲネス、歴史に瓦礫《がれき》の山を見たヴァルター・ベンヤミン、『我と汝』の著者マルチン・ブーバーなど。

そうして多彩な言葉が引用されるが、おもしろいのはアメリカ十九世紀の作家ハーマン・メルヴィル（あの『白鯨』の原作者）が書いた『書記バートルビー』という中編小説の例だ。主人公バートルビーは職場で何を頼まれても、「しないほうがよろしいのです」と答えて、拒絶と受諾の谷間に上司を落とし入れ、それでいて仕事を辞めるでもない。この困った人物はなぜか魅惑的だ。こうしてイエス・ノーで白黒をつけず、「第三の空間」で考え続ける潜勢力をオデルは強調する。

ちなみに、オデルが最後に行き着くのは、自然農法を提唱した日本人農学者・福岡正信である。

「速い」情報消費やアテンション・エコノミーに抗うと宣言する紙の雑誌「モノノメ」が、二〇二一年に日本で創刊されたのも、早逝の米国作家デヴィッド・フォスター・ウォレスによる今世紀初頭の大学卒業式でのスピーチ『これは水です』が今また読者を引きつけているのも、偶然ではな

国語

（六〇分）

一　次の文章は、国内外の文学作品の書評をもとに執筆されたものである。この文章を読んで、あとの設問に答えなさい。

わたしは古典文学にしろ現代小説にしろ、ただちに実益にならないものを人間が読むのは、「①宙づりの時間」を楽しむためだと思っている。ミステリ小説では、最後に問題の答えを出したり、事件を解決したりすることが多いし、社会派小説などには、政治的声明を出したり、告発を行うようなものもある。しかし明確な結末や結論をもたない小説も多い。

Amazonのカスタマーレビューなどを覗《のぞ》くと、芥川賞受賞作のほとんどには、「作者がなにを言いたいのかわからなかった」「この小説になにか意味があるのか」といったレビューが付いている。人は往々にして、解決をつけないままでいることに耐えきれなくなる。

しかし最近では、「ネガティヴ・ケイパビリティ（消極的受容力）」という力が注目されている。もともとはイギリス後期ロマン派の詩人ジョン・キーツが考案した言葉だが、判断を保留し、宙ぶらりんのまま考えつづける力のことだ。日本では、臨床精神科医であり作家の帚木《ははきぎ》蓬生《ほうせい》の『ネガティブ・ケイパビリティ　答えの出ない事態に耐える力』もよく読まれている。

すぐにポジティブ（積極的）に答えを出さない、断定しすぎないこと。それは多様性への(ア)ホウセツ力や多元共存のあり方にもつながるだろう。好景気を背景に、即決即断力が大いに称えられた時代は、今は昔なのだ。

「釘子戸《ディンズフー》」という、土地開発の立ち退きに断固抗う民家を指す中国語があるそうだ。オデルの『何もしない』は、この頑固な姿勢に②倣おうとユーモラスに宣言する。ネット空間には拡散速度が高い発信ほどお金になる構造があり、即時反応させるデザインになっている。そうしてTwitterや

解答編

英語

I　解答　問1．②　問2．③　問3．①　問4．④　問5．①

II　解答　問1．②　問2．③　問3．①　問4．③　問5．④

解説

問1．「(思想や方法，もしくは行動を) 取り上げたり従ったりすることを選択する」とは adopt「採用する」である。

問2．「極端に怒っていたり，エネルギーや努力，速さに富んでいる，もしくは荒々しい，強烈な」とは furious「すさまじい，怒りくるった」である。

問3．「法律，同意，もしくは行為の規範を破ったり，順守しなかったりする行動」とは breach「違反，そむくこと」である。

問4．「人や物に敬意を表し，グラスや飲み物を掲げるように，集まった人々に呼びかけること」とは toast「乾杯」である。

問5．「平和で幸福な状態である，何かを喜んで受け入れている，満足な」とは content「満足な」である。

III　解答　問1．②　問2．①　問3．③　問4．②　問5．④

解説

問1．「ジョーはツアーがキャンセルされたと聞いて驚き，理由を知りたがっている。

ジョー：どうしてか知っている？
アレックス：うん，悪天候のせいでキャンセルされたんだよ」

原因・理由を答えるので，②on account of ～「～が原因で」が最適。①「～を代表して」③「～に加えて」④「念のため」

問2.「これがお探しの無料シャトルバスです。駅からスタジアムまで往復します」

①back and forth「往復で，行ったり来たり」が最適。②「互いに交差して」③「史上一番の」④「側に」

問3.「この賞をいただけて光栄です。ご期待にお応えできればと思います」

③live up to ～「(期待など) に応える」が最適。①「～のため私を連れてくる」②「～の悪口を言う」④「～を逃す」

問4.「いえ，ここにいてください。あなたを放り出したいなんて決して思いませんよ！」

②by no means ～「決して～でない」が最適。副詞句が文頭に来ると倒置になることが多い。①「必ず」③「確かに」④「非常にあり得る」

問5.「宇宙飛行士チームが宇宙船に乗り込もうとしている。記者が船長にインタビューを行っている。
記者：長旅に乗り出す準備はできていますか？
船長：はい。適切なツールや備品が装備できています」

準備した物が続くので，④equipped with ～「～が装備されている」が最適。①「めったに準備できていない」②「～に備える」③「～する準備をする」

Ⅳ　解答　問1. ③　問2. ①　問3. ③　問4. ①　問5. ①

解説

並べ替えた英文は，以下の通り。

問1. (We have) been unsuccessful in our attempt to contact them (so far.)

「連絡がつかないまま」は「連絡をとろうとする試みに失敗している」と考える。be unsuccessful in「～に失敗する」の後に attempt to *do*「～

する試み」を続け，最後に contact「～に連絡をとる」を入れる。

問 2．(In) what language do you usually communicate with each (other?)

「*A*（人）と *B*（言語）でコミュニケーションをとる」は communicate with *A* in *B*。「何語で」という疑問文なので，(In) what language を冒頭に置き，do you *do*～？を続ける。頻度の副詞は一般動詞の前に置くので usually communicate となることに注意。

問 3．(What do) you think is the solution to this problem(?)

「あなたは～を何だとお考えですか」は What is～？に do you think を挟み What do you think is～？となる。solution to～「～の解決策」

問 4．(We need to) wait for three more hours before boarding the (plane.)

「搭乗するまで」は「搭乗する前に」と考え before boarding とする。主語 we が選択肢にないので，この before は前置詞と考えるとよい。解答には関わらないが「更に 3 時間」は three hours more でもよいだろう。

問 5．(We) were told to leave the door open to (get some fresh air.)

be told to *do*「～するよう言われる」に leave O C「O を C のままにする」の形を続ける。to get「得るために」

V 解答

問 1．②　**問 2．**①　**問 3．**②　**問 4．**④　**問 5．**③
問 6．①　**問 7．**②　**問 8．**④　**問 9．**③　**問10．**④

全訳

《金庫破りジミー＝バレンタインと刑事》

刑務所内の靴屋で，ジミー＝バレンタインは靴を作るのに忙しく働いていた。1 人の刑務官が店に入ってきて，ジミーを刑務所内の事務所に連れて行った。そこでジミーは重要な書類を渡された。そこには彼は釈放されると書いてあった。

ジミーは喜びや関心をあまり示さずに，その書類を受け取った。ジミーは 4 年の刑期で刑務所に送られていた。ジミーは刑務所で 10 カ月を過ごしていた。しかし，ジミーは 3 カ月しかここにはいないつもりだったのだ。ジミーには刑務所の外にたくさんの友人がいた。それほどたくさんの友人がいる人間は，刑務所に長くいることを予想しないものなのだ。

「バレンタイン」，主任刑務官が言った，「明日の朝，出所だ。おまえがやり直すチャンスだ。ちゃんとするんだぞ。お前は本当は悪い奴じゃないんだから。金庫破りはやめて，ましな人生を歩むんだ」

「私が？」ジミーは驚いて言った。「人生で一度も金庫破りなんてしていませんよ」

「おいおい」主任刑務官は笑った。「一度もか。さてさて。スプリングフィールドの金庫を開けたことで，お前が刑務所に送られることになったのはどういうことだい…？」

「私が？」ジミーは言った。彼の顔には依然として驚きが浮かんでいた。「人生で一度もスプリングフィールドに行ったことはありません」

「こいつを連れて行け」主任刑務官は言った。「外へ出るのに必要な服を用意してくれ。朝の7時にもう一度ここへ，こいつを連れて来い。そんでもって，バレンタイン，俺の言ったことをよく考えるんだぞ」

翌朝7時15分に，ジミーは事務所に再び立っていた…。

それから，主任刑務官が握手のために手を突き出した。それが囚人9762番としてのバレンタインの最後となった。ジェームズ＝バレンタイン氏は陽射しの中へと歩き出した…。

彼はまっすぐにレストランへ行った。そこで彼は自由であることの最初の甘い喜びを味わった。おいしい夕食をとったのだ。そのあとで，彼は列車の駅へ向かった。そこに座って金を無心する盲目の男に幾らかの金を渡して，そして彼は列車に乗車した。

3時間後に，小さな町で彼は列車を降りた。この町で，彼はマイク＝ドーランのレストランへ向かった。

マイク＝ドーランはそこに1人でいた。握手をしたあとで，彼は言った。「親愛なるジミーよ，もっと早くにできなくてすまない。でも，スプリングフィールドのあの金庫のこともあったんだ。簡単ではなかったよ。気分は大丈夫か？」

「大丈夫だ」ジミーは言った。「僕の部屋は使える状態になっているかい？」

彼は上へあがって，家の奥にある部屋のドアを開けた。すべてのものは，彼が去ったときのままだった。奴らがジミーを刑務所送りにしたときに，彼を発見したのはここだった。ドアには小さな布片があった。ジミーが逃げようと争ったときに，警官のコートから引きちぎられたものだった。

壁に向かってベッドがあった。ジミーはベッドを部屋の中央へ引っ張った。ベッドの後ろの壁は普通の壁に見えたが，ジミーは壁にある小さな扉をさっそく見つけて開いた。この開きから埃まみれのかばんを彼は引き出した。

彼はこのかばんを開いて，金庫破りのための道具を愛おしそうに眺めた。どこにもこんなに良い道具は見つからないだろう。それらは完璧だった。必要なものすべてがここにあった。必要な大きさと形で，特別な材質で作られてあった。ジミーは自分自身でそれらを設計して，それらにとても誇りをもっていた…。

30分後に，ジミーは階下に降りてレストランを通り抜けた。彼はもう自分にぴったり合った上等な服を身に着けていた。埃を払われ綺麗にされたかばんを彼は持っていた…。

バレンタイン，囚人番号9762番が出所して1週間後，インディアナ州リッチモンドで金庫が破られた。誰がやったのか誰にもわからなかった。800ドルが取られた。

その2週間後にローガンズポートの金庫が開けられた。それは新しい種類の金庫であった。うわさでは，とても強力に作られているので誰もそれを破ることができないはずだった。でも誰かが開けて，1500ドルを取った。

それからジェファーソンシティの金庫が開けられた。5000ドルが取られた。この損失は大きなものであった。ベン＝プライスはこのような重要なことがらに関わる警察官であり，いまやこの案件に関わり始めた。

彼はインディアナ州リッチモンドとローガンズポートへ行って，金庫破りがこれらの場所で，どのように行われたのかを検分した。彼はこのように言ったらしい。

「ここにジミー＝バレンタインがいたことがわかります。また仕事をしています。奴がどんなふうにこの金庫を開けたか見てください。すべて簡単に，すべて鮮やかにやってのけています。彼はこれをする道具を持っている唯一の男です。そして彼が，道具をこのように使う方法を知る唯一の男なのです。ええ，私はバレンタインを指名手配したい。今度，奴が刑務所行きになれば，奴は死ぬまでそこにいることになるでしょう」

ベン＝プライスにはジミーの手口がわかっていた。ジミーはある町から別の遠い町へ移動する。彼は常に１人で金庫破りをする。終わると常に即座にその場を離れる。素敵な人々との付き合いを楽しむ。これらの理由から，バレンタイン氏を捕まえることは簡単ではなかった。

お金で一杯の金庫を持っている人々は，ベン＝プライスがバレンタインを捕まえようと動いていると聞いて喜んだ。

ある午後，ジミー＝バレンタインと彼のかばんが，エルモアという名の小さな町に到着した。ジミーは，大学生のように若く見えるのだが，ホテルに向かって通りを歩いた。

１人の若い女性が通りを歩いて横切り，角で彼を追い越してドアに入った。そのドアの上には「エルモア銀行」の看板があった。ジミー＝バレンタインは彼女の目を覗き込み，自分が何者であるかを，一瞬で忘れてしまった。彼は別人になった。彼女は目をそらし，そして顔を赤らめた。ジミーのような若者はエルモアでは，そんなには現れなかったのだ。

ジミーは銀行のドアの近くに１人の少年を見かけ，町についての質問をし始めた。しばらくして，あの若い女性が出てきて，前へ歩いてゆく。彼の前を通り過ぎるとき，彼女にはジミーが見えないようだった。

「あの若い女性はポリー＝シンプソンじゃないかい？」ジミーは尋ねた。

「ちがうよ」少年は言った。「彼女はアナベル＝アダムズだよ。彼女の父親がこの銀行の持ち主なんだ」

ジミーはホテルへ行って，そこでラルフ＝D.スペンサーだと名乗った。そこに部屋を取った。ホテルマンに，ビジネスをしにエルモアへ来たのだと彼は言った。「靴のビジネスはどうだい。もう良い靴屋があったりするのかな」

その男はジミーの服装やマナーは素晴らしいと思った。彼は喜んでジミーに話をした。

たしかに，エルモアは良い靴屋を必要としていた。靴だけを売る店はなかった。靴は何でも売る大きな店で売られていた。エルモアのすべてのビジネスは良好だった。彼は，スペンサー氏がエルモアにとどまるよう決断することを望んだ。エルモアは住むのに快適な町だし，人々は気さくだった…。

ラルフ＝スペンサー氏はエルモアにとどまった。彼は靴屋を始めた。彼の靴屋のビジネスは順調だった。

また，彼にはたくさんの友人ができた。そして彼は心に秘めた彼の願いに関しても順調であった。彼はアナベル＝アダムズと出会った。彼は日ごとに彼女が好きになった。

1年の終わりには，エルモアの誰もがラルフ＝スペンサー氏のことを気に入っていた。彼の靴屋のビジネスはとても順調だった。そして彼とアナベルは2週間後に結婚する予定だった。この小さな町の銀行家アダムズ氏はスペンサーを気に入っていた。アナベルは彼のことをとても誇りに思っていた。彼はすでにアダムズ家に属しているように思えた。

ある日，ジミーは自分の部屋で腰かけて，このような手紙を書いた。その手紙を彼は自分の旧友の1人に送った：

親愛なる旧友よ

来週サリバンの店で10日の夕方に会ってほしい。僕の道具を渡したい。君がそれらを所有して喜ぶことはわかっている。1000ドル出したとしても，この道具は買えないよ。古い稼業はやめた――1年前に。素敵な店を営んでいるんだ。ましな生活をしている。そして今から2週間後に世界で最高の女性と結婚する予定だ。それが唯一の人生だよ。僕は二度と他人のお金には手をつけないだろう。結婚したら，もっと西へ行くつもりだ。古い人生での僕を知っている人に，そこでは，誰1人会わないだろう。言っておくよ，彼女は素晴らしい女性だ。彼女は僕を信頼している。

君の旧友，ジミー

ジミーがこの手紙を出した後の，月曜の夜に，ベン＝プライスは静かにエルモアに到着した。彼は彼の静かなやり方で，町をゆっくりと動きまわり，知りたいことをすべて学んだ。とある店の内側に立って，ラルフ＝D.スペンサーが歩いて通り過ぎるのを見つめた。

「銀行家の娘と結婚するんだって，ジミー」ベンは独り言を言った。「果たしてそうなるかな！」

翌朝，ジミーはアダムズの家にいた。その日彼は結婚式のための新しい服を買うために近くの街に行く予定だった。彼はアナベルのための贈り物も買うつもりだった。エルモアの外への初めての旅になるだろう。なんらかの金庫破りをしてから1年以上経っていた。

その朝，アダムズ家のほとんどの人々は銀行に一緒に赴いた。アダムズ氏，アナベル，ジミー，そしてアナベルの既婚の姉が，５歳と９歳の２人の小さな娘を連れていた。彼らはジミーのホテルを通り過ぎ，そして，ジミーは自分の部屋へ走っていき，自分のかばんを運んできた。それから彼らは銀行へと向かった。

みんなが中に入った。ジミーも。というのは彼は家族の一員だったからだ。銀行の中の誰もが，アナベルと結婚することになる見栄えの良い，素敵な若者を見て喜んだ。ジミーはかばんを降ろした…。

エルモア銀行には新しい金庫があった。アダムズ氏はそれをとても自慢していて，みんなに見てほしいと思ったのだ。それは小さな部屋ほどの大きさで，極めて特殊な扉がついていた。その扉は時計によってコントロールされていた。その時計を使うことで，アダムズ氏は扉が開くべき時間をあらかじめ決めていた。他の時間には，誰も，アダムズ氏本人でさえも，それを開くことができないのだ…。２人の子どもたち，メイとアガサは，その特別な部品が全部ついた，輝く重たい扉を眺めて楽しんだ。

彼らがこんなふうに忙しくしている間に，ベン＝プライスが銀行に入ってきてあたりを見渡した。彼は銀行で働く１人の若者に，仕事で来たのではない，ある男を待っているのだと告げた。

突然，女性たちから悲鳴が上がった。子どもたちから目を離していたのだ。９歳の娘メイがふざけて，しかし，確実に金庫の扉を閉めたのだ。そしてアガサが内側にいた。

年老いた銀行家は扉を開けようと試みた。彼はしばらくそれを引っ張ろうとした。「扉は開けられないんだ」彼は叫んだ。「それに時計，時計はまだ始動させていなかった」…

「私の娘が！」母親が叫んだ。「怖くて死んでしまうわ！　扉を開けて！　壊してでも開けて！　男性のあなたたち，何とかできないの？」

「町の近くにはこの扉を開けられる男はいない」アダムズ氏は震える声で言った。「なんてことだ。スペンサー，どうしたらいい？　あの子は，あんな中では長くは生きられない。十分な空気がないんだ。それに恐怖が彼女を殺すだろう」…

アナベルはジミーのほうを向いた。彼女の大きな両目は苦痛で一杯であったが，一縷の望みも秘めていた…。

「ラルフ，どうにかできないの？　やってみてくれない？」

彼は唇と瞳に奇妙な優しいほほえみを浮かべて彼女を見た。「アナベル」彼は言った。「君が着けているその花を僕にくれないか」

彼の言葉をちゃんと自分が聞き取ったことを彼女は信じることができなかった。でも，彼女はその花を彼に手渡した。ジミーはそれを受け取って，なくさないところに置いた。それから，彼はコートを脱いだ。その行為とともに，ラルフ＝D. スペンサーは消え去り，ジミー＝バレンタインが彼に入れ替わった。

「みなさん，扉から離れて立っていてください」彼は命じた。

彼は自分のかばんをテーブルに置き，それを平たく広げた。それからは，他の誰かが近くにいることをまるで彼は知らないようだった。素早く，彼は光輝く奇妙な道具の数々をテーブルに置いた。他の者たちは，動く力をなくしたかのように，見つめた。

すぐに，ジミーはその扉に取り掛かった。10 分後に，今までにやったどの時よりも早く，彼はその扉を開けた。

アガサは彼女の母親の腕に抱きとめられた。

ジミー＝バレンタインはコートを着て，花を取り上げ，玄関へと歩き始めた。歩きながら，彼は「ラルフ！」と呼ぶ声を聞いたような気がした。彼は立ち止まらなかった。

扉の所で，彼の行く手に大男が立っていた。

「こんにちは，ベン！」ジミーは言った。いまだに奇妙なほほえみを浮かべていた。「とうとう，ここに来たんだね。一緒に行こう。もうどうでもいいよ」

すると，そのとき，ベン＝プライスはいささか奇妙に振る舞った。

「あなたは勘違いをしているようだ，スペンサーさん」彼は言った。「あなたと知り合いだったとは，私は思いませんが。知り合いでしたか？」

そしてベン＝プライスは踵を返して，ゆっくりと通りを歩いて行った。

解説

問1． 主任刑務官とジミーの会話場面（"Valentine," said the … I said, Valentine."）から，本人はとぼけているものの，金庫破りの罪で刑務所に入ったことが理解できるので②が正解。

問2．「翌朝 7 時 15 分に，ジミーは事務所に再び立っていた」（At a

quarter…）で始まる場面の第3段（He went straight…）より，まずレストランで食事をしたことが理解できるので①が正解。

問3． 設問2と同じ場面の第5段（Mike Dolan was…）のマイク＝ドーランのセリフ（"I'm sorry we…）より，刑務所からもっと早く出してやれなかったことを，ジミーに詫びていると理解できるので②が正解。③は同場面の第7段第2文（Everything was as…）より元々使っていた部屋なので一致しない。

問4．「バレンタイン，囚人番号9762番が出所して1週間後」（A week after…）から始まる場面の第3段第4文（Ben Price was…）より，ベン＝プライスが金庫破りの捜査に関わるようになったのは，手口が似ていたからではなく，重要な案件であったからなので，④は一致せず正解。

問5． 設問4と同じ場面の第5段（"I can see…）のベン＝プライスの発言より，このような鮮やかな手口で金庫破りをできるのはジミーしかいないと，彼が考えていることが理解できるので③が正解。

問6． ジミーがエルモアの町に到着したところから始まる場面（One afternoon Jimmy…）の第2段第3文（Jimmy Valentine looked…）より，ジミーはアナベルに一目ぼれをしてしまい，金庫破りが目的でエルモアにやって来たことを忘れてしまったのだと理解できるので，①が正解。②は同段第5文（She looked away, …）および第3段第3文（She seemed not…）に一致しない。顔を赤らめたのは銀行に入るときで，銀行から出てきたときはジミーに気付かない様子だった。

問7． ジミーの手紙の直後に始まる場面（On the Monday…）の第1段第2文（He moved slowly…）の内容と一致するので，②が正解。①はジミーの手紙より，道具を譲ると決めたのは身を固めたいからで，かつこれはベン＝プライスが来る前なので一致しない。④は「エルモア銀行には新しい金庫があった」（The Elmore bank…）で始まる場面の第2段第1文（While they were…）より，ベン＝プライスはあとで来たので一致しない。

問8．「エルモア銀行には新しい金庫があった」（The Elmore bank…）で始まる場面の第4段第3・4文（"The door can't… started it yet."）より，金庫の時計はまだ作動していなかったことが理解できるので，④が正解。①・③は同場面の第1段第1・2文（The Elmore… to see it.）に一致。②は同段第4・5文（The door was… door should open.）に一致。

問9． アナベルがジミーになんとかしてくれるように懇願する場面（Annabel turned to…）の第6・7段（“Stand away from… power to move.）より，ジミーは1人で素早く金庫の扉を開いたのだと理解できるので，③は一致せず正解。

問10． 最後，ジミーがベン＝プライスに声をかける場面（“Hello, Ben!”…）で，ベン＝プライスの言動（“I guess you're… down the street.）より，ジミーのことを知らないふりをして，逮捕するのをやめたのだと理解できるので，④が正解。①は，出所したジミーが自分の部屋に戻る場面（He went up and opened the door…）の第2段第3・4文（The wall behind… a dust-covered bag.）より，ベッドの下ではなく壁の扉から取り出したので不一致。②は「バレンタイン，囚人番号 9762 番が出所して1週間後」（A week after…）から始まる場面の，ベン＝プライスがジミーの手口について回想する第6段（Ben Price knew…）の第3文（He always worked…）より，単独行動をするので不一致。③はエルモアのホテルでの場面（Jimmy went to the hotel, …）の第3段（Yes, Elmore needed…）より不一致。

Ⅵ　解答

問1． ④　**問2．** ①　**問3．** ③　**問4．** ②　**問5．** ①
問6． ②　**問7．** ④　**問8．** ③　**問9．** ②　**問10．** ②

全訳

《より良い刑務所について》

1　人が犯罪を犯したことで有罪となったとき，裁判官はどのように彼らが罰せられるべきかを決めるだろう。時には自宅で居住することを許されて罰金を支払ったり，もしくは，地域社会に奉仕しなければならないことがあるが，時には収監されるのだ。収監とは拘置所や刑務所で暮らすように命令されることである。この間は，人はその施設を去ることができず，その規則に従わなければならない。

2　拘置所や刑務所は更生施設と呼ばれる。それはそれらの施設が，人がそれ以上の犯罪を犯さないように，人の行動を更生する役に立つことを意図されているからである。しかし，犯罪学者，つまり犯罪や刑務所を研究する者として，投獄が人々を「更生する」ための良い方法であると，人はど

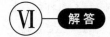

うして断じるのか私は疑問に思うのである。

[3]　法を破った罰として，また，コミュニティーを安全に保つために，拘置所や刑務所を罰として使うという長い歴史がある。しかし，そのような制度が，どれくらいうまく機能しているのか，どれくらい公正であるのか，それらをどのように改善させるべきかについての議論もまたあるのである。

[4]　拘置所と刑務所は似ているけれども，それらは通常異なった目的を持っている。拘置所に住んでいる人々の大部分は，まだ有罪判決を受けておらず，法廷が彼らの有罪か否かを判断するのを待っている。有罪であると明らかになった人は，罰として拘置所で暮らすために送致されることがあるが，そういう人は典型的には1年以下の留置である。

[5]　もしも裁判官が，誰かがより長い期間，収監されるように判決を下した場合，その人は通常は，州の別の地域にある刑務所へと送られる。時には刑務所は彼らの家からは遠く離れていて，家族が訪問するのが難しいこともあり得る。

[6]　過去において，人々は拘置所や刑務所に法的な罰として送られたのではなかった。そうではなく，これらの場所は，犯罪の疑いがある人々を罰が決められるまで，彼らが逃亡することを防ぐために，収容することに使われたのだ。

[7]　もし彼らが有罪と明らかになれば，時には彼らは，例えばむち打ちのような，肉体的苦痛で罰せられた。時には賃金なし，もしくは，とても低い賃金で働くことを彼らは強制された。他には地域社会から遠く離れたところに送られて戻ってくることを許されない者たちもあった。最も深刻な罰は処刑であり，多くの人々が自ら犯した犯罪のために殺された。

[8]　時を経て，ほとんどの国々がこのような類の罰は残酷で効果的でないと判断し，特定の期間自由を失うことによって人々が罰を受けることができる場所として，拘置所や刑務所を使い始めたのである。裁判官は，もしも犯罪が深刻であれば，人々により長い刑を科し，もしも犯罪が長い罰に値しないならば，人々により短い刑を科すこともあり得る。

[9]　人々は刑務所での経験から囚人の何人かが教訓を学ぶことを期待した。もしも囚人たちが刑務所に戻ることを怖がったならば，うまくいけば，彼らが将来において法を破る可能性は低くなるだろう。いくつかの刑務所では，故郷に戻るのを準備するうえで役に立つかもしれない教育，職業訓練，

もしくは治療を与えることで，囚人たちを「社会復帰させる」ことを試みた。

10 1970年代には合衆国内で報告される犯罪数に増加がみられ，多くの人が恐怖におびえた。彼らは，より多くの人が刑務所に送られれば社会はより安全になると考えた。刑務所人口の大きさは，1970年代のおよそ20万人から，近年の200万人に増加した。

11 囚人たちは刑務所でとても長い期間を過ごし始め，より多くの人が終身刑を科された。それは彼らが決して故郷には戻れないことを意味する。以前では，そのような刑罰は極めて深刻な犯罪のために取っておかれたが，新しい法律がこの期間に通過して，終身刑をよりありふれたものにした。

12 刑務所は混みすぎになり，そのことは，囚人たちの社会復帰を助けるプログラムを含めて，資源をより薄く配分することになった。故郷に戻ったあと，再び犯罪を犯すこととなった人が増えた。

13 私のように更生施設を研究する人々は，修復すべき多くの問題を発見してきた。いくつかの問題は刑務所内の人々の数の多さと関係がある。多くの危険でない人々が刑務所で刑期を務めることを余儀なくされているのだ。その代わりとして，異なった刑罰を受け，自分たちの地域社会で治療を受けることもできるというのに。

14 もう一つの大きな問題は人種差別である。多くの研究者が発見していることとして，黒人，ヒスパニック，そしてネイティブ・アメリカンの人々は，同じ犯罪で起訴されたとしても，他の人種や民族グループよりも刑務所に送られやすいということがある。このことは彼らの家族や地域社会に多くの深刻な問題を引き起こし得る。

15 社会はいつも，深刻な犯罪を犯した人もしくは他人に危険をもたらす人を投獄する必要があるかもしれない。おそらく，この制度は，社会復帰を行いながら犯罪を罰することにおいて，より安全で，公正で，うまくいくものになり得るのである。

解説

問1． 選択肢の訳は以下の通り。

①「彼女は私たちにきっとすべてうまくいくよと言った」

②「不安と興奮は紙一重だ」

③「青の代わりに赤を使いたいなら，それでも結構ですよ」

④「州はバーでの喫煙に対して50ドルの罰金を科すだろう」

pay「〜を払う」の目的語で，直後に名詞がないことから，このfineは名詞で「罰金」という意味なので，④が正解。②は「細い」の意味の形容詞で，「細い線がある」つまり「紙一重」となる。

問2． 下線部に続く第4段第2文（Most of the…）より，まだ刑が確定していない人がいる場所が拘置所であることがわかり，同段第3文（A person who…）から第5段（If the judge…）より，有罪判決を受けた人が行く場所が刑務所であることがわかるので，①が一致する。

問3． 下線部③「法的な罰」の，過去における具体例は第7段（If they were…）に説明されている。移動の禁止は罰としては記述されていないので，③が正解。

問4． 時とともにどう変化したかは，第8・9段（Over time, most… to return home.）に説明されている。①は第8段最終文（Judges could give…）に一致する。③は同段第1文（Over time, most…）に一致する。④は第9段第1・2文（People expected that… in the future.）に一致する。②のみ記述がないので，これが正解。

問5． 下線部⑤「囚人たちを社会復帰させる」の具体的内容は下線部直後のby giving them〜に示されており，社会に戻り普通の生活を営むことを支援する目的だとわかるので，①が正解。

問6． 下線部⑥「終身刑」の内容は直後のmeaning that they〜に示されている。一生刑務所で暮らす刑罰であることが理解できるので，②が正解。

問7． 下線部⑦「刑務所は混みすぎになった」に「関連する状況」とは，その原因や結果だと考えられる。①は結果であり，下線部直後のwhich spread resources〜に一致する。②は原因であり，第10段第2文（They thought that…）に一致する。③は原因であり，第11段第1文（People started spending…）に一致する。④は原因にあたると思われるが，本文中に記述がないのでこれが正解。

問8． 下線部直後の文にSome have to do with the large number of people in prisons「刑務所に大勢の人がいることに関する問題もある」とあることから，③が正解。④は，同段第3文（Many nondangerous people…）に，危険ではない人々に対する刑務所以外の刑罰や更生方法が提示されており，「刑期を短縮」という部分が合致しない。

問9． 下線部⑨「もう一つの大きな問題」に続く第14段第2文（Many researchers have …）の人種差別に関する記述が②と一致する。

問10． この文章のまとめは第15段最終文（Perhaps the system …）に記されており，②の内容が一致する。

日本史

I　解答

問1．③　問2．④　問3．②　問4．④　問5．④
問6．①　問7．③　問8．①　問9．③　問10．③
問11．③　問12．①　問13．①　問14．④　問15．①　問16．③
問17．④　問18．②　問19．②

解説

《原始～近代の文化・外交・政治・経済》

問1．③誤文。岩宿遺跡は完新世ではなく更新世に堆積した関東ローム層から打製石器が発見された遺跡。

問2．④誤文。倭国王帥升らが生口を献上したのは，武帝ではなく後漢の6代皇帝である安帝。

問3．②誤文。阿知使主を祖先とするのは西文氏ではなく東漢氏。西文氏は王仁を祖先とする。

問4．④が正しい。エ．筑紫国造磐井の乱（527年）→ア．聖明王の仏像・経論伝播（仏教伝来，538年または552年）→ウ．物部守屋滅亡（587年）→イ．隋の中国統一（589年）の順。

問5．④誤文。陸奥国府がおかれたのは胆沢城ではなく多賀城。

問6．①誤文。平安時代の男性貴族の正装は束帯であり，それを簡略化したものが衣冠。

問7．③誤文。平治の乱で源義朝が結んだのは，藤原頼長ではなく藤原信頼。

問8．①が適切。チンギス＝ハンの孫フビライ＝ハンは，モンゴル帝国の国号を元と改め，首都を現在の北京にあたる大都とした。

問9．③誤文。六波羅探題の設置は北条泰時ではなく北条義時の時代。

問10．③誤文。元に服属した高麗では，李成桂ではなく三別抄が反乱を起こし抵抗した。

問11．③誤文。徳政令発布時に債務者に賦課された分一銭は，幕府の貴重な財源となった。

問12．①誤文。東インド会社は，オランダ・イギリスそれぞれの国ごとに設立されていた。

問13. ①が正しい。糸割符制度創設は，徳川家康の将軍時代のこと（1604年）。

問14. ④誤文。賤ヶ岳の戦いは豊臣秀吉と柴田勝家との戦い。その後，徳川家康は小牧・長久手の戦いで秀吉と戦った。

問15. ①誤文。江戸時代，陰陽師を組織したのは吉田家ではなく土御門家。

問16. ③誤文。郡代・代官を統轄したのは，遠国奉行ではなく勘定奉行。

問17. ④誤文。ポルトガル船の来航が禁止されたのは1639年のこと。

問18. ②が正しい。ア．イギリス軍艦長崎侵入（フェートン号事件，1808年）→ウ．ロシア軍艦艦長監禁・高田屋嘉兵衛抑留（ゴローウニン事件，1811年）→イ．オランダ商館医師国外追放（シーボルト事件，1828年）→エ．モリソン号撃退（モリソン号事件，1837年）の順。

問19. ②誤文。五品江戸廻送令で江戸の問屋を経由して輸出するよう命じられた品目には，鯨油ではなく水油（菜種油）が含まれた。

Ⅱ 解答

問1． ④　**問2．** ②　**問3．** ①　**問4．** ④　**問5．** ③
問6． ②　**問7．** ④　**問8．** ②　**問9．** ②　**問10．** ①
問11． ①　**問12．** ③　**問13．** ②　**問14．** ①　**問15．** ②　**問16．** ③
問17． ②　**問18．** ②　**問19．** ③

解説

《古代～近代の政治・経済・文化》

問1． ④正文。桓武天皇は，口分田班給を6年から12年に一度とした。

①誤文。平城京に都を戻そうとしたのは平城太上天皇。

②誤文。藤原百川によって迎えられたのは光仁天皇。

③誤文。平安宮の殿舎を唐風に改めたのは嵯峨天皇。

問2． ②誤文。奈良・平安時代において，郡家には郡庁（政務を行う）・正倉（主要な倉庫）・館（居住施設）などが置かれた。

問3． ①が適切。健児の制では，郡司の子弟が選抜された。

問4． ④誤文。惣村における村民の会議は宮座ではなく寄合。宮座は村落内の氏子組織。

問5． ③が適切。室町時代において，畿内や瀬戸内では三毛作が行われていた。

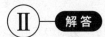

問6． ②誤文。肥料が購入肥料（金肥）として売買されたのは，室町時代ではなく江戸時代。

問7． ④が適切。貝原益軒は本草学の書物として『大和本草』を著し，1362種の動・植・鉱物を分類・解説した。

問8． ②誤文。稲村三伯は，宇田川玄随ではなく桂川甫周・杉田玄白・大槻玄沢らに蘭学を学んだ。

問9． ②誤文。恋川春町は女性ではなく男性の黄表紙作家。

問10． ①が適切。Dの錦絵は，化政文化期に活躍した歌川広重による『名所江戸百景』の「大はしあたけの夕立」。『朝比奈小人嶋遊』の歌川国芳は，広重と同時期の化政文化期に活躍した浮世絵師。

問11． ①誤文。庚申講は，干支で庚申にあたる夜に会合し，飲食して徹夜した行事。

問12． ③正文。史料Eの論説は福沢諭吉による「脱亜論」。福沢は，森有礼や中村正直らとともに明六社を組織した。

問13． ②誤文。太陽暦は，明治5（1872）年12月3日を明治6（1873）年1月1日とした。

問14． ①正文。1884年制定の華族令で，公・侯・伯・子・男爵の五爵を授けた。

問15． ②誤文。金玉均は反日改革派ではなく親日改革派としてクーデターを起こした（甲申事変，1884年）。

問16． ③誤文。「国防の本義と其強化の提唱」を発行したのは文部省ではなく陸軍省。

問17． ②誤文。史料Fは死刑が追加された治安維持法の改正法。田中義一内閣は，帝国議会で成立しなかったため緊急勅令で改正した。

問18． ②が正しい。イ．全国水平社結成（1922年）→ウ．日ソ国交樹立（日ソ基本条約締結，1925年）→エ．労働農民党結成（1926年）→ア．『戦旗』創刊（1928年）の順。

問19． ③が適切。治安維持法改正（1928年）の翌年に四・一六事件（1929年）が発生した。

III 解答

問1． ③ **問2．** ③ **問3．** ② **問4．** ② **問5．** ②
問6． ④ **問7．** ④ **問8．** ① **問9．** ③ **問10．** ③

問11. ①　**問12.** ②

解説

《中世～現代の政治・経済》

問1. ③正文。明治6年の政変（1873年）と台湾出兵以後の行き詰まりを打開するため開かれた大阪会議で，木戸孝允らの政府復帰が決まった。

問2. ③誤文。1875年制定の讒謗律は，1882年に刑法が施行されると廃止となった。

問3. ②誤文。詔勅の力を借りて予算成立をはかったのは，第1次山県有朋内閣ではなく第2次伊藤博文内閣。

問4. ②誤文。憲政党は，立憲改進党を中心に結成された進歩党と自由党が合同して結成された。

問5. ②誤文。工場法は，第1次西園寺公望内閣ではなく第2次桂太郎内閣の時に制定された。

問6. ④誤文。桂太郎は3度目の内閣を組閣する前，明治天皇ではなく大正天皇の内大臣兼侍従長を務めていた。

問7. ④誤文。3度にわたる山東出兵を実施したのは，陸軍出身で外務大臣を兼任し，中国への積極外交を展開した田中義一内閣。

問8. ①が誤り。犬養毅は立憲改進党の創立メンバーであり，その後憲政本党・立憲国民党の中心人物として活躍，昭和初期には立憲政友会の総裁となった。

問9. ③誤文。正長の徳政一揆で襲撃されたのは，借上や問屋ではなく土倉・酒屋・寺院。借上は鎌倉時代の高利貸，問屋は室町時代の倉庫・仲介・卸売業。

問10. ③誤文。惣百姓一揆の例の元文一揆は信濃松本藩ではなく陸奥磐城平藩で発生した。

問11. ①が正しい。ア．金融緊急措置令公布（1946年）→ウ．二・一ゼネスト計画（1947年）→イ．経済安定九原則指令（1948年）→エ．湯川秀樹ノーベル賞受賞（1949年）の順。

問12. ②誤文。1967年公布の公害対策基本法は1970年改正。また環境庁発足は1971年。

世界史

I 解答

問1．② 問2．④ 問3．③ 問4．④ 問5．②
問6．④ 問7．③ 問8．④ 問9．① 問10．①

解説

《古代世界各地の小問集合》

問2．①誤文。東周の王ではなく，秦の始皇帝の事績である。

②誤文。神権政治は殷代の政治の形式である。

③誤文。均田制，租調庸制は北魏に，府兵制は西魏にはじまり，隋・唐へ継承された制度である。

問4．①誤文。性悪説，礼の重視は儒家の荀子の主張である。

②誤文。性善説，王道政治は儒家の孟子の主張である。

③誤文。兼愛，非攻は墨家の墨子の主張である。

問5．①不適切。ペリクレスは，ギリシアがペルシア戦争に勝利した後の前5世紀中頃から古代民主政を完成させたアテネの政治家である。

③不適切。ソロンは，前6世紀初め頃，財産政治や負債帳消し，債務奴隷の禁止をおこなった政治家である。

④不適切。テミストクレスは，ペルシア戦争における前480年のサラミスの海戦でアテネ海軍を率いて勝利したアテネの軍人である。

問7．③誤文。ゾロアスター教の成立は諸説あるが，いずれもヘレニズム時代到来以前に成立しているとされる。さらに，ゾロアスター教の教典である『アヴェスター』が編纂されたのは，ヘレニズム時代が終わった後の3世紀に成立したササン朝においてである。

問8．①不適切。アショーカ王は，マウリヤ朝の最盛期を現出させたマウリヤ朝第3代の王である。

②不適切。カニシカ王は前出のアショーカ王と同様に，仏教に帰依し仏典結集をおこなったクシャーナ朝の王である。

③不適切。ハルシャ王は7世紀に北インドをまとめたヴァルダナ朝の初代の王である。

問10．①誤文。ヴァルナ制における身分制は，上から司祭階級であるバラモン，武士階級であるクシャトリヤ，農民・牧畜民・商人階級であるヴァイシャ，隷属民であるシュードラに分けられていた。

II　解答
問1．①　問2．②　問3．③　問4．①　問5．④
問6．④　問7．①　問8．④　問9．③　問10．③
問11．④　問12．③　問13．④　問14．③　問15．②　問16．②

解説

《環海洋世界の歴史》

問1．①不適切。ローマは共和政末期の前53年，第1回三頭政治のリーダーのひとり，クラッススを派遣したが，カルラエの戦いでパルティアに敗れて戦死し，パルティアを支配することはなかった。

問2．②不適切。第4回十字軍を主宰したのは教皇権の絶頂期の教皇として知られるインノケンティウス3世である。

問4．選択肢の4人はすべてオスマン帝国のスルタンであるが，空欄直前の「16世紀」という表現から，14世紀末から15世紀はじめのスルタンであるバヤジット1世，15世紀中頃にコンスタンティノープルを陥落させてビザンツ帝国を滅ぼしたメフメト2世は不適切とわかる。そして空欄直後の「ハンガリーを征服」，「ウィーンを包囲」から，マムルーク朝を滅ぼしメッカ・メディナの2聖都の支配権を得た16世紀初めのセリム1世も不適切となり，正解はスレイマン1世となる。

問5．④不適切。アンカラの戦いは，問4の選択肢④バヤジット1世が，同じくイスラーム教を奉じるティムール朝の君主ティムールと，1402年にアナトリアのアンカラで戦ったものである。敗れたバヤジット1世は捕虜となり，オスマン帝国は一時中断した。

問6．④不適切。ハンガリー王国は，10世紀中頃に東フランク王国のオットー1世に敗れ，西進を阻止されたウラル語系のマジャール人が，ドナウ川中流域に1000年頃に建てた王国である。

問8．①誤文。プリマス沖でスペインの無敵艦隊（アルマダ）と戦って勝利したのはエリザベス1世期のイギリスである。

②誤文。1623年，モルッカ諸島で起こったアンボイナ事件でオランダがこの地域から駆逐したのはイギリスである。

③誤文。ケープ植民地は，17世紀中頃にオランダが築いたもので，イギ

リス＝オランダ（英蘭）戦争とは無関係である。

問10. ①不適切。イブン＝シーナーは，『医学典範』を著した医学者であり，哲学者である。

②不適切。イブン＝ルシュドは，アリストテレスの著作に注釈をつけた哲学者であり，『医学大全』を著した医学者でもある。

④不適切。イブン＝ハルドゥーンは，『世界史序説』を著した歴史家である。

問12. ③誤文。朝鮮は，江戸幕府に朝鮮通信使を派遣していたが，朝貢は明，その後清におこなっており，日本に対してはおこなっていなかった。

問14. ①誤文。オクスフォード大学教授のウィクリフが，教会批判のかたわら，聖書の英訳などをおこなっていたのは14世紀後半のこと。

②誤文。模範議会が成立したのは，13世紀末のことだが，二院制となったのは14世紀中頃，エドワード3世の治世においてである。

④誤文。ルイ14世が親政をはじめ，コルベールを登用したのは17世紀後半のことである。

問16. ①誤文。農場領主制（グーツヘルシャフト）は，エルベ川以東のドイツでおこなわれた。

③誤文。アシエント制は，スペインのアメリカ植民地への奴隷供給請負契約のことである。

④誤文。強制栽培制度が実施されたのはジャワ島である。ハイチはフランスの植民地であった。

Ⅲ　解答

問1. ③　**問2.** ①　**問3.** ②　**問4.** ④　**問5.** ④
問6. ②　**問7.** ②　**問8.** ②　**問9.** ②　**問10.** ②
問11. ③　**問12.** ②　**問13.** ③　**問14.** ②

解説

《近世・近代ヨーロッパ文化史》

問1・問2. 18世紀前半にプロイセン王となったフリードリヒ2世は，同じ年にオーストリア＝ハプスブルク家を継承したマリア＝テレジアとの間で，オーストリア継承戦争，七年戦争を戦った。その間に，首都ベルリンの郊外ポツダムにロココ様式のサンスーシ宮殿を造営した。交流のあった啓蒙思想家ヴォルテールもこの宮殿に滞在し，啓蒙専制君主とされるフ

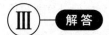

リードリヒ2世の統治に影響を与えた。

問3． ②誤文。コルネイユやラシーヌ，モリエールはフランス古典主義を代表する作家であるが，コルネイユ，ラシーヌは悲劇を，モリエールは喜劇をのこしている。

問5． ①誤文。王権神授説を唱えた聖職者ボシュエが仕えたのはフランス王ルイ14世である。

②・③誤文。『リヴァイアサン』で社会契約説を説きながらも，国家主権の絶対性に言及したのは，ホッブズである。ロックの主著は『統治二論(市民政府二論)』。

問6． ②不適切。リストは，イギリス古典派経済学の自由貿易に対して，国家による保護貿易の必要性を主張してドイツ関税同盟の結成に貢献した。

問8． 1789年から1799年までというと，フランス革命の開始から，ナポレオンが実権を掌握する統領政府成立あたりまでの時期である。

①誤文。1806年，大陸封鎖令を発布したのは1804年に皇帝に即位したナポレオンである。

③誤文。1804年にフランス民法典（ナポレオン法典）を発布したのは，統領政府末期のナポレオンである。

④誤文。1801年，第一統領ナポレオンと教皇ピウス7世との間で宗教協約（コンコルダート）が結ばれた。

問9． ①誤文。19世紀前半，啓蒙思想に反発する形であらわれたのは，ロマン主義である。

③誤文。ゲーテは古典主義に，ハイネはロマン主義に属する人物である。

④誤文。シューベルトは古典主義とみなされることはあるが，基本的にはショパンと同じくロマン主義とされる。スメタナはチェコ国民楽派の創始者とされる。

問10． ②誤文。「神は死んだ」として，権力への意志を体現する超人を賛美したのはニーチェである。トーマス＝マンは，『魔の山』を代表作とするドイツのノーベル文学賞作家であり，1933年にナチ党政権誕生を受けてアメリカに亡命した。

問11． ①誤文。社会革命党は，ナロードニキの流れをくみ，日露戦争前の1901年に成立した。

②誤文。フランス人民戦線を率いたブルムは，社会党の党首である。

④誤文。1929年，労働党単独の内閣を率いたのは，マクドナルドである。保守党のチェンバレンは，ヒトラーの拡大戦略に対して宥和政策をとった時期の首相である。

問13. ③不適切。レーガン大統領は共和党出身である。

Ⅳ 解答

問1. ①　**問2.** ①　**問3.** ①　**問4.** ③　**問5.** ③
問6. ②　**問7.** ④　**問8.** ④　**問9.** ①　**問10.** ④

解説

《20～21世紀のアジア・アフリカ》

問2. ②誤文。スエズ戦争（第2次中東戦争）は，イギリス・フランス・イスラエルの3国がエジプトに対して軍事行動を起こしたもの。ナセルがソ連に接近した際に，イギリスとともにアスワン＝ハイダム建設資金援助計画を停止したのが，アメリカ合衆国である。

③誤文。第3次中東戦争（六日間戦争）は，イスラエルと，エジプト・シリア・ヨルダンとの間に起こったもの。

④誤文。第4次中東戦争では，シリアはゴラン高原，エジプトはシナイ半島などのイスラエルによる占領地回復をめざしたが，戦争の結果占領地の回復はできなかった。ゴラン高原は現在もイスラエルが実効支配中，シナイ半島は，1979年のエジプト＝イスラエル平和条約調印後の1982年にエジプトに返還された。

問3. ②誤文。湾岸戦争は，隣国クウェートに侵攻したイラク軍をアメリカ軍中心の多国籍軍が攻撃し，クウェートを解放した戦争である。

③誤文。アル＝カーイダを保護したターリバーン政権は，アフガニスタンの政権である。

④誤文。アメリカ合衆国とイギリスが占領統治下に置き，日本がイラク特別措置法を制定して復興支援をおこなったのはイラクである。

問4. ③誤文。インドは大統領制ではあるが，議院内閣制をとっており，大統領の政治的権限は弱い。インディラ＝ガンディーは，初代首相ネルーの娘にあたり，1966年に第5代首相となった。

問5. ①誤文。インドネシアは，オランダから独立した。

②誤文。フィリピンはアメリカ合衆国から独立した。

④誤文。ビルマはイギリスから独立した。交渉にあたったアウン＝サンは

1948 年の独立の前年に暗殺されている。

問 6. ①誤文。アメリカ合衆国の支援のもと，南ベトナムでベトナム共和国を樹立したのは，ゴ＝ディン＝ジエムである。

③誤文。ベトナム（パリ）和平協定でベトナムから米軍を撤退させたのは，共和党のニクソン大統領である。

④誤文。ベトナム社会主義共和国では，共産党支配のもとで市場経済を導入するドイモイ（刷新）とよばれる政策を実施した。

問 7. ①誤文。膠州湾，旅順・大連，威海衛などは 19 世紀末に租借地となっている。

②誤文。1919 年に広まったヴェルサイユ条約への抗議運動は，五・四運動である。五・三〇運動は 1925 年に上海で起こった反帝国主義運動である。

③誤文。中国共産党の初代委員長は陳独秀である。孫文は，1919 年に結成された中国国民党の指導者である。

問 8. ①誤文。日韓基本条約は 1965 年に調印された。

②誤文。日中国交正常化は 1972 年のこと。

③誤文。沖縄の日本への返還は，1972 年のこと。

問 9. ①誤文。サハラ以南のアフリカで第二次世界大戦終結当時独立していたのは，エチオピア・リベリア・南アフリカ連邦である。

問10. ④誤文。いわゆる「アラブの春」のきっかけとなったのは，2010 年のチュニジアに起こったジャスミン革命である。影響はアラブ世界に拡大したが，エジプトにも波及しムバラク政権が倒れたのは翌 2011 年である。

政治・経済

I 解答

問1. ②　**問2.** ②　**問3.** ①　**問4.** ④　**問5.** ④
問6. ③　**問7.** ②　**問8.** ②　**問9.** ①　**問10.** ①
問11. ④　**問12.** ②　**問13.** ①　**問14.** ④　**問15.** ②　**問16.** ④
問17. ②

解説

《日本国憲法の成立》

問1. ②が不適切。ポツダム宣言は日本の降伏条件や戦後処理を示した対日共同宣言であり，基本的人権の尊重が含まれている。

問2. ①不適切。国会議員（衆議院100人以上，参議院50人以上）の賛成により，憲法改正案の原案が発議され，衆参各議院それぞれ，憲法審査会で審査された後に本会議に付される。

③不適切。両院それぞれの本会議にて総議員の3分の2以上の賛成で可決する必要があるので，衆議院の優越はない。

④不適切。憲法改正の承認には，すべての国民ではなく，有効投票総数の過半数の賛成を必要とする。

問3. ①が不適切。警察予備隊が創設されたのは1950年である。

問6. ③が不適切。日本国憲法第2条で「皇位の世襲」は規定しているが「皇統に属する男系の男子が，これを継承する」は皇室典範の内容である。

問7. ②が不適切。アイヌ民族支援法が制定されたのは2019年である。

問9. ①が不適切。1947年に不敬罪は刑法改正により削除されているが，尊属殺については，1973年に最高裁判所が刑法第200条（尊属殺）の重罰規定を憲法第14条（法の下の平等）に反し，無効とした。その後適用のなかった第200条は1995年の刑法改正により，削除された。

問10. ②不適切。中国では憲法序章において国家は中国共産党の指導を仰ぐとしている。

③不適切。ミャンマーのように軍部が開発独裁を行った国もある。

④不適切。ファシスト党はスペインではなく，イタリアの政党である。

問12. ①不適切。下院優位の原則が確立している。

③不適切。議長から見て右側に与党，左側に野党が並んでいる。

④不適切。イギリスの下院議員の定数は650であり，日本の衆議院議員の定数は465である（2024年2月現在）。

問15. Aは正文。Bは誤文。1951年のサンフランシスコ平和条約によって日本の主権は回復した。

Cは正文。1946年6月に枢密院で可決された大日本帝国憲法改正草案は，第90回帝国議会に提出され，貴族院と衆議院の両院にて審議し，修正が加えられた後，賛成多数で可決された。

問16. ①不適切。アメリカでは，大統領と連邦議会議員の兼職はできない。

②不適切。アメリカで教書は大統領が議会に対して政策等を示すために送る。

③不適切。最高裁裁判官の候補者の指名は大統領の権限であるが，任命には上院の助言と同意が必要である。

Ⅱ 解答

問1. ③　**問2.** ①　**問3.** ③　**問4.** ②　**問5.** ④　**問6.** ②　**問7.** ①　**問8.** ④　**問9.** ②　**問10.** ③　**問11.** ④　**問12.** ①　**問13.** ④　**問14.** ①　**問15.** ②　**問16.** ②

解説

《日本の財政と今後の課題》

問1. ①不適切。国民純生産（NNP）は国民総生産（GNP）から固定資本減耗（減価償却費）を控除した額である。

②不適切。生産面・分配面・支出面は等価となる（三面等価の原則）。

④不適切。ボランティア活動や環境破壊による損失等はGDPには計上されない。

問2. ①が適切。現在の主な金融調節手段は公開市場操作である。

②不適切。賃金や燃料費のコスト上昇によるインフレは，コスト・プッシュ・インフレーションという。

③不適切。経済が停滞している状況でも物価が上昇する現象をスタグフレーションという。

④不適切。景気の悪いときに，日本銀行は，通貨の供給量を増やし，金利を低めに設定する金融緩和政策をとる。

問5. ④が不適切。扶養義務者にあたる父母や祖父母のほか，兄弟姉妹等，一定範囲の親族に扶養照会がなされる。扶養義務者からの扶助が生活保護より優先されるため，扶助が受けられないかを確認する意味で行われている。

問10. ③が不適切。カドミウム中毒は富山県の神通川流域で起きたイタイイタイ病の症状である。水俣湾周辺で発生した水俣病は工場廃液中の有機水銀が原因となった。

問12. ①が不適切。消費者の４つの権利は取消しできる権利ではなく，意見を反映される権利である。

問14. ②不適切。男女雇用機会均等法は従来まで募集・採用・配置・昇進において性別を理由とした差別的待遇を行わない努力義務を課していたが，1997年の改正で禁止規定に強化された。

③不適切。男女間の賃金格差が是正されているとはいえない。

④不適切。女性労働者に対しては時間外労働が制限され，深夜労働も原則禁止であったが，労働基準法の改正により1999年に撤廃された。

問15. ②が不適切。資源エネルギー庁「総合エネルギー統計」2019年度確報値によると日本のエネルギー供給構成は，割合の高い順に石油，石炭，天然ガスであり，この３項目で約85%を占めている。

問16. ②が不適切。農林水産省によると日本の食料自給率（カロリーベース）は2000年以降徐々に減少しており，2022年度は約38%となっている。

Ⅲ　解答

問1. ①　**問2.** ②　**問3.** ③　**問4.** ①　**問5.** ②
問6. ③　**問7.** ②　**問8.** ②　**問9.** ④　**問10.** ①
問11. ③　**問12.** ④　**問13.** ①　**問14.** ①　**問15.** ④　**問16.** ③
問17. ③

解説

《国際経済と国際平和問題》

問1. Aは正文。Bは不適切。1993年に発効してEUが発足したのはリスボン条約ではなく，マーストリヒト条約である。

Cは不適切。1995年にCSCEからOSCEへと改組された。

問2. Aは不適切。ASEANは1967年にインドネシア・タイ・シンガポール・マレーシア・フィリピンの５カ国で結成した。BとCは適切。

問3. ③が不適切。ソ連のアフガニスタン侵攻によって，アメリカとソ連の間は新冷戦となった。SDI 構想は 1983 年にレーガン米大統領が発表したものである。デタントとは，1960 年代や 1970 年代におけるアメリカとソ連の間の東西冷戦が緩和された時期のことをいう。

問 4. ②不適切。国際司法裁判所は国家間の法律的紛争を裁くため，国際機関や個人は訴訟当事者にはなれない。

③不適切。国際海洋法裁判所は国連憲章ではなく，国連海洋法条約によって設立された。

④不適切。国際刑事裁判所は，国ではなく，重大犯罪を行った個人を裁くための国際裁判所である。

問 5. ①不適切。領海は基線から 3 海里ではなく，12 海里以内である。

③不適切。沿岸国は他国の船舶の通航を拒否する権利はない。

④不適切。基線から 200 海里までは漁業資源や鉱物資源などに関して自国の法律を適用できる。日本では許可のない外国船の違法操業が行われていないか，海上保安庁や水産庁が船や飛行機によるパトロールを日々行っている。

問 6. ③が不適切。ワルシャワ条約機構は，ソ連のペレストロイカと東欧諸国の民主化のなかで 1991 年に解散した。

問 7. ①不適切。朝鮮国連軍は安保理の決定ではなく，勧告によるものであった。

③不適切。コソボ紛争における NATO による空爆は，安保理の承認を得ずに行われた。

④不適切。イラク戦争は安保理の武力行使容認決議なしに攻撃を開始し，フセイン政権を崩壊させた。

問 8. ②が不適切。ソ連は 1934 年，国際連盟に加盟している。

問 9. ④が不適切。UNHCR は国内避難民も支援の対象としている。

問11. ①不適切。人間環境宣言が採択されたのは 1972 年であり，気候変動枠組条約が発効されたのは 1994 年である。

②不適切。国連環境開発会議が行われたのは 1992 年で，京都議定書が採択されたのは 1997 年の COP 3 のときである。

④不適切。気温上昇を 1.5°C に抑える努力を追求することを目的とし，そのためすべての国が削減目標を 5 年ごとに提出・更新することなどが求められている。

問12. ①不適切。GATT 発足は 1947 年である。
②不適切。サービス貿易の自由化は東京ラウンドではなく，ウルグアイラウンドの決定内容である。
③不適切。ロシアが WTO に加盟したのは 2001 年。
問13. ①が不適切。タックス・ヘイブンについては 2008 年ではなく 2015 年の G20 において，多国籍企業による税逃れ防止に向けた規則を採択した。
問14. ②不適切。南米には南米南部共同市場（MERCOSUR）とよばれる関税同盟があり，1995 年から域内関税は原則として撤廃されている。
③不適切。日本は G7 の国々ではなく，シンガポールとの間で最初に EPA を締結した。
④不適切。TPP は ISDS 条項（投資家対国家の紛争解決手続き）に基づき投資仲裁を求めることができる。
問16. ③が不適切。日本の ODA が日本企業によるインフラ整備に偏っていたことから，ODA 大綱において技術支援や人材育成を重視する方針に転換された。
問17. ③が不適切。コソボは 2008 年にセルビア共和国からの独立を宣言したが，承認する国と否定的な国に分かれており，国連加盟には至っていない。

数　学

1 解答

(1)ア． 1　**イ．** 4　**(2)ウ．** 3　**エ．** 4　**オ．** 6
(3)カキ． 79　**クケコ．** 121

解説

《2次方程式，整式の割り算，比例式》

(1)　2次方程式 $-x^2+2ax-2a^2+a+12=0$，$4x^2+4x-a^2-4a+6=0$ の判別式をそれぞれ D_1，D_2 とすると，2つの方程式がともに実数解をもつ条件は

$$D_1 \geqq 0 \quad \text{かつ} \quad D_2 \geqq 0 \quad \cdots\cdots①$$

である。

ここで

$$\frac{D_1}{4}=a^2-(-1)(-2a^2+a+12)=-a^2+a+12$$
$$=-(a+3)(a-4)\geqq 0$$
$$\frac{D_2}{4}=(-2)^2-4(-a^2-4a+6)=4a^2+16a-20$$
$$=4(a+5)(a-1)\geqq 0$$

より，条件①は

$$-3\leqq a\leqq 4 \quad \text{かつ} \quad a\leqq -5,\ 1\leqq a$$

したがって，求める a の値の範囲は

$$1\leqq a\leqq 4 \quad (\to ア，イ)$$

(2)　整式 $P(x)$ を $x-3$ で割った余りが 9 より

$$P(3)=9$$

また，$P(x)$ を x^2-2x-8 で割った余りが $2x+18$ より

$$P(x)=(x^2-2x-8)Q_1(x)+2x+18$$
$$=(x-4)(x+2)Q_1(x)+2x+18$$

とおけるから

$$P(4)=26,\ P(-2)=14$$

$P(x)$ を $(x-3)(x^2-2x-8)$ で割った余りを ax^2+bx+c とすると

$$P(x)=(x-3)(x-4)(x+2)Q_2(x)+ax^2+bx+c$$

とおける。$x=3$ を代入すると

$$9a+3b+c=P(3)=9$$

$x=4$ を代入すると

$$16a+4b+c=P(4)=26$$

$x=-2$ を代入すると

$$4a-2b+c=P(-2)=14$$

したがって

$$\begin{cases} 9a+3b+c=9 \\ 16a+4b+c=26 \\ 4a-2b+c=14 \end{cases}$$

を解いて

$$a=3,\ b=-4,\ c=-6$$

よって，求める余りは

$$3x^2-4x-6 \quad (\to ウ〜オ)$$

別解　整式 $P(x)$ を x^2-2x-8 で割った余りが $2x+18$ より

$$P(x)=(x-3)(x^2-2x-8)Q(x)+a(x^2-2x-8)+2x+18$$

とおける。さらに，$P(x)$ を $x-3$ で割ったときの余りが 9 より

$$P(3)=9 \quad だから \quad -5a+24=9 \qquad \therefore \quad a=3$$

したがって，$P(x)$ を $(x-3)(x^2-2x-8)$ で割った余りは

$$3(x^2-2x-8)+2x+18=3x^2-4x-6$$

(3)　$\dfrac{x+y}{9}=\dfrac{y+z}{10}=\dfrac{z+x}{11}=k$ とおく。

$$x+y=9k,\ y+z=10k,\ z+x=11k$$

であるから，この 3 式の辺々を加えて

$$2(x+y+z)=30k \qquad \therefore \quad x+y+z=15k$$

したがって

$$x=5k,\ y=4k,\ z=6k$$

である。

これらを与えられた式に代入し

$$\frac{xy+2yz+3zx}{2x^2+3y^2+4z^2}=\frac{20k^2+48k^2+90k^2}{50k^2+48k^2+144k^2}=\frac{158}{242}=\frac{79}{121} \quad (\to カ〜コ)$$

2 解答 **(1)アイ．** 64 **ウエ．** 27
(2)オカ． 30

解説

《正弦定理，球に内接する立方体，円順列》

(1) 正弦定理より $\dfrac{2}{\sin 60^\circ}=2R \quad \therefore \quad R=\dfrac{2}{\sqrt{3}}=\dfrac{2\sqrt{3}}{3}$

1辺の長さが x の立方体が内接する球の半径 R は，その立方体の対角線の長さの半分なので

$$\frac{\sqrt{3}}{2}x=R \qquad \therefore \quad x=\frac{4}{3}$$

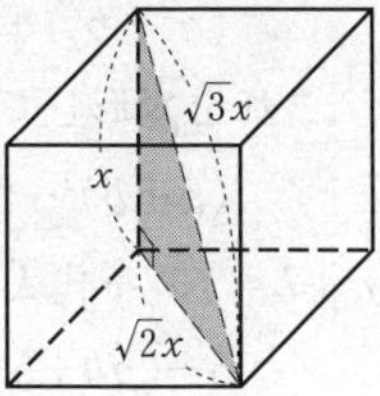

したがって，求める立方体の体積は

$$\left(\frac{4}{3}\right)^3=\frac{64}{27} \quad (\to ア〜エ)$$

(2) 全て異なる6枚のカードを等間隔で円の形に並べる並べ方は

$(6-1)!=120$ 通り

であるが，実際は0と2が2枚ずつあるので，重複が

$2!\times 2!=4$ 通り

ずつある。

したがって，求める並べ方は

$120\div 4=30$ 通り （→オカ）

3 解答 **(1)アイ．** 10 **ウ．** 3 **(2)エ．** 5 **オ．** 1
(3)カキ． 49 **クケコサ．** 1613

解説

《余弦定理，三角形の面積，連立方程式，1次不定方程式》

(1) 余弦定理より

$$\cos\angle \mathrm{BAC}=\frac{5^2+8^2-7^2}{2\cdot 5\cdot 8}=\frac{40}{2\cdot 40}=\frac{1}{2}$$

$\therefore \quad \angle \mathrm{BAC}=60^\circ$

したがって

$$\triangle \mathrm{ABC}=\frac{1}{2}\cdot 5\cdot 8\sin 60^\circ=10\sqrt{3} \quad (\to ア〜ウ)$$

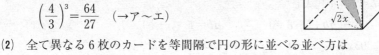

(2)　辺々引いて

$$(a^2-b^2)+\sqrt{5}(b-a)=0$$

これを変形して

$$(a+b)(a-b)-\sqrt{5}(a-b)=0$$

$$\therefore\quad (a+b-\sqrt{5})(a-b)=0$$

$a\neq b$ より　$a+b=\sqrt{5}$　(→エ)

また，辺々加えると

$$(a^2+b^2)+\sqrt{5}(a+b)-8=0$$

これを変形して

$$(a+b)^2-2ab+\sqrt{5}(a+b)-8=0$$

$a+b=\sqrt{5}$ を代入して

$$5-2ab+5-8=0\qquad\therefore\quad ab=1$$　(→オ)

(3)　$395x-12y=-1$ ……① の1つの解は $(x,\ y)=(1,\ 33)$ である。

①と $395\cdot 1-12\cdot 33=-1$ の辺々を引き算して

$$395(x-1)-12(y-33)=0$$

つまり

$$395(x-1)=12(y-33)$$

395と12は互いに素なので，$x-1$ は12の倍数であり

$$x-1=12k$$　(ただし，k は整数)

とおけて，このとき

$$y-33=395k$$

$0<x<50$ より

$$0<12k+1<50\qquad\therefore\quad k=0,\ 1,\ 2,\ 3,\ 4$$

x が最大となるのは $k=4$ のときであり，そのとき

$$(x,\ y)=(49,\ 1613)$$　(→カ～サ)

4　解答

(1)ア．5　イ．9　ウエ．−3　オ．1　(2)カキ．32
(3)ク．2　ケ．3　コ．1　(4)サシ．16　ス．2

解説

《接線の方程式，直線と曲線で囲まれる部分の面積，軌跡》

(1)　点A(1，−4)を通る直線は，傾きを m とすれば

$$y=m(x-1)-4$$

と表せる。この直線と放物線 C の共有点の x 座標は

$$x^2-x=m(x-1)-4$$

を満たす。これを整理し

$$x^2-(m+1)x+(m+4)=0$$

C と直線が接するとき，この 2 次方程式の判別式 $D=0$ となるから

$$D=(m+1)^2-4(m+4)=m^2-2m-15=(m+3)(m-5)=0$$

$$\therefore\quad m=-3,\ 5$$

以上より，求める接線の方程式は

$$y=5x-9,\ y=-3x-1\quad (\to ア〜オ)$$

(2)　(1)の 2 つの接線の交点の座標は A$(1,\ -4)$ である。また，接点の x 座標は $x=-1,\ 3$ である。C と(1)の 2 本の接線で囲まれた部分の面積を S_1 とすると

$$S_1=\int_{-1}^{1}\{(x^2-x)-(-3x-1)\}dx+\int_{1}^{3}\{(x^2-x)-(5x-9)\}dx$$

$$=\int_{-1}^{1}(x+1)^2dx+\int_{1}^{3}(x-3)^2dx$$

$$=\left[\frac{1}{3}(x+1)^3\right]_{-1}^{1}+\left[\frac{1}{3}(x-3)^3\right]_{1}^{3}$$

$$=\frac{8}{3}-\left(-\frac{8}{3}\right)=\frac{16}{3}$$

また，C と x 軸で囲まれた部分の面積 S_2 は

$$S_2=-\int_{0}^{1}x(x-1)dx=-\left\{-\frac{1}{6}(1-0)^3\right\}=\frac{1}{6}$$

したがって，求める値は

$$\frac{S_1}{S_2}=\frac{\frac{16}{3}}{\frac{1}{6}}=32\quad (\to カキ)$$

(3)　点 P を $(t,\ t^2-t)$ とおく。線分 AP の中点を M$(x,\ y)$ とおくと

$$x=\frac{t+1}{2},\ y=\frac{(t^2-t)+(-4)}{2}$$

この 2 式から，t を消去して

$$y=\frac{(2x-1)^2-(2x-1)-4}{2}=2x^2-3x-1 \quad (\to ク〜コ)$$

(4)　C と(3)の放物線の共有点の x 座標は

$$x^2-x=2x^2-3x-1$$

を満たす。これを整理して

$$x^2-2x-1=0 \qquad \therefore \quad x=1\pm\sqrt{2}$$

$\alpha=1-\sqrt{2}$，$\beta=1+\sqrt{2}$ とおくとき，$\alpha\leqq x\leqq\beta$ で常に

$$2x^2-3x-1\leqq x^2-x$$

が成り立つから，C と(3)の放物線に囲まれる部分の面積 S_3 は

$$S_3=\int_\alpha^\beta\{(x^2-x)-(2x^2-3x-1)\}dx$$

$$=-\int_\alpha^\beta(x-\alpha)(x-\beta)dx$$

$$=\frac{1}{6}(\beta-\alpha)^3=\frac{(2\sqrt{2})^3}{6}=\frac{16\sqrt{2}}{6}$$

したがって，求める値は

$$\frac{S_3}{S_2}=\frac{\frac{16\sqrt{2}}{6}}{\frac{1}{6}}=16\sqrt{2} \quad (\to サ〜ス)$$

上昇と「印刷物」の普及によって「一般市民」が「文芸や政治について議論を交わし始める」ことを言い換えると「市民的公共圏」が適当である。次にbには「一般市民」が持っていないものが入る。「国民主権」とすると「貴族」を含むすべての国民を指してしまうため「参政権」が適当である。この時点で正解は③だとわかる。

問五 指示語の問題である。傍線部を含む一文を確認すると、「その傾向」とは国内外の市民との交流や連携を容易にした「インターネットおよびSNSの普及」によって拍車をかけられた傾向である。続く文にあるように、情報網の普及は「意見表明と交換の回路」の多様化を実現した。これは、直前の第八段落にあるように「オピニオン」が「国政ばかりか国際世論として国際政治にも働きかける」傾向に拍車をかけた。よって正解は②である。

問六 傍線部のうち「両義性」を言い換える問題である。傍線部を含む段落に「オピニオン」に配慮される「人間」の拡大によって「政府の決断」は「正当性」を得られ、「国民国家という政治単位の統一性を高めた」が、「多様な立場と価値観」を抱え込むこととなり「意志の統一」は「はるかに困難になった」とある。この正負の両側面が「両義性」である。よって正解は④である。

問七 傍線部を言い換える問題である。設問文に「エコーチェンバー」とは「反響室」という意味だと説明がある。「反響」とは〝音波が物体にぶつかって反射し再び聞こえてくること〟である。また、傍線部を含む一文を確認すると「SNS」では「ある価値観を持つコミュニティに加わるとそれを強化する情報ばかりを与えられ、多角的な視野を失う」ことになるとある。つまり〈同じ価値観ばかりがこだますることで、違う価値観を得られない〉のである。よって正解は①である。

問八 ①は第四段落、③は第十二・十三段落、④は第五段落の内容と合致する。一方、②は第十一段落をふまえた内容だが、「コミュニケーション技術の進歩」によって「マイノリティの声は無視されることが増えた」というのは誤りである。本文にはむしろ「さまざまなマイノリティの声を可視化しつつある」とある。

それは「母親が亡くした子を弔うために」繰り返す「称名」で、「現世から死者の世界へそのまま通じるような声」である。「弔う」とは〝人の死を悲しみ悼む〟ことであって、〈死者を呼ぶこと〉ではない。よって正解は③である。

三

出典　堤林剣・堤林恵『「オピニオン」の政治思想史──国家を問い直す』〈第五章　現代の国家──ナショナリズムとオピニオン〉（岩波新書）

解答

問一　(ア)─③　(イ)─①　(ウ)─①

問二　(a)─③　(b)─②　(c)─②

問三　④

問四　③

問五　②

問六　④

問七　①

問八　②

解説

問三　傍線部を言い換える問題である。傍線部を含む一文を確認すると、「多数」とは「被治者」であり、だとすれば「少数」は「統治者」であるため、〈統治者による被治者支配の容易さ〉を言い換えればよいとわかる。これについて第三段落に「オピニオン」は「統治の基礎」であり、「あらゆる被支配者のオピニオン」が「尊重」されたわけではないが、「武力を操る人間の忠誠さえ獲得すればその他の被治者を従えることなど容易だった」とある。よって正解は④である。

問四　文脈によって適切な語句を補充する問題である。まずaには空欄を含む段落をまとめる表現が入る。「識字率」の

問四　「昼の『近代』の音」とは、直前の段落にあるように〈日中聞こえてくる近代の病を代表するかのような音、「近代」そのものを典型的に示す音〉であり、①、②、④は同じ段落に列挙される具体例と一致する。一方、③は空欄eのある段落に挙げられる「朝の活動が活発になる頃」に聞こえる「印象的な音、声」である。本文において「夜」、「未明」、「朝」と、「昼間」や「日中」とは区別されているため、「朝」は「日中」には含まれない。よって正解は③である。

問五　選択肢の俳句の空欄に「黄昏」が入るものを答える問題である。まず「黄昏」とは、人の見分けがつきにくく「誰《た》そ彼は」と問うことからできた〝夕方の薄暗いこと、夕暮れ〟という意味の言葉である。正解は与謝蕪村の俳句の④である。ただしこれは俳句の知識がなくても解ける問題である。④の「山は暮て」と「野は黄昏の」は、かなたに見える山はすでに宵闇に包まれたが、自分のいる「野」はまだ夕暮れだという対句のようになっていると読み取ることができる。

問六　傍線部を言い換える問題である。「此岸」と「彼岸」とは「この世」と「あの世」のことであり、「橋」がそれを「結ぶ象徴的境界を意識させる空間」であるとはどういうことかを考える。「橋」とは〝通行のために川や湖、海峡などの両側を結んでかけわたした構築物〟であり、それによって両岸からの行き来を可能にするものである。よって正解は②である。なお、①、③、④は、それぞれ文の後半部分の内容が本文で述べられていないため、誤りである。

問七　傍線部を言い換える問題である。傍線部を含む引用文を確認すると、「血脈を通わせている」のは「今宵のあの歌」つまり直前の段落にある〈夢幻の雰囲気の中にある盆踊りの歌〉と、「さびしい野辺の歌」や「美しい大地の声を形成する夏虫の嫋々たる音楽」とである。これらは「私一個の生命より無限に古いもの」、「あまねき太陽のもと、生きとし生ける万物の喜びや悲しみ」と共鳴する「原始の歌」である。よって正解は④である。

問八　①は傍線部(イ)の段落と、②は最後の引用の直前の段落と、④は空欄dの段落の内容と合致する。一方、③は傍線部③の段落からの三段落をふまえた内容だが「夜に聞こえる悲しげな女性の声」は「死者を呼んでいる声」ではない。

二

出典　内藤高『明治の音――西洋人が聴いた近代日本』〈第3章　〝共鳴〟の持つ意味――ラフカディオ・ハーン〉（中公新書）

解答

問一　(ア)―④　(イ)―①　(ウ)―①　(エ)―③　(オ)―②

問二　①

問三　①

問四　③

問五　④

問六　②

問七　④

問八　③

解説

問二　本文で「耳の人」とされる「ラフカディオ・ハーン」だが、第二段落にあるように彼が「音をはっきりと聴き取るのは、夜という場を背景にしたとき」であり、彼の作品の「昼」の描写においては「聴覚」よりも「視覚」が優位だと筆者は主張する。これを意識し、〈作品の背景となる時間〉によって空欄に「視覚」と「聴覚」とを補充していくと、b、d、g、hの四つに「聴覚」が入るため、正解は①である。

問三　文脈によって適切な語句を補充する問題である。空欄を含む引用文を確認すると、空欄には「私一個の生命より無限に古いもの」である「それ」が、「あまねき太陽のもと、生きとし生ける万物の喜びや悲しみ」に対して発するものが入る。また、「それ」とは「今宵のあの歌」、つまり直前の段落にある〈夢幻の雰囲気の中にある盆踊りの歌〉である。「ハーン」はその歌が「自然のもっとも古い歌」と「調和を保っている」と感じている。よって正解は①である。

い立てる「SNS」によって「人の思考と時間」がどうされるかを表す語句が入るとわかる。「SNSはそこにつけこんで」とあるが、「そこ」とは第七段落にある「現代人」が「何もしないこと、何も生産性をもたないことに、恐怖に似た感覚を覚える」ことであり、「SNS」は「取りこぼし恐怖」によって人に「クリック」させる。よって正解は④である。

問五 「親近型読書」とはどのようなものかを説明する問題である。傍線部の直前に「こうして」とあることから、前の第二十・二十一段落を見ると、「読書」を「自らの知識や体験の追認として行う人が、昨今増えて」おり、「作者や主人公が自分と〝近い〟から信頼できる、共感した、だから作品を評価するという均質な感動が溢れている」と筆者は感じている。つまり人は「私の物語だ」と感じるものに「親近感」を持ち、高く評価する傾向にあるのだ。よって正解は④である。

問六 文脈によって適切な語句を補充する問題である。空欄を含む一文を確認すると、空欄には「共感する、思いを一にする」という意味の sympathy に対置される empathy の意味が入るとわかる。同じ段落に「エンパシー」は「ミードのいう読書の前者」に関係するとあり、その前の段落を見ると、それは「自分とかけ離れた設定や人物の物語に飛び込んでいって自己同一化し、そこに自分の姿を映しだして楽しむ」ものだとある。また次の段落以降で筆者は「他者への洞察的な理解力」によって「共感」ではなく「共存」が可能になると主張している。よって正解は③である。

問七 まず合致するものについて、イは第八段落と、ウは第十五段落の内容とそれぞれ合致する。次に合致しないものだが、アの「ネガティヴ・ケイパビリティ」は第三段落にあるように「答えの出ない事態に耐える力」である。エは「一九四〇年代ごろから」の部分が誤り。第二十一段落にあるように「今世紀のゼロ年代」からである。オは「共感する力」の部分が誤り。最終段落にあるように「共存」に必要なのは「他者への洞察的な理解力」である。

国語

一

出典 鴻巣友季子『文学は予言する』〈第三章 他者〉（新潮選書）

解答

問一 (ア)—③ (イ)—④ (ウ)—① (エ)—①

問二 ③

問三 ②

問四 ④

問五 ④

問六 ③

問七 ア—② イ—① ウ—① エ—② オ—②

解説

問二 「宙づりの時間」とは何かを説明する問題である。傍線部を含む一文を確認すると、それは「ただちに実益にならないものを人間が読む」時に発生する時間である。そして「明確な結末や結論をもたない」作品を前に、第三段落にあるような「ネガティヴ・ケイパビリティ」という「判断を保留し、宙ぶらりんのまま考えつづける力」が注目されている。よって正解は③である。なお、①、④は「解決がつくまで」「答えに行きつくまで」とゴールを設定しているため誤りである。

問四 文脈によって適切な語句を補充する問題である。空欄を含む一文を確認すると、空欄には「生産性を高めよ」と迫

////////////////////// · memo · //////////////////////

//////////////////// · memo · ////////////////////

2023年度

問題と解答

■ 3 教科型学部個別入試（Ａ方式）

問題編

▶試験科目・配点

教　科	科　　　目	配　点
外国語	コミュニケーション英語Ⅰ・Ⅱ・Ⅲ，英語表現Ⅰ・Ⅱ	120 点
地歴・公民・数学	日本史Ｂ，世界史Ｂ，政治・経済，「数学Ⅰ（データの分析を除く）・Ⅱ・Ａ」のうちから１科目選択	100 点
国　語	国語総合（近代以降の文章），現代文Ｂ	100 点

▶備　考

数学Ａの出題範囲は，全分野とする。

英語

（60 分）

I　次の問 1 ～問 5 の英単語の最も強いアクセント（強勢）のある母音と同じ発音の母音を持つ語を①～④の中から一つずつ選び，その番号の該当欄をマークしなさい。

問 1　interval　[1]

① ant　② farm
③ milk　④ bird

問 2　cooperate　[2]

① book　② box
③ faith　④ red

問 3　rational　[3]

① law　② none
③ trap　④ rail

問 4　widespread　[4]

① ear　② pick
③ piece　④ try

問 5　ceiling　[5]

① eight　② line
③ ring　④ tea

Ⅱ　次の問1～問5の英語による定義に最も近い語を①～④の中から一つずつ選び，その番号の該当欄をマークしなさい。

問1　a belief or set of beliefs held and taught by a Church, a political party, etc.　[6]

① assumption　② dependence
③ doctrine　④ evidence

問2　being the only one of its kind; unlike anything else　[7]

① drastic　② minor
③ obvious　④ unique

問3　the feeling of wanting to be in the same situation as somebody else; the feeling of wanting something that somebody else has　[8]

① contempt　② delight
③ envy　④ marvel

問4　to start or create an organization, a system, etc. that is meant to last for a long time　[9]

① accuse　② eliminate
③ establish　④ inspect

問5　to stop for a moment and wait before doing something, because you feel uncertain or nervous　[10]

① consider　② decide
③ examine　④ hesitate

Ⅲ 次の問1～問5の文の空所を埋めて意味を成す文を完成させるのに最も適当な語句を①～④の中から一つずつ選び，その番号の該当欄をマークしなさい。

問1 Driving after drinking is totally (   ). 11

① for the time being ② out of the question

③ up in the air ④ in the long run

問2 We need your help with our new project. Please (   ) and think it over. 12

① pull your leg ② lose your temper

③ save your breath ④ take your time

問3 I don't (   ) going to the party tonight. I have a lot of work to finish by tomorrow. 13

① fill in for ② feel up to

③ make use of ④ get along with

問4 We must (   ) that these girls are still minors. 14

① be better off ② help ourselves to

③ make ends meet ④ take into account

問5 After staying in bed all day, I could finally (   ) my headache. 15

① get rid of ② look forward to

③ stand up for ④ take advantage of

Ⅳ 次の問1～問5の日本語とほぼ同じ意味になるように，かっこ内の語を並べ替えて，現代英語の標準的文法にかなう英文を完成させるとき，かっこ内で六番目にくる語を①～④の中から一つずつ選び，その番号の該当欄をマークしなさい。なお，かっこ内では，文頭になる単語も全て小文字で書いてある。

問1　迷子になった時にはどうすべきか教わっていたので，幼い少年は慌てなかった。 16

(been, do, having, he, to, told, what, when) got lost, the little boy did not panic.

① when　② do
③ he　④ having

問2　こんな高価な贈り物はいただけませんよ。 17

You (an, brought, expensive, gift, have, not, should, such) to me.

① expensive　② should
③ an　④ have

問3　この本を読むたびに新しい発見がある。 18

I (book, finding, never, new, read, something, this, without) in it.

① finding　② book
③ new　④ never

問4　髪を洗った後で，その部屋にドライヤーがないことに気づいた。 19

I washed my hair (dryer, hair, was, no, only, realize, there, to) in that room.

① there　② no
③ realize　④ only

問5　空港までの道の混雑がひどすぎなければ，私はバスで行きたいな。 20

(airport, are, not, provided, streets, the, the, to) too busy, I prefer to go by bus.

① to　② streets
③ provided　④ airport

V　ある童話に基づく次の英文を読み，その後に続く問1～問10について，それぞれの指示にしたがって正しいと思われるものを①～④の中から一つずつ選び，その番号の該当欄をマークしなさい（長文なので時間配分に注意すること。*印を付した語については問題文末尾に注がある)。

Once, there was a very brave soldier. As long as there was a war to fight in, all was well for him. But when the war ended, he had to find other work.

His parents had died, so he no longer had any home. The poor soldier had nothing but his gun left. He lifted this to his shoulder and walked off into the wide world.

After some time, he came to a great hill with nothing on it but a circle of trees. Under the trees, he sat down. There he thought about his sad life.

"I have no money," he thought. "I have learned nothing but soldiering*. Now, since the war is over, the army does not need me. I see that I will have to starve."

All at once, he heard a noise. The soldier looked around and saw a stranger standing before him. The man was dressed in a gray coat. He looked very important, but he had ugly feet like a goat.

"I know what you need," said this strange man to the soldier. "Gold and other things you shall have. You shall have as much as you can spend. But first I must know if you are a coward or not."

"A soldier cannot be a coward!" said the soldier. "You may put me to any test."

"Very well," replied the stranger. "Look behind you."

The soldier turned and saw a huge bear! The bear looked at him hungrily.

"Oh!" cried the soldier. "I will tickle* your nose for you. Then you will no longer growl* like that." Raising his gun, he shot the bear in the head.

The bear fell on the ground and did not move. Then the stranger said, "I see quite well that you have courage. But there is one more test which you must pass."

"If it will bring me to a happy future," said the soldier, "I will do it."

"That we shall see!" said the stranger. "This shall be the test. For the next seven years, you must not wash yourself. Do not comb your hair or beard. Do not cut your nails. Say you will do these things, and I will give you this coat. Wear it always. Remember that you must not wash. If you die within seven years, you will be mine. If you live, you will be rich and free as long as you live."

The soldier thought for some time. At last, he agreed to the test.

Then the evil stranger pulled off the gray coat and handed it to the soldier. The Evil

One* said, "Any time you put your hand in the pockets of your coat, you will find money there."

Next, he pulled off the skin of the bear. The Evil One said, "This skin will be your cloak* and your bed. You must sleep on it. Do not lie in any other bed. You will now be called Bearskin."

And the Evil One disappeared.

* * *

The soldier put on the coat. He put his hands into the pockets to see if there was really money there. Inside the pockets, he found many gold coins! Then he put the bearskin around himself and called himself Bearskin.

Bearskin went about the world laughing at his good luck. He bought anything that caught his eye. For the first year, he looked very much like other men.

But in the second year, he began to look like a monster. His hair covered almost all his face. His nails were claws*, and his hair and beard were full of dirt. Whoever looked at him ran away!

But Bearskin remembered the Evil One's words. He gave the poor in every place gold coins. Then they would pray that he might not die during the seven years. Because he gave away his money freely, he easily found place to sleep at night.

In the fourth year, Bearskin came to an inn. The man there would not let him into the inn. He would not let him stay in his stables* either. The man thought Bearskin would frighten his horses.

However, Bearskin put his hand into his pocket and took it out full of gold coins [sic]*. The man at the inn then changed his mind. He gave Bearskin a place in one of the buildings behind the inn. But the man made Bearskin promise not to show himself. He was afraid the inn might get a bad name if others saw the monster.

That night, Bearskin sat by himself. He wished from his heart that the seven years were over. Then he heard a strange noise from the corner. When he looked toward the corner, he saw an old man crying there. Bearskin started to go over to the old man.

The old man jumped up and tried to run away. Bearskin stopped him by saying kind words in a soft voice. After talking for some time, the old man told Bearskin why he was crying. The old man had lost his land and his money.

The old man and his daughters would have to starve. In fact, he was so poor that he did not even have the money to pay the man at the inn. "I know I will be put into prison," said the old man.

"If that is the problem," replied Bearskin, "I can help. I have lots of money."

Bearskin then called the man in the inn, and he paid him. Bearskin also put a purse* full of gold into the old man's pocket.

The old man did not know what to say at first. Then he said to Bearskin, "Come with me. My daughters are all beautiful. You can choose one of them for a wife. When they hear what you have done for me, they will not say no to you. You do not look like a normal man, but they will soon help you with that."

This idea pleased Bearskin, so he went with the old man.

* * *

When the old man's first daughter saw Bearskin, she was terrified*. She took one look at his face, screamed, and ran away.

The second one stopped and looked at him from head to foot. At last she said, "How can I take a husband who doesn't even look human? The wild bear that once came to our house would have pleased me better."

But the youngest daughter said, "Dear Father, this must be a good man. He helped you out of your troubles. If you have promised him a bride*, your word must be kept."

It was a pity Bearskin's face was covered with dirt and hair. If it hadn't been, one would have seen how glad at heart these words made him.

Bearskin took a ring from his pocket. He broke the ring in two and gave the youngest daughter one half. He kept the other for himself. On her half, Bearskin wrote his name. On his own, he wrote her name. He begged her to keep the ring carefully.

Then Bearskin said, "For three more years, I must wander about. If I come back again, then we will get married. If I do not, you are free because I will be dead. But pray to God that He will keep me safe."

While Bearskin was gone, the poor bride only wore black clothes. When she thought of her groom*, her eyes filled with tears.

From her sisters, she received nothing but hard words.

"Look at his hands when he holds yours," said the first daughter. "You will see his beautiful claws!"

"Take care!" said the second. "Bears like sweets, and if you please him, he might eat you up!"

"You must mind and do his will," continued the first. "If you don't, he will begin growling!"

And the second daughter added, "But the wedding will certainly be fun because bears dance well!"

The bride kept silent. She did not pay any attention to what her sisters said.

Bearskin continued wandering about in the world. He did good where he could and gave money to the poor. For this, they prayed and prayed for him.

Finally, the last day of the seven years was near. Bearskin went and sat down again on the hill under the circle of trees. In a very short time, the wind began to blow. Then the Evil One stood before him and looked at him with an angry face. He threw the soldier his old coat and demanded his gray one back.

"Not yet," replied Bearskin. "You must clean me first."

Of course, the Evil One did not like this idea at all. But he had to do it to get his coat back. The Evil One got some water and washed the soldier. The Evil One combed his hair and cut his nails. When this was done, the man again looked like a brave soldier. In fact, he was even more handsome than before.

As soon as the Evil One had disappeared, Bearskin became quite light-hearted. He went into the nearest town and bought a fine coat. He hired a carriage that was pulled by four white horses. In this carriage, he quickly went to the house of his bride.

Nobody there knew him. The father thought he must be an important man. The old man led the handsome stranger in to see his daughters.

The stranger was asked to sit down between the first and second daughter. They offered him wine. They gave him the best food to eat.

The two girls thought they had never seen anyone so handsome before. At the same time, the bride stood quietly. She was still dressed all in black. She stood with her eyes closed and spoke not a word.

The soldier asked the old man if he would give him one of his daughters for a wife. Right away, the first and second sister stood up. They ran to their rooms to put on their prettiest clothes. Each thought she would be chosen.

As soon as he found himself alone with his bride, the soldier pulled out his half of the ring. He dropped it into a cup of wine. Then he handed the cup to the youngest daughter.

His bride took the cup. She drank it and saw the half ring lying at the bottom. She quickly took out the other half, which she wore around her neck on a ribbon. She held them together. The two halves of the ring joined each other exactly.

The soldier said, "I am your groom. You first saw me as Bearskin. But through God's mercy, I have become human again."

With these words, he took his bride in his arms and kissed her. At the same time, the girl's two sisters entered the room. They saw the very handsome man. They saw their younger sister in his arms. They also heard that he was Bearskin.

Both sisters then ran from the house, screaming in anger.

(注)

*soldiering 兵士の仕事や暮らし

*tickle くすぐる

*growl うなる

*the Evil One 悪魔

*cloak マント(服の上から羽織って着る外衣)

*claw 獣のかぎ爪

*stables 厩舎《きゅうしゃ》, 馬小屋

*[sic] 原文のまま引用したという意味。この箇所(took it out full of gold coins)は took out a bunch of gold coins と読み替えると良い。

*purse 財布

*terrified おびえた

*bride 花嫁

*groom 花婿

The Grimm Brothers, *Bearskin*, retold by Casey Malarcher, HALICO, 2016, pp. 6-29より一部省略。

問1 冒頭部での兵士に関する次の記述のうち,本文の内容に合致するものを選びなさい。 21

① 長らく続いた戦争がついに終わったので,銃をひとつ残らず捨ててしまった。

② 大きな丘の上にある木々の下に腰掛け,自分の悲しい人生について考えていた。

③ 両親が亡くなると家を失ったのは,相続について学ばなかったからだと言った。

④ 自分は優れた兵士であるから,職探しに困る必要も飢える恐れもないと言った。

問2 丘の上に突如現れたstrangerの言動に関する次の記述のうち,本文の内容に合致するものを選びなさい。 22

① グレーのコートを着込み,偉い名士に見えるが,ヤギのような足をしていた。

② 会ったばかりだというのに,兵士が欲しいと言った額の金を,その場で渡した。

③ 兵士の背後から熊が襲ってくることに気づき，熊の頭を撃ち抜いて仕留めた。

④ 私が千里眼であるおかげでお前も心強いことであろう，と兵士に対して言った。

問3　次の記述のうち，strangerによる“the test”の指示に含まれていないものを選びなさい。 23

① 7年間ずっと体を洗わず，髪やひげも一切とかさず，爪も切らずにいること。

② 7年間ずっと，strangerが与えるグレーのコートを着ていること。

③ 7年以内に金持ちになったら，コートのポケットに金を入れて返すこと。

④ 7年のあいだ，寝るときには，strangerに渡された熊の毛皮を寝床にすること。

問4　7年続くことになる“the test”が始まってから3年目までの出来事として，本文の内容に合致しないものを選びなさい。 24

① 兵士は悪魔の指示通りに熊の毛皮を身にまとい，自らもBearskinと名乗った。

② Bearskinは世間から，運が良いだけで実力がないと笑われ，悔しい思いをした。

③ 2年目になると，Bearskinの異様な外見を恐れて人々が逃げ出すようになった。

④ Bearskinに金貨をもらった貧者たちは，彼が7年間を生き抜くよう祈った。

問5　“the test”の4年目に訪れた宿でのBearskinに関する次の記述のうち，本文の内容に合致しないものを選びなさい。 25

① 宿泊を断られたが，金を見せると，協力した事実を明かさぬことを条件に，先客が裏口から入らせてくれた。

② なぜか泣いている老人がいたので，事情を聞いてみると，土地と金を失ってしまったことがわかった。

③ 金なら自分が沢山持っているからと言い，老人の宿代を支払うばかりか，老人のポケットに財布を入れもした。

④ 老人から，お礼に娘たちのうちの1人と結婚させてもよいから，家に来てほしいと言われた。

問6　老人の家を初めて訪れた時の，Bearskinと老人の娘たちに関する次の記述のうち，本文の内容に合致するものを選びなさい。 26

① 長女と次女はBearskinを見た途端に逃げ去ったが，末娘は立ち止まり，Bearskinの花嫁になっても良いと言った。

② 末娘に外見をほめられてBearskinは大いに喜んだが，そのことには誰も気づかなかった。

③ Bearskinは指輪を2つに割ると，片方は自分が持ち，もう片方を末娘に渡し大切に持っていてほしいと頼んだ。

④ Bearskinは末娘に，もしも3年後に結婚の約束を果たせないとすれば，自分は死んだほうがましだと言った。

問7 Bearskinが不在中の，老人の娘たちに関する次の記述のうち，本文の内容に合致するものを選びなさい。 27

① 末娘はわずかな生活費を節約し，黒っぽい地味な服ばかりを着るようになった。

② 長女は，Bearskinの美しい両手を回想し，ぜひ早く再会したいものだと言った。

③ 次女は，妹の結婚式には，熊の曲芸団を招いて大いに騒ぎ楽しみたいと言った。

④ 末娘は姉たちにひどいことを言われていたが，それを少しも気にかけなかった。

問8 7年がかりの“the test”も終わりに近づき，Bearskinが丘の上に戻って来た時の出来事として，本文の内容に合致するものを選びなさい。 28

① 風とともに悪魔があらわれ，無事に生還したBearskinを笑顔で出迎えた。

② 悪魔は，コートを返してもらうために，やむなくBearskinの要求に応じた。

③ 悪魔は，Bearskinの体を洗う前に，まず自分の髪をとかし，爪を切った。

④ Bearskinの体を洗った後，悪魔は，まるで兵士のように勇敢な表情を見せた。

問9 悪魔が再び姿を消した後に続く場面に関する次の記述のうち，本文の内容に合致するものを選びなさい。 29

① Bearskinは最寄りの駅で列車を降りると，1頭の白馬に乗り換えて，花嫁の家に駆けつけた。

② 老人は，突然あらわれたハンサムな青年がBearskinであることに気づき，急いで家に連れ帰った。

③ 老人が営む宿では，長女と次女が，すべてのお客を最高の酒と料理でもてなすようになっていた。

④ 兵士が老人に，娘さんの1人と結婚させてくれないかと頼むと，長女も次女も自分が選ばれるだろうと思った。

問10 老人の末娘と兵士が2人きりになった場面に関する次の記述のうち，本文の内容に合致するものを選びなさい。 30

① 兵士は，さきほど街で買ってきた指輪を，ワインの杯《さかずき》に落として渡すという演出で花嫁に贈った。

② 老人の末娘は，ワインの杯《さかずき》の底にあった指輪を拾うと，リボンを通して自分の首にかけた。

③ 老人の末娘の持っていた指輪の片割れと，兵士の持っていた指輪の片割れを合わせると，みごとに1つになった。

④ 兵士は老人の末娘に，あなたはBearskinを一番愛しているのだろうが，私を夫にしてほしいと言った。

Ⅵ 次の英文は，ハーバード・ビジネス・スクール所属のPrithwiraj Choudhury氏に対するインタビュー記事である。この文章を読み，その後に続く問1～問10について，それぞれの指示にしたがって正しいと思われるものを①～④の中から一つずつ選び，その番号の該当欄をマークしなさい（*印を付した語句については問題文末尾に注がある）。

Is there anything on remote work that the media has seriously missed or gotten wrong?

①Remote work is often pitched as something that employees want and employers don't. ②My research has showed* that this is a win-win. For employees, it's great to work from anywhere because you can move to a cheaper location. You can live where you want to.

For employers, it's a win as well because you are not constrained* to hiring from the local labor market — where you have an office. The other big benefit is productivity. In the U.S. Patent Office, we documented a 4.4% productivity gain back in 2012, when they allowed patent examiners to work from anywhere.

The final win for employers is that work from everywhere leads to a fairer workforce*, especially on the dimensions of gender and race. There's at least two decades of research showing women have lost out on career opportunities because of (③). But if the company lets you work from anywhere, you don't have to relocate*.

What will be ④the norm* of work 10 years from now?

This is a once-in-a-generation moment when people are not going to be forced to live where they don't want to. Some people will find a permanent place to live; some will move around. The digital nomad* revolution is going on.

We will probably in 10 years stop calling this "remote work." We'll just call it work, and work is something you do, not where you go or where you live. My prediction is the process will unfold* in every industry and every country. There will be a few leading companies that will adopt this and attract talent, and there will be laggards* digging their heads in the sand* and losing talent.

Some are worried that a lack of hallway conversations may hinder* innovation in the era of remote work. Is that a legitimate* concern?

The truth about ⑤hallway conversation is we only had it with people very close to us in the physical office. You meet and talk to the same 10 people every day. And people talk to people just like them — sales talks to sales, R&D talks to R&D, and interns talk to interns.

What we can do in the virtual world ⑥is much better. In a study I did last year with a global bank, we ran an experiment of "virtual water coolers*." With a random group of people you don't know — whom you're going to meet online, it turned out that interns met senior managers they would have normally never met for an intimate conversation. It led to a dramatic improvement in performance and the chance of being hired.

Some managers argue that you can lose a lot when you never work face-to-face with colleagues. How would you assess resistance from managers?

I feel evidence needs to be put forward in front of them. In my model of work from anywhere, you have a lot of interactions. For 25% of your time, you are co-located with the team, mentoring* junior people, going out for team dinners and making memories.

⑦The office needs to be redesigned. Instead of having cubicles* and corner offices, we need to have more meeting rooms, and community kitchens where the team can cook a meal together. The 25% time deepens your bonds within the team, and the virtual water cooler broadens your social network in the firm.

Still, financial giants such as Goldman Sachs Group Inc. insist on bringing workers back, saying ⑧remote work is an aberration*.

I don't think the work of financial analysts is any different from those in different industries which require some independent work and some collaborative work. I think it might be more of the choice of certain CEOs to stick to a certain model.

But in the fintech* sector, there seems to be greater provision of flexibility. If investment banks push back on flexibility and fintech welcomes flexibility, you would imagine some of the top talents migrate* in that direction.

Silicon Valley startups such as Bolt have recently decided to move to four-day workweek. Will more companies follow suit?

I have ⑨a different philosophy. We should not care about how many days or hours anyone works.

Every job and task should have objective metrics*, which are output based, and if an employee can perform those metrics in two days, so be it. I am a ⑩firm believer that we should stop counting time. We should give people the flexibility to work when they want to, whichever hours they want to, whichever days they want to, and care only about their work.

（注）

*showed：show の過去分詞。一般的には shown が用いられるが，この表記もある。

*be constrained to ～：～を強いられる

*workforce：労働力

*relocate：引っ越す

*norm：あたりまえ（の姿）

*nomad：遊牧民，放浪者

*unfold：展開する

*laggards：出遅れる人。ある集団の中で，社会の変化に対応するのが最後になる区分の人々

*dig one's head in the sand：現実から目をそらす

*hinder：妨げる

*legitimate：妥当な

*water cooler：冷水ディスペンサー

*mentor（動詞）：助言する

*cubicle：個人用の仕事ブース

*aberration：逸脱

*fintech：フィンテック。情報技術を活用した金融サービス

*migrate：移動する

*metrics：基準，指標

Henry Ren, "'Remote Work' Will Just Be Called 'Work' 10 Years From Now," Bloomberg, February 16, 2022より一部省略

問1　下線部①Remote work is often pitched as something that employees want and employers don't の内容をあらわすものとして，最も適切なのはどれか。　31

① 雇用主がリモートワーク促進のキャンペーンを展開しても，従業員がそれに協力しないケースがよくあった。

② これまでに，リモートワークがもてはやされる時期と嫌がられる時期が，頻繁に入れ替わってきた。

③ リモートワークとは，従業員が望み，雇用主は望まないものである，とよく言われる。

④ メディア各社のリモートワークによって，記者の望む報道ができるようになったが，経営側はそれを歓迎していない。

問2　下線部②My research の結果，リモートワークの利点として分かったこととして，インタビュー回答者が述べている内容に当てはまらないものはどれか。　32

① 企業は，採用に際して地理的な制限がなくなる。

② 企業は，より安いところにオフィスを置くことができる。

③ 労働者は，自分が選んだどんな場所からでも働くことができる。

④ 企業は，性別・人種の差がない公正な採用ができる。

問3　本文の文脈から考えて，（　③　）に当てはまる単語はどれか。　33

① biology

② geography

③ psychology

④ technology

問4　下線部④the norm of work 10 years from now に関して，これからの労働についてのインタビュー回答者の考えに当てはまるものはどれか。　34

① 住む場所と働く場所は一致しなくていい。

② 働き方が変わるには10年では足りず，一世代くらいの期間が必要だ。

③ いくつかの先進企業は，先を急ぎすぎるあまり，人材を失うことになるだろう。

④ 10年後には，みんなリモートワークをやめるだろう。

問5　下線部⑤hallway conversation のこの文章中での意味は，以下のどれが適当か。　35

① オンライン会議

② セールス・トーク

③ マネージャーとの面談

④ 廊下での立ち話

問6 下線部⑥much betterについて，インタビュー回答者は，バーチャル世界はどのような点でより有利と述べているか。 36

① バーチャル世界では，毎日平均で10人の同僚と会える。
② バーチャル世界では，リアルでは会話の機会が少ない役職の人と交流できる。
③ バーチャル世界では，パフォーマンス向上の証拠を残すことができる。
④ バーチャル世界では，誰でも世界的な銀行でも働ける。

問7 下線部⑦The office needs to be redesignedに関連して，インタビュー回答者はこれからのオフィスについてどのように考えているか。 37

① チームで夕食に行くので，キッチンは必要ない。
② 冷たい水が飲めるウォーターサーバーを置かなければならない。
③ ソーシャル・ネットワーク・サービスを活用するといい。
④ 同僚と顔を合わせて共に過ごせるスペースを増やすといい。

問8 聞き手が言及した下線部⑧remote work is an aberrationという意見に関連して，インタビュー回答者の示した考え方に当てはまらないものはどれか。 38

① 金融業界でも，リモートワークで対応できる。
② フィンテック業界の方がより柔軟である。
③ 最高経営責任者（CEO）自身が，まず実際にリモートワークをしているかが重要だ。
④ 優秀な人材は柔軟性のある業界に流入するようになる。

問9 下線部⑨a different philosophyに関して，将来の仕事はどうなるべきかという点について，インタビュー回答者の考えに当てはまるものはどれか。 39

① すべての仕事は成果によって評価されるようになるべきだ。
② 1週間のうち，働くのは2日間になるべきだ。
③ 現実には，いつ働くかを問題とすべきだ。
④ 人々は，人生で仕事のことだけを考えるべきだ。

問10 下線部⑩firmと同じ意味でその単語が使われている例文はどれか。 40

① Our client hasn't reached a firm decision on the matter yet.
② This firm offers faster service at a more reasonable price.
③ He is thinking of starting another firm in Paris.
④ The firm's employees were expecting large bonuses.

日本史

（60分）

I 次のA～Cの各文章を読んで，下記の設問に答えなさい。

A (1)日本国憲法は，第14条において法の下の平等を定め，社会的身分や門地，性別などによって差別されない権利を基本的人権の一つとして保障する。しかし，長い歴史のなかで身分や序列はあたりまえに存在し，上位身分には特権が付与されていた。

狩猟や採取により生活する縄文時代の社会では，集団の統率者はいたものの，身分の上下関係や貧富の差は著しいものではなかった。それが(2)弥生時代になると，遺跡から強力な支配者が出現したことがわかる。中国の歴史書『三国志』の「魏志」倭人伝に記録されたところによると，女王卑弥呼の支配する邪馬台国には，支配階級としての王と大人，被支配階級の下戸という身分があり，奴隷もいた。

大規模な前方後円墳などの古墳の出現は，有力な首長たちの存在を意味する。それに対して，6世紀に爆発的に増加する [(3)] は，新たに古墳をつくるようになった有力農民層の台頭を物語る。古墳時代の政治連合であるヤマト政権は，大王を中心として，畿内の有力な豪族によって構成された。豪族たちはそれぞれ，血縁をもとに氏に編成され，職務を分担し，大王から姓を与えられた。

推古天皇の時代になると，個人の才能や功績に対して地位を与え，王権組織を再編成した。(4)天武天皇は，古い姓の制を改めて八色の姓を定めて，豪族たちを新しい身分秩序に編成した。(5)律令により行政組織が整えられると，諸官庁に多数の官人が勤務した。官人は，勤務の年限や成績に応じて，30階からなる位階を昇進し，位階に対する官職に任じられた。とくに5位以上の貴族は手厚く優遇された。また，貴族や官人，一般の人民である良民とは別に，賤民がいた。

私的な土地所有である荘園制が展開すると，社会を実力で動かそうとする傾向が強まり，武力の重要性が増した。(6)院政期には，院や大寺社，武士は独自の権力を形成し，権力が分散してくる。(7)鎌倉幕府は将軍と御家人との主従関係を支配の基本とし，武士の一族は惣領を中心に結束して幕府へ奉公した。

室町時代になると，武士たちは血縁よりも地縁によるむすびつきを重視するようになり，国人一揆を形成して地域的な権力のにない手に成長した。戦国の争乱から各地に根づいた実力のある支配者が台頭すると，(8)戦国大名を中心に家臣団が編成され，独立的であった国人一揆は大名に臣従していった。

江戸時代の社会は身分制を基礎とした。(9)将軍以下の武士や天皇家などは支配身分，百姓などは被支配身分であり，これらの身分は家ごとに世襲された。(10)明治時代になると，生まれにより職業や地位が決定されるのは近代化に不適切であると考えられて，政府は身分制を解体する四民平等の政策をとった。

問１　下線部(1)に関する記述として不適切なものを次の中から１つ選び，その番号の該当欄をマークしなさい。 1

① 新しい憲法の精神にもとづいて地方自治法が制定され，地方公共団体の首長は住民の直接選挙によって選ばれることとなり，内務省は廃止された。

② 帝国議会における貴族院は，皇族・華族や勅選議員などで構成されていたが，日本国憲法の制定により廃止された。

③ 第１次吉田茂内閣はGHQに憲法改正を指示され，政府内に憲法問題調査委員会を設置した。

④ 高野岩三郎らによる民間の憲法研究会は，国民主権の立憲君主制をとる「憲法草案要綱」を発表した。

問２　下線部(2)に関連して，弥生時代の遺跡に関する記述として不適切なものを次の中から１つ選び，その番号の該当欄をマークしなさい。 2

① 岡山県の楯築墳丘墓は，円形の墳丘の両側に突出部を持つ大型の墳丘墓である。

② 島根県の荒神谷遺跡から，青銅製祭器の銅鐸や銅矛が多数出土した。

③ 福岡県の吉野ヶ里遺跡は，防御用の施設をもつ環濠集落の遺跡である。

④ 弥生土器の名称は，この様式の土器が東京の本郷弥生町の向ヶ岡貝塚で発見されたことに由来する。

問３　空欄 (3) にあてはまる語として最も適当なものを次の中から１つ選び，その番号の該当欄をマークしなさい。 3

① 群集墳

② 装飾古墳

③ 八角墳

④ 方形周溝墓

問４　下線部(4)に関連して，天武天皇の治世に関する記述として最も適当なものを次の中から

1つ選び，その番号の該当欄をマークしなさい。　4

① 飛鳥浄御原令にもとづいて庚寅年籍を作成した。

② 唐の銭貨にならって和同開珎を鋳造した。

③ 唐の都城制にならった藤原京を完成させた。

④ 奈良時代に完成した『古事記』・『日本書紀』につながる国史編纂事業を開始した。

問5　下線部(5)に関連して，律令官制に関する記述として不適切なものを次の中から1つ選び，その番号の該当欄をマークしなさい。　5

① 勘解由使は令外官であり，国司交替の事務のひきつぎを監督した。

② 官人には，官職・位階に応じた封戸や田地，禄などが給与された。

③ 検非違使は令外官であり，平城京の治安維持にあたった。

④ 広域の行政区画として，全国は畿内・七道に区分された。

問6　下線部(6)に関する記述として不適切なものを次の中から1つ選び，その番号の該当欄をマークしなさい。　6

① 院政では，上皇の命令を伝える院宣や院庁から下される文書の院庁下文が権威を持つようになった。

② 上皇の膨大な土地・財産を管理する院庁では，摂関家が院司となって奉仕した。

③ 白河上皇は直属の軍事力を組織するため，院の御所に北面の武士をおいて源平の武士を側近とした。

④ 白河天皇は堀河天皇に譲位したのち，上皇として天皇を後見しながら政治の実権を握った。

問7　下線部(7)に関連して，鎌倉時代の御家人に関する記述として不適切なものを次の中から1つ選び，その番号の該当欄をマークしなさい。　7

① 御家人が困窮すると，女性への所領分割は本人一代限りで，死後は惣領に返すことになる相続が多くなった。

② 幕府は，承久の乱の後，上皇方についた貴族や武士の所領を没収し，戦功のあった御家人らをその地の地頭に任命した。

③ 先祖伝来の本領は惣領が相続し，新しく開発した所領は庶子に分割相続させるのが建前であった。

④ 惣領を中心に結合した一族は一門・一家と称され，戦時にのみ課される番役や平時の奉仕について惣領は庶子を統率した。

問8　下線部(8)に関連して，戦国大名とその領国の組み合わせとして不適切なものを次の中から1つ選び，その番号の該当欄をマークしなさい。 **8**

① 浅井氏 － 近江
② 今川氏 － 駿河
③ 大友氏 － 豊後
④ 三好氏 － 下総

問9　下線部(9)に関連して，江戸時代の身分に関する記述として不適切なものを次の中から1つ選び，その番号の該当欄をマークしなさい。 **9**

① 家の存続が重視されたため，家長の権限が強く，家督や財産・家業は長子相続が一般化した。
② 飢饉や貧困で流浪した者や犯罪者は私奴婢とされた。
③ 城下町では，武家地・寺社地・町人地など，身分ごとに居住地が区分された。
④ 武士は，苗字・帯刀や切捨御免などの特権をもち，政治や軍事を独占した。

問10　下線部(10)に関連して，この時期の政策である次のア～エの出来事を古いものから順に並べたものを次の中から1つ選び，その番号の該当欄をマークしなさい。 **10**

ア　解放令が布告された。
イ　薩長土肥の4藩主が版籍奉還を上表した。
ウ　徴兵令が布告された。
エ　廃刀令が布告された。

① ア → イ → エ → ウ
② ア → エ → イ → ウ
③ イ → ア → ウ → エ
④ イ → ウ → ア → エ

B　(11)羽柴秀吉は，朝廷から関白に任じられるとその翌年には太政大臣となり，豊臣の姓を与えられた。関白となった秀吉は，軍事力だけでなく天皇という伝統的権威を利用して，全国を平定していった。

関ヶ原の戦いに勝利した徳川家康は，征夷大将軍の宣下を受けて，江戸に幕府を開いた。大坂夏の陣の後，大名には武家諸法度，(12)天皇や公家に対しては禁中並公家諸法度を定め，統制の基準を示した。朝廷は京都所司代らに監視され，武家伝奏を通じて操作された。天皇に与えられた権限は改元や改暦，形式的な官位叙任のみで，それらも幕府の承認が必要とされ，天皇や公家の行為は規制された。

徳川綱吉は(13)文治主義により朝廷と協調した関係を築き，大嘗会などの朝廷儀式は復興された。その後も，幕府は皇統保持のための宮家創設を認めたり，幼い将軍と皇女との婚約をまとめたりして，天皇家との融和をはかった。

松平定信の実施した寛政の改革は，きびしい統制や倹約令などにより，民衆の反発をまねいた。(14)定信はさらに朝幕間の緊張をめぐって［(15)］と対立し，6年で老中職を退いた。天皇・朝廷の権威は，少しずつ浮上していった。

ペリー来航を受けて，幕府は朝廷や大名と協調しながらこの重大な状況を乗り切ろうとしたが，朝廷へ報告するという異例の措置は，朝廷の権威を上昇させた。公武合体と尊王攘夷とが対抗するなか，(16)倒幕運動が展開され，天皇を中心とする新政府が樹立された。江戸を東京と改称し，元号は明治と改められ，天皇一代の間を一元号とするよう定められた。

問11　下線部(11)に関連して，豊臣秀吉に関する記述として不適切なものを次の中から1つ選び，その番号の該当欄をマークしなさい。［11］

① 大村純忠が長崎をイエズス会に寄付したことなどを受けて，大名らのキリスト教入信を許可制とし，博多でバテレン追放令を出した。

② 織田信長が退去させた石山本願寺の跡地に，大坂城を築城した。

③ 腹心の家臣である浅野長政・増田長盛・石田三成・前田玄以・長束正家を五奉行として，政務を分掌させた。

④ 約200万石の蔵入地を経済基盤地としてもち，慶長金銀などの貨幣を鋳造した。

問12　下線部(12)に関連して，江戸前期の天皇・朝廷に関する記述として不適切なものを次の中から1つ選び，その番号の該当欄をマークしなさい。［12］

① 禁裏御料は幕府直轄領の4分の1ほどであり，その管理は幕府がおこなった。

② 聚楽第で豊臣秀吉から歓待を受けた後陽成天皇は，徳川家康の意向に従って譲位した。

③ 幕府は，摂家がなる関白および三公（太政大臣，左大臣，右大臣）に朝廷内での主導権を与えた。

④ 大和絵の土佐派からでた土佐光起は，朝廷の絵師として活躍した。

問13　下線部(13)に関連して，儒学に関する記述として不適切なものを次の中から1つ選び，その番号の該当欄をマークしなさい。［13］

① 伊藤仁斎らの古学に影響を受けた荻生徂徠は，側用人の柳沢吉保に用いられた。

② 京都相国寺の禅僧であった藤原惺窩は朱子学をひろめた。

③　徳川綱吉は木下順庵に学び，湯島聖堂を建てて林鵞峰を大学頭に任じた。

④　富永仲基は，大坂町人の出資を得て設立された懐徳堂に学び，儒学などを批判した。

問14　下線部⒁に関する記述として最も適当なものを次の中から１つ選び，その番号の該当欄をマークしなさい。　**14**

①　国学者の竹内式部が復古派の公家たちに京都で尊王論を説いて，追放刑となった。

②　後水尾天皇が幕府への届け出なく紫衣着用を勅許して，明正天皇に譲位した。

③　光格天皇が閑院宮典仁親王に太上天皇の尊号を贈ろうとして，公家が処分された。

④　兵学者の山県大弐が江戸において王を尊び覇者を排斥する思想を説いて，謀反の咎で処刑された。

問15　空欄　⒂　にあてはまる人物として最も適当なものを次の中から１つ選び，その番号の該当欄をマークしなさい。　**15**

①　徳川家重

②　徳川家斉

③　徳川家治

④　徳川家慶

問16　下線部⒃に関連して，幕末の動きに関する記述として不適切なものを次の中から１つ選び，その番号の該当欄をマークしなさい。　**16**

①　熊野大社のお札がふってきたことを契機に，東海・畿内一帯の民衆の間でええじゃないかの乱舞が流行した。

②　幕府による第二次長州征討は，西洋式軍備の長州藩を降伏させることができず，徳川家茂の急死を理由に中止された。

③　徳川慶喜は大政奉還を朝廷に上表したが，薩長両藩は討幕の密勅を入手していた。

④　幕府は改税約書に調印して，通商条約締結時に協定した関税率を一律５％に下げ，貿易に対する諸制限を撤廃した。

C　1871年，かつて日本が高山国と呼んでいた台湾で，50名余りの琉球漂流民が現地住民に殺害される事件が発生した。台湾に勢力を及ぼしていた清国は，台湾の現地住民を「化外の民」として殺傷行為の責任をとらなかったので，日本政府は台湾に軍隊を派遣した⒄。清国は，イギリスの調停もあって，日本の出兵を義挙として認め，事実上の賠償金を支払って事態は収拾された。

⒅日清戦争の後，日本は清国から遼東半島，台湾・澎湖諸島の割譲を勝ちとった。⒆しかしロシ

アがこれを警戒し，フランス・ドイツ両国を誘って遼東半島の返還を日本に勧告してきた。政府はやむをえずこの勧告を受け入れたが，それから軍備の拡張につとめ，また，台湾の統治に力を注いだ。

台湾では，日本統治に対して民衆による激しい抵抗運動があった。これに対して日本は武力で鎮圧し，軍政をしいた。(20)日本による台湾の植民地支配は，ポツダム宣言の受諾まで続いた。敗戦後，ポツダム宣言にもとづいて台湾は中国に返還された。治安状況のよかった台湾からの引揚げは，旧満州国の居留民などのそれとは異なった。

その後，中国では毛沢東を主席として中華人民共和国が成立した。共産党に敗れた国民党は，台湾に逃れて中華民国政府を存続させた。(21)1972年，日本は中華人民共和国と国交を正常化した。

問17　下線部(17)に関連して，台湾出兵より前に起こった出来事に関する記述として最も適当なものを次の中から1つ選び，その番号の該当欄をマークしなさい。　17

① 通信省が所管する電信が，北海道から長崎まで開通し，欧米と接続された。

② 前島密により，飛脚にかわる私営の郵便制度が発足した。

③ 民衆に対して，儒教道徳を説くとともにキリスト教を公認する高札を掲示した。

④ 領事裁判権を相互に承認するなど，清との対等な内容の条約を批准した。

問18　下線部(18)に関連して，中国分割で日本の勢力圏となった地域として最も適当なものを次の中から1つ選び，その番号の該当欄をマークしなさい。　18

① 威海衛

② 広州湾

③ 福建省

④ 四川省

問19　下線部(19)に関連して，三国を含む諸外国と日本との関係に関する記述として不適切なものを次の中から1つ選び，その番号の該当欄をマークしなさい。　19

① 関税自主権の回復の条約改正について，寺島宗則外務卿はアメリカの合意を得たものの，イギリスやドイツなどの反対により無効となった。

② 日米修好通商条約を結んだ同じ年には，ロシア・フランスとも類似の条約が締結された。

③ 北清事変を機にロシアが満州を事実上占領したことを受けて，日本はイギリスと同盟を結んだ。

④ 明治政府はフランスの顧問団を招いて，横須賀製鉄所を建設し，新式の陸軍を訓練した。

問20　下線部(20)に関連して，日本統治時代の台湾に関する記述として不適切なものを次の中から1つ選び，その番号の該当欄をマークしなさい。　20

① 産業の振興がはかられ，在華紡や台湾製糖会社が設立された。

② 初代台湾総督は，海軍軍令部長の樺山資紀が任命された。

③ 台湾銀行の経営危機を緊急勅令によって救済しようとしたが，枢密院の了承が得られなかった。

④ 民政局長となった後藤新平は，土地調査事業をはじめて土地制度の近代化を進めた。

問21　下線部(21)の前後に起こった次のア～エの出来事を年代順に並べたものとして適当なものを次の中から1つ選び，その番号の該当欄をマークしなさい。　21

ア　大阪で日本万国博覧会が開催された。

イ　沖縄返還協定が調印された。

ウ　先進国首脳会議がはじめて開かれた。

エ　田中角栄が収賄容疑で逮捕された。

① ア → イ → ウ → エ

② イ → ア → エ → ウ

③ ウ → エ → ア → イ

④ エ → ウ → イ → ア

Ⅱ　次のＡ～Ｅの各資料を読んで，下記の設問に答えなさい。資料は一部書き改めたところがあります。

Ａ　次の文章は『善隣国宝記』に収められた足利義満による国書の現代語訳である。

日本国で准三后の地位にある私が，国書を大明国の皇帝陛下に差し上げます。日本国は開闢以来，使者を貴国に遣わさなかったことはありませんでした(1)。私は幸にも国政をとり，国内におそれはありません。特に往古のしきたりにしたがって，肥富を祖阿に同行させ(2)，親交を結ぶために国の産物(3)を献上させます。金1000両，馬10匹，薄様1000帖，扇100本，屏風三双，鎧一領，胴丸一領，剣10腰，刀一柄，硯箱一合，同じく文台一箇です。日本に漂着した者を何人かたずね探し，送還します。私はまことに恐れ畏み，敬意を表して申し上げます。

問１　下線部(1)に関連して，中国とかかわりのある人物に関する記述として不適切なものを次の中から１つ選び，その番号の該当欄をマークしなさい。　**22**

① 遣隋使に同行した旻と高向玄理は，大化の改新で国博士となった。

② 『宋書』倭国伝には，讃・珍・済・興・雄が南朝に朝貢したと記録されている。

③ 宋とは正式な国交は開かれなかったが，平清盛は大輪田泊を修築して貿易を推進した。

④ 唐に留学した吉備真備や玄昉は，橘諸兄のもとで活躍した。

問２　下線部(2)に関連して，日明貿易をめぐって1523年に大内氏と細川氏が衝突した場所として最も適当なものを次の中から１つ選び，その番号の該当欄をマークしなさい。　**23**

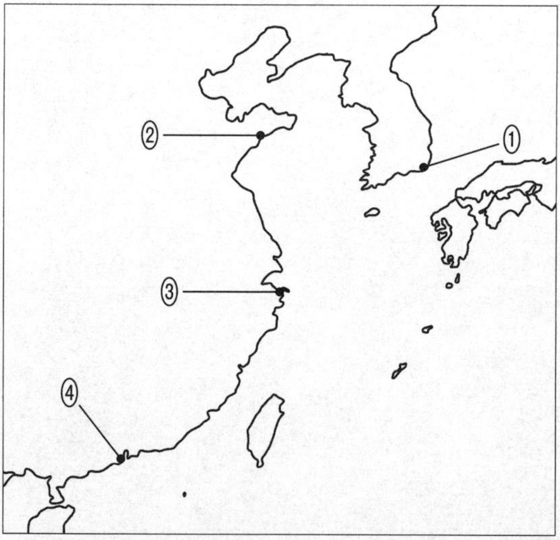

問3　下線部(3)に関連して，室町時代の産業に関する記述として不適切なものを次の中から1つ選び，その番号の該当欄をマークしなさい。　24

① 製塩のための塩田は，揚浜のほか，入浜の方式（古式入浜）もつくられるようになった。

② 有田では有田焼が生産されるようになった。

③ 刀剣は，日明貿易の重要輸出品であり，大量に生産された。

④ 和紙では，美濃の美濃紙や播磨の杉原紙などが名産として知られた。

B　次の文章は江戸時代に著された書物の一節である。

当世の俗習にて，異国船の入津は長崎に限たる事(4)にて，別の浦江船を寄る事は決して成らざる事と思り。……海国なるゆへ何国の浦江も心に任せて船を寄らるる事なれば，東国なりとて曾て油断は致されざる事也(5)。……当時長崎に厳重に石火矢の備有て，却て安房(6)，相模の海港に其備なし。此事甚不審。細かに思へば江戸の日本橋(7)より唐，阿蘭陀迄境なしの水路也。然るを此に備へずして長崎にのみ備るは何ぞや。

出典：『海国兵談』

問4　下線部(4)に関連して，江戸時代の外交と貿易に関する記述として不適切なものを次の中から1つ選び，その番号の該当欄をマークしなさい。　25

① 新井白石は，朝鮮通信使の待遇を簡素化し，国書に「日本国王」から「日本国大君」へと記載を改めさせて，将軍の地位を明確にした。

② 朝鮮との貿易は，釜山の倭館において宗氏が独占的におこなった。

③ 長崎のオランダ商館長は，海外事情の報告書であるオランダ風説書を幕府に提出した。

④ 琉球王国は薩摩の島津氏に征服されてその支配下に入り，砂糖の上納などきびしい負担をかけられた。

問5　下線部(5)に関連して，江戸後期の海防に関する記述として不適切なものを次の中から1つ選び，その番号の該当欄をマークしなさい。　26

① 相模湾の海防を担っていた長岡藩の財政を援助するため，三方領知替えを決定したが，領民の反対もあって撤回された。

② ペリー来航を機に，国防を充実する必要から江戸湾に台場を築き，大船建造を解禁した。

③ 間宮林蔵は樺太とその対岸を探検し，海峡を発見して樺太が島であることを確認した。

④　水野忠邦は上知令を出し，江戸・大坂周辺を直轄地にして財政の安定や海防の強化をはかろうとした。

問6　下線部(6)は当時の行政区画に基づく国名であるが，この地域が存在する現在の県名として最も適当なものを次の中から１つ選び，その番号の該当欄をマークしなさい。　27

①　愛知
②　茨城
③　静岡
④　千葉

問7　下線部(7)に関連して，江戸時代の交通に関する記述として最も適当なものを次の中から１つ選び，その番号の該当欄をマークしなさい。　28

①　海上交通では，江戸・大坂間を就航する酒荷専用の菱垣廻船が発達した。
②　京都の豪商河村瑞賢は，京都・伏見間を結ぶ高瀬川などを開削した。
③　主要街道には宿駅が設けられ，伝馬役の差配や継飛脚のための問屋場がおかれた。
④　東海道には，箱根・碓氷などの関所が設けられ，軍事上の理由から架橋しない大河川もあった。

問8　この文章の著者として最も適当なものを次の中から１つ選び，その番号の該当欄をマークしなさい。　29

①　工藤平助
②　高野長英
③　林子平
④　本多利明

C　次の文章は明治時代に制定されたある法律の条文である。

第一条　北海道(8)旧土人ニシテ農業ニ従事スル者又ハ従事セムト欲スル者ニハ一戸ニ付土地一万五千坪以内ヲ限リ無償下付スルコトヲ得

（中略）

第四条　北海道旧土人ニシテ貧困ナル者ニハ農具及種子ヲ給スルコトヲ得

第五条　北海道旧土人ニシテ疾病ニ罹リ自費治療スルコト能ハサル者ニハ薬価ヲ給スルコトヲ得

第六条　北海道旧土人ニシテ疾病，不具，老衰又ハ幼少ノ為自活スルコト能ハサル者ハ従来ノ成規ニ依リ救助スルノ外仍之ヲ救助シ救助中死亡シタルトキハ埋葬料ヲ給スルコトヲ得

第七条　北海道旧土人ノ貧困ナル者ノ子弟ニシテ就学スル者ニハ授業料ヲ給スルコトヲ得

第八条　第四条乃至第七条ニ要スル費用ハ北海道旧土人共有財産ノ収益ヲ以テ之ニ充ツ若シ不足アルトキハ国庫ヨリ之ヲ支出ス

第九条　北海道旧土人ノ部落ヲ為シタル場所ニハ国庫ノ費用ヲ以テ小学校(9)ヲ設クルコトヲ得

第十条　北海道庁(10)長官ハ北海道旧土人共有財産ヲ管理スルコトヲ得

（後略）

出典：『法令全書』

問9　この法律が制定された当時の内閣総理大臣として最も適当なものを次の中から1つ選び，その番号の該当欄をマークしなさい。 30

① 伊藤博文

② 黒田清隆

③ 松方正義

④ 山県有朋

問10　下線部(8)に関連して，北海道の歴史に関する記述として不適切なものを次の中から1つ選び，その番号の該当欄をマークしなさい。 31

① 蝦夷地を支配した松前藩は，和人商人にアイヌとの交易権を知行として与えた。

② 江戸中期には，いりこ・干し鮑・ふかひれなどの生産が清への輸出品として奨励された。

③ 幕末に締結された日米和親条約では，箱館を開港して燃料や食料の供給をすることなどが取り決められた。

④ 明治時代には，失業した士族などが北海道に入植し，開拓とロシアに対する警備にあたった。

問11　下線部(9)に関連して，明治時代の義務教育に関する記述として不適切なものを次の中から1つ選び，その番号の該当欄をマークしなさい。 32

① 1903年には，小学校の教科書を文部省の著作に限ることが定められた。

② 学制が公布され，小学校教育が義務教育とされた。

③ 女学校が設立され，男女別の初等教育の普及がはかられた。

④ 森有礼文部大臣のもとで小学校令が公布され，尋常科4年間が義務教育とされた。

問12　下線部(10)の設置前に起こった次のア～エの出来事を古いものから順に並べたものを次の中から1つ選び，その番号の該当欄をマークしなさい。 33

ア　開拓使が設置された。

イ　樺太・千島交換条約が締結された。

ウ　札幌農学校が開校した。

エ　内務省が設置された。

① ア → イ → ウ → エ

② ア → エ → イ → ウ

③ エ → ア → ウ → イ

④ エ → ウ → イ → ア

問13　この法律は，橋本龍太郎が内閣総理大臣のときにアイヌ文化振興法が成立したことにより廃止されるが，橋本龍太郎内閣に関する記述として最も適当なものを次の中から１つ選び，その番号の該当欄をマークしなさい。 34

① クリントン大統領と日米安保共同宣言を発表した。

② 国旗・国歌法を制定し，日の丸・君が代に法的根拠を与えた。

③ 社会党の委員長を首相とする連立内閣であった。

④ 政治改革として小選挙区比例代表並立制を導入した。

D　次の絵画は1900年のパリ万国博覧会に出品されたものである。

問14　この絵画の作者として最も適当なものを次の中から1つ選び，その番号の該当欄をマークしなさい。　35

① 青木繁
② 黒田清輝
③ 高橋由一
④ 横山大観

問15　明治時代の美術に関する記述として不適切なものを次の中から1つ選び，その番号の該当欄をマークしなさい。　36

① アメリカ人のフェノロサは，日本の伝統美術の復興を主張した。
② 岡倉天心は橋本雅邦らとともに，明治美術会を設立した。
③ 工部省は美術学校を開いて，外国人教師に西洋美術を教授させた。
④ 設立当初の東京美術学校では，西洋美術は除外されていた。

E　次の表は，1868年から1923年までの貿易額の変遷に関する統計である。

（単位：百万円）

年次	輸出	輸入	差引	総額
1868	15	10	5	25
1870	14	33	−19	47
1885	37	29	8	66
1896	117	171	−54	288
1904	319	371	−52	690
1908	378	436	−58	814
1914	591	595	−4	1,186
1919	2,098	2,173	−75	4,271
1923	1,447	1,982	−535	3,429

朝日新聞社『日本経済統計総観』をもとに作成

問16　重化学工業に関する記述として不適切なものを次の中から1つ選び，その番号の該当欄をマークしなさい。　37

① 池貝鉄工所は，工作機械の分野で先進国なみの精度を持った旋盤の国産化に成功した。
② 第一次世界大戦により，薬品・染料・肥料などの輸入がドイツからとだえたため，化学工業が勃興した。

③　野口遵は日本窒素肥料会社を中心に事業を発展させ，朝鮮へ進出して日窒コンツェルンを形成した。

④　八幡製鉄所を中心に製鉄大合同がおこなわれ，国策会社日本製鋼所が創業され，銑鉄・鋼の生産を独占した。

問17　近代日本の貿易額に関する記述として不適切なものを次の中から1つ選び，その番号の該当欄をマークしなさい。　[38]

①　産業革命の進展にともない貿易の規模は拡大したが，原料品や重工業製品の輸入が増加したため，大幅な輸入超過となった。

②　1867年頃から輸入超過の傾向がつづいたことにより，正貨保有高の減少が進んだ。

③　第一次世界大戦中，日本はイギリス・フランス・ロシアなどの連合国に軍需品を輸出したが，輸入超過であった。

④　松方正義は銀兌換の日本銀行券を発行し，貿易は輸出超過に転じた。

Ⅲ　次のA～Cの各文章を読んで，下記の設問に答えなさい。

A　古代・中世に関するア・イの各文章を読んで，設問に答えなさい。

ア　藤原不比等の4人の子がおこした家は，藤原四家といわれる。このうち [(1)] を祖とする北家は藤原冬嗣の頃より勢力をのばし，冬嗣の子孫が摂政・関白に就任したことでその権勢の基礎が固まった(2)。関白の地位が確立したのは，宇多天皇の勅書に「阿衡の任を以て卿の任となすべし」とあったところ，中国古典の阿衡は名目のみで実職がともなっていないと抗議して勅書を撤回させた事件による。

イ　守護・地頭はもともと，源頼朝が自らを討とうとした源義経(3)らの追討(4)を口実として全国に設置したものである。これが地方制度として存続し，幕府の地方支配が固まった。『吾妻鏡』(5)には，公文所の初代別当であった大江広元の献策によって守護・地頭制度が始まったと記されており，才能あふれる京下り官人の活躍が伝えられる。

問1　空欄 [(1)] にあてはまる人物として最も適当なものを次の中から1つ選び，その番号の該当欄をマークしなさい。　[39]

①　藤原宇合

②　藤原房前

③　藤原麻呂

④　藤原武智麻呂

問2　下線部(2)に関連して，摂関政治に関する記述として不適切なものを次の中から1つ選び，その番号の該当欄をマークしなさい。　40

①　光孝天皇を即位させたことにより，藤原基経ははじめての関白となった。

②　醍醐天皇の親政時代には，右大臣菅原道真が左大臣藤原時平の策謀により大宰府に左遷された。

③　藤原良房は，承和の変で伴健岑・橘逸勢ら他氏族の勢力を排斥した。

④　陽成天皇の摂政となった藤原良房は，応天門の変で伴善男を追放した。

問3　下線部(3)に関連して，源義経をかくまった奥州藤原氏の祖として最も適当なものを次の中から1つ選び，その番号の該当欄をマークしなさい。　41

①　藤原清衡

②　藤原秀衡

③　藤原基衡

④　藤原泰衡

問4　下線部(4)に関連して，平将門を追討した藤原秀郷の官職として最も適当なものを次の中から1つ選び，その番号の該当欄をマークしなさい。　42

①　押領使

②　国地頭

③　守護

④　連署

問5　下線部(5)に関連して，中世文学に関する記述として不適切なものを次の中から1つ選び，その番号の該当欄をマークしなさい。　43

①　阿仏尼は，訴訟のために京都から鎌倉におもむいた際の紀行文である『十六夜日記』を著した。

②　卜部兼方は六国史に続く鎌倉時代の歴史書である『釈日本紀』を著した。

③　説話集では，橘成季による『古今著聞集』や無住の『沙石集』が著された。

④　和歌では，西行が『山家集』を，源実朝が『金槐和歌集』を残した。

B　近世・近代に関するウ・エの各文章を読んで，設問に答えなさい。

ウ　江戸幕府は金・銀・銭の三貨を鋳造し，安定して供給することにつとめた。(6)金遣い・銀遣いの別や交換比率の相場変動などにより，両替商は重要な役割を果たした。三都や城下町の両替商は，三貨間の両替や秤量を商売とした。本両替は，幕府や(7)藩の公金の出納や為替・貸付などの金融業務もおこなった。

エ　(8)国会開設の時期が近づくと，民権運動家のあいだで再結集の動きが活発化した。小異を捨て大同につき，団結して国会に備えようという運動は，(9)井上馨外相の条約改正交渉失敗を機におこった(10)三大事件建白運動とともに，急速にひろがった。政府は保安条例を制定して数百名にのぼる在京の民権論者を追放し，運動をおさえようとした。

問6　下線部(6)に関連して，江戸時代の貨幣と金融に関する記述として不適切なものを次の中から1つ選び，その番号の該当欄をマークしなさい。　44

① 金貨は，目方をはかって授受される秤量貨幣であった。

② 三貨による貨幣制度は明治の新貨条例で統一された。

③ 諸藩は，城下町を中心とする領内で通用する藩札を発行した。

④ 三井高利は越後屋呉服店をはじめるとともに，両替商を兼ねていた。

問7　下線部(7)に関連して，雄藩の改革に関する記述として不適切なものを次の中から1つ選び，その番号の該当欄をマークしなさい。　45

① 佐賀藩では，下級武士の調所広郷を登用して，藩財政を立て直した。

② 島津斉彬は，反射炉や集成館という藩営工場を作った。

③ 長州藩では，村田清風が多額の借財を整理し，紙や蠟の専売制を改革した。

④ 土佐藩は，改革派が「おこぜ組」を結成し，財政緊縮策をすすめた。

問8　下線部(8)に関連して，第一回帝国議会が開催される前までの記述として不適切なものを次の中から1つ選び，その番号の該当欄をマークしなさい。　46

① 国会開設の勅諭により，1890年に国会を開設することが公約された。

② 私擬憲法草案として，植木枝盛の「東洋大日本国国憲按」がある。

③ 西南戦争の最中に，立志社の片岡健吉を総代として国会開設を求める意見書が提出された。

④ 1875年に枢密院と大審院が設置され，地方官会議が開かれた。

問9　下線部(9)に関連して，不平等条約の改正に関する記述として不適切なものを次の中から1つ選び，その番号の該当欄をマークしなさい。 47

① 井上馨の改正案は，領事裁判権を撤廃するかわりに，外国人裁判官の任用などを認めるものであった。

② 大隈重信は，国家主義団体民友社の青年に襲撃され，改正交渉が中断した。

③ 小村寿太郎は，関税自主権の完全な回復に成功した。

④ 陸奥宗光は，領事裁判権の撤廃や相互対等の最恵国待遇を原則とする日英通商航海条約の調印に成功した。

問10　下線部(10)に関連して，この運動がかかげた主張として不適切なものを次の中から1つ選び，その番号の該当欄をマークしなさい。 48

① 官有物払い下げの中止

② 言論・集会の自由

③ 対等条約の締結

④ 地租の軽減

C　ドイツ・イタリアと同盟を結んだことは，日本とアメリカ・イギリスとの対立を決定的にした。軍需物資の対米依存が強い日本は，アメリカとの衝突回避のための外交交渉を開始した。日本がフランス領インドシナ南部へ軍隊を進駐させると，アメリカはイギリス・オランダとともに日本資産を凍結し，日本への石油輸出を禁止した。

御前会議が帝国国策遂行要領を決定すると，いよいよ日米の妥協点を見出すのが難しくなり，交渉打ち切り・開戦を主張する （11） が内閣を発足させた。アメリカ側が提案してきた日米交渉の最終案は，満州事変以前の状態への復帰を要求するものであった。(12) 交渉は不成立に終わり，御前会議はアメリカ・イギリスに対する開戦を最終的に決定した。

問11　空欄 （11） にあてはまる人物として最も適当なものを次の中から1つ選び，その番号の該当欄をマークしなさい。 49

① 小磯国昭

② 近衛文麿

③ 東条英機

④ 米内光政

問12　下線部(12)に関連して，日米交渉に関する記述として不適切なものを次の中から1つ選び，その番号の該当欄をマークしなさい。 50

① アメリカは，日本が支援した満州国および張学良政権を否認した。

② 軍部はABCD包囲陣をはね返すためには，開戦しかないと主張した。

③ 交渉は，駐米大使野村吉三郎とハル国務長官とのあいだでおこなわれた。

④ 帝国国策遂行要領では，交渉の期限が定められた。

世界史

(60分)

I 世界の反乱，戦争，戦いに関連する以下の設問に答えなさい。

問1　古代のギリシアでみられた戦争・戦いに関する記述として最も適切なものを次の中から1つ選び，その番号の該当欄をマークしなさい。 [1]

① アケメネス朝ペルシアの支配に対し，アテネを中心としたイオニア地方のギリシア人植民市が反乱をおこしたことをきっかけとして，前500年，ペルシア戦争が始まった。

② ペルシアの再侵攻に備えて結ばれたデロス同盟の盟主としてアテネが勢力を拡大すると，それにスパルタが脅威を覚え，前431年，両者のあいだにペロポネソス戦争が勃発した。

③ フィリッポス2世率いるマケドニアは，前338年にカイロネイアの戦いでテーベ・スパルタの連合軍を破り，コリントス同盟（ヘラス同盟）の盟主としてギリシアを支配下においた。

④ アレクサンドロス（大王）は，ペルシアを討つために東方遠征に出発し，前333年のイッソスの戦いでペルシア王ダレイオス1世を破った。

問2　8世紀から15世紀にかけてのヨーロッパとイスラーム勢力との関係に関する記述として最も適切なものを次の中から1つ選び，その番号の該当欄をマークしなさい。 [2]

① イベリア半島では8世紀初めにイスラーム勢力がヴァンダル王国を滅ぼし，その後，後ウマイヤ朝をたてた。

② カロリング朝の宮宰カール＝マルテルは，732年のトゥール・ポワティエ間の戦いでイスラーム勢力を撃退した。

③ イェルサレムを支配下においたセルジューク朝のアナトリア進出にビザンツ皇帝が脅威を覚え，教皇に救援を要請したことが，1096年に始まる第1回十字軍につながった。

④ 1492年に，ポルトガル王国はナスル朝の都であったグラナダを陥落させ，レコンキスタ（国土回復運動，再征服運動）を完了させた。

問3　百年戦争に関連する記述として不適切なものを次の中から1つ選び，その番号の該当欄をマークしなさい。　3

① この戦争の背景のひとつには，毛織物産地として重要なノルマンディー地方をめぐるフランスとイングランドとの利害対立があった。

② カペー朝が断絶してヴァロワ朝がたつと，母親がカペー家出身であったイングランド国王エドワード3世はフランスの王位継承権を主張し，この戦争が始まった。

③ はじめはイングランドが優勢でフランス南西部の領土を拡大したが，最終的には，フランスがカレー市を除く全領土を確保して，この戦争は終わった。

④ この戦争の結果，フランスでは多くの諸侯や騎士が没落し，シャルル7世のもとで王権の強化が図られた。

問4　三十年戦争に関する記述として不適切なものを次の中から1つ選び，その番号の該当欄をマークしなさい。　4

① この戦争は，プロイセンの属領ベーメン（ボヘミア）の新教徒が，ハプスブルク家によるカトリック信仰の強制に反対したのをきっかけに起こった。

② 旧教国フランスが新教勢力と同盟して皇帝と戦いはじめるなど，この戦争は宗教対立を超えた覇権争いの相貌を呈した。

③ この戦争の講和条約としてウェストファリア条約が結ばれた。

④ この戦争の結果，フランスはアルザスを得，スイスは独立を正式に認められた。

問5　ルイ14世のフランス国王在位中に起こった戦争として不適切なものを次の中から1つ選び，その番号の該当欄をマークしなさい。　5

① ファルツ（継承）戦争（アウクスブルク同盟戦争）

② オーストリア継承戦争

③ スペイン継承戦争

④ 南ネーデルラント継承戦争

問6　エカチェリーナ2世治下のロシアで起きた出来事として最も適切なものを次の中から1つ選び，その番号の該当欄をマークしなさい。　6

① ステンカ＝ラージンの農民反乱

② プガチョフの農民反乱

③ 北方戦争

④ デカブリストの乱

問7　1793年のプロイセンおよびロシアによる第2回ポーランド分割を受けて，義勇軍を組織して抵抗を試みた人物として最も適切なものを次の中から1つ選び，その番号の該当欄をマークしなさい。　7

① ピウスツキ
② ゴムウカ（ゴムルカ）
③ コシュート
④ コシューシコ（コシチューシコ）

問8　前漢時代における中央集権体制確立の契機となった出来事として最も適切なものを次の中から1つ選び，その番号の該当欄をマークしなさい。　8

① 陳勝・呉広の乱
② 赤眉の乱
③ 呉楚七国の乱
④ 黄巾の乱

問9　クリミア戦争に関する記述として不適切なものを次の中から1つ選び，その番号の該当欄をマークしなさい。　9

① 南下政策を推進しようとしたロシアが，オスマン帝国内のギリシア正教徒の保護を理由に，1853年，オスマン帝国と開戦した。
② イギリス・フランスは，ロシアを牽制するため，オスマン帝国を支援した。
③ 激戦のすえ，ロシアは敗れ，1856年のパリ条約で黒海の中立化を認め，国内改革に専念することとなった。
④ この戦争により，勢力均衡によって大国間戦争を防ごうとするウィーン体制は強化された。

問10　シパーヒーの大反乱（インド大反乱）に関する記述として不適切なものを次の中から1つ選び，その番号の該当欄をマークしなさい。　10

① シパーヒーとはイギリス東インド会社に雇用されたインド人傭兵のことであり，主に上層カーストのヒンドゥー教徒と上層のムスリムからなっていた。
② この反乱前夜，イギリスがヴィクトリア女王を皇帝とするインド帝国を樹立したことが，反乱の重要な背景の一つであった。
③ 蜂起したシパーヒーは，ムガル帝国の皇帝を擁立して戦ったが，次第に鎮圧されていった。
④ 反乱をきっかけとして，イギリス東インド会社は解散された。

Ⅱ　次の文章A・Bを読んで，以下の設問に答えなさい。

A「ローマは3度世界を征服した。最初は武力で，次に宗教で，最後に法律で」といわれる。ここでいう宗教とは，キリスト教のことであり，法律とは①ローマ法のことである。

ローマの支配下にあった②パレスティナにうまれたイエスは，〔　③　〕を形式主義として批判し，貧富の区別なくおよぼされる神の絶対愛と隣人愛を説いて，神の国の到来と最後の審判を約束した。民衆が彼を救世主（メシア）と信じてその教えに従うようになると，彼に批判された人々は彼を反逆者として総督に訴えた。その結果，彼は十字架にかけられ処刑された。しかし，彼が復活したという信仰がうまれ，使徒たちによって伝道活動が始まった。なかでも帝国内を自由に往来できる④ローマ市民権をもっていた〔　⑤　〕やペテロによる伝道は，各地に多数の信者を獲得していった。のちに，ローマ司教はペテロの後継者を自任し，⑥教皇（法王）として権威を高めるようになった。唯一絶対神を信じるキリスト教徒は，皇帝の礼拝を拒み国家祭儀に参加しなかったことから，反社会集団とみなされ，⑦迫害された。しかし，3世紀頃までに，キリスト教は社会的弱者を中心に帝国全土に広がり，⑧『新約聖書』も成立した。

問1　下線部①に関連する記述として不適切なものを次の中から1つ選び，その番号の該当欄をマークしなさい。　11

① ローマでは，慣習法を成文化した十二表法以降，市民の権利・義務を規定した市民法が発達した。

② ローマ法ははじめローマ市民だけに適用されていたが，やがてヘレニズム思想の影響を受けて，ローマ市民権をもたない人々との関係も定める万民法に成長した。

③ 6世紀の東ローマ皇帝ユスティニアヌス1世（ユスティニアヌス大帝）により，『ローマ法大全』の編纂事業が，ローマ法をキリスト教に適合するよう手直ししつつすすめられた。

④ ローマ法は12世紀に西ヨーロッパに継受され，最古の大学といわれるパリ大学での研究・教育をつうじて社会に浸透していった。

問2　下線部②に関連して，この地に関する記述として不適切なものを次の中から1つ選び，その番号の該当欄をマークしなさい。　12

① 前13世紀頃に，ヘブライ人は指導者モーセのもとエジプトからパレスティナに向けて脱出したとされる。

② ヘブライ人は，前10世紀頃には，ダヴィデ王とその子ソロモン王のもとに栄えた。

③ パレスティナ南部に存在したユダ王国は新バビロニアに征服されて，前586年にその住民の多くがバビロンに連れ去られた。

④　ヘブライ人は，唯一の神ヤハウェにより選民として特別の恩恵を与えられているとする信仰を否定し，神の愛がすべての人に及ぶとするユダヤ教を確立した。

問3　厳格な戒律主義を説いたことからイエスに批判された人々の呼称として空欄〔　③　〕に入れるべき最も適切なものを次の中から1つ選び，その番号の該当欄をマークしなさい。　13

①　エピクロス派
②　ストア派
③　パリサイ派
④　ワッハーブ派

問4　下線部④に関連する記述として不適切なものを次の中から1つ選び，その番号の該当欄をマークしなさい。　14

①　前3世紀前半に全イタリア半島を支配することになったとき，ローマは，服属した住民にローマ市民権をまったくわけ与えず，ローマ市民を植民させて統治した。
②　閥族派と平民派の抗争が繰り返された「内乱の1世紀」に，イタリア半島の同盟市は完全なローマ市民権を求めて，反乱を起こした。
③　ローマ市民権保持者は属州にも広がり，「五賢帝」の2人目にあたるトラヤヌス帝以後の4人の皇帝が属州の家柄の出身であった。
④　212年，カラカラ帝は帝国の全自由人にローマ市民権を与え，「ローマ帝国」は普遍的な性格のものとなった。

問5　空欄〔　⑤　〕に入る人物として最も適切なものを次の中から1つ選び，その番号の該当欄をマークしなさい。　15

①　パウロ
②　ピラト
③　ヤコブ
④　ヨハネ

問6　下線部⑥に関連する記述として最も適切なものを次の中から1つ選び，その番号の該当欄をマークしなさい。　16

①　6世紀末のグレゴリウス1世は，ゲルマン人への布教を熱心におこなった。
②　8世紀末に，レオ1世は，フランク王国のカールにローマ皇帝の冠を与え，「西ローマ帝国」の復活を宣言した。

③　11世紀半ばのレオ10世は，ローマ教会を中心とした教会改革運動を推進した。

④　14世紀前半，クレメンス5世は，教皇庁を南フランスのアナーニに移転した。

問7　下線部⑦に関連して，303年に大迫害をおこなった皇帝の治下の出来事として不適切なものを次の中から1つ選び，その番号の該当欄をマークしなさい。　17

①　帝国を東西にわけて二人ずつ分担統治する四帝分治制（テトラルキア）をつくり，効率的な防衛と反乱の防止をはかった。

②　増大した軍事費をまかなうために，新しい徴税のシステムを導入した。

③　コロヌス（小作人）の移動を禁じ，都市でも住民の職業を固定化し世襲させた。

④　皇帝を神聖化する儀礼を導入し，元首政から専制君主政（ドミナトゥス）へと政治体制を変化させた。

問8　下線部⑧に関連して，教典に関する記述として不適切なものを次の中から1つ選び，その番号の該当欄をマークしなさい。　18

①　『旧約聖書』はもともとユダヤ教の聖典であるが，『新約聖書』とならぶキリスト教の教典ともなった。

②　『新約聖書』は，ローマ帝国の公用語であったラテン語で成立したことから，西ローマ帝国の領域で普及した。

③　『旧約聖書』と『新約聖書』は，イスラーム教をとなえたムハンマドによって，イスラーム教にさきだつ啓示の書とみなされた。

④　ルターは『新約聖書』のドイツ語訳を完成し，その普及に努めた。

B　コンスタンティヌス1世は，313年にキリスト教を公認し，325年に⑨ニカイア（ニケーア）公会議で教義の統一をはかった。そして，392年，テオドシウス1世はキリスト教を国教とし，ほかの宗教を厳禁した。このようにキリスト教が国家権力と結びついていくにつれて，聖職者身分が成立し，教会の組織化が進んだ。この時期には，⑩五本山と呼ばれるキリスト教会が重要となった。テオドシウス1世が帝国を東西に分割して2子にわけ与え，476年に西ローマ帝国が滅亡すると，⑪ローマ教会はコンスタンティノープル教会から分離する傾向をみせるようになった。⑫ビザンツ帝国（東ローマ帝国）では，皇帝が地上における神の代理人としてギリシア正教会の総主教を管轄下においた。ビザンツ帝国では，ギリシア文化の遺産とギリシア正教の融合を特色とする⑬ビザンツ文化がはなひらいた。6世紀以降，ビザンツ帝国北側に広がったスラヴ人のうち，おおむね⑭東スラヴ人はビザンツ文化とギリシア正教の影響をうけたのに対して，⑮西スラヴ人は西欧文化とローマ＝カトリックの影響をうけることになった。⑯南スラヴ人には前者の影響をうけるものと，後者の影響をうけるものがあった。

問9　下線部⑨に関連して，キリスト教の諸派に関する記述として最も適切なものを次の中から1つ選び，その番号の該当欄をマークしなさい。　19

① イエスを神と同一視するアタナシウス派の教義は，父・母・子の三位を一体とする説として確立され，正統教義の根本となった。

② イエスの神性と人性を分離して考えるネストリウス派は，ニカイア公会議で異端とされたが，ササン朝を経て唐に伝わった。

③ 人間であるイエスは神に従属するとするアリウス派は，エフェソス公会議で異端とされたが，北方のゲルマン人のなかに広まった。

④ イエスに神性のみを認める単性論派は，カルケドン公会議で異端とされたが，アルメニア教会などへと独自の発展をした。

問10　下線部⑩に関して，五本山に含まれない場所の名前として最も適切なものを次の中から1つ選び，その番号の該当欄をマークしなさい。　20

① アレクサンドリア

② アンティオキア

③ イェルサレム

④ ラヴェンナ

問11　下線部⑪に関連して，東西の教会の聖像をめぐる対立に関する記述として不適切なものを次の中から1つ選び，その番号の該当欄をマークしなさい。　21

① コンスタンティノープル教会では，聖像の礼拝は偶像崇拝を禁ずるキリスト教の初期の教理に反すると考えられた。

② コンスタンティノープル教会では，偶像をきびしく否定するイスラーム教徒と対抗する必要にせまられていた。

③ ローマ教会は，ゲルマン人への布教に聖像を必要とした。

④ ビザンツ皇帝レオン3世による聖像禁止令（聖画像破壊令）は，1054年に東西の教会が完全に分裂するまで，厳格に守られた。

問12　下線部⑫に関して，ビザンツ帝国の版図に関する記述として不適切なものを次の中から1つ選び，その番号の該当欄をマークしなさい。　22

① ユスティニアヌス1世（ユスティニアヌス大帝）の死後，イタリアを東ゴート王国に奪われた。

② 7世紀に，ササン朝，ついでアラブ人ムスリムの進出によってシリア・エジプトを失った。

③ 7世紀に，トルコ系のブルガール人がバルカン半島北部で建国したことによって，同地を失った。

④ 13世紀前半に，第4回十字軍に首都を奪われ，その版図にラテン帝国が約半世紀存在した。

問13 下線部⑬に関する記述として不適切なものを次の中から1つ選び，その番号の該当欄をマークしなさい。 23

① ユスティニアヌス1世（ユスティニアヌス大帝）は，異教文化を根絶してキリスト教の徹底をはかるため，アテネの学園アカデメイアを閉鎖した。

② 7世紀以降，ビザンツ帝国では公用語としてギリシア語が用いられ，ギリシアの古典が研究されて受け継がれた。

③ サン＝ヴィターレ聖堂を代表とするビザンツ様式の教会建築は，ドームとモザイク壁画を特色とする。

④ 12世紀にコンスタンティノープル総主教からモスクワ大公におくられたと伝えられる「ウラディミル（ウラジーミル）の聖母」を代表とするイコンはビザンツ帝国に特徴的な美術である。

問14 下線部⑭に関連する記述として最も適切なものを次の中から1つ選び，その番号の該当欄をマークしなさい。 24

① 9世紀にノヴゴロド国を建国したフン人は，まもなく先住民に同化してスラヴ化した。

② 13世紀に，チャガタイの率いるモンゴル人が侵入し，キプチャク草原にキプチャク＝ハン国をたてると，諸侯はその支配に服した。

③ 15世紀後半に，キエフ大公国が北ロシア諸国を併合し，モンゴルの支配から脱した。

④ モスクワ大公イヴァン3世は，ビザンツ最後の皇帝の姪と結婚してローマ帝国の後継者を自任し，はじめてツァーリ（皇帝）の称号をもちいた。

問15 下線部⑮に関連する記述として不適切なものを次の中から1つ選び，その番号の該当欄をマークしなさい。 25

① 9世紀初頭におこったマジャール人の国では，コンスタンティノープル総主教が派遣した伝道師が，スラヴ語に訳された聖書をたずさえて，伝道をおこなった。

② 10世紀頃，ポーランド人は建国し，14世紀前半にはカジミェシュ（カシミール）大王のもとで繁栄した。

③ 10世紀，チェック人はベーメン（ボヘミア）を統一し建国したが，11世紀には神聖

ローマ帝国に編入された。

④　14世紀後半に，ポーランド人は，ドイツ騎士団に対抗するため，リトアニアと結んでヤゲウォ（ヤゲロー）朝リトアニア＝ポーランド王国をつくった。

問16　下線部⑯に関連する記述として最も適切なものを次の中から１つ選び，その番号の該当欄をマークしなさい。　**26**

①　セルビア人は，はじめビザンツ帝国に服属しギリシア正教をうけいれたが，12世紀に独立すると，ローマ＝カトリックに改宗した。

②　クロアティア人は，西方のフランク王国の影響下で，ローマ＝カトリックをうけいれた。

③　スロヴェニア人は，はじめローマ＝カトリックをうけいれたが，のちにギリシア正教に改宗した。

④　14世紀以降，南スラヴ人の大半は神聖ローマ帝国の支配下におかれるようになった。

Ⅲ　次の文章Ａ～Ｄを読んで，以下の設問に答えなさい。

Ａ　古代ローマでは前６世紀末にラテン人の一派であるローマ人がエトルリア人の王を追放して自らの都市国家を樹立し，①それをレス・プブリカres publicaと呼んだ。これが今日の共和政という言葉の起源である。レス・プブリカの本来の意味は「公のこと」「共同のもの」であるが，ローマの共和政は，貧富の区別なく市民が政治に参加できた古代アテネの民主政とは異なっていた。もともと貴族と，主として②中小農民からなる平民〔　③　〕とのあいだには身分差があったうえ，前５世紀から前３世紀にかけてのいわゆる身分闘争を経ても，上層平民を含む新しい貴族が形成されるかたちで，貴族支配は続いたからである。

問１　下線部①に関連して，当時のローマ共和政に関する説明として不適切なものを次の中から１つ選び，その番号の該当欄をマークしなさい。　**27**

①　公職経験者の貴族によって構成される元老院は，実質上の最高決定機関であると同時に，王政につながるような権力集中を妨げた。

②　非常時には，６ヶ月以内の任期に限って独裁権を行使できる独裁官が任命された。

③　前５世紀はじめに護民官の制度が設けられるまで，平民会の議決は元老院の承認なしに国法と認められることはなかった。

④　前367年のリキニウス＝セクスティウス法によって，２名のコンスルのうちの１名が平民から選ばれるようになった。

問２　下線部②に関連して，共和政ローマ期の社会に関する説明として不適切なものを次の中から１つ選び，その番号の該当欄をマークしなさい。　**28**

① こうした中小農民を主とする平民は重装歩兵として軍事力の中核を担い，ローマの対外的拡大に貢献した。

② 絶え間ない対外戦争は農地の荒廃を招いて中小農民を没落させた一方で，属州の統治を担った元老院議員やそこでの徴税を請け負った騎士階層に富をもたらした。

③ 没落した中小農民層は，ラティフンディア（大規模土地所有制）のもとで奴隷として使役された。

④ グラックス兄弟は，有力者に占有されていた公有地を再分配することで中小農民の再建を目指したが，挫折した。

問３　空欄〔　③　〕に入る平民を表すラテン語として最も適切なものを次の中から１つ選び，その番号の該当欄をマークしなさい。　**29**

① エクイテス

② ノビレス

③ パトリキ

④ プレブス

Ｂ　共和政は，前27年にオクタウィアヌスが元老院から〔　④　〕という新たな称号をおくられて事実上の皇帝となって以降，長くヨーロッパの政治体制から遠ざかる。他方，商工業の発達を背景として11～12世紀にヨーロッパ各地で中世都市が成立する。⑤<u>これらの都市のなかには自治権を獲得したものも多く，都市国家として共和政をとったものもあった</u>。16世紀になると，今でいう領域国家のレベルで共和国が誕生する。⑥<u>独立戦争を経て成立したネーデルラント連邦共和国（オランダ）</u>がそれである。

問４　空欄〔　④　〕に入る語として最も適切なものを次の中から１つ選び，その番号の該当欄をマークしなさい。　**30**

① アウグストゥス

② インペラトル

③ ディクタトル

④ プリンケプス

問５　下線部⑤に関連する記述として不適切なものを次の中から１つ選び，その番号の該当欄をマークしなさい。　**31**

① 北イタリアでは領主である司教や伯から独立したコムーネという自治都市が形成され，ドイツでは，皇帝から特許状を得て諸侯と同じ地位に立つ皇帝直属の自由都市（帝国都市）が成立した。

② 中世都市のなかには，北イタリアのロンバルディア同盟や北ドイツのハンザ同盟のように，複数の都市が同盟を結び，一つの政治体として国王や諸侯と対抗できる勢力となった場合もあった。

③ 手工業者の職業別の同職ギルドが，大商人を中心とした商人ギルドによる市政の独占に対抗して市政参加権を獲得するツンフト闘争がみられた。

④ 同職ギルドの組合員には，独立した手工業経営者である親方だけでなく，職人や徒弟もなることができ，中世都市では身分序列は克服されていた。

問6　下線部⑥に関連する記述として最も適切なものを次の中から1つ選び，その番号の該当欄をマークしなさい。 32

① スペイン王カルロス1世が，カルヴァン派の多かったネーデルラントでカトリック化政策を強めたことが独立戦争を招いた。

② 独立戦争においては，南部10州がスペインの支配下にとどまったのに対して，フランドル地方を中心とする北部7州はユトレヒト同盟を結んで抵抗を続けた。

③ 独立戦争を率いたオラニエ公ウィレムは，1581年に独立を宣言し，この国の初代国王となった。

④ 独立を宣言したオランダは，バルト海での中継貿易で富を蓄え，さらに，1602年東インド会社を設立して東南アジアにまで貿易網を広げた。

C　イギリスではピューリタン革命のなかで，独立派を率いたクロムウェルが1649年に国王チャールズ1世を処刑して共和政を樹立した。しかしこの体制は⑦1660年の王政復古で覆された。⑧フランスでは革命期に国民公会によって王政の廃止と共和政の樹立とが宣言された。これは第一共和政とよばれ，⑨このあとフランスでは数次にわたって共和政がとられ，現在は第五共和政のもとにある。

問7　下線部⑦に関連して，その後のイギリス史の展開に関する説明として最も適切なものを次の中から1つ選び，その番号の該当欄をマークしなさい。 33

① チャールズ2世が専制的な姿勢をとりカトリックを擁護したため，議会は1673年に審査法を，79年には人身保護法を制定した。

② ジェームズ2世がカトリックおよび絶対王政の復活に努めたので，ホイッグ党はトーリ党の反対を押し切ってオランダのウィレム3世に援助を求め，名誉革命を起こした。

③　名誉革命の結果，国民の生命・財産の保護などを定めた権利の章典が制定され，議会主権にもとづく立憲共和政が確立された。

④　名誉革命の時代に生きたロックは，ピューリタン革命期に王権神授説によって国家主権の絶対性を唱えたホッブズと異なり，社会契約説のもとに人民の抵抗権を擁護した。

問8　下線部⑧より後に起こった出来事として最も適切なものを次の中から1つ選び，その番号の該当欄をマークしなさい。　34

①　テュイルリー宮殿襲撃（8月10日事件）

②　第1回対仏大同盟の結成

③　人権宣言の採択

④　ヴァレンヌ逃亡事件

問9　下線部⑨に関連して，フランスの第三・四・五共和政に関する説明として不適切なものを次の中から1つ選び，その番号の該当欄をマークしなさい。　35

①　プロイセン＝フランス戦争（普仏戦争）敗北によって第二帝政が崩壊したあと，革命的な自治政府であるパリ＝コミューンを倒して，第三共和政が最終的に確立した。

②　第三共和政のもとでは，7月14日が国民祝祭日に定められ，ラ＝マルセイエーズが国歌となるなど，フランス革命を原点とする国民統合が進められた。

③　第三共和政は1940年6月にドイツ軍がパリを占領したことで崩壊し，ドイツに協力的なペタン元帥を首班とする政府がヴィシーに成立した。

④　第二次世界大戦後に成立した第四共和政はアルジェリア独立問題をきっかけに動揺したため，国民議会の権限を強め大統領の権限を弱めた第五共和政が成立した。

D　ヨーロッパの外に目を転じると，18世紀末以降世界には数多くの共和国が誕生した。⑩独立後のアメリカ合衆国では，1787年のフィラデルフィアの憲法制定会議でつくられた合衆国憲法において共和政が採用された。19世紀初頭に中南米で独立した諸国も多くが共和政体をとった。また20世紀の2つの大戦のあとに独立した⑪アジア・⑫アフリカ諸国も，その多くが共和政を選んだ。

問10　下線部⑩に関連して，独立後から19世紀前半までのアメリカ合衆国の政治史に関する記述として最も適切なものを次の中から1つ選び，その番号の該当欄をマークしなさい。　36

①　人民主権を基礎とした合衆国憲法のもとで，黒人奴隷制は維持されたが，女性の参政権は認められた。

② 合衆国憲法では，三権分立の原則が定められた一方で，中央政府の強大な権限のもとに制限された州の自治権が認められる連邦主義が採用された。

③ 西部出身のジャクソンは，農民や都市の下層民重視を唱えて大統領選に勝利し，大統領選で勝利した党派の者に連邦政府の公職を与える制度を導入した。

④ ジャクソンは，先住民をミシシッピ川以西に設定した保留地に強制的に移住させる強制移住法を廃止した。

問11　下線部⑪に関連して，第二次世界大戦後のアジアにおける共和国の成立に関する記述として最も適切なものを次の中から1つ選び，その番号の該当欄をマークしなさい。

37

① フィリピンでは，1946年にアギナルドがアメリカ合衆国からの独立を指導し，フィリピン共和国が成立した。

② 仏領インドシナでは，1945年，ベトナム独立同盟の指導者ホー＝チ＝ミンがベトナム民主共和国の独立を宣言したものの，フランスが認めず，インドシナ戦争となった。

③ 朝鮮半島では，1948年，南部で李承晩を大統領とする大韓民国が成立したのに対し，北部では金正日を首相とする朝鮮民主主義人民共和国が成立した。

④ 英領インドでは，イギリスのアトリー政権のもとでインド独立法が定められ，1947年にインド，パキスタンともに大統領制をとる共和国として独立した。

問12　下線部⑫に関連して，第二次世界大戦後のアフリカにおける共和国の成立に関する記述として最も適切なものを次の中から1つ選び，その番号の該当欄をマークしなさい。

38

① リベリアでは，アメリカ合衆国の黒人解放奴隷が1822年から入植していたが，1947年に独立し，リベリア共和国が成立した。

② エチオピアでは1952年にナギブやナセルが指導する自由将校団が革命を起こし，53年に国王を追放して共和国をたてた。

③ ジンバブエでは1957年，エンクルマ（ンクルマ）がイギリスからの独立を指導し，黒人共和国を成立させた。

④ コンゴでは1960年に共和国としての独立が実現したものの，旧宗主国のベルギーが銅などの鉱物資源が豊かな地域の分離独立を狙って介入したため，動乱が生じた。

Ⅳ　次の文章Ａ～Ｃを読んで，以下の設問に答えなさい。

Ａ　隋・唐は，当時の東アジアにおける超大国であった。①周辺諸民族は，その動向を視野に入れながら自らの存立と発展をはからねばならず，儒教・律令・漢字・都市プランなどの中華文明をとりいれて，固有の文化と融合させることに努めた。唐が滅亡すると，東アジアでは一気に新興勢力の活動が活発となった。ベトナムは中国の支配を脱し，渤海は新興国の契丹に滅ぼされ，朝鮮では〔　②　〕が分裂した。③宋の時代には経済活動が活気を帯び，海外から交易船をよびよせるとともに，中国商人も海上交易に乗り出し，交易圏としての東アジア世界が誕生した。13世紀になると，④モンゴル民族がユーラシア大陸を席巻した。東方ではフビライ＝ハンが⑤元（大元ウルス）を樹立し，南宋を滅ぼして中国全土を手中に収めたほか，日本・ビルマ・ジャワに遠征をおこなった。

問１　下線部①に関連する記述として不適切なものを次の中から１つ選び，その番号の該当欄をマークしなさい。　39

① 日本は「倭の五王」の時代には中国に冊封を求めたが，隋・唐に対しては朝貢の使節（遣隋使・遣唐使）を送ったものの，冊封を求めることはなかった。

② 唐は領域内の辺境地域では，服属した諸民族の首長に通常の統治をゆだね，要所に都護府をおいて首長の統治を監督・統括させる，間接統治の方策を用いた。

③ ベトナムの北部は唐の安南都護府の治下に入ったが，雲南ではチベット＝ビルマ系の南詔が自立し，唐の冊封を受けて，漢字その他の中華文明をとりいれた。

④ ベトナム中部のチャンパー（林邑），その西のクメール（真臘），スマトラ島のドヴァーラヴァティーなどはインド文明の影響下にあったが，それぞれ唐と朝貢の関係ももった。

問２　空欄〔　②　〕に入る語として最も適切なものを次の中から１つ選び，その番号の該当欄をマークしなさい。　40

① 高句麗

② 百済

③ 新羅

④ 高麗

問３　下線部③に関連して，この時代の東アジアの交易に関する記述として不適切なものを次の中から１つ選び，その番号の該当欄をマークしなさい。　41

① 日宋貿易を通じて書籍や宋銭などが大量に日本に輸入された。

② 開封・泉州・明州（寧波）などに市舶司が置かれ，海上貿易の管理を行った。

③ 宋は陸路によって遼・金や西夏との貿易を行った。

④ 北方諸国からは毛皮・馬などが，南海諸国からは香薬・象牙などが中国に輸出された。

問4　下線部④に関連する記述として不適切なものを次の中から1つ選び，その番号の該当欄をマークしなさい。　**42**

① チンギス＝ハンは雲南の大理国を滅ぼし，南進の足がかりとした。

② チンギス＝ハンの死後に大ハンに即位したオゴタイは，金を滅ぼして華北を領有するとともに，新たに都を建設したカラコルムを拠点に拡大戦略をとった。

③ モンゴルは被支配者の社会の内部に干渉することは少なく，宗教的にも寛容であった。

④ モンゴル帝国の内部にはチンギス＝ハンの子孫たちが治める地方的政権が作られ，大ハンのもとに緩やかに連合した。

問5　下線部⑤に関連して，元の文化に関する記述として不適切なものを次の中から1つ選び，その番号の該当欄をマークしなさい。　**43**

① コバルト顔料を用いた磁器（染付）が景徳鎮を中心に盛んに生産され，イスラーム諸国やヨーロッパに輸出された。

② イスラーム天文学の刺激を受けた郭守敬によって貞享暦が作り出された。

③ ローマ教皇によって派遣されたモンテ＝コルヴィノは，大都の大司教に任ぜられた。

④ 宋代からの庶民文化が引き続き発展し，『西廂記』『漢宮秋』などに代表される雑劇（元曲）が流行した。

B　14世紀に成立した明は，モンゴル勢力を北方に追いやった。⑥明はその後，国力を充実させ，アメリカ大陸や日本から輸入した銀を中心とする経済を大発展させた。明を引き継いだ⑦清も大帝国となり，18世紀前半には，世界の総生産の半ば近くを占めていたと推定されている。明と清を軸とした国際秩序のもとで，東アジア諸国は比較的安定した社会を維持した。しかし19世紀半ば以降，東アジアの国際情勢は大きく変容していった。⑧西欧列強や日本の東アジア進出とともに冊封体制は揺らいでいった。

問6　下線部⑥に関連して，明の時代の国際情勢に関する記述として不適切なものを次の中から1つ選び，その番号の該当欄をマークしなさい。　**44**

① 豊臣秀吉は二度にわたって朝鮮に侵攻したが，明の援軍や朝鮮の李舜臣が率いた水

軍，民間の義兵などの抵抗を受け，秀吉の死とともに日本軍は撤退した。

② 鄭和艦隊の補給基地として台頭したマラッカは，東南アジア最大の貿易拠点として栄えた。

③ ポルトガル人は台湾に，オランダ人はマカオに貿易拠点をおき，中継貿易で大きな利益をあげた。

④ 16世紀，明の北方ではモンゴルのアルタン＝ハンが交易を求めて侵入を繰り返し，南方では海禁を破った私貿易や海賊行為が活発になった。

問7　下線部⑦に関連して，18世紀の清に関する記述として最も適切なものを次の中から１つ選び，その番号の該当欄をマークしなさい。　45

① 社会の安定や経済の発展などを背景に人口が急増し，18世紀末には３億人に達した。

② 清の版図のうち，藩部にはモンゴル・チベット・青海・新疆・台湾が含まれ，各地域の実情に合わせた自治が認められた。

③ 欧米諸国との貿易は上海一港に限定され，公行（特許商人の組合）を介した貿易のみが許可されるなど，欧米から見れば強い管理のもとに置かれた。

④ 南下してきたロシアと対峙した雍正帝は，同国とネルチンスク条約を結んだ。

問8　下線部⑧に関連して，19世紀の国際情勢に関する記述として不適切なものを次の中から１つ選び，その番号の該当欄をマークしなさい。　46

① ベトナムでは阮朝が清の冊封を受けていたが，フランスが軍事的圧力を加え保護国とした。

② 朝鮮では高宗の摂政であった大院君が実権を握り，欧米諸国の求めに応じて開国した。

③ ロシアは清とアイグン（愛琿）条約を締結し，アムール川（黒竜江）以北をロシア領とした。

④ 第１次アヘン戦争に敗れた清はイギリスと南京条約を締結し，香港島を割譲した。

C　第一次世界大戦が勃発すると，日英同盟を根拠に参戦した日本は，ドイツの租借地である膠州湾を攻撃して山東省を占領し，1915年に中華民国に対して二十一か条の要求をおこない，〔　⑨　〕政権の抵抗を押し切って多くの部分を認めさせた。⑩戦後のヴェルサイユ講和条約案ではドイツの山東省利権を日本に譲渡することになっていたため，中国全土でこの案に抗議する運動が広まった。満州事変後，軍部の独走を追認した日本政府は，1932年には満州国を建て，上海や華北地方でも軍事行動を強めた。日中双方とも宣戦布告をしないまま全面戦争となったが，中国内部では⑪第２次国共合作が成立した。第二次世界大戦後の1949年には北京で人民政治協商会議が開催され，毛沢東を主席，〔　⑫　〕を首相とする中華人民共和国が成立した。

問9　空欄〔　⑨　〕に入る人物として最も適切なものを次の中から1つ選び，その番号の該当欄をマークしなさい。　47

① 孫文
② 張作霖
③ 溥儀
④ 袁世凱

問10　下線部⑩に関連して，第一次世界大戦前後の中国における文化・政治に関する記述として不適切なものを次の中から1つ選び，その番号の該当欄をマークしなさい。　48

① 魯迅は『狂人日記』『阿Q正伝』などの小説を著し，中国社会の現実を批判した。
② 胡適は口語に近い新しい文体を批判する，白話運動を開始した。
③ コミンテルンの指導のもと，中国共産党が結成された。
④ 陳独秀らは雑誌『新青年』において，欧米の思想を紹介するとともに儒教批判を展開した。

問11　下線部⑪の前に起きた出来事について述べた記述として最も適切なものを次の中から1つ選び，その番号の該当欄をマークしなさい。　49

① 国民党軍の攻撃により瑞金を離れた共産党は，長征（大西遷）を経て延安を根拠地とした。
② 国民党は共産党に対して八・一宣言を出し，一致抗日を訴えた。
③ 張学良は蔣介石を南京で捕らえて監禁し，共産党への攻撃停止と抗日を要求した。
④ 南京に汪兆銘を首班とする対日協力政権が成立した。

問12　空欄〔　⑫　〕に入る人物として最も適切なものを次の中から1つ選び，その番号の該当欄をマークしなさい。　50

① 劉少奇
② 周恩来
③ 鄧小平
④ 林彪

政治・経済

（60分）

I 次の文章を読んで，以下の設問に答えなさい。

日本には①様々な種類の法が存在する。その最上位に位置するのが，②大日本帝国憲法を改正して成立した日本国憲法である。そして，日本国憲法においては，様々な種類の③人権の保障に関する規定が置かれるとともに，④自由民主主義体制を前提とする日本の統治機構に関する定めも置かれている。

日本国憲法においては，⑤自由権，社会権，⑥法の下の平等が保障されており，このうちの自由権として，⑦精神の自由，⑧身体の自由，⑨経済の自由などが認められている。また，近年では，プライバシー権や環境権といった⑩新しい人権に関する議論も展開されている。このほかに，日本における人権の保障との関係では，⑪条約上保障された人権も見過ごすことはできないであろう。

さらに，日本国憲法においては，⑫立法，⑬行政，⑭司法が互いに抑制・均衡して権力の暴走を防ぐ権力分立制が採用されている。このうち，司法に関しては，最高裁判所を頂点とする裁判制度が設けられており，⑮そこには多くの人が関与している。近年では，⑯裁判員制度をはじめとする司法制度改革が進展し，日本の裁判制度は大きな変化を遂げた。

問1 下線部①に関する記述として不適切なものを，次の①～④のなかから一つ選び，その番号をマークしなさい。 1

① 私法には，民事訴訟法が含まれる。

② 成文法には，条例が含まれる。

③ 実体法には，刑法が含まれる。

④ 国際法には，国際連合憲章が含まれる。

問2 下線部②に関する記述として最も適切なものを，次の①～④のなかから一つ選び，その番号をマークしなさい。 2

① 大日本帝国憲法において，統帥権は，内閣に属する。

② 大日本帝国憲法において，内閣は，議会に対して責任を負う。

③　大日本帝国憲法の下で，男子普通選挙制度が導入された。

④　大日本帝国憲法において，帝国議会は，天皇の輔《ほ》弼《ひつ》機関であった。

問３　下線部③に関する記述として最も適切なものを，次の①～④のなかから一つ選び，その番号をマークしなさい。　3

①　名誉革命を通じて，権利請願が起草された。

②　アメリカ独立宣言は，フランス人権宣言の影響を受けて成立した。

③　社会権を定めたワイマール憲法は，ドイツにおいて1920年に制定された。

④　世界人権宣言は，すべての人が失業に対する保護を受ける権利を有すると規定している。

問４　下線部④に関する記述として最も適切なものを，次の①～④のなかから一つ選び，その番号をマークしなさい。　4

①　イギリスの内閣は，上院または下院における多数党の党首が首相となって組織される。

②　アメリカ合衆国の大統領は，議会に対して責任を負う。

③　フランスの大統領の任期は，４年である。

④　ドイツにおいては，議院内閣制が採用されている。

問５　下線部⑤に関する記述として不適切なものを，次の①～④のなかから一つ選び，その番号をマークしなさい。　5

①　朝日訴訟において，最高裁判所は，憲法に定めた生存権は国の目標であり，個々人に具体的権利を与えたものではないと判断した。

②　堀木訴訟において，最高裁判所は，障害福祉年金と児童扶養手当の併給禁止規定は憲法25条に違反しないと判断した。

③　旭川学力テスト事件において，最高裁判所は，教師が教授の自由を有することを完全に否定した。

④　全農林警職法事件において，最高裁判所は，公務員の争議行為の全面禁止を合憲と判断した。

問６　下線部⑥に関連して，最高裁判所が合憲と判断した規定として最も適切なものを，次の①～④のなかから一つ選び，その番号をマークしなさい。　6

①　女性は，前婚の解消または取消しの日から６カ月を経過した後でなければ，再婚することができないとする民法の規定。

② 夫婦は，婚姻の際に，夫または妻の姓に合わせるとする民法の規定。

③ 尊属殺人を一般の殺人より重く処罰する刑法の規定。

④ 非嫡出子の法定相続分を嫡出子の２分の１とする民法の規定。

問７　下線部⑦に関連して，精神の自由と日本国憲法の規定の組み合わせとして最も適切なものを，次の①～④のなかから一つ選び，その番号をマークしなさい。　7

精神の自由	日本国憲法の規定
A	19条
B	20条
C	21条
D	23条

① A　学問の自由　B　信教の自由　C　表現の自由　D　思想・良心の自由

② A　学問の自由　B　表現の自由　C　信教の自由　D　思想・良心の自由

③ A　思想・良心の自由　B　表現の自由　C　信教の自由　D　学問の自由

④ A　思想・良心の自由　B　信教の自由　C　表現の自由　D　学問の自由

問８　下線部⑧に関連して，日本国憲法の規定により禁止される行為として最も適切なものを，次の①～④のなかから一つ選び，その番号をマークしなさい。　8

① 被告人が，公費により，自己のため強制的手続によって証人を求めること。

② 有罪が確定するまで，被告人を無罪と推定すること。

③ 犯罪による処罰の場合に，受刑者を意に反する苦役に服させること。

④ 自白のみによって，被告人を有罪とすること。

問９　下線部⑨に関連して，産業財産権に含まれない権利として最も適切なものを，次の①～④のなかから一つ選び，その番号をマークしなさい。　9

① 著作権

② 商標権

③ 特許権

④ 意匠権

問10　下線部⑩に関する記述として最も適切なものを，次の①～④のなかから一つ選び，その番号をマークしなさい。　10

① 個人情報保護法により，報道機関は，本人からの請求により情報の開示に応じる義務

を負う。

② 情報公開法には，知る権利は明記されていない。

③ 特定秘密保護法に基づいて特定秘密に指定された情報は，最長20年間保護される。

④ 環境影響評価法が制定された後，同法に環境権が明示されていない等の問題点が指摘されたことを受けて，1997年，環境基本法が制定された。

問11　下線部⑪に関連して，以下のA～Dの条約を日本が批准した順番として最も適切なものを，次の①～④のなかから一つ選び，その番号をマークしなさい。 11

A　難民の地位に関する条約

B　女子に対するあらゆる形態の差別の撤廃に関する条約

C　婦人の参政権に関する条約

D　子ども（児童）の権利に関する条約

① A → C → D → B

② B → D → C → A

③ C → A → B → D

④ D → B → A → C

問12　下線部⑫に関連して，国会に関する記述として不適切なものを，次の①～④のなかから一つ選び，その番号をマークしなさい。 12

① 常会は，毎年1回，2月に召集される。

② 臨時会は，内閣またはいずれかの議院の総議員の4分の1以上の要求で召集される。

③ 特別会は，衆議院解散による衆議院議員選挙から30日以内に召集される。

④ 参議院の緊急集会は，衆議院の解散中に，国に緊急の必要があるときに内閣の要求により開催される。

問13　下線部⑬に関連して，最も早く民営化（分割民営化を含む）された団体として最も適切なものを，次の①～④のなかから一つ選び，その番号をマークしなさい。 13

① 日本国有鉄道

② 日本郵政公社

③ 日本電信電話公社

④ 日本道路公団

問14　下線部⑭に関連して，現在の日本における裁判所に関する記述として最も適切なものを，次の①～④のなかから一つ選び，その番号をマークしなさい。 14

① 裁判官は，国会の弾劾裁判所で罷免が決定された場合以外は罷免されない。

② 政治犯罪，出版に関する犯罪または憲法が保障する国民の権利が問題となっている事件の対審は，公開しないで行うことができる場合がある。

③ 下級裁判所は，違憲審査権を有する。

④ 内閣は，特別裁判所を設置することができる。

問15 下線部⑮に関する記述として不適切なものを，次の①～④のなかから一つ選び，その番号をマークしなさい。 15

① 検察官は，裁判所に公訴を提起し，裁判の執行を監督する。

② 裁判官は，法曹三者に含まれない。

③ 検察審査会は，有権者の中から抽選で選ばれた11名の検察審査員によって構成される。

④ 被告人が弁護人を依頼できないときに，国がつける弁護人のことを，国選弁護人という。

問16 下線部⑯に関連して，裁判員裁判に関する記述として最も適切なものを，次の①～④のなかから一つ選び，その番号をマークしなさい。 16

① いかなる者も，裁判員となることを辞退できない。

② 裁判官３名，裁判員６名の合議体において意見が一致しない場合，裁判員５名の多数決によって評決を行うことができる。

③ 裁判員裁判は刑事事件の第一審に限定され，控訴された場合の控訴審は裁判官のみによって審理される。

④ 裁判員が守秘義務に違反した場合，１年以下の懲役または100万円以下の罰金に処される。

Ⅱ　次の文章を読んで，以下の設問に答えなさい。

A　①日本銀行が2022年7月に公表した同年6月の国内企業物価指数〔速報値〕(2020年平均を100とする）は，113.8と過去最高を更新し，前年同月比の上昇率は9.2%となった。また，②総務省が2022年7月に公表した，同年6月の③消費者物価指数（2020年を100とする）は，生鮮食品を除く総合指数が101.7と，前年同月比で2.2%上昇し，10カ月連続の上昇を記録した。電気代やガソリン代などの④エネルギー価格の上昇が高水準で推移していることに加え，原材料などの⑤輸入価格の高騰に⑥円安の影響も加わり，各企業が⑦食料品などを値上げする動きが進んでいる。物価の上昇は，国民の生活に与える影響が大きい。

過去に遡ると，[⑧]年に勃発した第4次中東戦争を契機に，⑨石油輸出国機構(OPEC)による大幅な原油価格の引き上げの影響は世界各国に波及し，日本でも「狂乱物価」と呼ばれる異常な物価上昇を招いた。その後，物価上昇と不況に同時に見舞われるスタグフレーションが生じ，⑩高度経済成長は終焉を迎え，日本は安定成長の時代へと向かうことになった。

1980年代後半には，地価や株価などの資産価格が急激に上昇し，バブル景気に沸くことになる。しかし，公定歩合の引き上げや不動産向け融資の総量規制が行われたことなどにより，バブル経済が崩壊すると，その後の日本は景気が拡大しても，実感が伴わない状態が続いている。

B　代表的な⑪企業形態の一つである⑫株式会社は，事業活動を行うために内部留保を活用するほか，株式や⑬社債を発行したり，⑭金融機関から借入を行うなどして資金を調達する。株式会社では，⑮株主は原則として一株について一議決権を持ち，その持ち株数や持分割合に応じて様々な権利を有している。そして，株主は株主総会において議決権を行使することによって当該会社の意思決定に参画することになる。

1990年代以降，日本の⑯上場会社の株主構成は大きく変化し，機関投資家や外国人投資家の保有比率が上昇すると，株主利益をより重視する方向へと向かった。このような変化は，日本の⑰コーポレート・ガバナンスのあり方に大きな影響を与えた。もっとも，近年，NPOが日本のメガバンクグループの株主総会において，気候変動対策を求める提案を行うなど，企業は単に株主利益を最大化する観点だけではなく，環境や人権などの社会問題にどのように取り組んで行くのか，大きな課題を突きつけられている。

問1　下線部①に関する記述として不適切なものを，次の①～④のなかから一つ選び，その番号をマークしなさい。　[17]

①　日本銀行は，物価の安定を図ることを通じて国民経済の健全な発展に資することを理

念として，通貨や金融の調節を行っている。

② 日本銀行政策委員会のメンバーは，国会の同意を得て，内閣が任命する。

③ 日本銀行は，2013年に，物価安定の目標を消費者物価の前年比上昇率2％と定め，その達成を目指した金融政策を実施している。

④ 1997年に北海道拓殖銀行が破綻した際には，日本銀行が融資を行うなどして「政府の銀行」としての機能を発揮した。

問2　下線部②に関連して，総務省の外局である行政機関として最も適切なものを，次の①～④のなかから一つ選び，その番号をマークしなさい。 18

① 消防庁

② 国家公安委員会

③ 公正取引委員会

④ デジタル庁

問3　下線部③に関連して，消費者問題や消費者の権利に関する記述として最も適切なものを，次の①～④のなかから一つ選び，その番号をマークしなさい。 19

① 2003年に食品安全基本法が制定され，食品健康影響評価（リスク評価）を実施する食品安全委員会が設置された。

② 日本の自己破産件数は，消費者金融やクレジットカードの普及などにより1990年代以降右肩上がりで増加し続けており，2020年度には年間20万件を超えている。

③ 1994年に制定された製造物責任法（PL法）では，製品の欠陥について製造者に賠償責任を負わせるためには，製造過程における過失を消費者が証明する必要がある。

④ メーカーが小売価格を指定して商品を販売する制度は，消費者の利益を守るために，日本では書籍を除いたすべての商品について適用が禁止されている。

問4　下線部④に関連して，2017年の各国における発電された電力量の電源別の構成比率（電力の輸出入を除く）が最も高いエネルギー源を示したものとして不適切なものを，次の①～④のなかから一つ選び，その番号をマークしなさい。 20

① 中国（中華人民共和国） － 石炭

② ドイツ － 石油

③ ロシア － 天然ガス

④ フランス － 原子力

問5　下線部⑤に関連して，国際収支に関する記述として不適切なものを，次の①～④のなか

から一つ選び，その番号をマークしなさい。　21

① 旅客の運賃や宿泊代金のほか，特許権や著作権の使用料は，国際収支における「サービス収支」項目に計上される。

② 内需が国内総生産を下回ると，経常収支がプラスとなるため，その分を海外に貸し出して運用することで対外純資産が増加し，金融収支はプラスとなる。

③ 誤差脱漏によって調整した後の経常収支と資本移転等収支の合計は，金融収支とバランスする仕組みになっている。

④ 2012年に，日本の貿易収支の赤字が大幅に拡大した結果，経常収支が赤字になった。

問6　下線部⑥に関連して，為替相場（為替レート）に関する記述として不適切なものを，次の①～④のなかから一つ選び，その番号をマークしなさい。　22

① 円安時には，日本で製造した製品は，ドルに換算すると安くなるため輸出が増える傾向があり，円高時には，日本への輸入品は，割安となるため輸入が増える傾向がある。

② 円高を是正するために，日本の通貨当局が為替介入によって円売りドル買いを行えば，対外金融資産残高は減少する。

③ アメリカ合衆国の金利が上昇すると，同国の金融市場で資産運用する方が有利となるため，日本からアメリカ合衆国に資金が流出し，円安・ドル高が進む傾向がある。

④ 国際貿易量に比べて外国為替取引額がはるかに大きいことが，ファンダメンタルズの変動以上に為替相場が大きく変動する要因の一つとなっている。

問7　下線部⑦に関連して，日本の農業と食料安全保障に関する記述として不適切なものを，次の①～④のなかから一つ選び，その番号をマークしなさい。　23

① 日本の小麦や大豆は，その多くを輸入に依存しており，野菜に比べて品目別の食料自給率が極めて低い。

② 日本のコメの食料自給率が100％に近い理由は，高率の関税をかけることで輸入量を抑えているからである。

③ 2018年に発効した環太平洋パートナーシップに関する包括的及び先進的な協定（TPP11）によって，日本が輸入するすべての小麦の関税を将来的にゼロとすることが合意された。

④ 関税および貿易に関する一般協定（GATT）のウルグアイ・ラウンドで，コメについてはミニマム・アクセスを段階的に拡大することが合意された。

問8　空欄 ⑧ にあてはまる年よりも後の年代に起きた出来事として最も適切なものを，次の①～④のなかから一つ選び，その番号をマークしなさい。　24

① アメリカ合衆国が北ベトナム（ベトナム民主共和国）に爆撃を開始した。

② 変動相場制度が国際通貨基金（IMF）暫定委員会で正式に承認された。

③ アメリカ合衆国のドルが，金1オンスあたり35ドルから38ドルへ切り下げられた。

④ アメリカ合衆国のニクソン大統領が金とドルの交換を停止する経済政策を発表した。

問9　下線部⑨の石油輸出国機構（OPEC）の加盟国（2022年現在）として不適切なものを，次の①〜④のなかから一つ選び，その番号をマークしなさい。　25

① イラン

② サウジアラビア

③ カタール

④ ベネズエラ

問10　下線部⑩に関連して，日本が高度経済成長をとげた要因に関する記述として不適切なものを，次の①〜④のなかから一つ選び，その番号をマークしなさい。　26

① 政府は，税制優遇措置を導入するなど，産業保護育成政策を採用した。

② エネルギー革命によって石炭から安価な石油への転換が進んだことで，製造業のコストを引き下げることが可能になった。

③ 農村から都市部へ大規模な人口の流入によって，製造業における良質な労働力を確保することが可能になった。

④ 政府は，特例法による赤字国債を毎年発行することによって，積極的な財政政策を採用した。

問11　下線部⑪に関する記述として最も適切なものを，次の①〜④のなかから一つ選び，その番号をマークしなさい。　27

① 企業が作成する損益計算書は，当該企業の一時点における資産・負債・純資産を記載したもので，当該企業がどのように資金を調達し運用しているか，その財政状態を明らかにするものである。

② 一人で経営している商店や，大学入試センターなどの独立行政法人は，企業にはあてはまらない。

③ 日本の企業の資金調達は，間接金融の占める割合が，アメリカ合衆国と比較して高いことが特徴である。

④ 日本専売公社は民営化されて日本たばこ産業株式会社になったため，現在，日本政府（財務大臣）は，同社の株式を保有していない。

問12　下線部⑫に関する記述として最も適切なものを，次の①～④のなかから一つ選び，その番号をマークしなさい。　28

① 株式会社が株式を発行して資金を調達した場合には，株主に対して出資金の返済と配当の支払いが必要になる。

② 会社法が規定する合名会社，合資会社，合同会社を総称して持株会社という。

③ 日本におけるすべての株式会社は，取締役会の設置が義務付けられている。

④ 経営者や従業員らが，あらかじめ定められた価格で自社の株式を購入できる権利をストック・オプションという。

問13　下線部⑬の社債が有する特徴に該当するものは以下のＡ～Ｃのうちいくつあるか，最も適切なものを，次の①～④のなかから一つ選び，その番号をマークしなさい。　29

Ａ　他人資本である。

Ｂ　企業会計上の負債である。

Ｃ　直接金融である。

① 一つ

② 二つ

③ 三つ

④ 一つもない

問14　下線部⑭に関する記述として最も適切なものを，次の①～④のなかから一つ選び，その番号をマークしなさい。　30

① 預金業務を取り扱う銀行や信託銀行，信用組合は金融機関に該当するが，預金業務を取り扱わない保険会社は金融機関に該当しない。

② 日本では，少額投資非課税制度（NISA）や個人型確定拠出年金（iDeCo）など，家計の預貯金を投資に振り向け，個人の資産形成を促す制度が整備されている。

③ 最初の現金預金額が100億円で，支払準備率を20%とした場合における信用創造額は800億円になる。

④ マイナス金利政策によって，日本においても企業と個人の大口定期預金に対してマイナス金利が導入されるようになった。

問15　下線部⑮の株主が有する権利（ただし，権利行使に必要となる株主の持ち株数や持分割合は問わない）に該当するものは以下のＡ～Ｄのうちいくつあるか，最も適切なものを，次の①～④のなかから一つ選び，その番号をマークしなさい。　31

Ａ　取締役を選任する権利

B　監査役を選任する権利

C　取締役を解任する権利

D　会社の解散を請求する権利

① 一つ

② 二つ

③ 三つ

④ 四つ

問16　下線部⑯に関連して，市場に関する記述として不適切なものを，次の①～④のなかから一つ選び，その番号をマークしなさい。　32

①『諸国民の富』の著者は，社会的に最適な資源配分を実現するためには，政府による市場への積極的な介入が必要であることを主張した。

② 一般の道路や公園などの公共財は，費用を負担せずに利用する人が存在するという問題があるため，市場に委ねると供給が過少になる傾向がある。

③ 設備投資にかかる費用が大きい産業では，企業が新たに参入しにくいために独占となる傾向がある。

④ デファクト・スタンダードを構築した企業は，当該企業の商品やサービスの供給について，市場で優位に立つことができる。

問17　下線部⑰に関する記述として不適切なものを，次の①～④のなかから一つ選び，その番号をマークしなさい。　33

① 会社業務の適正を確保するため，取締役が会社に与えた損害について，株主が会社に代わって取締役の責任を追及することができる訴訟制度がある。

② 日本の会社では，会社の内部で昇進した取締役が中心であり，社外取締役を置いている上場会社の数が少ないことが特徴である。

③ 内部統制システムの整備の一環として，組織内部の不正行為を通報する窓口を設置するなど，内部通報制度を導入する企業もある。

④ 投資家や株主などの利害関係者に対して，自社の経営内容に関する十分かつ正確な情報を，適時に開示するディスクロージャーが求められている。

Ⅲ　次の文章を読んで，以下の設問に答えなさい。

ロシアによるウクライナへの軍事侵攻は，冷戦後の国際秩序を大きく傷つけた。①第二次世界大戦後の国際秩序の基盤を破壊したといえるかもしれない。特に，ロシアのプーチン大統領が②核兵器使用の可能性を示唆したことは，強い衝撃を与えた。

冷戦後の世界では，自由主義と③資本主義を基礎にした経済の仕組みが世界化した。その下で，④貿易や⑤国境をこえた投資，人の流れやアイデアや思想の交流が非常に活発になった。貿易面では，完成品の輸出入だけではなく，各国経済は⑥サプライチェーンで緊密に結びつくようになった。また，⑦巨大化した国境をこえた資金の動きは様々な国の経済に強い影響を与え，国際金融市場が好まない政策を各国家が選択することも困難になった。こうしたグローバリゼーションと呼ばれる変化から得られる利益が非常に大きくなったため，⑧対外的な戦争は，少なくとも，⑨大国による政策選択とは考えられなくなったと想定されてきた。

ふりかえってみると，⑩冷戦期には，資本主義諸国は，同盟を結んでソ連や社会主義の脅威に対抗しようとしたが，冷戦後は，対ロシア経済支援も行われ，ロシアを⑪先進国首脳会議（サミット）に招くなど，ロシアを包摂する国際秩序を作る努力が行われた。西欧諸国はロシアとの経済的結びつきを強化して，相互に戦争が起こらない仕組みを整備しようとしたといえるだろう。

もっとも，冷戦後の時代，アメリカ合衆国や西欧諸国とロシアとの間に直接的な軍事紛争は無かったものの，⑫ロシア内外ではいくつもの軍事紛争が起こっていた。その中には，アメリカ合衆国や西欧諸国の利害と対立するような動きもあり，ロシアとの関係は徐々に緊張を高めるようになっていた。また，アメリカ合衆国をはじめとする多くの資本主義諸国は，経済的にも軍事的にも力を強くしてきた⑬中国（中華人民共和国）との対抗関係に力点をおいた対応をとってきた面がある。

他方で，グローバリゼーションによって結びついた世界では，様々な問題が国境をこえて展開する。既に新型コロナウイルスの世界的な蔓延による経済の悪化に対して，多くの国々が財政出動で対応してきたため，⑭財政赤字が累積しており，⑮累積債務危機の再現も懸念されている。また，原油価格の高騰などによる⑯インフレ圧力は，特に，経済的な弱者層にとって大きなダメージとなっている。さらにロシアやウクライナの穀物の生産や輸出の停滞で，世界的な食糧不足の危険も指摘されている。

このように結びつきを深めた世界に大きな打撃を与えるロシアの軍事侵攻への批判の声は非常に強いが，これまでグローバリゼーションの下で進んできた不平等の拡大など，自由主義的な国際秩序への不満も強い。自由主義的な国際秩序の安定を回復するためには，国際的な富の配分のあり方の見直しや⑰社会的弱者の保護など，そうした不満への対処も欠かせない。

問1　下線部①に関連して，国際連合（国連）の創設に関する記述として最も適切なものを，次の①〜④のなかから一つ選び，その番号をマークしなさい。　34

① 1939年の米英首脳会談で，民族自決や自由貿易，広範な安全保障体制の確立など，第二次世界大戦終結後の世界の基本原則を明らかにした大西洋憲章が発表された。

② 1944年には，米・英・ソ・中（中華民国）の4カ国代表がアメリカ合衆国のブレトン・ウッズで会談し，一般的国際機構の設立に関する提案を行った。

③ 第二次世界大戦中の1945年2月のヤルタ会談で，5大国の拒否権が決められた。

④ 1946年のサンフランシスコ会議で国際連合憲章が採択され，原加盟国42カ国で国際連合が発足した。

問2　下線部②に関する記述として不適切なものを，次の①〜④のなかから一つ選び，その番号をマークしなさい。　35

① 1963年に米英ソの3カ国で地下を除く大気圏内外と水中での核実験の禁止を定めた部分的核実験禁止条約（PTBT）が結ばれた。

② 1996年に，地下核実験を含むすべての核爆発をともなう核実験を禁止する包括的核実験禁止条約（CTBT）が国連総会で採択されたが，発効していない。

③ 1996年に，「核兵器による威嚇または使用は一般的には違法」とする国際司法裁判所の勧告的意見が出された。

④ インド，パキスタン，北朝鮮は，核拡散防止条約（NPT）に加盟しているにもかかわらず核武装したので，国連安全保障理事会決議により制裁の対象となっている。

問3　下線部③に関連して，資本主義のあり方を分析した人物とその著作の組み合わせとして不適切なものを，次の①〜④のなかから一つ選び，その番号をマークしなさい。　36

① リカード　『経済学および課税の原理』

② リスト　『国民経済学体系』

③ シュンペーター　『公共経済学』

④ レーニン　『帝国主義論』

問4　下線部④に関する記述として不適切なものを，次の①〜④のなかから一つ選び，その番号をマークしなさい。　37

① 1947年に結ばれた関税と貿易に関する一般協定（GATT）は，自由・無差別・多角主義の貿易原則を促進して自由貿易を深化させた。

② 1995年には，GATTの合意内容を継承・発展させ，紛争処理手続きが大幅に強化された世界貿易機関（WTO）が発足した。

③　2001年に始まったWTOドーハ・ラウンドでは，財やサービスの自由化，知的財産権，投資ルール，環境などの幅広いテーマの扱いが困難を極め，2011年には全体合意は断念された。

④　日本は，貿易に関する多角主義を採用してきたが，2002年に初の経済連携協定として，地域的な包括的経済連携（RCEP）協定を結んだ。

問5　下線部⑤に関連して，国境をこえた資金の移動に関する記述として不適切なものを，次の①～④のなかから一つ選び，その番号をマークしなさい。　38

①　国際的な資本移動のうち，投資してから資本が回収されるまでの期間が1カ月以内のものを短期資本移動，1カ月超または期限の定めのないものを長期資本移動と呼ぶ。

②　対外直接投資は，海外での現地法人や合弁会社の設立，海外の会社との合併・買収（M＆A）などの形で行われる。

③　対外直接投資により企業が工場などの生産拠点を海外に移転することは，自国内の産業の空洞化を招き，雇用の減少などによって国内経済の停滞の原因となることがある。

④　国際証券投資は，対外直接投資に比べて投資にかかる費用が小さく，資本の回収も容易だが，投資対象国からの突然の資本流出を引き起こす場合もある。

問6　下線部⑥に関する記述として最も適切なものを，次の①～④のなかから一つ選び，その番号をマークしなさい。　39

①　新しい技術や新しい生産方法などを生産活動に導入すること。

②　生産活動に不可欠な資材や部品などの供給連鎖や供給網のこと。

③　食品などがいつ，どのような経路で生産・流通・消費されたかの全履歴を明らかにすること。

④　特定品目の輸入の急増によって国内産業に重大な損害が生じるときに発動できる措置。

問7　下線部⑦に関連して，巨額の資金移動との関連で起こった危機に関する記述として不適切なものを，次の①～④のなかから一つ選び，その番号をマークしなさい。　40

①　1997年，マレーシアの通貨が機関投資家による投機的な売買の対象となって暴落し，その影響がフィリピン・インドネシア・韓国などアジア各国に波及した。

②　1998年，ロシアの通貨切り下げで起こった経済危機では，ロシアに多額の投資をしていたヘッジファンドの救済が必要となるなどの影響がおよんだ。

③　アメリカ合衆国のサブプライムローンを組み込んだ証券化商品の価格の下落で金融機関や投資家などが大きな損失を被るなか，2008年には，アメリカ合衆国の大手投資銀行

リーマン・ブラザーズが倒産した。

④ 2009年のギリシャの政権交代でEUの財政基準を大きく超える巨額の財政赤字隠しが発覚し，ギリシャ国債が暴落し，他のEU諸国の国債にも影響を与えた。

問8　下線部⑧に関連して，第二次世界大戦後の対外的な軍事力の行使をともなう紛争が起こった順に並べたものとして最も適切なものを，次の①～④のなかから一つ選び，その番号をマークしなさい。　41

① イラン・イラク戦争→湾岸戦争→コソボ紛争→アメリカ合衆国のアフガニスタン侵攻
② 湾岸戦争→イラン・イラク戦争→コソボ紛争→アメリカ合衆国のアフガニスタン侵攻
③ 湾岸戦争→コソボ紛争→イラン・イラク戦争→アメリカ合衆国のアフガニスタン侵攻
④ イラン・イラク戦争→湾岸戦争→アメリカ合衆国のアフガニスタン侵攻→コソボ紛争

問9　下線部⑨に関連して，国連における大国や軍事的措置に関する記述として不適切なものを，次の①～④のなかから一つ選び，その番号をマークしなさい。　42

① 国連憲章は，武力行使や重大な違法行為を行う国に対して，安全保障理事会が，軍事的措置を含む強制措置をとる決定を行い，加盟国はその決定に拘束されることを定めている。
② 戦闘目的をもった軍隊が，国連軍として派遣されたのは朝鮮戦争の場合だけであるが，この場合も国連憲章第7章で予定された特別協定に基づくものではなかった。
③ 国連では，安全保障理事会で，軍事的措置を含む強制措置をとることを認める決議が採択されたことはない。
④ 1950年の国連総会では，拒否権の行使によって安全保障理事会が機能麻痺に陥ったときには，総会が代わって武力の行使を含む集団的措置を加盟国に勧告できるようにする「平和のための結集決議」が採択された。

問10　下線部⑩に関する記述として最も適切なものを，次の①～④のなかから一つ選び，その番号をマークしなさい。　43

① アメリカ合衆国・カナダと西欧諸国は，1949年，北大西洋条約機構（NATO）を結成したが，この時，当時の西ドイツ（ドイツ連邦共和国）は加盟しなかった。
② 日本は1951年に米ソを含む連合国48カ国との間でサンフランシスコ平和条約を結ぶとともに，アメリカ合衆国との間で日米安全保障条約を結んだ。
③ オーストラリア，アメリカ合衆国，イギリスの間では，南太平洋の安全を守るため，1951年にAUKUSが結成された。
④ 1975年に発足した欧州安全保障協力会議（CSCE）は，冷戦終結後の2000年に欧州安

全保障協力機構（OSCE）に改組された。

問11　下線部⑪に関する記述として不適切なものを，次の①～④のなかから一つ選び，その番号をマークしなさい。　44

① 先進国首脳会議の第1回は，1975年にフランスのランブイエで開催された先進6カ国による首脳会議である。

② 先進国首脳会議には，1976年にはカナダが参加するようになり，さらに翌年欧州共同体（EC）代表（現在は欧州連合（EU）代表）が参加するようになった。

③ 1986年の先進国首脳会議の合意に基づき，同年から国際通貨・金融問題を協議する場として，主要7カ国財務相・中央銀行総裁会議も定期的に開催されるようになった。

④ ロシアは1994年には先進国首脳会議の協議に参加するようになり，1997年には正式メンバーとして加わることになったが，2022年，ロシアによるウクライナへの軍事侵攻に対する制裁の一環としてロシアの参加資格は停止された。

問12　下線部⑫に関連して，2010年代にロシアが行ったこととして最も適切なものを，次の①～④のなかから一つ選び，その番号をマークしなさい。　45

① アサド政権を支援する立場からのシリア内戦への介入。

② 分離独立派のチェチェン人を支援する立場からのグルジア（現ジョージア）内戦への介入。

③ 分離独立派のクルド人を支援する立場からのイラン内政への介入。

④ ナゴルノ・カラバフ地方をめぐるアルメニアとカザフスタンの間の軍事紛争への平和維持軍の派遣。

問13　下線部⑬に関する記述として不適切なものを，次の①～④のなかから一つ選び，その番号をマークしなさい。　46

① 中国は，台湾・香港・チベット・ウイグルなどの自治や独立を求める運動と対立関係にある。

② 中国は，アメリカが離脱した後の環太平洋パートナーシップに関する包括的及び先進的な協定（TPP11）に，2021年に加盟を申請し，2022年に加盟を認められた。

③ 中国の習近平政権は，アジア・ヨーロッパ・アフリカを含む経済圏構想として「一帯一路」を打ち出した。

④ 中国は，スプラトリー（南沙）諸島の軍事拠点化を進めるなど，その帰属をめぐってベトナム・フィリピンなど周辺諸国との軍事的緊張を高めている。

問14　下線部⑭に関する記述として不適切なものを，次の①～④のなかから一つ選び，その番号をマークしなさい。　47

① 国債残高の膨張には，財政の硬直化による資源配分機能の低下，政策経費の圧迫，財政赤字負担の次世代への先送りによる世代間の不公平の拡大などの問題がある。

② 日本の国債依存度（一般会計歳入に占める国債発行額の比率）は，2010年代前半では30%を超える水準となっているが，補正予算を含めた値でもこれまで40%を超えたことはない。

③ 日本の国債残高は2021年度末で約1000兆円で，GDPに対する比率でみると，他の先進国と比較すると最悪の水準である。

④ 日本の国家予算における特別会計は，予算全体の仕組みがわかりにくく効率も損なわれるなどの理由から見直しが行われ，2006年度に31あったものが，2019年度には13になった。

問15　下線部⑮に関する記述として不適切なものを，次の①～④のなかから一つ選び，その番号をマークしなさい。　48

① 1970年代に外国の銀行から積極的に資金を受け入れて経済開発を進めていた国のなかには，石油危機後の世界経済の停滞の影響を受けて，債務の返済ができなくなる国が出てきた。

② 世界の中で最も重い累積債務を負っている国は重債務貧困国（HIPC）と呼ばれ，債務返済の繰り延べ，債務削減，贈与などの救済措置がとられている。

③ 2021年現在，世界銀行や国際通貨基金（IMF）による重債務貧困国に対する救済措置を受けている国の半分以上がアフリカ諸国である。

④ 世界銀行などが融資の条件として輸入の拡大，課税の強化，財政支出の拡大などの対策を要求することが，発展途上国の人びとに一層の経済的困難を強いた例が少なくない。

問16　下線部⑯に関連して，インフレーションとデフレーションに関する記述として最も適切なものを，次の①～④のなかから一つ選び，その番号をマークしなさい。　49

① インフレーションの下では貨幣価値が上昇するため，債務の負担が重くなる一方で，労働者の賃金が上昇しなければ生活水準が低下する。

② 賃金や原材料，燃料価格の上昇，円安などの影響で国内での生産性が低下した場合に起こるインフレーションを，ディマンド・プル・インフレーションと呼ぶ。

③ 貨幣の供給が減少すると，貨幣の希少性が高まることで，その価値が上がり，相対的に財・サービスの価格が上昇するため，インフレーションが起こる傾向がある。

④ 賃金の下方硬直性のため，デフレーションの下では，企業が労働者に支払う賃金の実質的価値が高くなり，雇用抑制や失業の増加につながる。

問17 下線部⑰に関連して社会保障制度に関する記述として不適切なものを，次の①～④のなかから一つ選び，その番号をマークしなさい。 50

① ドイツでは，宰相ビスマルクの下で1878年に社会主義者鎮圧法が制定される一方で，1883年に疾病保険法が制定された。

② 大恐慌による不況のなかで，アメリカ合衆国のローズベルト政権は，ニューディール政策の一環として，1935年に公的扶助と社会保険を総合した社会保障法を制定したが，公的医療保険を欠いていた。

③ イギリスでは，第二次世界大戦中の1942年に出されたベバリッジ報告に基づき，戦後の労働党政権によって，「ゆりかごから墓場まで」をスローガンとする総合的な社会保障制度が導入された。

④ 社会保障は慈善や国からの恩恵ではなく，人間の基本的権利であるという考えを定着させる上では，世界保健機関（WHO）の「社会保障への道」やフィラデルフィア宣言，国連の世界人権宣言も重要な役割を果たした。

数学

（60分）

解答上の注意

(1) 問題の文中の [ア] ，[イウ] ，[エオ] ，[カキク] などの [　] には，数値が入る。

(2) ア，イ，ウ，… の一つ一つは，それぞれ0から9までの数字，または，負の符号(−)のいずれか一つに対応する。これらをア，イ，ウ，… で示された解答欄にマークする。

[例1] [ア] に5と答えたいとき

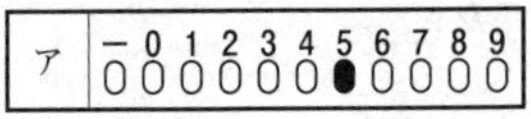

[例2] [イウ] に19と答えたいとき

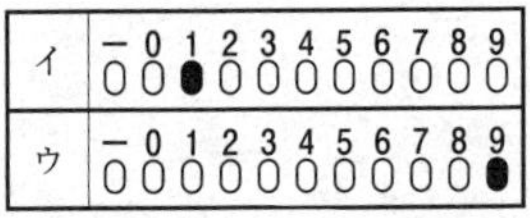

[例3] [エオ] に−7と答えたいとき

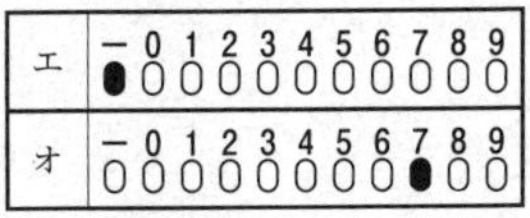

[例4] [カキク] に186と答えたいとき

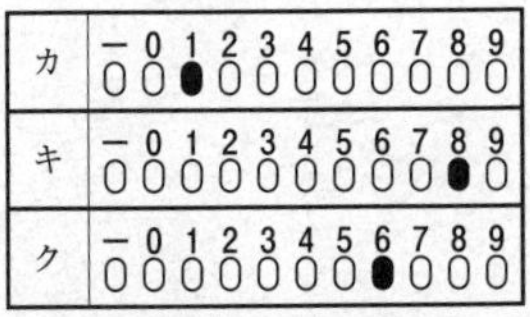

[例5] [ケコサ] に−34と答えたいとき

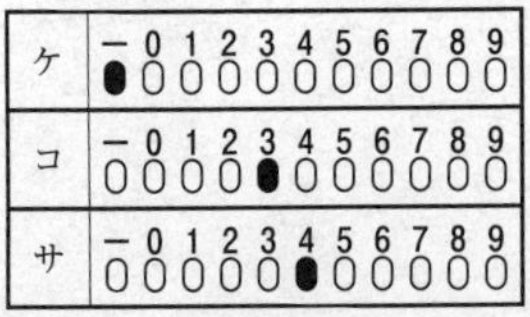

1　以下の問(1)と(2)の空欄 $\boxed{\quad}$ に適する答を，解答用紙の所定欄にマークしなさい．

(1)　$\alpha=\sqrt{3}-1$，$\beta=\sqrt{3}+1$ であるとき，$\alpha\beta=\boxed{\text{ア}}$，$\alpha^2+\beta^2=\boxed{\text{イ}}$，
$\alpha^3+\beta^3=\boxed{\text{ウエ}}\sqrt{\boxed{\text{オ}}}$ である．

(2)　$2<\log_a 1600<6$ を満たすような2以上の自然数 a は，全部で $\boxed{\text{カキ}}$ 個ある．

2　以下の問(1)〜(4)の空欄 $\boxed{\quad}$ に適する答を，解答用紙の所定欄にマークしなさい．

(1)　赤い玉1つ，黄色い玉1つ，青い玉1つ，白い玉4つがあり，すべての玉の形状は完全に同一である．これら7つの玉の中から選んだ4つの玉を等間隔に紐でつないでブレスレットを作るとすると，ブレスレットの作り方は，全部で $\boxed{\text{アイ}}$ 通りである．ただし，回転したり裏返したりした場合に一致するものは同じものとして扱う．

(2)　$\cos 3\theta$ を $\cos\theta$ を用いて表すと，$\cos 3\theta=\boxed{\text{ウ}}\cos^{\boxed{\text{エ}}}\theta-\boxed{\text{オ}}\cos\theta$ である．

(3)　三角形ABCにおいて，$\angle\text{A}=72^\circ$，$\angle\text{C}=90^\circ$，$\text{AB}=1$ のとき，

$$\text{AC}=\frac{\boxed{\text{カキ}}+\sqrt{\boxed{\text{ク}}}}{\boxed{\text{ケ}}}$$ である．

(4)　3^{2023} を8で割った余りは，$\boxed{\text{コ}}$ であり，また，8^{2023} を5で割った余りは $\boxed{\text{サ}}$ である．

3　一辺の長さが1の正六角形ABCDEFの頂点から異なる3点を無作為に選び，これらを頂点とする三角形Xを作る．なお，異なる頂点から作られる三角形は，同じ形状の三角形であっても異なる三角形として数える．以下の問(1)と(2)の空欄 $\boxed{\quad}$ に適する答を，解答用紙の所定欄にマークしなさい．

(1)　三角形Xは，全部で $\boxed{\text{アイ}}$ 個作ることができる．

(2)　三角形Xのうち，正三角形になるのは，$\boxed{\text{ウ}}$ 個で，これらの正三角形の一辺の長さは $\sqrt{\boxed{\text{エ}}}$ である．

4 2つの2次関数 $f(x)=2x^2-2x$ 及び $g(x)=-x^2+x$ を考える．座標平面において，$y=f(x)$ のグラフを F，$y=g(x)$ のグラフを G とし，$0<t<1$ を満たす t に対する G 上の点を $\mathrm{P}\,(t,\ g(t))$ とする．また，原点をOとし，直線OPとグラフ F のO以外の交点をQとする．以下の問(1)～(4)の空欄 $\boxed{}$ に適する答を，解答用紙の所定欄にマークしなさい．

(1) 直線OPの方程式は，

$$y=(\boxed{ア}\,t+\boxed{イ})x$$

である．

(2) 線分OPとグラフ G で囲まれた部分の面積を S_1 とすると，

$$S_1=\frac{\boxed{ウ}}{\boxed{エ}}t^{\boxed{オ}}$$

である．

(3) 線分PQと2つのグラフ F，G で囲まれた図形の面積を S_2 とすると，

$$S_2=\frac{\boxed{カ}}{\boxed{キ}}(t^3+\boxed{ク}\,t^2-\boxed{ケ}\,t+\boxed{コ})$$

である．

(4) S_1+S_2 が $0<t<1$ の範囲で最小となるのは，

$$t=\frac{-\boxed{サ}+\boxed{シ}\sqrt{\boxed{ス}}}{\boxed{セ}}$$

のときである．

問九　傍線部⑦「気晴らしは、人間という動物を定義する特徴に対する答えである」の説明として最も適切なものを次の選択肢①～④の中から一つ選び、その番号をマークしなさい。解答番号は 38 。

① 人間は死への恐れを気晴らしによって忘れようとしているが、それはあまり効果がないということ。
② 人間は日常のさまざまな苦労を気晴らしによって乗り越えているが、それは人間だけの特徴だということ。
③ 死への恐怖を気晴らしによって解消しようとすることは、人間特有の行為だということ。
④ 死への恐れは多くの動物が持つ感情だが、人間だけは気晴らしによって恐怖を感じずにいられるということ。

問十　傍線部⑧「猫は、昼の光のなかで生きている」の説明として最も適切なものを次の選択肢①～④の中から一つ選び、その番号をマークしなさい。解答番号は 39 。

① 猫は、死をおびえずに受け入れるため、平穏で明るい世界に存在できるということ。
② 猫は、死を恐れることがないため、いつも穏やかで安全な世界で暮らしているということ。
③ 猫は、自らの死の時期を知ることができないが、内なる無意識的な部分では死の時期を知りたいと思って生きているということ。
④ 猫は、自分がいつか死ぬという意識を持たないため、死への恐怖のない明るい世界に存在しているということ。

問六　傍線部⑤「人間は自分で考えているより以上に機械なのだから」の説明として最も適切なものを次の選択肢①～④の中から一つ選び、その番号をマークしなさい。解答番号は 35 。

① 人間は、習慣によって感情や信仰心を形作ることはなく、神の存在について考えることもないということ。
② 人間は、自らが思うほど理性によって信仰を持続させられる存在ではなく、信仰心も習慣によって形作られるということ。
③ 人間は、集団行動を好む性質があり、他者と同じように考え、行動する方が、哲学を学ぶより似合っているということ。
④ 人間は、理性で神を信じ、習慣で信仰を持続させる動物であり、理性と習慣に支配される機械のような存在だということ。

問七　傍線部⑥「厄介なのは」とあるが、なぜ「厄介」なのか。その説明として最も適切なものを次の選択肢①～④の中から一つ選び、その番号をマークしなさい。解答番号は 36 。

① パスカルが救済の妨げになると拒絶した「気晴らし」が、信仰と同様に不安を振り払うのに効果的であることを示しているため。
② パスカルが哲学よりも役に立つと考えた「気晴らし」が、信仰を妨げるものとなってしまったため。
③ モンテーニュが死への恐怖から逃れる手段とした「気晴らし」が、信仰の実践として効果的であると示しているため。
④ パスカルとモンテーニュは「気晴らし」について部分的に効果を認めていたが、それは間違いだと示す結果となったため。

問八　空欄 X に入る語句として最も適切なものを次の選択肢①～④の中から一つ選び、その番号をマークしなさい。解答番号は 37 。

① 表面的　② 物理的　③ 実存的　④ 文学的

④　人間は、理性によって死を乗り越えようと哲学を生み出したが、死の恐怖にはついに勝てなかった。

問四　傍線部③「モンテーニュは自然に目を向け、パスカルは神のほうを見る」の説明として最も適切なものを次の選択肢①〜④の中から一つ選び、その番号をマークしなさい。解答番号は 33 。

①　モンテーニュは、人間が死から目を逸らすために気晴らしに身を委ねることは自然な営みであると考えたが、パスカルは、人間だけが死の慢性的な不安に苦しむのであり、それは人間が自然界に属していないことの証であると考えている。

②　モンテーニュは、友人の死に際して何もせず、悲しみが自然に癒えることを待ったが、パスカルは、人間が死ぬべきみじめな存在であることは神の意思であり、それを認識できる人間は特別な存在であると考えている。

③　モンテーニュは、友人の死の悲しみを無理して忘れようとせず、時間の経過とともに悲しみが薄れていくことに身をゆだねたが、パスカルは、死の恐怖を克服するには宗教しかないと考え、神への信仰を強くした。

④　モンテーニュは、自然物の美しさによって友人の死の悲しみから気を紛らわしたが、パスカルは、自然の美しさは認めつつ、それを創造した神の存在をより強く意識した。

問五　傍線部④「特別なみじめさ」の説明として最も適切なものを次の選択肢①〜④の中から一つ選び、その番号をマークしなさい。解答番号は 34 。

①　人間も他の動物も死ぬことは同じだが、人間だけが自らを他の動物とは異なる特別な存在であると考え、死への恐怖を持つこと。

②　死の運命から逃れることのできない動物のなかで、人間だけが医学の力に頼り、死を遠ざけるために無駄な努力をすること。

③　生と死の苦しみはすべての動物に共通することだが、人間だけが死すべき存在としての自意識を持ち、神に頼るということ。

④　仲間の死を前にした悲しみは他の動物も感じるかもしれないが、人間だけがやがて来る自己の死を意識し恐れるということ。

(エ)　カイギ　30

① ギダイを提案する
② 敵をカイジュウする
③ 葉の形にギタイする
④ カイコンの涙を流す

問二　傍線部①「パスカルはこう説明する」とあるが、この後に記されるパスカルの「説明」と整合しないものを次の選択肢①～④の中から一つ選び、その番号をマークしなさい。解答番号は 31 。

① 人間は、死を避けられないという不幸を背負うみじめな存在である。
② 人間は、自らの不幸を忘れるために気晴らしをして生きている。
③ 想像力は、理性を妨害し、人間に理性を否定させる。
④ 想像力は、美、正義、幸福を作り出す善なる存在である。

問三　傍線部②「猫は自己イメージをつくりあげたりしないので、いつかは自分も死ぬという事実から目を背ける必要がない」とあるが、これに対して人間はどうか。その説明として最も適切なものを次の選択肢①～④の中から一つ選び、その番号をマークしなさい。解答番号は 32 。

① 人間は、死すべき存在としての自己イメージをつくり、信仰によって神に救いを求めようとしている。
② 人間は、想像力によって死を恐れ、夢中になれるものをつくって気を晴らしつつ、死を常に意識しようとしている。
③ 人間は、自意識とともに生まれた死の恐怖から目を逸らすために気晴らしを必要とする。

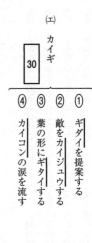

問一　傍線部(ア)～(エ)のカタカナに該当する漢字と同じ漢字を（傍線を付した部分の漢字表記に）含むものを、次の各群の選択肢①～④の中からそれぞれ一つずつ選び、その番号をマークしなさい。解答番号は(ア)― 27 、(イ)― 28 、(ウ)― 29 、(エ)― 30 。

(ア)　キュウテイ　27

① キュウケイ室でくつろぐ
② 古代中国のコウテイの墓
③ ヤキュウ場で応援をする
④ 最高裁判所の大ホウテイ

(イ)　ヨウサイ　28

① 精進ケッサイして神聖な儀式に臨む
② 外のヨウスを見に行く
③ 人間万事サイオウが馬
④ ボンヨウな作品と評価される

(ウ)　ゴウマン　29

① ゴウガン不遜な態度
② 健康にバンゼンを期す
③ 繁華街でゴウユウする
④ 人生をマンゼンと過ごす

　われわれは自分のことを誤解してはならない。われわれは精神であるのと同じくらい自動機械でもある。そのため、論証だけがひとを説得する手段ではない。［……］証拠が説得しうるのは精神だけだ。最も強力な、いちばん信じられる証拠を提供するのは習慣である。習慣が自動機械を傾け、それが無意識のうちに精神を従わせる。明日も日が昇ること、われわれがかならず死ぬことを、誰が証明しただろうか。にもかかわらず、これ以上広く信じられていることがあるだろうか。このように、われわれを説得し、これほど多くのキリスト教徒を生み出すのは、習慣なのだ。［……］われわれはもっと容易な信心、すなわち習慣による信心を身につけなければならない。

信心は身体の習慣である。もし信仰心がほしければ、すでにそれをもっているかのようにふるまえ。そうすれば、じきに精神もそれに続くだろう。実践が信仰を持続させるのだ。

⑥ 厄介なのは、パスカルの分析は気晴らしをも正当化することだ。彼はこう書いている。「この無限の空間における永遠の沈黙は私を戦慄させる」。しかし、世間の波に身を任せる――スポーツをするとか、新しい恋に身をやつすとか――ことも、宗教を実践するのと同じくらい、[X]不安を振り払うのに効果的であるかもしれない。どんな気晴らしも、うまくやってくれるかもしれない。

　パスカルが正しいのは、気晴らしは人間にしか見られない特質だという点である。これまで人間と他の動物との違いについては、道具を作ることだとか、知識の伝達だとか、言語の使用だとか、言われてきたが、これらのうち、人間にしか見られないものはひとつもない。ビーバーは自力で家を作り、カラスだって餌をつかむ道具を用い、猿は前世代から受け継いだ知識を用いて文化を形成する。オオカミの遠吠えやクジラの歌は、彼らがたがいに話し合っている音である。だが、気晴らしをしたいという欲求は本質的に人間特有のものだ。

⑦ 気晴らしは、人間という動物を定義する特徴に対する答えである。その特徴とは、自意識とともに生まれた死の恐怖だ。象をはじめ、ある種の動物たちは、仲間が死んだとき、死のようなものを認識しているのかもしれない。時間のなかを進んでいくというわれわれの自己イメージは、われわれはいずれ死ぬという認識を生む。そのために人生の大半を費やして、自分自身の影から逃げ回る。

　死の否定と、人間の魂の分裂は、表裏一体だ。人間は、自分の死を思い出させるものを片っ端から恐れ、その経験の多くを、自分の内なる無意識的な部分へと押し込む。人生は、闇のなかでじっとしていようという闘いになる。それにひきかえ、猫は、自分自身の内部に闇を抱える必要がない。⑧ 猫は、昼の光のなかで生きている夜行動物だ。

（ジョン・グレイ『猫に学ぶ』鈴木晶訳、みすず書房より。一部改変・省略）

なすことができる。

『パンセ』の大半はモンテーニュの(エ)カイギ主義に反論するために書かれた。パスカルの目的は、人間の苦しみの源である慢性的な不安は、人間が自然界に属していないことの証であるのを示すことだった。人間が他の動物を尊敬するのは誤りだ。「人間の偉大さを示さずに、人間がいかに動物たちに近いかを強調するのは危険だ。その下劣さに触れずに偉大さばかり強調するのも危険だ」。最悪なのは人間が動物を神として崇拝することだ。「人間は下劣で、獣にひれ伏し、崇めさえする」。

パスカルにとって、人間の不安は世界の彼方を示している。モンテーニュにとっては、人間の不安は人間という動物の欠陥に由来する。ここでは、私はモンテーニュの側に立つ。人間というのは自己分裂した生き物で、人生の大半は気晴らしのための活動に費やされる。悲しみは動物と共通しているが、人間の場合、思考がつねに自分の身に戻ってくるので、悲しみが倍加する。この再帰的自意識が、人間という動物の④特別なみじめさの原因である。

モンテーニュと同じくパスカルも、理性は人間の条件に対する治療法を提供してくれる、という考えを嘲笑する。それでもパスカルは、理性は人間を信仰へと導くのに一役買うと信じていた。有名なパスカルの賭けは、どうして神が存在するほうに賭けるべきかの理由を掲げている。われわれはなんらかの形で賭けるしかない。もし勝てば無限の幸福が得られ、もし神がいなくとも、ほとんど無に等しいほど短い有限の人生を失うだけのことだ。

この議論にはいささか無理がある。パスカルは、われわれはどの神に賭けるべきかをすでに知っていると仮定している。しかし人間はこれまで数多くの神を崇拝してきた。それぞれの神が従順と服従を要求する。もしわれわれが存在しない神に賭けたら、他の神はわれわれを呪うかもしれない。それにまた、われわれの短い人生はそんなに無価値だろうか。われわれが短い人生しかもっていないとしたら、それだけ余計にわれわれにとっては貴重かもしれないではないか。

パスカルによる理性の強調をあまりまじめに受け取ってはいけない。理性は信仰をめざすとパスカルは信じていたが、同時に、理性には信仰を持続させる力がないことも知っていた。持続する信仰の基礎は儀式である。ひとは宗教について考えるよりも、教会や寺院やシナゴーグに行って、他の人びとといっしょになってひざまずき、神をたたえ、祈るべきだ。⑤人間は自分で考えているより以上に機械なのだから。

われわれ人間に移り気という恩恵をもたらすときの「自然」のやり方は、これと同じだ。〔……〕

モンテーニュにその悲しみをもたらしたのは、親友で、フランスの裁判官・政治思想家だったエチエンヌ・ド・ラ・ボエシ（一五三〇―六三）の死だった。モンテーニュは彼について有名なエセーを書いている。モンテーニュは親友の死がもたらした悲しみを、「自然のやり方」で克服したのだった。

気晴らしに関して、人間と猫は正反対だ。②猫は自己イメージをつくりあげたりしないので、いつかは自分も死ぬという事実から目を背ける必要がない。そのおかげで、時間の経つのが早すぎるとか遅すぎるという恐怖を抱かずに生きている。狩りや交尾、食事や遊びをしていないとき、猫は眠っている。猫には、彼らを休みない活動へと駆り立てる内的苦悩はない。眠っているとき、猫は夢を見ているかもしれないが、別世界にいる夢を見ているとは考えられないし、眠っていないときは完全に目覚めている。もうすぐ死ぬことを悟るときがくるかもしれないが、死の到来を恐れながら生涯を送るということはない。

哲学には人間という動物にそのみじめさから目を背けさせることはできない、ということはモンテーニュもパスカルも認めている。だがそのみじめさが何を指すかについては、ふたりの間に違いがある。モンテーニュは、いくつかの点では他の動物のほうが人間より優れていると考えるが、パスカルは、人間のみじめさこそが、人間が他のすべての動物よりも優れていることの証《あかし》だと考える。「人間の偉大さは、自分がみじめであることを知っているところにある。木は自分がみじめであることを知らない。だから自分がみじめであることを知るのはみじめだが、自分がみじめであることを知るのは偉大なことだ。〔……〕それは大領主のみじめさであり、国を失った王のみじめさだ」。③モンテーニュは自然に目を向け、パスカルは神のほうを見る。

その短い人生で、パスカルはいくつかの驚くべき知的偉業をなしとげた。一六六二年に三九歳で死ぬまでに、世界最初の計算機をいくつか製作し、確率論に多大な貢献をした。彼が考案した、乗り合い馬車による都市の大量輸送交通システムは、一時期パリで実際に運行していた。また、初期のルーレット盤も発明した。パスカルはまちがいなく、近代科学の創始者のひとりである。だがパスカルの一番の関心は宗教にあった。

一六五四年十一月二十三日、パスカルは、それまで姿をあらわさなかった神とじかに出会うという神秘的な体験をした。彼はその体験を紙切れに、さらに羊皮紙に記し、肌身離さずもっていた。彼が死んだとき、服に縫い込まれているのを発見されたそのテキストは、『パンセ』の一部と見ねることである。

人間は想像力を使って気分転換する。

想像力。それは人間における支配的能力であり、誤りと偽りの親玉だ。〔……〕私が語っているのは愚者たちのことではなく、最高の賢者たちのことだ。彼らの間においてこそ、想像力はいちばん説得力を発揮する。理性が反論しても無駄だ。理性には、物事に値段を付けることができないから。

その敵である理性を妨害し支配するこの(ウ)ゴウマンな能力は、自分がすべての領域において力をもっていることを誇示するために、人間のなかに第二の本性を作り上げた。想像力は幸福な人間も不幸な人間も、病気の人も健康な人も、金持ちも貧乏人も、従えている。想像力はわれわれ人間に理性を信じさせ、疑わせ、否定させる。また、感覚を停止させたり掻《か》き立てたりする。愚者も賢者も従えている。〔……〕想像力はすべてを決定する。この世の最高の善である美、正義、幸福を作り出す。

モンテーニュもまた気晴らしについて書いているが、パスカルが救済への障害として拒絶するのに対し、モンテーニュは苦しみに対する自然の治療法として歓迎する。

かつて私はある悲しみに襲われたことがある。それは、私の性格のせいで強烈な悲しみだったが、強烈であると同時に当然の悲しみだった。自分の力だけに頼っていたとしたら、死んでしまったとしてもおかしくない。その悲しみを紛らすためには、心を紛らしてくれる気晴らしが必要だったので、努力と智恵によって、恋に身を投じた。若さがそれを手伝ってくれた。恋が私を慰め、たいせつな友情によってもたらされた病から私を救い出してくれた。私はどんなときにも、そんなふうにする。辛い思いに囚《とら》われたら、それを抑え込むより早く交換してしまう。〔……〕戦えないときは逃げる。逃げることで、脇道に逸れ、技術を用いる。場所も、することも、仲間も変えて、ほかの用事や考えの群れの中に逃げ込むのだ。その群れに紛れ込んでしまえば、悲しみも私の痕跡を見失い、私を見つけられない。

三　次の文章を読んで、あとの設問に答えなさい。

古代の哲学にはすべてに共通する欠陥がある。いずれも、人間の理性によって人生を秩序だてることができると夢想しているのだ。精神が、喪失を免れるような生き方を発明するか、どんな喪失にも堪えられるように感情をコントロールすればよいのだ、と。だが実際にはそんなふうにして生き方や感情をコントロールすることはできない。生き方は偶然によって、感情は身体によって形作られる。人生のほとんどは、その事実から目を逸《そ》らせようという企てにすぎない。

一七世紀の科学者・発明家・数学者、宗教思想家ブレーズ・パスカルの著作における中心テーマは気晴らしだった。彼はこう書いている。

気晴らし。人間は、死もみじめさも無知も免れることができないので、そういうことを考えないことで、幸福になろうとした。

①パスカルはこう説明する。

人びとのさまざまな活動について、すなわち(ア)キュウテイや戦場で直面する危険や問題について、そしてそこから生じるあれほど多くの争い、激情、大胆でしばしば邪悪な企てなどについて、時おり考えるようになってから、私はしばしばこう言ってきた——人間の不幸は、ただひとえに、部屋の中におとなしくしていられないことが原因だ、と。生きていくのにじゅうぶんなほど裕福な男は、もし家で楽しく過ごす術《すべ》を知っていたなら、航海に出たり、(イ)ヨウサイを攻囲したりしないだろう。〔……〕

しかし、われわれのあらゆる不幸の特定の原因を見つけようと、もっとじっくり考えてみて、ひとつの納得のゆく原因を突き止めた。それは、われわれがか弱く死すべき運命を背負っているという、生まれながらの不幸だ。それはあまりにみじめなので、それについてじっくり考えてみようとすると何によっても慰められないほどだ。〔……〕

それゆえ人間にとって唯一の良いことは、それが何であるかを考えるのはやめて、気を紛らせてくれるような何かに没頭するとか、自分を忙しくしてくれる何か新しくて心地よい情熱、つまり賭け事とか、狩りとか、面白い見世物とか、要するに気晴らしと呼ばれているものに身を委したがって、かつてのように書店の書棚で本を眺めまわし、面白そうな本を手に取って思わず買ってしまうことや、図書館で長い時間を過ごすといった経験は、若い学生層では減っています。必要な本だけをアマゾンで注文し、参考文献は、ＰＤＦファイルで共有するかネット情報で済ましてしまう人が増えました。

①　Ａ　　②　Ｂ　　③　Ｃ　　④　Ｄ

問四　傍線部①「公共図書館は、そのような草の根的な読書クラブの活動の原因というよりも結果でした」の説明として最も適切なものを次の選択肢①～④の中から一つ選び、その番号をマークしなさい。解答番号は 25 。

① 集合知がきっかけとなって記録知が生まれるという原則は、民間の読書クラブと公共図書館の関係からもわかるということ。
② 集合知の要素を持つ読書クラブが発足し、その参加者が集う場所として記録知としての公共図書館が求められたということ。
③ 読書クラブは集合知と呼べるものだが、公共図書館の影響で記録知としての性格も持つものとなっていったということ。
④ 集合知として読書クラブが大衆に広まり、そこで高まった読書欲が記録知である公共図書館設立の原動力になったということ。

問五　本文の筆者の考えと整合しないものを次の選択肢①～④の中から一つ選び、その番号をマークしなさい。解答番号は 26 。

① 近代において、集合知と記録知は一体となって知的創造をおこなってきた。
② 日本において集合知を担ってきた「研究会」の活動は、記録知を担う出版社が基盤となっていた。
③ 大学での知的創造は、キャンパス内で完結する集合知と記録知の協働によってなされるものである。
④ デジタル革命により集合知と記録知の結びつきが薄れ、知的創造は危機に瀕《ひん》している。

(b) パラダイム [21]

① 多数の専門家が肯定しているため否定できなくなった考え方
② ものの見方や考え方に関わる認識・判断の枠組み
③ さまざまな意見が混在しぶつかり合う多様な言論空間
④ 同一分野の専門家が議論する中で生じた争点

(c) ムーブメント [22]

① 個人的な動機で始めた少数の行動が社会全体に波及した運動
② 社会や芸術において流行が予想される目新しい商品や運動
③ 世の中を大きく変革させるための宗教的な発言や運動
④ 社会において何らかの主義・主張を実現させるための運動

(d) ポピュリズム [23]

① 自分の主張を持たず多数派の意見に合わせて意見を変える政治家
② 大衆の意見や要求を直接的に政治に反映させる立場
③ 一つの意見に凝り固まり他の考え方を知ろうとしない姿
④ 民主主義を重んじて多数決ですべてを決しようとする考え方

問三　次の文章は空欄 [A] ～ [D] のいずれかに入る。その場所として最も適切なものを選択肢①～④の中から一つ選び、その番号をマークしなさい。解答番号は [24] 。

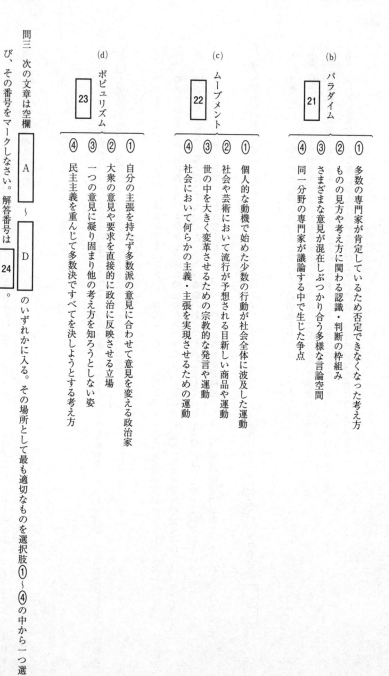

(エ)　ウト　18

① 警察のケンギを受ける
② 意思ソツウがうまくいく
③ 友人からケイエンされる
④ ケイベツした態度で接する

(オ)　ジンソク　19

① 質問にソクザに答える
② 台風によるジンダイな被害
③ 返事をサイソクする
④ シップウジンライのごとく引き返した

問二　傍線部(a)〜(d)の表現の本文中における意味と最も近いものを、次の各群の選択肢①〜④の中からそれぞれ一つずつ選び、その番号をマークしなさい。解答番号は(a)―20、(b)―21、(c)―22、(d)―23。

(a)　モメント　20

① 瞬間
② 理由
③ 契機
④ 動機

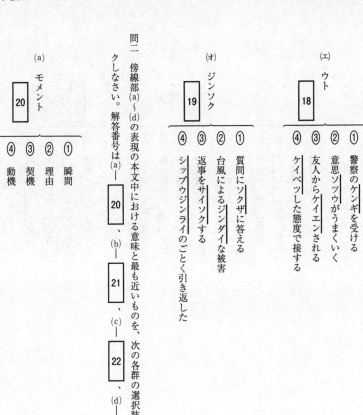

19 。

(ア) コウハン 15

① 明治のハンバツ政治
② 国政選挙のコウホ者
③ コウカクレンズで写真を撮る
④ 重要ジコウを説明する

(イ) ユイブツ 16

① ハイブツ毀釈の被害を免れる
② 神社建立のユエンを記した文書
③ 明治イシンの時代
④ ユイイツ残っている写真

(ウ) ホンリュウ 17

① 自由ホンポウな性格
② リュウジン信仰の影響がある
③ ムホンの罪をきせられる
④ センリュウと俳句の違い

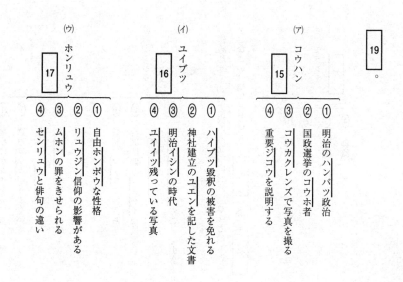

自分のテーマとは関係のない発表の討論にも参加します。ネット世代にはおそらく、それらは不効率な事と感じられてしまうのでしょう。むしろ必要な情報だけをネット上で(オ)ジンソクに入手し、自分のテーマと関係のあるサイトで知的(b)パラダイムを共有し、同様のテーマを扱う人たちとデジタルでやり取りしていったほうが効率的と思われてしまうかもしれません。

ここに大きな落とし穴があります。[注二]フィルターバブルが生じるのは、世論やサブカルチャーの世界だけではありません。学問的な知識創造の世界でも、同じことが生じ得るのです。

D

たしかにネット社会化は、集合知の次元で、これまで不可能だった知的創造も可能にしています。社会運動の面でも、「アラブの春」から香港の「雨傘運動」や台湾の「ひまわり運動」、それに米国の「#Me Too」や「#Never Again」といった(c)ムーブメントまで、ネットに媒介された集合知を抜きにしては生じ得なかったでしょう。インターネットは、かつて[注三]ユルゲン・ハーバーマスが論じた文芸的公共圏と政治的公共圏の関係を、電子情報的かつグローバルに拡張させてもいます。しかし、それらは記録知との協働的な結びつきを失い、その場、その場で爆発的に盛り上がる（炎上する）集合知や集合行動である限りにおいて、結果的にフィルターバブルや排他的(d)ポピュリズムを生んでいく温床にもなるのです。

そしてその一方で、グローバル資本主義の中で巨大な記録知が、高度なAI技術に媒介された監視ネットワークとして私たちの社会の内部に広がりつつあります。状況は深刻であり、巨大で高速です。新しいデジタル技術環境の中で、私たちは知的創造の基盤たる開かれた集合知と記録知の協働をいかにして奪還していくことができるでしょうか？

（吉見俊哉『知的創造の条件』より。一部改変・省略）

[注一]　イニス——ハロルド・イニス。カナダのメディア学者（一八九四—一九五二）。

[注二]　フィルターバブル——インターネットの環境で、ユーザーが自分の関心に合うニュースや記事とだけ接するようになること。

[注三]　ユルゲン・ハーバーマス——ドイツの哲学者・思想家（一九二九—）。

問一　傍線部(ア)～(オ)のカタカナに該当する漢字と同じ漢字を（傍線を付した部分の漢字表記に）含むものを、次の各群の選択肢①～④の中からそれぞれ一つずつ選び、その番号をマークしなさい。解答番号は(ア)— 15 、(イ)— 16 、(ウ)— 17 、(エ)— 18 、(オ)—

タル知識が爆発的に増えており、それらは私たちの「人間的」対話によって形作られる集合知の次元をはるかに超えてしまっているのです。

他方、ネット社会化の中で、集合知の次元でも記録知との結びつきが失われつつあります。様々なソーシャル・メディアの発達により、誰しもが発信者となることで私たちの集合知も爆発的に拡張し、その流通の速度も速まりました。私たちは必要な情報にアクセスしようと思ったら、図書館に行って関連のありそうな本を読んだりしなくても、グーグル検索で一瞬のうちに情報を得ることができますし、背景的な知識もウィキペディアですぐにある程度は得ることができます。発信にしても、フェイスブックやツイッターで個人がどんどん情報発信していくことは容易ですから、本にして出版することの必要性は低下しています。つまるところ、蓄積型の記録知の回路を経なくても、情報はどんどん入手できるし、発信もでき、それらはグローバルに結びついていくのです。

A

これは、大学で営まれてきた知的創造に重大な変化をもたらします。大学での学びも、基本的には集合知と記録知の協働という性格を持ちます。ただそれは完全にオープンなわけではなく、選ばれた学生と教師の間での閉じられたしかしより深い学びである点において特殊なわけです。そうした限られた人々は、教師と学生の討論の場である教室と図書館、あるいは実験室や調査のフィールドを往還する仕方で学びを深めてきました。このうち教室での授業は、知的な会話を中核とする集合知の次元に属します。教室以外でも、大学には様々なワークショップや研究会、教師と学生の間のチュータリング（研究指導）、学会や国際会議での発表といった様々なタイプの集合知の営みが集中しています。

B

他方、学術的な専門書や研究資料を集積した大学図書館は、大学の知的創造性にとって根幹的な施設です。人文社会系はもちろん、理系においても、大学図書館の利用なしに優れた研究成果が出ることは稀でしょう。つまり大学での知的創造は、キャンパス内の集合知の場と記録知の場を往還する仕方で営まれてきたし、それが創造の根本条件だったのです。

C

しかし、ネット社会が拡大していくと、情報の量的拡大と高速化、そしてアクセシビリティが容易になるなかで、このような複雑な往還が効率の悪いものとして(エ)ウトんじられていきます。ネット検索があれば、わざわざ図書館まで行かなくてもいいし、e-learningの仕組みがあれば、わざわざ教室まで行かなくてもいいのです。図書館で本を探し回れば、どうしても実はあまり関係のない本まで読んでしまい、教室での討論に参加すれば、ンな市民層も巻き込んでいき、文学への大衆的な読書欲を高めていったのです。各地に設立されていった①公共図書館は、そのような草の根的な読書クラブの活動の原因というよりも結果でした。つまり記録知は、集合知の活動を基盤にしてこそ豊かに発展していくことができたのです。

他方、エンサイクロペディアのような集合知の活動も、近代を通じて記録知と一体をなしてきました。すでに論じたように、エンサイクロペディアは、数十冊の出版された「百科事典」である以前に、異なる立場、認識をネットワーキングしていく知的運動であったわけですが、しかしそれでも、そのような知的運動の成果が「百科事典」という形で出版されていくことは決定的に重要でした。日本では「研究会」と総称される活動が知的ネットワーキングの重要な部分を担ってきましたが、その代表格たる明治文化研究会も、(イ)ユイブツ論研究会も、思想の科学研究会も、基盤を支えていたのは出版産業のシステムでした。

私事になりますが、私自身もまだ大学院生だった頃、雑誌『思想』の編集長をしていた合庭《あいば》惇《あつし》さんという一九七〇年代の岩波書店を代表する編集者だった方に誘っていただき、同書店で開かれていた錚々《そうそう》たる面々が集う研究会の末席に参加させていただいていました。それは出版社の研究会でありながら、出版そのもの以上に批判的な知の交歓が目的で、ひょっとすると出版は集うためのタテマエという面もなきにしもあらずの会でした。それでも、出版社が媒介することは、その集まりには必要不可欠でした。日本の出版社は、大学も、学会も成せない集合知と記録知を結ぶ役割を、長きにわたって果たしてきたのです。

つまり、グーテンベルクの印刷革命以降、出版社と図書館、エンサイクロペディアや研究会というように、数百年の歳月をかけて様々な仕方で集合知と記録知を協働させる仕組みが発達してきたのです。そしてこれらが、近代社会における知的創造の基盤をなしてきました。

ところが、およそ五〇〇年にわたって続いた印刷革命の時代が終わり、二一世紀初頭、人類はデジタル革命の(ウ)ホンリュウに巻き込まれています。この過程で知的創造に生じている深刻な危機は、この二つの知、記録知と集合知の協働の環が失われつつあることです。

一方で、記録知についていえば、デジタル的に記録される情報の総量が爆発的に増えたことにより、今日の記録知は、私たちの人間的な想像力や思考力をはるかに超えてグローバルなコンピュータ・ネットワーク上に、あるいはＧＡＦＡ企業や米国政府、中国政府の超巨大サーバーに蓄積されています。それらの情報には私たちが意識的に発言したり、書き残したりした記録だけでなく、無意識的な行動履歴や生体に関する情報、偽造された情報も含まれています。それらはもはや、私たち自身が構造化できる水準を超えているという意味では人間的知識とは言えませんが、コンピュータが学習し、構造化しているという意味で、やはり単なる情報の集積というよりも体系化された知識なのです。今日、そうした「非人間的」なデジ

問八　本文の論旨と整合しないものを次の選択肢①〜④の中から一つ選び、その番号をマークしなさい。解答番号は 14 。

① 「証拠に基づく政策」とは、医学における「証拠に基づく医療」の考え方を経済学の分野に転用したものである。

② ある公共政策の当否を証拠に基づいて議論する際に、分析者の規範的判断が無自覚に影響を与えることがある。

③ 現代では、公権力に限らず、広く資源を利用する者が利害関係者に対して説明責任を負うと考えるのが適切である。

④ ウェーバーは、社会研究者が、価値判断の影響を受けないで経験的事実を認識するための方法について論じた。

二　次の文章を読んで、あとの設問に答えなさい。

図書館とエンサイクロペディアは、近代における知的創造を支えてきた二つの基幹的な仕組みでした。しかし、この二つの働き方は異なります。〔注一〕イニスの区分によれば、図書館は時間志向のメディア、つまり過去からの知を蓄積し、再利用可能にしていく仕組みです。ここでは、歴史を越えて循環するメディアに集積していったこうした知を「記録知」と呼んでおきたいと思います。他方、エンサイクロペディアは異なる領域を横に越境していくメディアで、過去からの知の継承よりも、同時代の様々な立場の認識をつないでいくところに創造性の源泉があります。ここでは、このような領域横断的なメディアで流通する知を「集合知」と呼んでおきたいと思います。前者の記録知の媒体には、図書館だけでなく、文書館や博物館、デジタルアーカイブなどが含まれます。他方、後者の集合知には、古典的なエンサイクロペディアだけでなく、今日のウィキペディアはもちろん、無数のソーシャル・メディアが含まれてきます。

結論として主張したい最も重要な点は、知的創造にはこの二つの次元、つまり記録知と集合知の協働が決定的に重要だということです。そして実際、今日のようなネット時代に至る以前から、近代の記録知には集合知的な次元が含まれ、集合知には記録知的な次元が含まれていました。近代の公共図書館を発展させてきた強力な(a)モメントは、市民の間での読書クラブの運動です。すでに百科全書派が活躍した啓蒙時代から、読書するクラブ的な組織が市民層に広がり、その会員たちが図書館の熱心な利用者となっていました。この横断的なネットワーク組織が、一九世紀にはより(ア)コウハ

② 公共政策の目的達成により各人の得る利益が多様であるため、政府による公正な評価が求められること。

③ 公共政策において、問題の解決という結果よりも、議論を重ねて公平感を確保する過程が重要になること。

④ 公共政策により、すべての人々の幸福ではなく、政治における多数派の利益が追求されるようになること。

問六　傍線部③「社会科学、あるいは社会研究が、経験科学であって、規範科学ではないと考える研究者は多い」とあるが、多くの研究者はなぜこのように考えているのか。その説明として最も適切なものを次の選択肢①～④の中から一つ選び、その番号をマークしなさい。解答番号は 12 。

① 人々の手本となるような研究を目指すのではなく、社会の役に立つことを目指すべきだと考えるから。

② 社会で支配的な意見に囚われていると、研究者の経験からの発想に制限がかかると考えるから。

③ 何が正しいかについての研究者の判断が混入すると、研究の客観性が損なわれてしまうと考えるから。

④ 一部の人の理想的な生き方ではなく、普通の人々の生活の中での経験を大切にするべきだと考えるから。

問七　空欄 X にあてはまる文として最も適切なものを次の選択肢①～④の中から一つ選び、その番号をマークしなさい。解答番号は 13 。

① つまり、自分の視点・立脚点を明確に意識しつつ、価値観を持ちながらもそれに囚《とら》われずに、自由に見ることなのだ。

② つまり、自分の視点・立脚点を明確に意識することで、他者の意見に振り回されず自由な価値観を持てるのだ。

③ それは、自分の視点・立脚点に意識的になるという点で、正しい政策選択を妨げる科学的論証の客観性から自由になることだ。

④ それは、自分の視点・立脚点を意識することを通じて問題の本質を明確にし、その解決に向けて意識を集中させることなのだ。

問三 空欄 [a] ・ [b] （bは二箇所とも同じ語句が入る）にあてはまる語句として最も適切なものを、次の選択肢①～④の中からそれぞれ一つずつ選び、その番号をマークしなさい。解答番号はa― [8] 、b― [9] 。

[a]

① 一気呵成《かせい》に　② 一進一退で　③ 一朝一夕に　④ 日進月歩で

[b]

① 公明正大な　② 無色透明な　③ 万古不易の　④ 右顧左眄《さべん》の

問四 傍線部①「根本的な違い」の説明として最も適切なものを次の選択肢①～④の中から一つ選び、その番号をマークしなさい。解答番号は [10] 。

① 方針の採択根拠として証拠を示すことに意味があるか否かの違い
② 利害関係者の間で方針決定に関する情報が共有されるか否かの違い
③ 民間人の間の問題であるか、税金を財源とする政府の施策であるかの違い
④ 利害関係者の間で目標に対する価値評価が一致しているか否かの違い

問五 傍線部②「問題が『政治化』する」とは、どういうことか。その説明として最も適切なものを次の選択肢①～④の中から一つ選び、その番号をマークしなさい。解答番号は [11] 。

① 公共政策の選択に際して、価値観の異なる利害関係者の間で対立が生じ、集団間での調整が必要となること。

(オ) カイム　5

① 敵討ちを果たして武士のホンカイを遂げる
② 襲ってくる猛獣からムガムチュウで逃げる
③ 内閣官房長官が法務大臣をケンムする
④ 遺体をカイボウして死因を調べる

問二　傍線部(a)・(b)の表現の本文中の意味と最も近いものを、次の各群の選択肢①～④の中からそれぞれ一つずつ選び、その番号をマークしなさい。解答番号は(a)―6、(b)―7。

(a) 一筋縄ではいかない　6

① いい加減なやり方では納得が得られない
② 手軽な手段を選ぶと思うままにできない
③ 普通の方法によるのではうまく扱えない
④ 試行を繰り返さないと目的を達成できない

(b) 等閑　7

① 物事を軽くみて注意を払わないでおくこと
② その場限りの間に合わせの対応をとること
③ 異なる事物の違いを無視して平等に扱うこと
④ 暇つぶしの目的で関与し乱暴に処理すること

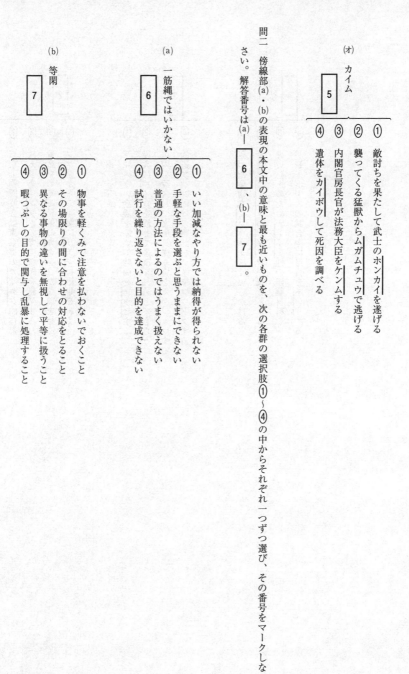

(イ) カクリツ 2

① 東京動物園協会は東京都のガイカク団体だ
② 教え子をインソツして史料館を見学する
③ 遺産をめぐる兄弟のカクシツが悲劇を招く
④ ファンからの手紙にリチギに返事を書く

(ウ) マカナ 3

① 意味のない会議を開いて時間をクウヒする
② 役人にワイロを渡して違反を見逃してもらう
③ 店内を改装して文房具売り場をカクジュウする
④ 鉄道ファン向けの雑誌をテイキコウドクする

(エ) ネントウ 4

① 狙った獲物をシュウネン深く追いかける
② 会社でエイネンキンゾク者が表彰される
③ 火災防止のためナンネン性の建築材料を使う
④ バレーボールの試合中に足首をネンザする

除せよと論ずることも認めない。彼は、先に挙げた、経験的事実として「そうあること（Sein）」と先験的原理に基づいて「こうあるべきこと（Sollen）」の原理的区別を強調しているのである。

経験科学にとっては、目的に対する手段の適合性はある仮定の下で確定することができる。すなわち採用された手段がどのような副作用を伴うのかを明らかにすること、手段が生み出す結果を比較することは可能であろう。いろいろな手段はそれぞれ別々の結果をもたらすが、そのいずれを採択するのかは認識の問題ではなく、価値判断の問題である。ウェーバーは、この目的を生み出す理念は何であり、目的と理念の間に内的な関連が認められるのかを分析することが、経験科学のなしうる作業であると指摘するのだ。

要約すると、社会研究の中で、経済学の理論からだけでは「何をなすべきか」に答えることはできないということになる。「何をなすべきか」は理念であり、価値観なのだ。繰り返しになるが、重要なのは、ウェーバーは決して価値判断を回避せよと言っているのではない。客観性を重んずるあまり（装うあまり）に、「価値判断」を軽視することや、「価値判断ではないと思い込む」ことを厳しく戒めているのだ。社会研究があたかも、［ｂ］、中立的な手法で問題を解析していると考えてはならない。この点を理解することの重要性は強調してもし過ぎることはない。

（猪木武徳『経済社会の学び方』より。一部改変・省略）

問一　傍線部(ア)～(オ)のカタカナに該当する漢字と同じ漢字を（傍線を付した部分の漢字表記に）含むものを、次の各群の選択肢①～④の中からそれぞれ一つずつ選び、その番号をマークしなさい。解答番号は(ア)―［1］、(イ)―［2］、(ウ)―［3］、(エ)―［4］、(オ)―［5］。

(ア)　リンショウ　［1］

① 行楽シーズンにリンジ列車が増発される
② 新作映画が評論家のゲキショウを受ける
③ 庭仕事の合間にリンジンと世間話をする
④ 不休でショウビョウ兵の治療にあたる

ＥＢＥＰと客観性の問題点は近年突然指摘され始めたものではない。ここにも学問上の短くはない論争史がある。主役はマックス・ウェーバー（一八六四―一九二〇）である。

ウェーバーは、「社会科学と社会政策に関わる認識の「客観性」」（１９０４）、「社会学的および経済学的科学の「価値自由性」の意味」（１９１７）においてこの問題を論じている。いわゆる「価値からの自由（Wertfreiheit）」をめぐる議論である。

現代では、③社会科学、あるいは社会研究が、経験科学であって、規範科学ではないと考える研究者は多いが、政策論に関しては「こちらの政策より、あちらの政策」というように、選択が問題となるとき、そこに何らかの「規範性」が持ち込まれることは避けられない。だが経済学の場合、規範性、あるいは価値の上下関係の判断について無自覚になりがちなことは否めない。しかし政策目標の選択だけでなく、証拠そのものの「客観性」について考えることは(b)等閑にはできないのだ。

われわれは一般に、経験的事実として「そうあること（Sein）」と先験的原理に基づいて「こうあるべきこと（Sollen）」は別物で、はっきりと区別できると思い込んでいる。そしてこの二つ、すなわち「客観的」科学的論証と研究者の倫理的・政治的判断を混同すべきではないと考える。こうした学問への姿勢は基本的には正論であり、正論であるがゆえに反論はできない。

しかしウェーバーは、問題をこの区別だけには終わらせなかった。彼は、研究者は常に［ b ］政治的立場に身を置くということはありえないと見る。したがって研究者が実践的な価値判断から自由でなければならないとは考えなかった。ましてや善悪の判断や信念を持たないことを求められているともみなさなかった。

ウェーバーの考えは先に挙げた彼の論考そのものを読むことが重要なので、ここではその論点だけを大まかに示すにとどめる。われわれは一般に「客観的」という言葉を使うとき、「主観的」な価値判断をすべて排除した認識や議論を意味すると考える。しかし「主観的な価値判断をすべて排除する」ということは果たして可能なのであろうか。われわれは常に何らかの視点に立脚してものを見て考えている。その視点そのものが「客観性」を保証するような根拠はどこにもない。自分の主観的な視点に無意識であること、無自覚であることこそ、その視点を対象化・相対化して見ることの妨げになってしまう。むしろ自分の立脚点を明確に意識することこそが、ウェーバーの価値自由（Wertfreiheit）の意味するところなのだ。

［ X ］

このように、ウェーバーは、経験科学としての社会研究が価値判断をなしうると主張することも、価値判断は科学ではないから科学的議論から排は①根本的な違いがある。治療の場合は、患者の治療という点では医師と患者の目指すところ（利益）は一致している。そのためいかなる治療を選択するのかについて、「目標価値」の不一致はほとんどの場合ない。しかし公共政策においては利害関係者の目標が一致しないことが多い。そうした場合、どの政策を選択するのかについて、「価値」の選択をめぐる争いが表面化することは避けられない。すなわち②問題が「政治化」するのだ。その場合、仮に「証拠」が信用できる質のものであっても、ＥＢＥＰによって問題が解決するわけではない。ここに医療と公共政策との違いがある。

公共政策の場合、ある政策を採択する根拠としてＥＢＥＰが重要な役割を果たすようになるのは、採択された政策の財源が主として税金で(ウ)マカナわれるため、その説明責任（accountability）が必要となるからである。

近年、日本の政治家によって「説明責任」という言葉が多用されているが、元来は公権力が税金を使用することを十分説明できるかどうかを意味する言葉であった。政府や行政機関は納税者である国民に対して政策の採択理由の説明を、経営者は株主に対して財務状況や経営戦略について経過報告を行う。科学者も、研究内容を社会に対して説明する義務があると考えられるようになった。資源を利用する者が、利用を認めた利害関係者に対して、その適正な利用と保全に関して説明し報告すべきだという考えは至極自然なものといえよう。

説明責任（accountability）という言葉は、計算や会計を意味するaccountから派生している。立憲政治の母国イギリスでは、中世以降、国王による課税は議会の承認を必要としたが、税金の使途について、国王はその「会計」を議会に報告する責務を負った。王様が公的資金をどう使ったかを監査するというシステムの生成と議会制民主主義の発展は同時に進行したのである。説明責任と会計報告がその起源において表裏一体の関係にあったため、accountabilityという言葉が使われた。

公共政策において、「証拠に基づく政策」の「証拠」として多くの情報の中からその政策目標に合致するような証拠が選び取られたのではないか、という見方が生ずるのは避けられない。すでに選択された政策が(エ)ネントウにあって、その政策をサポートするようなリサーチが行われることも(オ)カイムではない。ある政策の帰結が、複数の、あるいは多数の要因による「因果関係」から発生しているとすれば、政策に都合のよい証拠だけを選んでいるという疑念を軽視することはできない。「証拠に基づく政策」はevidence-based policyではなく、policy-based evidence making（政策に基づいた証拠集め）だと揶揄《やゆ》される理由もここにある。もちろんこの指摘は、決してＥＢＥＰすべてを否定するものではないが、証拠（evidence）の客観性（objectivity）とその証拠の選び方の問題は避けられない。ところがこの客観性という概念が、どうも(a)一筋縄ではいかない厄介なものなのだ。

国語

（六〇分）

一　次の文章を読んで、あとの設問に答えなさい。

近年、経済学の分野でも、「証拠に基づく政策（ＥＢＰ）」という言葉がよく使われるようになった。証拠（evidence）なしに主張するよりも、証拠のある方が、信頼性が高く説得力も増すという意味では、証拠に基づく経済政策（ＥＢＥＰ：Evidence-Based Economic Policy）の重要性は否定すべくもない。しかし問題はそれほど単純ではなさそうだ。

「証拠に基づく政策」という言葉は、元は医療や診療の場で生まれた「エビデンスに基づく医療」に由来している。医療研究で得られた十分な証拠に基づいて施される医療行為を指す。近年、特に(ア)リンショウ結果（治療結果や珍しい症状のケーススタディー）が症例・論文として数多く医学誌に発表され、こうした知識に基づく医療方針を一般的なものとみなすようになってきた。それは、医療従事者の業績が評価される制度が明確な形で(イ)カクリツしたこととも関係するといわれる。医療現場から生産・蓄積されるこうした膨大な数の医療データに、数々の統計処理を施すことによって、医師の決定をより根拠のある確実なものにできると考えられるようになったのだ。

抗がん剤に見られるように、治療法は［　a　］向上している。したがって医者は常に最新の医学・薬学情報を得ておかねばならない。さもないと治療が好ましくない結果をもたらした場合、裁判に持ち込まれる可能性もある。最新の治療法を知っておくことが医師と患者双方にとって重要になってきたのだ。

こうした「証拠に基づく医療」という考え方が、公共政策、特にミクロの経済政策の分析に転用されるようになった。ただし、医療と公共政策に

解答編

英語

I　解答　問1．③　問2．②　問3．③　問4．④　問5．④

II　解答　問1．③　問2．④　問3．③　問4．③　問5．④

◀解　説▶

問1．「教会や政党などによって掲げられ教えられる信条もしくは一連の信条」とは，doctrine「教条」である。

問2．「その種で唯一であること，他の何物とも似ていないこと」とは，unique「独特な」である。

問3．「他の誰かと同じ状況になりたいと望む気持ち，他の誰かが持っている何かを欲しいと思う気持ち」とは，envy「ねたみ，嫉妬」である。

問4．「長く続くとされている組織や制度などを始めたり作り出したりすること」とは，establish「設立する」である。

問5．「不確かさや，不安を感じるがゆえに，何かをする前に，しばらく立ち止まって待つこと」とは，hesitate「ためらう」である。

III　解答　問1．②　問2．④　問3．②　問4．④　問5．①

◀解　説▶

問1．「飲酒した後に運転するのは，全く問題外だ」

文意に沿うのは②out of the question「問題外である，絶対にありえない」のみ。①「当分」　③「上空に」　④「長い目で見れば」

問2．「私たちは新しいプロジェクトにあなたの助けを必要としている。どうか急がずによく考えてください」

④take your time「時間を取る，ゆっくりとする，急がない」が最適。①「からかう」 ②「かっとする」 ③「口出ししない」

問3．「今夜はパーティに行ける気がしない。明日までに終わらせる仕事がたくさんある」

feel up to *doing*「～ができると感じる，耐えられそうな気持ちである」で，動名詞が続けるのは②のみ。①「～の代わりをする」 ③「～を利用する」 ④「～と仲よくする」

問4．「私たちはこれらの少女たちが今でも未成年であることを考慮に入れなければならない」

that 節を後ろに取れるのは④のみ。take into account that～「～だということを考慮に入れる」 ①「向上する」 ②「～を自由に取る」 ③「やりくりする」

問5．「一日中ベッドにいた後，ようやく私の頭痛は治った」

①を入れれば，頭痛が治るという意味になる。get rid of～「～を取り除く」 ②「～を楽しみに待つ」 ③「～に手を貸す」 ④「～を利用する」

Ⅳ　**解答**　問1．②　問2．③　問3．①　問4．②　問5．④

◀解　説▶

並べ替えた英文は，以下の通り。

問1．Having been told what to do when he (got lost, the little boy did not panic.)

選択肢に接続詞がないことから分詞構文になり，Having been told が文頭に来るとわかる。「どうすべきか」は what to do。

問2．(You) should not have brought such an expensive gift (to me.)

「こんな高価な贈り物」で such an expensive gift を選べる。日本語は「いただけませんよ」だが主語は You なので，残りの動詞 brought を使って should not have brought「(あなたは) くれるべきでなかった」と続けられる。

問3．(I) never read this book without finding something new (in it.)

選択肢に without があるので，「新しい発見なしに読むことはない」と考えられる。without *doing*「～することなしに」

問4．(I washed my hair) only to realize there was no hair dryer (in that room.)

only to *do*「結果〜することになる」は結果が期待外れや驚きであることを表す。

問5．Provided the streets to the airport are not (too busy, I prefer to go by bus.)

provided that 〜「もし〜ならば」の that が略されている。「空港までの道」the streets to the airport

V 解答

問1．② 問2．① 問3．③ 問4．② 問5．①
問6．③ 問7．④ 問8．② 問9．④ 問10．③

◆全　訳◆

≪悪魔との約束に勝った男≫

かつて，とても勇敢な兵士がいた。戦える戦争がある限り，彼はすべて満足だった。しかし，戦争が終わったとき，彼は他の仕事を見つけなければならなかった。

両親は亡くなっていて，それゆえ彼にはもはや家などはなかった。かわいそうな兵士に残っていたのは彼の銃だけであった。彼は銃を肩に担いで広い世界へと歩き出した。

しばらくして，彼は，円状になった木々しかその上にない大きな丘へとやって来た。木々の下に彼は座った。そこで，彼は自分の悲しい人生について考えた。

「俺には金はない」彼は考えた。「兵隊の仕事しか俺は習ったことがない。今では戦争が終わって，軍隊は俺を必要としない。飢え死にするしかないとわかっている」

突然，彼は物音を聞いた。兵士が周りを見ると，見知らぬ者が彼の前に立っているのが見えた。その男は灰色のコートを着ていた。彼はとても偉そうに構えていたが，ヤギのような醜い両足をしていた。

「お前の欲しいものはわかっている」この見知らぬ男は兵士に言った。「金と他の品々をお前は手に入れるだろう。使うことができるだけたくさんだ。しかしまず，お前が臆病者でないかどうかを確かめねばならぬ」

「兵士たる者は臆病者ではありえない！」 兵士は言った。「どんなテストをしてもいいぞ」

「よし」見知らぬ者は返事をした。「お前の後ろを見よ」

兵士は振り返り強大なクマを見た。クマは空腹そうに彼を見た。

「おー！」兵士は叫んだ。「お前のためにお前の鼻をくすぐってやろう。そうすれば，そんな風にもううなったりしないだろう」彼は銃を持ち上げて，クマの頭を撃った。

クマは地面に倒れ，動かなかった。すると見知らぬ者は言った。「お前に勇気があることはよくわかった。しかしお前が通らねばならぬテストがもう１つある」

「それが俺に幸せな将来をもたらすのならば」兵士は言った。「それをしてやるよ」

「それはいずれわかることだ！」見知らぬ者は言った。「これがテストになる。次の７年間，お前は身体を洗ってはいけない。髪の毛も髭も櫛でとくな。爪を切るな。これらのことをすると言えば，このコートをお前にやろう。それをいつも着ているのだ。洗ってはいけないことを覚えておけ。７年以内にお前が死んだら，お前は俺のものだ。お前が生きていたら，生きている限り，お前は金持ちで自由になる」

兵士はしばらく考えた。ついには，彼はそのテストに同意した。

すると邪悪な見知らぬ者は灰色のコートを脱いで，それを兵士に渡した。悪魔は言った。「手をコートのポケットに突っ込めばいつでも，お金がそこにあるだろう」

次に悪魔はクマの皮をはいだ。悪魔は言った。「この皮はお前のマントであり，お前のベッドになるだろう。その上で寝なければならない。他のどんなベッドにも横たわってはいけない。これから，お前はベアスキン（クマの皮）と呼ばれるのだ」

そして悪魔は消えた。

兵士はコートを着た。彼は本当にそこにお金があるのか確かめるため，両方のポケットに手を入れた。ポケットの内側にはたくさんの金貨があった。それから，彼はクマの皮を自分に巻きつけて，自分をベアスキンと呼んだ。

ベアスキンは自分の幸運に大笑いしながら世界を巡った。目についたものは何でも買った。１年目の間は，彼は他の男たちとほとんど変わらないように見えた。

しかし２年目には，彼は化け物のように見え始めた。彼の髪の毛が彼の顔をほとんど覆っていた。彼の爪はかぎ爪になり，髪の毛と髭は埃まみれだった。彼を目にした者は皆逃げ出した。

しかしベアスキンは悪魔の言葉を覚えていた。彼は至る場所の貧しい人々に金貨を与えた。すると，彼らは７年の間に彼が死なないように祈るのだった。彼は自由に自分のお金を与えたので，夜に眠る場所は簡単に見つかった。

４年目に，ベアスキンはある宿屋へやって来た。そこの主は彼を宿屋へ入れようとはしなかった。馬小屋にも滞在させようとはしなかった。主はベアスキンが馬たちを脅かすと思ったのだ。

しかしながらベアスキンはポケットに手を入れて，手のひらいっぱいの金貨を取り出した。宿屋の主はそうすると気が変わった。主はベアスキンに宿屋の後ろにあるいくつかの建物の１つの場所を与えた。しかし主はベアスキンに決して姿を見せないことを約束させた。他の人間が化け物を目撃したら宿屋の評判が悪くなるかもしれないと，主は考えたのだ。

その夜，ベアスキンは１人で座っていた。彼は心から７年が終わればよいと願った。すると彼は隅から変な音がするのを耳にした。その隅のほうを見ると，１人の老人がそこで泣いているのが見えた。ベアスキンはその老人のほうへ向かい始めた。

その老人は飛び上がって逃げようとした。ベアスキンは優しい声で親切な言葉を言うことで彼を立ち止まらせた。しばらく話した後で，その老人はベアスキンになぜ泣いていたのかを語った。その老人は土地とお金を失っていた。

老人と娘たちは飢え死にするしかないだろう。実際，彼はとても貧しくて，宿屋の主人に支払う金さえ持っていなかったのだ。「刑務所に入れられるのはわかっています」老人は言った。

「もしそれが問題なら」 ベアスキンは応じた。「俺は助けることができる。金ならたくさんある」

ベアスキンはそれから宿屋の主人を呼んで，彼にお金を支払った。ベアスキンはまた金でいっぱいの財布を老人のポケットに入れた。

老人は最初どう言っていいのかわからなかった。それから，ベアスキンに言った。「私と一緒に来てください。私の娘たちは皆美人なのです。娘たちの１人をあなたの妻に選んでください。あなたが私にしてくれたことを耳にしたならば，あなたにノーとは言わないでしょう。あなたは普通の人のようには見えないけれど，娘たちはそれについてもすぐにあなたを助けるでしょう」

この考えはベアスキンを喜ばせたので，彼は老人と一緒に行った。

老人の長女は初めてベアスキンを目にしたとき，怯えた。彼女は彼の顔を一目見るなり，叫んで逃げた。

次女は立ち止まって彼を頭の先から足の先まで見た。最後に彼女は言った。「人間のようにさえ見えない夫をどうやって受け入れられるというのですか。家に昔やって来たことのある野生のクマのほうが私を喜ばせたでしょう」

しかし，末娘は言った。「愛するお父さん，この人は良い人に違いありません。彼はお父さんをトラブルから救い出してくれました。お父さんが彼に花嫁を約束しているのならば，お父さんの約束は守られなければならないです」

ベアスキンの顔が埃と髪の毛に隠れていたことは残念であった。隠されていなかったならば，人はそれらの言葉がどれだけ彼を喜ばせたかを目にすることができたであろう。

ベアスキンはポケットから指輪を取り出した。彼は指輪を２つに割って，末娘に１つを与えた。もう一方は自分で持っておいた。彼女のほうの半分にベアスキンは自分の名前を書いた。自分自身のものには，彼女の名前を書いた。彼は彼女に指輪を大切にするように請うた。

それからベアスキンは言った。「あと３年の間，俺はさまよわなければならない。もし俺が戻って来たならば，俺たちは結婚するだろう。もし戻って来なければ，お前は自由だ。なぜなら俺は死ぬだろうから。でも俺のことを生かせておいてくれるように神に祈ってくれ」

ベアスキンが行ってしまっている間，かわいそうな花嫁は黒い服しか身に着けなかった。彼女が自分の婿のことを考えるとき，彼女の眼は涙でいっぱいだった。

姉たちから，彼女はひどい言葉しか受けなかった。

「あなたの手を取ったときの彼の手を見てごらん」 長女は言った。「美しいかぎ爪が見えるでしょう」

「気をつけて！」 次女は言った。「クマは甘いものが好きだから，もし彼を喜ばせたら，彼はあなたを食べちゃうかもよ」

「あなたは忘れずに彼の望むことをしないとね」長女が続けた。「そうしなければ，彼はうなり始めるでしょう」

そして次女が付け加えた，「でも，結婚式は確かに楽しいでしょう，というのも，クマは踊りが上手だから」

花嫁は沈黙したままだった。彼女は姉たちの言うことには，いかなる注意も払わなかった。

ベアスキンは世界をさまよい続けた。彼はそれができるところでは善きことをなし，貧しい人にお金を与えた。このことに対して，彼らは彼のために祈って祈った。

ついに，７年の最後の日が近づいた。ベアスキンは円のようになった木々の下のあの丘へ行って再び座った。まもなく，風が吹き出した。すると，悪魔が彼の前に立ち，怒った顔で彼のことを見た。悪魔は兵士のコートを兵士に投げてよこして悪魔の灰色のコートを返すように要求した。

「まだだよ」 ベアスキンは応じた。「まず俺をきれいにしてもらわなきゃ」

もちろん，悪魔はこの考えが全く気に入らなかった。しかし，自分のコートを返してもらうためにはそうするしかなかった。悪魔は水を幾らか手に入れて兵士を洗った。悪魔は兵士の髪を櫛で整えて爪を切った。このことがなされたとき，男は再び勇敢な兵士のように見えた。実際，彼は以前よりもハンサムになっていた。

悪魔が消えるとすぐに，ベアスキンはとても心が軽くなった。最も近い街へと入って行って，良質なコートを買った。彼は四頭の白い馬が引く馬車を借りた。この馬車で，彼はすぐさま自分の花嫁の家へと向かった。

そこにいる誰にも彼がわからなかった。父親は彼のことを重要人物に違いないと思った。老人はハンサムな見知らぬ男を自分の娘たちに会わせるため招じ入れた。

見知らぬ男は長女と次女の間に座るように求められた。彼女らは彼にワインを提供した。彼女らは食べるのに最もよい食べ物を彼に与えた。

２人の娘はこんなにハンサムな人は誰も見たことがないと思った。同時に花嫁は静かに立ち上がった。彼女はいまだに全身黒の衣服を着ていた。彼女は眼を閉じたまま立ち上がり，一言も話さなかった。

兵士は老人に妻として娘たちの１人を自分にくれるかどうかを尋ねた。すぐさま，長女と次女は立ち上がった。彼女たちは一番かわいい服を着るために自分の部屋へ走った。どちらも，自分が選ばれると思ったのだ。

自分の花嫁と２人きりになったとわかるやいなや，兵士は指輪の自分の分の半分を取り出した。彼はそれをワインの杯の中に落とした。それから彼はその杯を末娘に渡した。

彼の花嫁はその杯を受け取った。彼女はそれを飲み干し，その底に半分の指輪があるのを目にした。彼女はすぐさまもう一方の半分を取り出した，それを彼女はリボンに着けて首にかけていたのだ。彼女はそれらを一緒にした。２つの半分はぴったりと合わさった。

兵士は言った。「私はあなたの花婿です。あなたは最初ベアスキンとして私に会いました。しかし，神の御慈悲により，私は再び人間に戻りました」

これらの言葉とともに，彼は彼の花嫁を腕の中に抱き，彼女にキスをした。同時に末娘の２人の姉たちが部屋に入ってきた。彼女らはとてもハンサムな男性を見た。彼女らは自分たちの末の妹が彼の腕に抱かれているのを目にした。彼女らはまた彼がベアスキンであることを聞いた。

２人の姉はそれから家から走り出た，怒りで叫びながら。

◀解　説▶

問１．②が第３段第２・３文（Under the trees, … his sad life.）の内容と一致する。「木々の下に彼は座った。そこで，彼は自分の悲しい人生について考えた」とある。③の記述はない。①と④はそれぞれ第２段第２文（The poor soldier …），第１段第３文（But when the …）に一致しない。

問２．①が第５段第３・４文（The man was … like a goat.）「その男は灰色のコートを着ていた。彼はとても偉そうに構えていたが，ヤギのような醜い両足をしていた」の内容と一致する。②・④の記述はない。③は第10・11段（"Oh!" cried the … you must pass."）と一致しない。

問３．まず，第13段（"That we shall … as you live."）を参照。①・②は記述がある。③はテストの内容ではない。第15段第２文の悪魔の発言（"Any time you …）に「手をコートのポケットに突っ込めばいつでも，お金がそこにあるだろう」とある。④は第16段（Next, he … called Bearskin."）に記述がある。

問4．①は第18段最終文（Then he put …）「彼はクマの皮を自分に巻きつけて，自分をベアスキンと呼んだ」，③は第20段最終文（Whoever looked at …）「…彼を目にした者は皆逃げ出した」，④は第21段第2・3文（He gave the poor … the seven years.）「彼は至る場所の貧しい人々に金貨を与え…彼らは7年の間に彼が死なないように祈るのだった」に一致。②は記述がない。

問5．②は第24段第4文～第25段（When he looked … and his money.）「…1人の老人がそこで泣いているのが見えた。…その老人は土地とお金を失っていた」，③は第28段（Bearskin then called … old man's pocket.）「ベアスキンはそれから宿屋の主人を呼んで，彼にお金を支払った。ベアスキンはまた金でいっぱいの財布を老人のポケットに入れた」，④は第29段（The old man … you with that."）「老人は…ベアスキンに言った。「私と一緒に来てください。…娘たちの1人をあなたの妻に選んでください。…」と一致。①は先客が裏口から入らせてくれたという記述が第23段第3文（He gave Bearskin …）「主はベアスキンに宿屋の後ろにあるいくつかの建物の1つの場所を与えた」と一致しない。

問6．第35段（Bearskin took … the ring carefully.）「ベアスキンはポケットから指輪を取り出した。彼は指輪を2つに割って，末娘に1つを与えた。もう一方は自分で持っておいた。…彼は彼女に指輪を大切にするように請うた」と③の内容が一致する。①・②・④の内容は第32段第1文（The second one …），第33・34段（But the youngest … words made him.），第36段第3・4文（If I do … keep me safe."）とそれぞれ一致しない。

問7．④が第43段第2文（She did not …）「彼女は姉たちの言うことには，いかなる注意も払わなかった」と一致する。①・②・③は，第37段（While Bearskin was … filled with tears.），第39段（"Look at his … his beautiful claws!"），第42段（And the second … dance well!"）とそれぞれ一致しない。

問8．第47段第1・2文（Of course, the … his coat back.）「もちろん，悪魔はこの考えが全く気に入らなかった。しかし，自分のコートを返してもらうためにはそうするしかなかった」と②の内容が一致する。①は第45段第4文（Then the Evil …），③と④は第47段第3～5文（The Evil One … a brave soldier.）と一致しない。

問9．第52段（The soldier asked … would be chosen.）「兵士は老人に妻として娘たちの1人を自分にくれるかどうかを尋ねた。すぐさま，長女と次女は立ち上がった。…どちらも，自分が選ばれると思ったのだ」が④の内容と一致する。①は第48段第3文（He hired a …），②は第49段第1文（Nobody there knew …）に一致しない。③は記述がない。

問10．第54段第4・5文（She held them … each other exactly.）「彼女はそれらを一緒にした。2つの半分は見事に合わさって1つになった」と③が一致する。①は第53段第1文（As soon as …），②は第54段第1～3文（His bride took … on a ribbon.），④は第55段（The soldier said, … become human again."）と一致しない。

Ⅵ 解答

問1．③ 問2．② 問3．② 問4．① 問5．④
問6．② 問7．④ 問8．③ 問9．① 問10．①

◆全 訳◆

≪リモートワークについて≫

〈リモートワークに関してメディアが深刻に見逃していることもしくは取り違えていることは何かあるか〉

リモートワークは，しばしば，従業員が望み，雇用主は望まないものとして言及される。私の調査は，リモートワークはウィン・ウィンであると示している。従業員にとっては，どこからでも働けるということは素晴らしいことだ。というのはより安い場所へ引っ越しをすることが可能だからだ。自分が住みたい場所に住めるのだ。

雇用主にとって，リモートワークは同様にウィンだ。というのも地元の労働市場から――つまりオフィスがある場所から――雇用することを強いられないからだ。もう一つの大きな利点は生産性だ。アメリカの特許庁では，2012年の時点で，特許調査官がどこからでも働けるようにしたときに，4.4%の生産性向上を記録している。

雇用主にとっての最大のウィンは，どこからでも働けるということが，特に性別や人種の側面においてより公正な労働力につながることだ。地理的な要因のために女性たちがキャリアの機会を逃してきたということを示す，少なくとも20年の調査結果がある。しかし会社がどこからでも働かせてくれるのなら，引っ越す必要はない。

〈今から10年後の仕事の当たり前の姿はどのようになるか〉

今は，一世代に一度の，望まない場所に住むことを人々が強制されない瞬間だ。生涯住む場所を見つける人もいる。引っ越し続ける人もいる。デジタル遊牧民の革命が進行中なのだ。

私たちはおそらく10年後にはこれを「リモートワーク」と呼ぶことをやめるだろう。それをただ単に仕事と呼ぶ。そして仕事はするものであって，行く場所ではないし，住む場所でもない。私の予測では，このプロセスはすべての産業とすべての国において展開するだろう。リモートワークを採用して才能のある人を引き付ける主導的ないくつかの会社と，砂に頭を埋めて（現実から目をそらし）才能のある人を失うことになる出遅れる会社があるだろう。

〈リモートワークの時代には，廊下での立ち話の不足がイノベーションを妨げるかもしれないと，心配する人もいる。それは妥当な心配か〉

廊下での立ち話についての真実は，現実のオフィスの中では，私たちは自分たちにとても近い人々とのみそれをするということだ。同じ10人の人々と，毎日会って話をする。そして人は自分と似ている人と話をする──販売の人間は販売の人間と，研究開発は研究開発と，インターンはインターンと話す。

仮想世界で私たちができることは，はるかに素晴らしい。私が昨年，とある世界的な銀行で行った研究では，私たちは「仮想冷水器」の実験を行った。知らない人々でランダムなグループを作ることで──その人たちとオンラインで出会うわけだが，結果として，インターンが，通常決して親密な会話のために出会わなかったであろう，シニアマネージャーと出会ったことがわかった。そのことはパフォーマンスの劇的な向上と雇用されるチャンスにつながった。

〈マネージャーには，同僚と対面で全く働かないならば，多くを失う可能性があると，主張する人もいる。マネージャーからの抵抗をどのように判断するか〉

彼らの前に証拠が差し出される必要があると感じる。どこからでも働く私のモデルにおいては，たくさんの交流がある。25％の時間は，チームと一緒の場所にいたり，後輩を指導していたり，チームで夕食に出かけていたり，思い出作りをしていたりする。

オフィスは再設計される必要がある。個人用の仕事ブースと役員室を持つ代わりに，私たちはより多くの会議室，そしてチームが一緒に食事を料理できる共同のキッチンを持つ必要がある。その25％の時間はチーム内の絆を深め，仮想冷水器は会社内でのあなたの社会的ネットワークを広げるのだ。

〈それでも，ゴールドマン・サックス・グループ社のような金融大手は，リモートワークは逸脱だと言って従業員を呼び戻すことに固執している〉

金融アナリストの仕事が，幾らかの独立した仕事と幾らかの共同の仕事を必要とする異なった産業の仕事と，何か違いがあると私は思わない。特定のモデルに固執するのは，むしろ特定の最高経営責任者の選択の問題だと思う。

しかしフィンテック（情報技術を活用した金融サービス）の分野においては，柔軟性がより多く提供されそうだ。もしも柔軟性に関して投資銀行が遅れをとり，フィンテックが柔軟性を歓迎するならば，最高の才能を持った人々の一部が，その方向に移動することが推測されるだろう。

〈例えばボルトのようなシリコンバレーのスタートアップ（新興企業）は週4日勤務へ移行することを最近決断している。より多くの企業が例に倣うか〉

私には違う哲学（考え方）がある。誰かが何日，何時間働くかについて私たちは気にするべきではない。

すべての仕事や課題には客観的指標があるべきで，それは成果に基づくものだ。もしある従業員がそれらの指標を2日で達成することができるなら，それでよい。時間を数えることをやめるべきだということの，私は揺るぎない信者だ。人には，したいときに，したい時間だけ，したい日数だけ働く柔軟性を与え，彼らの仕事にのみ注意を払うべきだ。

◀解 説▶

問1．*A* is pitched as *B*「*A* は *B* として設定されている」→「～だとよく言われる」 something that employees want の that は関係代名詞の目的格。employers don't に続くべき want が省略されている。下線部①訳

は「リモートワークは，しばしば，従業員が望み，雇用主は望まないものとして言及される」となる。③がこれと同意である。

問２．①は第２段第１文（For employers, it's…），③は第１段第３文（For employees, it's…），④は第３段第１文（The final win…）とそれぞれ一致する。②は記述がない。

問３．第３段（The final win…have to relocate.）より，リモートワークはどこからでも働けて引っ越しをする必要がないということであり，それは②地理（geography）の要因で女性が就職の機会を失うことがなくなることを意味すると読み取れる。

問４．norm とは「基準，標準」のこと。第４段第１文（This is a…），第５段第１・２文（We will probably…where you live.）の内容が選択肢①の内容と一致する。

問５．hallway conversation「廊下での会話」とは，従業員同士が廊下で実際に顔を合わせて立ち話をすること。それによって企業内のコミュニケーションが深まるということを想定して，リモートワークに反対する人々がよく引き合いに出す。④が正解。

問６．第７段（What we can…of being hired.）で述べられている「仮想冷水器」の実験とは，様々な人が集まる井戸端会議的な場所を仮想で作る実験である。第７段第３・４文（With a random…of being hired.）で，仮想の世界では，通常決して出会わない人と会うことが可能であるということを述べているので②が正解である。

問７．下線部に続く第９段第２文（Instead of having…）で，個人用の仕事ブースでなく会議室や共同キッチンを作るべきと述べられている。回答者は，現実の会社内に社員の交流スペースを増やすべきだと述べているので，④が正解となる。

問８．選択肢①は第 10 段（I don't think…a certain model.），②は第 11 段第１文（But in the…），④は第 11 段第２文（If investment banks…）の内容と一致する。③は記述がないのでこれが正解となる。

問９．最終段第１文（Every job and…）「すべての仕事や課題に客観的指標があるべきで，それは成果に基づくものだ」が，選択肢①の内容と一致するので①が正解となる。

問 10．firm believer「固く信じるもの」である。①は「私たちのクライアントはその件に関して確固たる決断にまだ至っていません」なので①が正解となる。②「この会社はよりお得な価格でより速くサービスを提供する」 ③「彼はパリで違う会社を始めようと考えている」 ④「その会社の従業員は高額のボーナスを見込んでいる」

日本史

I　解答

問1．③　問2．③　問3．①　問4．④　問5．③
問6．②　問7．④　問8．④　問9．②　問10．③
問11．④　問12．①　問13．③　問14．③　問15．②　問16．①
問17．④　問18．③　問19．④　問20．①　問21．①

◀解　説▶

≪原始～現代の政治・外交≫

問1．③誤文。GHQの指示により憲法改正に向けて憲法問題調査委員会を設置したのは，第1次吉田茂内閣ではなく幣原喜重郎内閣である。

問2．③誤文。大規模な環濠集落や防御用の施設を持った吉野ケ里遺跡は，福岡県ではなく佐賀県に位置する。

問4．④正文。天武天皇は国史編纂事業の開始を命じたが，それがのちの奈良時代における『古事記』『日本書紀』編纂へとつながった。

①・③誤文。庚寅年籍作成・藤原京完成はいずれも持統天皇の時代。

②誤文。和同開珎鋳造は元明天皇の時代。

問5．③誤文。令外官の検非違使は，嵯峨天皇が平城京ではなく平安京の治安維持にあたらせるために設置したもの。

問6．②誤文。院政をつかさどった院庁では，摂関家ではなく摂関家に冷遇されていた中・下級貴族が院司として仕えた。

問7．④誤文。番役は「戦時にのみ」ではなく，平時にも課された警護の務めである。

問8．④誤り。三好氏の領国は下総ではなく阿波。

問9．②誤文。江戸時代，浮浪した者や犯罪者は私奴婢ではなく無宿人とされた。

問10．③が正しい。イ．版籍奉還の上表（1869年）→ア．解放令布告（1871年）→ウ．徴兵令布告（1873年）→エ．廃刀令布告（1876年）の順。

問11．④誤文。豊臣秀吉は慶長金銀ではなく天正通宝（金・銀銭）を鋳造した。

問12．①誤文。江戸時代における禁裏御料は約3万石で，400万石の幕府直轄領（天領，幕領）とは相当の差があった。

問13. ③誤文。徳川綱吉が大学頭に任じたのは，林鵞峰ではなく林信篤である。

問14. ③正文。尊号を贈ろうとして幕府に拒否された尊号一件（事件）によって，公家が処罰された。

①誤文。竹内式部は国学者ではなく神道家。

②誤文。後水尾天皇が紫衣着用を勅許して明正天皇に譲位した紫衣事件は，江戸幕府3代将軍徳川家光時代のこと。

④誤文。山県大弐が謀反の咎で処刑された明和事件は10代将軍徳川家治時代の出来事。

問16. ①誤文。ええじゃないかの乱舞は熊野大社ではなく伊勢神宮の御札が降ってきたことを契機とする。

問17. ④正文。台湾出兵は1874年に行われたが，清との対等な条約である日清修好条規は1871年に締結された。

①誤文。電信は1869年に東京・横浜間に開通し，その後1871年には海底電線が長崎・上海間に開通した。

②誤文。郵便制度は私営ではなく官営であった。

③誤文。民衆への五榜の掲示ではキリスト教は公認されてはおらず，江戸時代に引き続き禁止とされた。

問19. ④誤文。横須賀製鉄所は明治政府ではなく江戸幕府が1865年に建設したもの。

問20. ①誤文。日清戦争後に日本に割譲された台湾には，日本の紡績会社による在華紡は設立されていない。

問21. ①が正しい。ア．日本万国博覧会開催（1970年）→イ．沖縄返還協定調印（1971年）→ウ．先進国首脳会議（1975年）→エ．田中角栄逮捕（1976年）の順。

Ⅱ 解答

問1．②　問2．③　問3．②　問4．①　問5．①
問6．④　問7．③　問8．③　問9．④　問10．①
問11．③　問12．②　問13．①　問14．②　問15．②　問16．④
問17．③

◀解　説▶

≪中世～近代の政治・文化≫

問1．②誤文。『宋書』倭国伝にあらわれる倭の五王の5人目は，雄ではなく武である。

問2．③が正しい。大内氏と細川氏が衝突したのは中国・寧波の港である。

問3．②誤文。有田焼が生産されるようになったのは，豊臣秀吉の朝鮮出兵で朝鮮人陶工を強制連行して以来のことである。

問4．①誤文。新井白石は，朝鮮国書にある称号を「日本国大君」から「日本国王」に改めさせた。

問5．①誤文。相模湾の海防を担っていたのは長岡藩ではなく川越藩であり，川越藩の海防負担増大を援助するため三方領知替えを行おうとした。

問6．④が正しい。安房国は現在の千葉県にあたる。

問7．③正文。江戸時代，問屋場で伝馬役や継飛脚が手配できた。

①誤文。酒荷専用は菱垣廻船ではなく樽廻船。

②誤文。高瀬川などの開削を行ったのは河村瑞賢ではなく角倉了以。

④誤文。東海道の関所は碓氷ではなく新居。碓氷は中山道の関所。

問9．④適当。史料Cは北海道旧土人保護法で，第2次山県有朋内閣の時に制定された。

問10．①誤文。松前藩はアイヌとの交易権を和人商人ではなく松前藩士に与えた。

問11．③誤文。女学校は初等教育ではなく女子の中等教育を担った学校。

問12．②が正しい。ア．開拓使設置（1869年）→エ．内務省設置（1873年）→イ．樺太・千島交換条約締結（1875年）→ウ．札幌農学校開校（1876年）の順。

問13．①が正解。橋本龍太郎内閣の1996年，アメリカとの間で日米安保共同宣言が発表された。

②誤文。国旗・国歌法制定は小渕恵三内閣の時。

③誤文。社会党連立内閣とは村山富市内閣のこと。

④誤文。小選挙区比例代表並立制導入は細川護熙内閣の時。

問15．②誤文。岡倉天心が設立したのは明治美術会ではなく日本美術院。

問16．④誤文。国策会社として創業されたのは日本製鋼所ではなく日本製鉄会社。

問 17. ③誤文。第一次世界大戦中は連合国軍への輸出をはじめ，アジア市場に綿織物，アメリカ市場に生糸が輸出されており，輸入超過ではなく輸出超過であった。

III　解答

問 1．②　問 2．④　問 3．①　問 4．①　問 5．②
問 6．①　問 7．①　問 8．④　問 9．②　問 10．①
問 11．③　問 12．①

◀解　説▶

≪古代～近代の政治・経済≫

問 2．④誤文。藤原良房は，陽成天皇ではなく清和天皇の摂政となった。

問 3．①が正しい。「奥州藤原氏の祖」は藤原清衡。なお，３代目の藤原秀衡が，源義経をかくまった。

問 5．②誤文。卜部兼方の『釈日本紀』は六国史に続く歴史書ではなく，六国史の最初である『日本書紀』の注釈書。

問 6．①誤文。金貨は，秤量貨幣ではなく数えて使用する計数貨幣であった。

問 7．①誤文。調所広郷が登用されたのは佐賀藩ではなく薩摩藩。

問 8．④誤文。1875 年の漸次立憲政体樹立の詔で設置されたのは，大審院のほかに枢密院ではなく元老院である。

問 9．②誤文。大隈重信を襲撃したのは，民友社ではなく玄洋社の青年である。

問 11．③が正解。アメリカに対する開戦を決定したのは陸軍出身の東条英機内閣の時。

問 12．①誤文。アメリカが否定したのは張学良政権ではなく汪兆銘内閣。

世界史

I 解答

問1．②　問2．③　問3．①　問4．①　問5．②
問6．②　問7．④　問8．③　問9．④　問10．②

◀解　説▶

≪世界史上の反乱・戦争・戦い≫

問1．①誤文。ペルシア戦争のきっかけは，ミレトスを中心としたイオニア地方の反乱である。

③誤文。カイロネイアの戦いでフィリッポス2世に敗れたのは，アテネ・テーベの連合軍である。

④誤文。イッソスの戦いでアレクサンドロスに敗れたのは，ダレイオス3世である。

問2．①誤文。イスラーム勢力（ウマイヤ朝）の侵攻によってイベリア半島で滅ぼされたのは，西ゴート王国である。ヴァンダル王国は北アフリカにあり，6世紀，ユスティニアヌス帝期の東ローマ帝国に滅ぼされた。

②誤文。カール＝マルテルはカロリング家の人物であるが，当時のフランク王国はメロヴィング朝であった。

④誤文。1492年，レコンキスタを完成させたのはスペイン王国である。

問3．①誤文。百年戦争の係争地となった毛織物産地は，フランス北東部のフランドル地方である。

問4．①誤文。ベーメン（ボヘミア）はオーストリアの属領であった。

問5．②誤文。ルイ14世の治世は1643～1715年。オーストリア継承戦争（1740～48年）の際のフランス王はルイ15世であった。

問9．④誤文。クリミア戦争によってフランス二月革命などの影響ですでに崩れつつあったウィーン体制は，完全に崩壊した。

問10．②誤文。シパーヒーの大反乱は，1857～59年。ヴィクトリア女王を皇帝とするインド帝国の成立は，1877年のこと。

Ⅱ 解答

問1．④　問2．④　問3．③　問4．①　問5．①
問6．①　問7．③　問8．②　問9．④　問10．④
問11．④　問12．①　問13．④　問14．④　問15．①　問16．②

◀解　説▶

≪中世以前のキリスト教史≫

問1．④誤文。ローマ法研究で知られるのは，北イタリアのボローニャ大学である。パリ大学は神学で有名。

問2．④誤文。ユダヤ教は，ユダヤ人だけが救われるとする選民思想を特徴としている。

問4．①誤文。ローマは，服属した都市を植民市・自治市・同盟市に分ける分割統治を採用し，植民市にはローマ人と同等の，自治市には限定的ではあるが市民権を認めた。

問6．②誤文。フランク王国のカールにローマ皇帝の冠を与えたのはレオ3世。レオ1世は，ローマに侵入しようとしたフン人の王アッティラやヴァンダルの王ガイセリックなどを説得し，ローマを守ったローマ教皇である。

③誤文。11世紀半ばに教会改革運動を推進した教皇は，グレゴリウス7世である。レオ10世は，贖宥状の販売によってルターに批判された教皇である。

④誤文。フィリップ4世の圧力を受けた教皇クレメンス5世が教皇庁を移したのは，アヴィニョンである。

問7．「303年に大迫害をおこなった皇帝」はディオクレティアヌス帝。

③誤文。コロヌスの土地緊縛令によって職業や身分の固定化を図ったのはコンスタンティヌス帝である。

問8．②誤文。『新約聖書』は，コイネーで書かれていた。これをラテン語に翻訳したのは，4世紀から5世紀にかけて活躍したヒエロニムスである。

問9．①誤文。三位一体は父なる神・子なるイエスと聖霊を同質とする考え方である。

②誤文。ネストリウス派を異端としたのは431年のエフェソス公会議と，451年のカルケドン公会議である。

③誤文。アリウス派を異端としたのは325年のニケーア公会議である。

問11. ④誤文。726年にビザンツ皇帝レオン3世が発布した聖像禁止令は，843年に否定され，それ以降もビザンツ文化を代表する芸術品イコンが多くつくられた。

問12. ①誤文。ユスティニアヌス帝期に東ゴート王国を滅ぼし，イタリアを版図に加えたが，帝の死後，侵入してきたランゴバルド王国に奪われた。

問13. ④誤文。「ウラディミルの聖母」をおくられたのは，キエフ大公である。モスクワ（大）公国が自立したのは13世紀の後半のことである。

問14. ①誤文。9世紀，リューリクに率いられて，ロシアにノヴゴロド国を建国したのは，ノルマン人の一派ルーシ族である。

②誤文。オゴタイの命を受けロシアに侵入し，キプチャク＝ハン国を建てたのは，バトゥである。

③誤文。15世紀後半，モンゴルの支配から脱したのは，イヴァン3世のモスクワ大公国である。

問15. ①誤文。9世紀におこったスラヴ語聖書での伝道が行われた東欧の国はモラヴィア王国で，この国はスラヴ人の国家である。東欧でマジャール人の国家がおこるのは，ハンガリー王国で，これは1000年頃のことである。

問16. ①誤文。セルビア人は独立後もギリシア正教を信仰している。

③誤文。スロヴェニア人は，のち神聖ローマ帝国に組み込まれ，カトリックを信仰し続けた。

④誤文。14世紀以降，南スラヴ人はオスマン帝国の支配下におかれるようになっていった。

III 解答

問1．③　問2．③　問3．④　問4．①　問5．④
問6．④　問7．①　問8．②　問9．④　問10．③
問11．②　問12．④

◀解　説▶

≪共和政の歴史≫

問1．③誤文。平民会の議決が元老院の承認なしで国法と認められるようになったのは，前3世紀前半のホルテンシウス法の制定以降である。

問2．③誤文。属州などからの安価な穀物の流入は，中小農民層を没落させたが，没落した農民たちは，ローマに流入し，「パンと見世物」を要求する無産市民となった。

問5．④誤文。同職ギルドに参加できるのは親方だけであり，身分制も厳格であった。

問6．①誤文。強硬なカトリック政策で独立戦争を招いたのは，フェリペ2世である。

②誤文。フランドル地方は主に南部10州（現在のベルギー）が領有している。

③誤文。独立戦争を率いたオラニエ公ウィレムは，初代総督となった。

問7．②誤文。名誉革命の際，ホイッグ・トーリー両党が協力した。

③誤文。名誉革命の結果，イギリスは立憲王政となり，やがて「王は君臨すれども統治せず」といわれるようになった。

④誤文。ホッブズは王権神授説ではなく，ロックと同じく社会契約説を説いている。

問9．④誤文。1958年に第五共和国憲法が公布され始まった第五共和政は，大統領の権限を強化するものであった。

問10．①誤文。アメリカ合衆国で女性参政権が認められたのは，第一次世界大戦後である。

②誤文。合衆国憲法では連邦主義を採用しているが，貨幣鋳造や戦争宣言など連邦政府の権限を列挙し，それ以外を州の権限として反連邦派の反発を緩和しようとした。

④誤文。ジャクソンは先住民強制移住法を制定した大統領である。

問11．①誤文。アギナルドは，19世紀末の米西戦争後にフィリピンが独立を宣言した際の大統領である。

③誤文。朝鮮民主主義人民共和国の初代首相は金日成である。

④誤文。1947年の段階では，インド・パキスタン両国ともイギリス国王を国家元首とし，インドは初代首相にネルー，パキスタンは初代総督にジンナーが就任した。

問12．①誤文。リベリアの独立は1847年のこと。

②誤文。ナギブやナセルが革命を起こしたのはエジプトである。

③誤文。エンクルマ（ンクルマ）が指導し独立したのは，ギニア湾岸のガーナである。

Ⅳ 解答

問1．④　問2．③　問3．②　問4．①　問5．②
問6．③　問7．①　問8．②　問9．④　問10．②
問11．①　問12．②

◀解　説▶

≪隋唐以降の中国と周辺勢力との関係≫

問1．④誤文。ドヴァーラヴァティーは，モン人がチャオプラヤ川流域に建てた国家である。唐と交流をもったスマトラ島の国家は，シュリーヴィジャヤ王国である。

問3．②誤文。市舶司は海上貿易を司る官庁である。宋代には，広州をはじめ，泉州・杭州・明州などに置かれた。開封は内陸部にあり，市舶司は置かれていない。

問4．①誤文。雲南にあった大理を滅ぼしたのは，第4代ハンのモンケの命を受けたフビライである。

問5．②誤文。イスラームの暦法の影響を受けて郭守敬が作り出したのは授時暦である。貞享暦は，授時暦に影響を受けた渋川春海が作り出した暦である。

問6．③誤文。ポルトガル人が拠点を置いたのはマカオ，オランダ人が拠点を置いたのは台湾である。

問7．②誤文。17世紀後半，台湾を制圧した康熙帝は，台湾を直轄領とした。

③誤文。乾隆帝は欧米諸国との貿易を広州1港に限定した。

④誤文。1689年，ピョートル1世のロシアと国境を画定するネルチンスク条約を結んだのは康熙帝である。雍正帝期のロシアとの国境画定条約は，1727年のキャフタ条約である。

問8．②誤文。高宗の父であり摂政であった大院君は，かたくなに鎖国政策を貫いた。朝鮮王朝が開国するのは，大院君失脚後に政権を握った閔氏政権においてである。

問10．②誤文。胡適は，陳独秀が発行した雑誌『新青年』上で「文学改良芻議」を発表し，口語文学を提唱した。

問11．②誤文。1935年，一致抗日を訴える八・一宣言を訴えたのは中国共産党である。

③誤文。張学良が抗日などを要求して督戦に訪れた蔣介石を監禁した場所

は，西安である。
④誤文。南京に対日協力政権である汪兆銘政権が誕生したのは 1940 年のこと。文としては正しいが，問題文の指定する条件は，1937 年の「第 2 次国共合作」の前に起きた出来事であるので誤りとなる。

政治・経済

I **解答** 問1．①　問2．③　問3．④　問4．④　問5．③
問6．②　問7．④　問8．④　問9．①　問10．②
問11．③　問12．①　問13．③　問14．③　問15．②　問16．③

◀解　説▶

≪日本国憲法の統治制度と基本的人権≫

問1．①誤文。民事訴訟法は，私人間の関係を規定する私法ではなく国家と国民など公的な関係を規定する公法に分類される。③の実体法とは権利の発生・消滅を定めた法律（民法，刑法など）のこと。

問2．③正文。男子普通選挙は大日本帝国憲法下1925年の普通選挙法で実現された。①の統帥権は内閣ではなく天皇に属する。②の議院内閣制の仕組みは採用されていない。④の帝国議会は天皇の協賛機関である。

問3．④が正文。④は世界人権宣言第23条1「すべて人は，勤労し，職業を自由に選択し，公正かつ有利な勤労条件を確保し，及び失業に対する保護を受ける権利を有する」とある。①の権利請願は1628年に議会がチャールズ1世に出した請願で，名誉革命（1688年）より前である。②のアメリカ独立宣言（1776年）は，フランス人権宣言（1789年）より前である。③のワイマール憲法は1919年に制定されたので誤りである。

問4．④が正文。ドイツは議院内閣制を採用しており，大統領は象徴的・儀礼的存在にすぎない。①イギリスの首相は「上院または下院」ではなく「下院」から選出される。②のアメリカは大統領制を採用しており議院内閣制のように内閣に責任を負わない。③のフランス大統領の任期は5年である。

問5．③誤文。旭川学力テスト事件で最高裁は，国の関わりを「必要かつ相当と認められる範囲において，子どもの教育内容を決定する権能を有する」と認め，教師の教授の自由については一部制限があるとした。

問6．②が正解。①は「女性再婚禁止期間規定違憲判決」（2015年）で「100日を超える再婚禁止期間の部分は違憲である」と判断した。③の「尊属殺重罰規定違憲判決」（1973年），④の「婚外子相続規定違憲判決」

（2013年）は有名な違憲判決である。

問8．④が正解。憲法第38条3項に「何人も，自己に不利益な唯一の証拠が本人の自白である場合には，有罪とされ，又は刑罰を科せられない」とあり，「自白のみによって被告人を有罪とすること」は禁止されている。①は憲法第37条2項で「刑事被告人は，（中略）公費で自己のために強制的手続により証人を求める権利を有する」とある。

問9．①が正解。産業財産権には，発明を保護する特許権，アイデアを保護する実用新案権，デザインを保護する意匠権，ブランドロゴなどを保護する商標権が含まれ，著作権は含まれない。

問10．②が正解。①の個人情報保護法の対象は個人情報を保有する機関である。③の特定秘密の保護期間は「5年を超えない」とされているが30年（特別の場合は60年）まで延長することが可能である。④の環境影響評価法は1993年の環境基本法制定後の1997年に成立した。

問11．③が正解。A．難民条約が1981年，B．女子差別撤廃条約が1985年，C．婦人の参政権に関する条約が1953年，D．子どもの権利条約が1994年である。

問13．③が正解。①日本国有鉄道の1987年，③日本電信電話公社の1985年。②日本郵政公社の2007年，④日本道路公団の2005年の順となる。

問14．③が正文。①は「心身の故障」の場合も罷免される（憲法第78条），②政治犯罪，出版に関する犯罪又は憲法で保障する国民の権利についての対審は必ず公開する必要がある（憲法第82条2項）。④の特別裁判所の設置は禁じられている（憲法第76条2項）。

問16．③が正文。裁判員裁判は重大な刑事事件の第一審に限定される。①裁判員は原則辞退ができないが，70歳以上の者や学生などいくつか辞退できる条件がある。②意見が一致しない場合は，多数決によって決まるが，裁判官1人を含む必要がある。④不適切。守秘義務違反の場合「6月以下の懲役または50万円以下の罰金」となる。

II　解答

問1．④　問2．①　問3．①　問4．②　問5．④
問6．②　問7．③　問8．②　問9．③　問10．④
問11．③　問12．④　問13．③　問14．②　問15．④　問16．①
問17．②

◀解　説▶

≪物価変動と株式会社のしくみ≫

問２．①適切。②国家公安委員会は内閣府の外局，③公正取引委員会は内閣府の外局，④デジタル庁は省庁には属さず内閣に置かれる。

問３．①が正文。②の自己破産件数は年間７万件程度で 2003 年がピーク。③の PL 法では過失の有無を問わない無過失責任制度がとられている。④新聞・音楽ソフトなどの著作物も文化保護等の観点から再販売価格維持制度が採用されている。

問４．②不適切。ドイツは自然エネルギーが 40％程度を占めているので誤り。

問５．④誤文。2011 年の東日本大震災の原発停止により，エネルギー輸入が増加し 2012 年の貿易収支は赤字となったが，所得収支の黒字に支えられ経常収支は黒字のままであった。

問６．②誤文。日本が円売りドル買いをすれば，国内の海外資産が増加し対外金融資産残高は増加する。

問７．③誤文。TPP11 で小麦の関税については引き下げが行われたが「将来的にゼロとする」約束はないので誤り。

問８．リード文にある第４次中東戦争は 1973 年である。②適切。①北爆開始は 1965 年，②変動相場制承認はキングストン合意の 1976 年，③のドル切り下げのスミソニアン合意と④のニクソンショックは，ともに 1971 年である。

問９．③不適切。カタールは 2019 年に OPEC を脱退した。

問 10．④不適切。財政特例法による赤字国債は 1965 年に１度発行されたのち，石油危機後の 1975 年以降に本格的に発行された。

問 11．③が正文。①の損益計算書は「一時点」ではなく「一定期間」，②の個人商店も企業にあたる，④の日本たばこ産業の株式の約３割は日本政府が保有するので，それぞれ誤り。

問 12．④が正文。①の株主に対する出資金の返済は必要ない，②持株会社は支配を目的に他社の株式を保有する会社，③の取締役会の設置は義務ではない。

問 14．②正文。①の保険会社も金融機関にあたる。③の信用創造額は 100 億（最初の預金）÷0.2（準備率）－100 億（最初の預金）＝400 億，④のマイナス金利は金融機関が日銀に預けている一定額以上に対し金利をつけず手数料をとる政策のことなので，それぞれ誤りである。
問15. ④が正しい。取締役・監査役の選任・解任は株主総会の決議で可能である。会社の解散を請求する権利も「やむを得ない事由があるとき」は認められている（会社法833条）。
問16. ①が誤文。『諸国民の富』の著者アダム＝スミスは，自由放任主義を主張し政府の市場への介入には消極的であった。
問17. ②が誤文。2021年の会社法改正で上場企業は社外取締役の設置が義務付けられた。

Ⅲ　解答

問1．③　問2．④　問3．③　問4．④　問5．①
問6．②　問7．①　問8．①　問9．③　問10．①
問11．④　問12．①　問13．②　問14．②　問15．④　問16．④
問17．④

◀解　説▶

≪国際経済と国際平和問題≫

問1．③正文。①誤文。大西洋憲章の発表は1939年ではなく1941年。②1944年に新国際機構の設立に関する提案を行ったのは，ダンバートン－オークス会議である。④国際連合の原加盟国は51カ国である。
問4．④誤文。日本が2002年に結んだのはシンガポールとのEPA（経済連携協定)。地域的な包括的経済連携（RCEP）協定は2022年にASEAN・中国・韓国・オーストラリア・ニュージーランドと結んだ経済連携協定である。
問5．①誤文。短期資本移動とは「1カ月以内」ではなく1年以内。
問6．②適切。サプライチェーンとは，「サプライ（supply）＝供給」する一連のつながりのこと。
①はイノベーション，③はトレーサビリティ，④はセーフガードの説明である。
問7．①誤文。1997年のタイの通貨暴落をきっかけに始まったアジア通貨危機の説明であるので「マレーシア」ではなくタイが正しい。
問8．①が正しい。イラン・イラク戦争は冷戦中の1980～1988年，イラクのクウェート侵攻をきっかけとする湾岸戦争が1991年，旧ユーゴスラビアのコソボ紛争が1998〜1999年，アメリカ同時多発テロをきっかけとするアフガニスタン侵攻は2001〜2021年。

問9．③誤文。1990年のイラクのクウェート侵攻などの際に決議が行われたことがある。

問10．①正文。1949年にNATOは結成されたが，西ドイツのNATO加盟は1955年である。②サンフランシスコ平和条約は西側資本主義諸国だけとの片面講和だったためソ連は含まれていない，③AUKUSは2021年発足，④の欧州安全保障協力機構（OSCE）成立は1995年である。

問11．④誤文。ロシアは2022年のウクライナ軍事侵攻以前の2014年のクリミア半島併合以降，先進国首脳会議の参加資格が停止されている。

問12．①が正解。ロシアはシリア内のロシア人保護やチェチェン人を含む急進派の勢力拡大を恐れ，シリアのアサド政権を支持し2015年には軍事介入も行っている。②のチェチェン人はロシアと対立関係にあるので誤り。

問13．②が不適切。中国は2021年にTPP11への加盟申請を行ったが2023年3月現在加盟を認められていない。

問15．④誤文。一般に，融資を行い確実に返済を求めるならば，収入を増やし支出を減らすことが必要である。ここから「輸入の拡大」ではなく“輸出を増やす”こと，「財政支出の拡大」ではなく“縮小”である。

問16．④正文。①インフレーションでは貨幣価値は下落し債務の負担は軽くなる。②はコスト・プッシュ・インフレーションの説明。③は貨幣の供給が減少するとデフレーションが起こる傾向がある。

問17．④が不適切。「社会保障への道」，フィラデルフィア宣言は，世界保健機関（WHO）ではなく国際労働機関（ILO）の宣言。

数学

1 解答

(1)ア．2　イ．8　ウエ．12　オ．3

(2)カキ．36

◀解　説▶

≪式の値，対数≫

(1)　$\alpha+\beta=2\sqrt{3}$，$\alpha\beta=2$　（→ア）

$\alpha^2+\beta^2=(\alpha+\beta)^2-2\alpha\beta=(2\sqrt{3})^2-2\cdot 2=8$　（→イ）

$\alpha^3+\beta^3=(\alpha+\beta)(\alpha^2-\alpha\beta+\beta^2)$

$=2\sqrt{3}(8-2)=12\sqrt{3}$　（→ウ～オ）

(2)　$2<\log_a 1600<6$，$\log_a 1600=2\log_a 40$ だから

$1<\log_a 40<3$　　∴　$a<40<a^3$

$3^3<40<4^3$ だから

$3<a<40$

これを満たすような2以上の自然数 a の個数は

$39-3=36$ 個　（→カキ）

2 解答

(1)アイ．13

(2)ウ．4　エ．3　オ．3

(3)カキ．−1　ク．5　ケ．4

(4)コ．3　サ．2

◀解　説▶

≪じゅず順列，3倍角の公式，三角比，余り≫

(1)　(i)白い玉を1つ使う場合は，赤，黄，青の玉を1つずつ使う。このときの作り方は白い玉の向かいの玉が何色かで決まり　　3通り

(ii)白い玉を2つ使う場合は，白が隣り合うか否かで　　2通り

残り2つの玉で赤，黄，青のどの色の玉を使うかで　　${}_3C_2=3$ 通り

したがって　　$2\times 3=6$ 通り

(iii)白い玉を3つ使う場合は，残り1つの玉で赤，黄，青のどの色の玉を使

うかで　　3通り

(iv)白い玉を4つ使う場合は　　1通り

以上より

$$3+6+3+1=13$$ 通り　(→アイ)

(2)
$$\cos 3\theta=\cos(2\theta+\theta)=\cos 2\theta\cos\theta-\sin 2\theta\sin\theta$$
$$=(2\cos^2\theta-1)\cos\theta-2\sin^2\theta\cos\theta$$
$$=2\cos^3\theta-\cos\theta-2(1-\cos^2\theta)\cos\theta$$
$$=4\cos^3\theta-3\cos\theta$$ 　(→ウ～オ)

(3)　$AB=1$ より，$AC=\sin\angle B=\cos\angle A$ だから

$$\sin 18^\circ=\cos 72^\circ$$

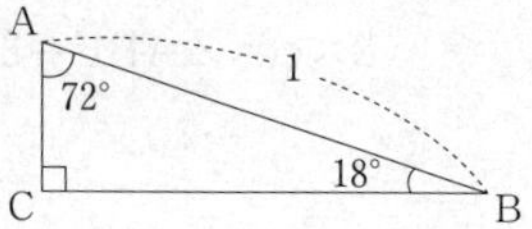

であり，これを x とおく。このとき

$$x=1-2\sin^2 36^\circ=1-2(2\sin 18^\circ\cos 18^\circ)^2$$
$$=1-8x^2(1-x^2)=8x^4-8x^2+1$$

これを変形して

$$8x^2(x^2-1)-(x-1)=0$$

$x\neq 1$ より両辺を $x-1$ で割って

$$8x^2(x+1)-1=0$$
$$\therefore\quad (2x+1)(4x^2+2x-1)=0$$

$x\neq -\dfrac{1}{2}$ より，$4x^2+2x-1=0$ を解いて

$$x=\frac{-1\pm\sqrt{5}}{4}$$

$x>0$ より

$$x=\frac{-1+\sqrt{5}}{4}$$ 　(→カ～ケ)

(4)　$3^{2023}=3\cdot(3^2)^{1011}\equiv 3\cdot 1^{1011}\pmod 8=3$ だから

3^{2023} を8で割った余りは　　3　(→コ)

$8^{2023}=8\cdot(8^2)^{1011}\equiv 3\cdot(-1)^{1011}\pmod 5=-3\equiv 2\pmod 5$ だから

8^{2023} を5で割った余りは　　2　(→サ)

3 解答

(1)アイ．20

(2)ウ．2　エ．3

◀解　説▶

≪三角形の個数，正三角形の一辺の長さ≫

(1)　正六角形の6つの頂点から3点を選ぶので

$_6C_3=20$ 個　(→アイ)

(2)　正三角形になるのは $\triangle$ACE，$\triangle$BDF の

2個　(→ウ)

で，これらの正三角形の一辺の長さは

$$2\times\cos\angle\mathrm{ABF}=2\cdot\frac{\sqrt{3}}{2}=\sqrt{3}\quad(\to エ)$$

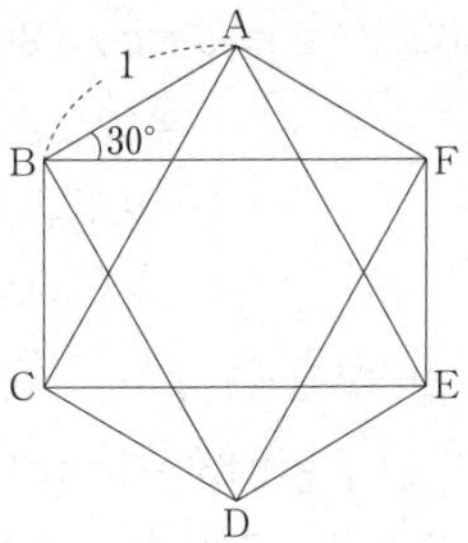

4 解答

(1)ア．－　イ．1

(2)ウ．1　エ．6　オ．3

(3)カ．1　キ．8　ク．3　ケ．9　コ．5

(4)サ．3　シ．6　ス．2　セ．7

◀解　説▶

≪直線の方程式，直線と曲線で囲まれた部分の面積，関数の最小値≫

(1)　$0<t<1$ で直線 OP の傾きは $\dfrac{g(t)}{t}=-t+1$ だから，求める方程式は

$$y=(-t+1)x\quad(\to ア，イ)$$

(2)　線分 OP とグラフ G で囲まれた部分の面積 S_1 は

$$S_1=\int_0^t\{g(x)-(-t+1)x\}dx$$

$$=-\int_0^t x(x-t)dx=\frac{1}{6}t^3\quad(\to ウ\sim オ)$$

(3)　点 Q の x 座標を α とすると

$$2\alpha^2-2\alpha=(-t+1)\alpha$$

が成立し，$\alpha\neq0$ だから

$$2\alpha-2=-t+1\qquad\therefore\quad\alpha=\frac{-t+3}{2}$$

このとき，線分 OQ とグラフ F で囲まれた部分の面積を T_1，2つのグラフ F，G で囲まれた部分の面積を T_2 とすると，求める面積 S_2 は

$$S_2=T_1+S_1-T_2$$
$$=\int_0^{\alpha}\{(-t+1)x-f(x)\}dx$$
$$+\frac{1}{6}t^3-\int_0^1\{g(x)-f(x)\}dx$$
$$=-2\int_0^{\alpha}x(x-\alpha)dx+\frac{1}{6}t^3$$
$$+3\int_0^1 x(x-1)dx$$
$$=2\cdot\frac{1}{6}\alpha^3+\frac{1}{6}t^3-3\cdot\frac{1^3}{6}$$

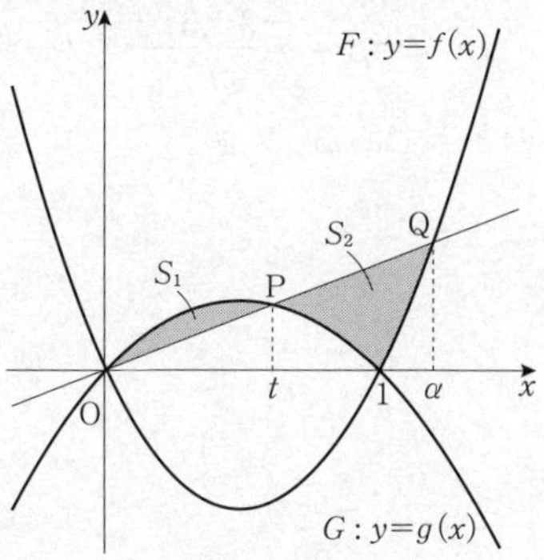

ここで

$$\alpha^3=\left(\frac{-t+3}{2}\right)^3=\frac{-t^3+9t^2-27t+27}{8}$$

だから

$$S_2=\frac{-t^3+9t^2-27t+27}{24}+\frac{1}{6}t^3-\frac{1}{2}$$
$$=\frac{1}{8}(t^3+3t^2-9t+5)\quad(\to カ〜コ)$$

(4)　$S_1+S_2=\frac{1}{6}t^3+\frac{1}{8}(t^3+3t^2-9t+5)=h(t)$ とおくと

$$h'(t)=\frac{1}{2}t^2+\frac{1}{8}(3t^2+6t-9)=\frac{1}{8}(7t^2+6t-9)$$

$7t^2+6t-9=0$ のとき

$$t=\frac{-3\pm6\sqrt{2}}{7}$$

さらに

$$\frac{-3-6\sqrt{2}}{7}<0$$

$64<72<81$ より，$8<6\sqrt{2}<9$ だから

$$\frac{5}{7}<\frac{-3+6\sqrt{2}}{7}(=\beta\text{ とおく})<\frac{6}{7}$$

以上より，$h'(\beta)=0$ であり $t=\beta$ の前後で $h'(\beta)$ の符号は負から正に変わる。したがって，S_1+S_2 が $0<t<1$ の範囲で最小となるのは

$$t=\beta=\frac{-3+6\sqrt{2}}{7}\quad (\rightarrow サ\sim セ)$$

のときである。

は本質的に人間特有のもの」（傍線部直前）なのである。①傍線部の二段落前に「不安を振り払うのに効果的であるかもしれない」とある。②「日常のさまざまな苦労」ではなく「死の恐怖」である。④最終段落に「人間は、自分の死を思い出させるものを片っ端から恐れ」とある。

問十　人間は「自分自身の内部に闇を抱える」（傍線部⑧直前）が、猫はその必要がない。人間の抱える闇とは「死の恐怖」であり、自意識によってもたらされるものである。「時間のなかを進んでいくというわれわれの自己イメージ」が「いずれ死ぬという認識」をもたらすことになる。しかし猫はそのような自己イメージをもつことがなく、他の動物同様仲間の死を認識するかもしれないが、自分もやがてそうなるという意識はもたず、「死の恐怖」をもつこともない。①猫は「死の恐怖」そのものをもたないため「受け入れる」は誤り。②傍線部の「昼の光」は「闇」（＝死の恐怖）に対する表現なので、「穏やかで安全な世界」という説明は誤り。

問五　傍線部④「特別なみじめさ」の原因として「この再帰的自意識」とあり、直前の一文を見る。「悲しみは動物と共通」の「悲しみ」は死の悲しみであり、「人間の場合、思考がつねに自分の身に戻ってくる」とあるのは、他者の死を悲しみつつ、つねに自分の死についても考えてしまうということである。そのため、「悲しみが倍加する」のである。また、最後から二番目の段落に「ある種の動物たちは、仲間が死んだとき、死のようなものを認識している」とあり、それに対して人間は「（自分は）いずれ死ぬという認識を生む」とある。①「特別な存在」と考えるから「死への恐怖」を持つのではなく、自意識があるからである。②「医学」に頼るという言及はない。③「神に頼る」のはパスカルの考えで、傍線部は「モンテーニュの側に立つ」筆者の考えである。

問六　「機械」という比喩は、理性や精神により行動する存在と対比される表現である。人間は思考・理性・論証によらない行動をするということ。傍線部⑤前に「理性には信仰を持続させる力がない」とあり、傍線部後の引用部分に「習慣が自動機械を傾け、それが無意識のうちに精神を従わせる」、「キリスト教徒を生み出すのは、習慣なのだ」とある。また引用部分後にも「信心は身体の習慣である」とある。

問七　三つ目の引用の後に、「パスカルが救済への障害として（気晴らしを）拒絶する」とある。しかし「パスカルの分析は気晴らしをも正当化する」と傍線部後に続く。この二点が矛盾しているため、「厄介」と表現されている。その後、気晴らしが「宗教を実践するのと同じくらい、……不安を振り払うのに効果的であるかもしれない」と続く。パスカルは気晴らしを拒絶していたのだから、②や④は誤り。③は矛盾の説明になっていない。

問八　「実存」とは〝独自の存在としての自己に自覚的な在りよう〟を言う。空欄後の「不安」とは、「気晴らし」が振り払ってくれる「不安」であり、すなわち、自意識がもつ、いつか死ぬ自分の存在についての不安である。③が適切。自意識がもたらす不安であるから、②「物理的」不安というより内面的・精神的な不安である。

問九　傍線部⑦の「人間という動物を定義する特徴」は、直後に「自意識とともに生まれた死の恐怖だ」と説明される。「気晴らし」は人間特有の「死の恐怖」に対する答え（解決策）なのである。よって「気晴らしをしたいという欲求

問八　③

問九　③

問十　④

◀解　説▶

問二　①二つ目の引用の第二段落に「死すべき運命を背負って……不幸だ。それはあまりにみじめ」とある。②二つ目の引用の第三段落に「それ（＝死、人間の不幸）が何であるかを考えるのはやめて……気晴らしと呼ばれているものに身を委ねる」とある。③三つ目の引用の第二段落に「理性を妨害し支配する……能力（＝想像力）は」「人間に理性を信じさせ、疑わせ、否定させる」とある。④三つ目の引用の終わりに「この世の最高の善である美、正義、幸福を作り出す」とあるが、想像力が「善」だとは書いていない。

問三　傍線部②「猫は自己イメージをつくりあげたりしない」ことと「正反対」なのが人間である。人間は「自己イメージ」を持ち、自分が死ぬという事実を考えざるをえない（最後から二番目の段落に「自意識とともに生まれた死の恐怖」とある）。そのため、死を考えないために「気晴らしと呼ばれているものに身を委ねる」（二つ目の引用の終わり）のである。①「信仰によって神に救いを求め」るとは書いていない。②「死を常に意識しよう」は気晴らしの真逆。④「死を乗り越えようと哲学を生み出した」訳ではない。

問四　モンテーニュの引用に「心を紛らしてくれる気晴らし」として「恋に身を投じた」とあり、これを「『自然』のやり方」としている。一方、傍線部③前のパスカルの言葉に「人間の偉大さは、自分がみじめであることを知っている（＝死ぬことがわかっている）ところにある」とある。また、傍線部の三段落後に「人間の苦しみの源である慢性的な不安は、人間が自然界に属していないことの証である」とパスカルの考えが述べられている。なお、キリスト教の考え方では世界は神が創造したものであり、中でも人間は神に似せて作られた特別なものとして他の動物とは区別される。

民層も巻き込んでいき、文学への大衆的な読書欲を高めていったのです」とある。④が正解。②本文に「熱心な利用者となって」とあるが、「集う場所」とは書かれていない。

問五　①第二段落前半の内容と合致。②第三段落に「日本では『研究会』と総称される活動が知的ネットワーキング（＝集合知）の重要な部分を担ってきましたが、……基盤を支えていたのは出版産業の（書籍、すなわち記録知を生む）システムでした」とあるのに合致。③第十段落に「大学での知的創造は、キャンパス内の集合知の場と記録知の場を往還する仕方で営まれてきた」とあるが、第九段落には「学会や国際会議での発表」が活動の一つとして挙げられており、「キャンパス内で完結」は言い過ぎ。④第十三段落にネット社会での社会運動について「記録知との協働的な結びつきを失い」と述べられ、最終段落で「新しいデジタル技術環境の中で、……知的創造の基盤たる開かれた集合知と記録知の協働をいかにして奪還していくことができるでしょうか？」（＝前提として、協働、結びつきが失われてしまっているという表現）とあるのに合致。

三

出典　ジョン・グレイ『猫に学ぶ――いかに良く生きるか』〈2　猫はどうして必死に幸福を追求しないのか　パスカルの気晴らし論〉（鈴木晶訳、みすず書房）

解答

問一　(ア)―④　(イ)―③　(ウ)―①　(エ)―②

問二　④

問三　③

問四　①

問五　④

問六　②

問七　①

経済学の場合はさらに「無自覚になりがち」なのである。③第六段落の内容に合致する。④最終段落に「価値判断を回避せよと言っているのではない」とある。また第十六段落に「この目的を生み出す理念（＝価値観）は何であり、目的と理念の間に内的な関連が認められるのかを分析することが、経験科学のなしうる作業である」とあり、「価値判断の影響を受けないで経験的事実を認識する」は本文の論旨と整合しない。

二

出典　吉見俊哉『知的創造の条件――AI的思考を超えるヒント』〈第3章　ポスト真実と記録知／集合知　9　ネット時代の集合知と記録知〉（筑摩書房）

解答

問一　(ア)―③　(イ)―④　(ウ)―①　(エ)―②　(オ)―④

問二　(a)―③　(b)―②　(c)―④　(d)―②

問三　①

問四　④

問五　③

▲解　説▼

問三　挿入する文章は「したがって」で始まっているので、前段落の内容を受けて、そこから起こっている現象を説明したものである。第八段落は「ネット社会化」について述べられており、最後に「蓄積型の記録知（＝図書館や博物館、書籍など）の回路を経なくても、情報はどんどん入手できる」とある。これが、若い学生が書店や図書館ではなくネット書店やネット情報を利用する現象を生む。そして空欄A後の「大学で営まれてきた知的創造に重大な変化をもたらします」という結果につながっていく。

問四　傍線部前の二文を見る。「読書するクラブ的な組織（＝集合知の活動）が市民層に広がり、その会員たちが図書館の熱心な利用者となっていました。この横断的なネットワーク組織（＝集合知である読書クラブ）が、……広範な市対比構造で違いが述べられている。

問五　傍線部直前の「すなわち」は換言の接続詞である。その前の二文を言い換えたのが傍線部であり、「公共政策においては利害関係者の目標が一致しないことが多い。そうした場合、どの政策を選択するのかについて、『価値』の選択をめぐる争いが表面化することは避けられない」とある。「政治」とは政策の選択に関する争い＝調整であり、①が正解。②「公正な評価」、③「公平感を確保」、④「多数派の利益」はここでは述べられていない。

問六　「多くの研究者」、すなわち一般の経験科学と規範科学についての考え方を述べた部分に着目する。傍線部の次段落に「われわれは一般に」とあり、「そしてこの二つ、すなわち『客観的』科学的論証と研究者の倫理的・政治的判断を混同すべきではないと考える」と続く。なお、傍線部の「経験科学」とは、〝経験的事実・現象を対象とし実証的な方法で研究する学問〟のことであり、それに対するのが「規範科学」〝価値あることの実現のために人はどのように行うべきか、その規範を考える学問〟である。

問七　第十四段落のまとめの表現が入る。まず同段落の「しかし」以降で「主観的な価値判断をすべて排除する」ことが不可能である＝だれもが価値判断を持っているものであることが述べられる。そして空欄直前に「自分の立脚点を明確に意識することこそが、ウェーバーの価値自由」とある。②「自由な価値観を持てる」は誤り。「自由」とは「（自分が持つことを避けられない）価値からの（思考・視点の）自由」（第十段落）である。③「客観性」が「正しい政策選択を妨げる」とは書いていない。また前述の通り「自由」とは「価値からの自由」のことである。④「自分の視点・立脚点を意識すること」によってできることは「その視点を対象化・相対化して見ること」であり（第十四段落）、「問題の本質を明確にすること」ではない。

問八　①第二段落の内容と合致する。②第四段落に「どの政策を選択するのかについて、『価値』の選択をめぐる争いが表面化することは避けられない」とあり、かつ、第十一段落に、「政策論に関しては……選択が問題となるとき、そこに何らかの『規範性』（＝どうあるべきかという価値判断）が持ち込まれることは避けられない」とある。そして

国語

一

出典　猪木武徳『経済社会の学び方——健全な懐疑の目を養う』〈第5章　歴史は重要だ（History Matters）ということ　3　証拠の客観性をめぐって〉（中公新書）

解答

問一　(ア)—①　(イ)—③　(ウ)—②　(エ)—①　(オ)—②
問二　(a)—③　(b)—①
問三　a—④　b—②
問四　④
問五　①
問六　③
問七　①
問八　④

◀解　説▶

問三　a、「治療法」の「向上」が〝たゆみなく進歩するさま〟を表す語が入る。b、空欄後の「したがって……実践的な価値判断から自由でなければならないとは考えなかった」につながる表現が入る。価値判断に「色」がついている（＝ある種の影響を受けている）状態ではないことを表す語が入る。

問四　「根本的な違い」とは、傍線部前より「医療」と「公共政策」の違いである。傍線部後に「治療の場合は……『目標価値』の不一致はほとんどの場合ない。しかし公共政策においては利害関係者の目標が一致しないことが多い」と

· memo ·

2022年度

問題と解答

■３教科型学部個別入試（Ａ方式）

問題編

▶試験科目・配点

教　科	科　　　　目	配　点
外国語	コミュニケーション英語Ⅰ・Ⅱ・Ⅲ，英語表現Ⅰ・Ⅱ	120 点
地歴・公民・数学	日本史Ｂ，世界史Ｂ，政治・経済，「数学Ⅰ（データの分析を除く）・Ⅱ・Ａ」のうちから１科目選択	100 点
国　語	国語総合（近代以降の文章），現代文Ｂ	100 点

▶備　考

数学Ａの出題範囲は，全分野とする。

英語

（60分）

I 次の問1～問5の英単語の最も強いアクセント（強勢）のある母音と同じ発音の母音を持つ語を①～④の中から一つずつ選び，その番号の該当欄をマークしなさい。

問1 appearance [1]

① ate ② mere
③ dance ④ pear

問2 complicated [2]

① odd ② fate
③ kind ④ tough

問3 routine [3]

① found ② beat
③ suit ④ mine

問4 program [4]

① hot ② book
③ road ④ glad

問5 desperate [5]

① girl ② pat
③ ear ④ send

II 次の問1～問5の英語による定義に最も近い語を①～④の中から一つずつ選び，その番号の該当欄をマークしなさい。

問1　having or showing a strong desire to know more about something　[6]

① curious　② distant
③ offensive　④ polite

問2　to find out how much something will cost, how long something will take, etc., by using numbers　[7]

① purchase　② invest
③ promote　④ calculate

問3　someone who officially represents their government in a foreign country　[8]

① candidate　② colleague
③ diplomat　④ merchant

問4　an exciting experience in which dangerous or unusual things happen　[9]

① solution　② adventure
③ resolution　④ creature

問5　to make something continue to exist or happen for a period of time　[10]

① sustain　② suspend
③ submit　④ surface

Ⅲ 次の問1～問5の文の空所を埋めて意味を成す文を完成させるのに最も適当な語句を①～④の中から一つずつ選び，その番号の該当欄をマークしなさい。

問1　To my surprise, it (　　) that Alex was wrong.　[11]

① carried on　② turned out
③ blended in　④ gave up

問2　Our coach said, "We had a good season even though we (　　) our goals."　[12]

① fell short of　② cleared out
③ were better off　④ dropped out

問3　We respect her.　She (　　) what she believes to be right.　[13]

① takes after　② is apt to
③ lies down to　④ sticks to

問4　They received an award (　　) their achievements.　[14]

① in honor of　② right away
③ to hand in　④ in order to

問5　Sometimes I get lonely.　You should come and see me (　　).　[15]

① a matter of time　② one thing after another
③ every now and then　④ next to nothing

Ⅳ　次の問１～問５の日本語とほぼ同じ意味になるように，かっこ内の語を並べ替えて，現代英語の標準的文法にかなう英文を完成させるとき，かっこ内で六番目にくる語を①～④の中から一つずつ選び，その番号の該当欄をマークしなさい。なお，かっこ内では，文頭になる単語も全て小文字で書いてある。

問１　あなたはどんな場にも遅刻しませんね。そこには定刻よりもどの位早く到着したのですか。　16

You are never late for anything.（ahead, did, far, get, how, of, time, you）there?

① did　② far
③ of　④ time

問２　私たちはハワイに住んでいた頃，あの好天は当たり前のものと思っていた。　17

We（for, good, granted, the, took, we, weather, when）lived in Hawaii.

① good　② granted
③ took　④ when

問３　言うまでもなく，芸術家になるには創造性がなければならない。　18

（goes, have, it, saying , that, to, without, you）be creative to be an artist.

① goes　② have
③ to　④ you

問４　私たちは，試合のこの段階で点を失っている余裕はない。　19

We（afford, any, at, can, lose, not, points, to）this stage in the game.

① afford　② any
③ lose　④ not

問５　あなたは外出したかったのですよね，でも今夜は自宅で映画を見ませんか？　20

I know you wanted to go out, but（a, movie, say, seeing, to, what, would, you）at home tonight?

① a　② movie
③ say　④ seeing

V 次の英文を読み，その後に続く問1～問10について，それぞれの指示にしたがって正しいと思われるものを①～④の中から一つずつ選び，その番号の該当欄をマークしなさい（長文なので時間配分に注意すること。*印を付した語については問題文末尾に注がある）。

We had our swim before the sun went down. The sun sank behind the brown stretches of corn fields. The warm air that rested on the water and the clean sand bar* grew fresher and smelled of the grasses and sunflowers growing on the shore. The river was brown, like any other of the half-dozen streams that water the Nebraska corn lands. On one shore was a line of short bluffs*. A few trees threw light shadows on the long grass.

It was on a small island that we built our watch fire*. We had been careful not to hurt the freshness of the place, although we often swam to the island on summer evenings and lay on the sand to rest.

This was our last watch fire of the year. The next week, the other boys were to go back to Sandtown High School. I was to go teach at my first country school. I was already sad at the thought of leaving the friends with whom I had always spent so much time.

We were friends mainly because of the river. We spent a lot of time together at the river. There were six of us.

There were the two Hassler boys, Fritz and Otto. They were the sons of the town's tailor. Otto, the elder, was the best at math at our high school.

There was Percy Pound, a fat boy with a freckled* face. He was always being kept in for reading detective stories at his desk in school.

There was Tip Smith, who was our group's joker. He walked like an old man and had a funny laugh. Tip worked hard in his father's store every afternoon.

The tallest among us was Arthur Adams. He had green eyes and a nice voice. To be sure, he was not at school very much of the time. He was seventeen. He should have finished high school the year before, but he was always off in some other place.

Arthur's mother was dead, and his father wanted to send him away to school. I remember him as a tall, brown boy with an intelligent face. Later, people said that Arthur had been given to evil ways as a boy. However, if he did anything bad with others, he never showed these things to us. We would have followed Arthur anywhere, and he led us into no worse places than the marshes* and corn fields.

Then, of course, there was me. And as I have said, I was about to start my first job.

By the time we had collected enough firewood, night had fallen. We threw ourselves down about the fire.

"I can see the North Star," Percy said. "Anyone might get lost and need to know that."

We all looked up at the evening sky. We lay back and considered the dark cover of the world.

"It is strange how the stars are," said Otto. "You could do most any shape with them. They always look as if they mean something. Some folks say everybody's fortune is written out in the stars, don't they?"

"They believe so in the old country," Fritz said.

Arthur laughed at him. "You're thinking of Napoleon, Fritz. He had a star that went out when he began to lose battles. I guess the stars don't watch people from Sandtown."

Someone cried, "There comes the moon! It's red!"

"When the moon came up red like that, the Aztecs* used to sacrifice their prisoners on the temple top," said Percy.

"Go on, Perce! Do you believe that's true, Arthur?" I asked.

"Yes," replied Arthur. "The moon was one of their gods. My father once saw the stone where they used to sacrifice their prisoners."

"Was any gold hidden in this old river?" asked Fritz. His brother laughed at him.

Arthur looked serious. "Some of the Spanish people thought there was gold up here," he said. "They thought there were cities full of gold. The Spanish were all over this country once. They were looking for the gold."

"I wonder where this river really begins," Tip said.

That was an old and favorite mystery that maps did not clearly explain. On the map, the little black line stopped somewhere in the west. We often tried to imagine where the river started.

The conversation then turned to talk about the places we wanted to go to. The Hassler boys wanted to go to a large city. Percy wanted to see a big store in Chicago. Arthur said nothing.

"Now it's your turn, Tip," said Otto.

Tip rolled over. "My place is really far away. My Uncle Bill told me about it," he said.

"Where is it?" we all asked.

"It's far down in New Mexico somewhere," said Tip.

"Well, go on. What's it like?"

Tip began his story.

"There's a big red rock there that goes right up out of the sand for about nine hundred feet," he explained. "The country's flat all around it. They call the rock the Enchanted Bluff. The sides are smooth rock, and straight up, like a wall. People say that hundreds of years ago, before the Spanish came, there was a village there. The tribe that lived there had made steps on the side of the rock. Its people only went down to hunt and get water.

"They were a peaceful tribe, and they went up there to get out of the wars. You see, they could stop any war party that tried to get up their little steps."

We started to ask questions about the steps, but Tip told us to stop interrupting.

"One time some of the men were down hunting, and an awful storm came up. When they got back to their rock, they found their steps had been all broken to pieces. While they were camped at the foot of the rock, another tribe came along and killed the hunters from the peaceful tribe.

"Of course, the people in the village never got down. They starved to death up there. The war party could hear the children crying from the edge of the bluff. They didn't see anyone, though. Nobody has ever been up there since."

"There couldn't have been many people up there," Percy said. "How big is the top, Tip?"

"Pretty big. The bluff is sort of worn away for several hundred feet up. That's one reason it's so hard to climb."

I asked how the Native Americans got up in the first place.

"Nobody knows how they got up or when. A hunting party came along once and saw that there was a town up there, and that was all."

Otto looked thoughtful. "There must be some way to get up there. Couldn't people get a rope over and pull a ladder up?"

"Well, that's why I want to go there—to see," said Tip.

Fritz asked Tip what he expected to find when he got up there.

"Bones or what is left of their town," said Tip. "There might be almost anything up there. I want to see for myself."

"Are you sure nobody else has been up there, Tip?" Arthur asked.

"Yes. Hardly anybody ever goes up there. Some hunters tried to cut steps in the rock once, but they didn't get very high. It's a strange place. Nothing but cactus* and desert for hundreds of miles, yet right under the Bluff there's water and plenty of grass."

Suddenly, we heard a scream above our fire. It was a whooping crane*.

We ran to watch her, but she flew away quickly. The Hassler boys said that by the look of the sky, it must be after midnight. We tried to sleep, but I fancy we were thinking about the Enchanted Bluff.

"Say, Tip, when you go there, will you take me with you?" I asked.

"Maybe," replied Tip.

"Suppose one of us beats you there, Tip?" said Arthur.

"Whoever gets to the Bluff first has got to promise to tell the rest of us exactly what he finds," said one of the Hassler boys, and to this we all agreed.

I fell asleep. I must have dreamed that I was in a race to get to the Bluff, because I awoke in a kind of fear that other people were getting ahead of me and that I was losing my chance.

I sat up and looked at the other boys. It was still dark, but the sky was getting brighter. Everywhere the birds began to call, and all manner of little insects began to sing.

The other boys woke up. We jumped into the river just as the sun rose. I still remember that morning sun.

Later, when I came home to Sandtown at Christmas time, the six of us got together and skated out to our island and talked again about going to the Enchanted Bluff. We talked about how we would get there and what we would do if we made it. We were all sure that at least one of us would go there. I thought Tip would go for certain.

That was all long ago. Although twenty years have passed since that night on the river, none of us have ever climbed the Enchanted Bluff.

Percy is a stockbroker* and will visit only places to which his red car can carry him.

Otto worked on the railroad and lost his foot. After that, he and Fritz took over their father's business and became the town tailors.

Arthur sat about sleepy little Sandtown all his life—he died before he was twenty-five years of age.

The last time I saw Arthur was when I was home on one of my vacations from the college where I was teaching. He was sitting in a chair under a large tree. He looked untidy; but when he rose to greet me, his eyes were as clear and warm as ever.

When I had talked with him for an hour and heard him laugh again, I wondered why he was wasting his life in Sandtown.

He joked about the Bluff. He said he was going there just as soon as the weather got cooler. He said he might visit the Grand Canyon as well.

I was sure when I left him that he would never get beyond the shade of the tree in his front yard. Indeed, it was under that very tree that he died one summer morning.

Tip still talks about going to see the Bluff. He married a country girl and has a son. When I was last in Sandtown, I walked home with him late one moonlit night, after he shut up his store.

Tip says that he still means to go there. He thinks now he will wait until his boy, Bert, is old enough to go with him. Bert has been told the story, and thinks of nothing but the Enchanted Bluff.

And I wonder, will any of us ever make it there?

（注）

*sand bar　砂洲（さす），流れによって形成された浅瀬，あるいはそれが陸地となったもの

*bluff　（川・湖・海に面する幅の広い）絶壁，断崖，切り立った岬

*watch fire　（夜営・信号用の）かがり火，焚き火

*freckled　そばかすのある

*marsh　沼沢（地），湿地

*the Aztecs　アステカ族。メキシコ中部に文明を築いていたアメリカ先住民の一部族で，その王国は16世紀にスペイン人コルテスによって征服された。

*cactus　サボテン

*whooping crane　（鳥類の）アメリカシロヅル

*stockbroker　株式仲買人

問1　この物語の主要な登場人物は，語り手も含めて何人ですか。　21

①　5人　②　6人

③　7人　④　8人

問2　この物語の主要な登場人物に関する次の記述のうち，本文の内容に合致しないものを選びなさい。　22

①　彼らは同じ高校に所属していた。

②　彼らはよく川で一緒に遊んでいた。

③　この物語の最初では，彼らは川の中の島で，この年最後の焚き火をしようとしていた。

④ この年最後の焚き火をした翌週には彼らは全員高校に戻ることになっていた。

問3　この物語の主要な登場人物に関する次の記述のうち，本文の内容に合致するものを選びなさい。 23

① Fritz と Otto は兄弟で，弟の Fritz は学校で誰よりも数学が得意だった。
② Percy は太っていてそばかすがあり，学校ではいつも探偵小説を読んでいた。
③ Tip は踊るように歩き，よくみんなを笑わせていた。
④ Arthur は前年に高校を卒業していた。

問4　少年たちが天体に関して話している内容に関する次の記述のうち，本文の内容に合致しないものを選びなさい。 24

① Percy が，北極星が見えると言ったので，みんな空を見上げた。
② Otto は，人の運命が星に描かれていると言っている人がいることを述べた。
③ Arthur は，星は自分たちの町の人々のことなど見ていないと思うと述べた。
④ Percy は，赤い月が昇るとアステカ族は動物の生贄を捧げたと述べた。

問5　少年たちが，いつか行ってみたい場所について語ったことに関する次の記述のうち，本文の内容に合致しないものを選びなさい。 25

① Fritz と Otto は都会に行ってみたいと言った。
② Percy はシカゴにある大きな店を見に行きたいと言った。
③ Arthur は特に行きたいところはないと言った。
④ Tip はおじさんに教えてもらった場所に行きたいと言った。

問6　The Enchanted Bluff に関する次の記述のうち，本文の内容に合致しないものを選びなさい。 26

① それは草原の中にある900フィートほどの高さの巨大な赤い岩である。
② その周辺は平らで，他に高い場所はない。
③ その側面は垂直に切り立った，滑らかな岩である。
④ それは New Mexico のどこかにある。

問7　The Enchanted Bluff の上にかつて住んでいたと言われる人々について Tip が語ったことに関する次の記述のうち，本文の内容に合致しないものを選びなさい。 27

① 彼らは他の部族と戦うことを避けて，その上に住むようになった。
② 彼らは通常，水と食料を得るためだけにしか，そこから降りてくることはなかった。

③ ある時，狩猟のために降りてきた男たちを，他部族が殺し，上に登る階段を壊してしまった。

④ 上に残っていた人々は，そこから降りることなく飢え死にしてしまった。

問8 The Enchanted Bluff に関して少年たちが約束したこととして最も適当なものを選びなさい。 28

① 最初にそこに行った者は，そこに何があったかをみんなに話すこと

② そこを目指していることは誰にも言わず，彼らだけの秘密にしておくこと

③ そこへ行くときには，出発前にみんなに連絡すること

④ そこへは一人で行かずに，必ず誰かと一緒に行くこと

問9 少年たちが初めて the Enchanted Bluff について話し合った夜が過ぎ去った後に起こったこととして，本文の内容に合致しないものを選びなさい。 29

① 少年たちはクリスマスに再会し，全員で例の川の中の島へスケートで行った。

② 少年たちは，クリスマスに例の島に渡ったとき，再び the Enchanted Bluff に行くことについて話した。

③ 少年たちが再び the Enchanted Bluff について話したとき，彼らは全員がそこに行けると信じていた。

④ 初めて the Enchanted Bluff について話し合ってから20年が過ぎても，彼らはまだ誰もそこには行っていなかった。

問10 少年たちのその後についての次の記述のうち，本文の内容に合致しないものを選びなさい。 30

① Percy は株式仲買人になり，自分のクルマで行けるところにしか行こうとしない。

② Otto は鉄道で働いた後，Fritz と一緒に家業を継いで仕立て屋となった。

③ Arthur は町を出ることなく，自分の家の木の下で若くして亡くなった。

④ Tip は結婚して息子が生まれてから，自分は夢を諦め，息子に託している。

VI 次の英文を読み，その後に続く問１～問10について，それぞれの指示にしたがって正しいと思われるものを①～④の中から一つずつ選び，その番号の該当欄をマークしなさい（*印を付した語句については問題文末尾に注がある）。

Can we create organizations free of the pathologies* that show up all too often in the workplace? Free of politics, bureaucracy, and infighting; free of stress and burnout; free of resignation, resentment, and apathy? Is it possible to reinvent organizations, to devise a new model that makes work productive, fulfilling, and meaningful? Can we create soulful workplaces — schools, hospitals, businesses, and nonprofits — where our talents can blossom and our callings can be honored?

If you are the founder or leader of an organization and you want to create a different workplace, much rides on your answer to that question! ①Many people around you will dismiss this idea as wishful thinking and try to talk you out of even trying. "People are people," they will say. "We have egos, we play politics, we like to blame, criticize, and spread rumors. This will never change." Who can argue with that? But, on the other hand, we have all experienced peak moments of teamwork, where achievements came joyfully and effortlessly. Human ingenuity* knows no limits and radical innovations sometimes appear all of a sudden, out of nowhere. Who would say we cannot invent ②much more exciting workplaces?

So which voice should you listen to? Is it possible to set a course away from the land of management-as-we-know-it for a new world? Or are you just going to sail off the edge, because there is nothing beyond the world we know?

③Part of the answer, I have found somewhat unexpectedly, comes from looking not forward, but into the past. In the course of history, humankind has reinvented how people come together to get work done a number of times — every time creating a vastly superior new organizational model. What's more, this historical perspective also hints at a new organizational model that might be just around the corner, waiting to emerge.

The key to this historical perspective, interestingly, comes not from the field of organizational history, but more broadly from the field of human history and developmental psychology. It turns out that, throughout history, the types of organizations we have invented were tied to the prevailing* worldview and consciousness. Every time that we, as a species, have changed the way we think about the world, we have come up (④) more powerful types of organizations.

A great number of people — historians, anthropologists*, philosophers, mystics*, psychologists, and neuroscientists — have delved* into this most fascinating question: _how has humanity evolved from the earliest forms of human consciousness to the complex consciousness of modern times?_ (Some inquired into a related question: _how do we human beings evolve today from the comparatively simple form of consciousness we have at birth to the full extent of adult maturity?_)

People have looked at these questions from every possible angle. Abraham Maslow famously looked at how human _needs_ evolve along the human journey, from basic needs to self-actualization. Others looked at development through the lenses of _worldviews_, _cognitive_* _capacities_, _values_, _moral development_, _self-identity_, _spirituality_, _leadership_, and so on.

In their exploration, they found consistently that humanity evolves in stages. We are not like trees that grow continuously. We evolve by sudden transformations, like a caterpillar that becomes a butterfly, or a tadpole* a frog. Our knowledge about the stages of human development is now extremely solid. ⑤Two thinkers in particular — Ken Wilber and Jenny Wade — have done remarkable work comparing and contrasting all the major stage models and have discovered strong convergence*. Every model might look at one side of the mountain (one looks at needs, another at cognition, for instance), but it's the same mountain. They may give somewhat different names to the stages or sometimes subdivide or regroup them differently. But ⑥the underlying phenomenon is the same, just like Fahrenheit and Celsius recognize — with different labels — that there is a point at which water freezes and another where it boils. This developmental view has been backed up by solid evidence from large pools of data; academics like Jane Loevinger, Susanne Cook-Greuter, Bill Torbert, and Robert Kegan have tested this stage theory with thousands and thousands of people in several cultures, in organizational and corporate settings, among others.

Every transition to a new stage of consciousness has introduced a whole new era in human history. At every stage, ⑦everything changed: society (going from family bands to tribes to empires to nation states); the economy (from foraging* to horticulture*, agriculture, and industrialization); the power structures; the role of religion. One aspect hasn't yet received much attention: with every new stage in human consciousness also came a breakthrough in our ability to collaborate, bringing about a new organizational model. Organizations as we know them today are simply the expression of our current worldview, our current stage of development. There have been other models before, and all evidence indicates there are more to come.

So what are the past and current organizational models in human history — and what might the next look like? In this chapter, I will take you on a quick tour of the major stages in the development of human consciousness and of the corresponding organizational models. The way I portray the stages borrows from many researchers, and primarily from Wade's and Wilber's meta-analyses, touching briefly upon different aspects of every stage — the worldview, the needs, the cognitive development, the moral development. I refer to every stage, and to ⑧the corresponding organizational model, with both a name and a color. Naming the stages is always a struggle; a single adjective will never be able to capture all of the complex reality of a stage of human consciousness. I've chosen adjectives I feel are the most evocative* for each stage, in some cases borrowing a label from an existing stage theory, in other cases choosing a label of my own making. Integral Theory* often refers to stages not with a name but with a color. Certain people find this ⑨color-coding to be highly memorable, and for that reason I'll often refer to a stage throughout this book with the corresponding color (but the way I describe the stages of consciousness stems from a personal synthesis* of the work of different scholars, which might not always square entirely with the way Integral Theory describes the same stages).

（注）

*pathologies　病理

*ingenuity　発明の才覚

*prevailing　支配的な

*anthropologists　人類学者

*mystics　神秘主義者

*delve　掘り下げる

*cognitive　認識の

*tadpole　オタマジャクシ

*convergence　意見や考えの一致，収斂（しゅうれん）

*foraging　採集，狩猟

*horticulture　園芸

*evocative　（記憶・感情などを）呼び起こす

*Integral Theory　多様で複雑な世界を統一的に読み解くために Ken Wilber が提唱するフレームワーク

*synthesis　統合

出典追記：Reinventing Organizations by Frederic Laloux, Nelson Parker

問1　下線部①の Many people とはどういう人々ですか。本文の内容に合致するものを選びなさい。　31

① 筆者の研究成果の発表に便乗してくる人々
② より良い組織の創造をいつも妄想している人々
③ 組織の創立者やリーダーである人々
④ 人間は人間で所詮変わることはないと言う人々

問2　下線部②の例として本文の内容に合致しないものを選びなさい。　32

① 官僚主義や内部抗争のない職場
② 非難や噂の流布も許容できる職場
③ 才能が開花し仕事に敬意が払われる職場
④ 仕事が生産的で充実感があって意義深いものとなる職場

問3　下線部③について筆者が述べていることとして本文の内容に合致しないものを選びなさい。　33

① その解を見出すことができたのは思いがけないことだった。
② その解を見出したのは未来ではなく過去を調べていた時だった。
③ 歴史的には新たな組織形態の出現もそろそろ曲がり角に差し掛かっている。
④ 人類は仕事を成し遂げるために幾度となく革新的な組織形態を生み出してきた。

問4　空欄④を埋めて意味を成す文を完成させるのに最も適当な語句を選びなさい。　34

① on　② to
③ from　④ with

問5　下線部⑤に関して本文の内容に合致するものを選びなさい。　35

① 組織形態の発達段階に関する主要な理論を比較した。
② どのモデルも現象の一側面しか見ていないと酷評した。
③ 山脈を分割したり再統合したりして名前を付け直した。
④ 職場の外では同じ山を登る登山愛好家であると判明した。

問6　下線部⑥の意味として最も適当なものを選びなさい。　36

① 氷点や沸点に付ける数値が異なっても現象自体は同じである。
② 水が凍ったり沸騰したりする現象には深い意味がある。
③ Fahrenheit と Celsius が協力してひとつの研究成果をあげた。

④ Fahrenheit の実験では水が凍ったが，Celsius の実験では水が沸騰した。

問7　下線部⑦において変化したものとして本文の内容に合致しないものを選びなさい。 37

① 宗教の役割
② 人々の意識
③ 協働する能力
④ エネルギーのタイプ

問8　下線部⑧について筆者が述べていることとして本文の内容に合致しないものを選びなさい。 38

① 組織モデルの各発達段階を名前と色とで呼ぶ。
② 形容詞ひとつで名付けても各発達段階の特徴すべてを言い表すことはできない。
③ 時には演劇の理論なども参考に，最も感情に訴える形容詞を選んだ。
④ 世界観，ニーズ，そして倫理的発達といった各側面に触れながら発達段階を説明する。

問9　下線部⑨について本文の内容に合致しないものを選びなさい。 39

① 筆者の色分けはさまざまな研究者の成果を参考にしている。
② 筆者の色分けは独自のものであって他の研究者のそれとは異なる。
③ 筆者の色分けはインテグラル理論のそれと必ずしも一致するものではない。
④ 色分けによって各発達段階のイメージが記憶しやすくなると考える人もいる。

問10　本文第1段落の問いに対する筆者の見解として本文の内容に合致しないものを選びなさい。 40

① 人類の進化は木々の成長のごとく脈々と永続するものだ。
② 今後さらに多くの組織モデルが出現することは証拠から明らかである。
③ 無限の創意工夫によって革新的なイノベーションがいきなり現れることもあろう。
④ 組織の歴史よりもっと広い人類の歴史や発達心理学によって歴史的視座を得られる。

日本史

（60分）

I　次のA～Cの各文章を読んで，下記の設問に答えなさい。

A　11世紀頃，地方豪族や有力農民は開発領主として開発地への私的支配を強め，中央の権力者への荘園(1)の寄進などを通じその支配を強化していった。この寄進地系荘園は，院政(2)を経済的に支えた基盤の一つにもなった。

後に成立する鎌倉幕府(3)では，所領の私的支配を媒介とした主従関係を基礎に置く封建制度(4)が採用された。これ以降，武士の土地支配(5)も進むこととなる。

問1　下線部(1)に関する記述として不適切なものを次の中から1つ選び，その番号の該当欄をマークしなさい。　1

① 初期荘園は，貴族や寺社が自ら開墾した土地や買収した墾田から成り，付近の農民らを使って経営されていた。

② 後三条天皇は，荘園整理令を発令し，証拠書類のない荘園などを停止させた。

③ 律令制の下で国・郡・里（郷）の上下の区分で構成されていた一国の編成は，荘・郡・郷などが並立する荘園と公領で構成される荘園公領制に変化していった。

④ 保元の新制では，荘園を管理する役職として新たに国司が設けられた。

問2　下線部(2)に関連して，院政期の政策として最も適切なものを次の中から1つ選び，その番号の該当欄をマークしなさい。　2

① 上皇は天皇を補佐するのみで，院庁や上皇から命令が下されることはなかった。

② 上皇は上級貴族に知行国主として一国の支配権を与え，その国からの収益を取得させた。

③ 上皇は，粗悪な貨幣が円滑な取引を阻害していると考え，撰銭令で流通貨幣の基準を設けた。

④ 上皇は大寺院と協力し，武士の中央政界への進出を排除しようとした。

問3　下線部(3)に設置された中央機関として不適切なものを次の中から1つ選び，その番号の該当欄をマークしなさい。　3

① 侍所

② 問注所

③ 公文所（政所）

④ 五衛府

問4　下線部(4)に関連して，封建制度の成立前に機能していた律令制度にまつわる記述として最も適切なものを次の中から1つ選び，その番号の該当欄をマークしなさい。 [4]

① 律令と格式によって運営された地方分権的国家体制である。

② 主人が御家人に先祖伝来の所領の支配を保障したり新たな所領を与えたりする代わりに，御家人が主人に奉公する政治的・軍事的な体制である。

③ 民衆は戸主を代表とする戸に所属する形で戸籍・計帳に記録された。

④ 朝廷が農民に対して田畑の絶対的な支配権を認める代わりに，年貢米の上納を要求した。

問5　下線部(5)に関する記述として不適切なものを次の中から1つ選び，その番号の該当欄をマークしなさい。 [5]

① 幕府裁許による紛争の解決が図られることはなかった。

② 鎌倉幕府は，荘園に関する紛争について，当事者間の取決めによる解決を奨励した。

③ 荘園の領主は，地頭に現地の土地の相当部分を分け与え，相互の支配権を承認し合う取決めをすることで，地頭の台頭を抑えようとした。

④ 荘園の領主は，地頭に荘園の管理の一切を委ねつつ，一定の年貢納入だけを請け負わせることで年貢未納を防ごうとした。

B　武士たちは自ら育んできた慣習や道徳を重んじて日常生活を営み，紛争を処理する(6)規範ともしていた。しかし，それには地域的差異や相互矛盾が存在したため，増大する所領関係の紛争を円滑に解決すべく，1232年(7)，[(8)]は，御成敗式目を制定した。

戦国時代になると，戦国大名のなかには，領国経営を安定させるために領国支配の基本法たる分国法（家法）(9)を制定する者があった。その中の一つである喧嘩両成敗法(10)は，紛争解決手段の一つとして慣習的に認められていた私闘（喧嘩）を禁止し，すべての紛争を大名の裁判に委ねさせることによって，領国の平和を実現しようとするものであった。

問6　下線部(6)に関連して，鎌倉幕府の守護が担った治安維持の職務を指す語として最も適切なものを次の中から1つ選び，その番号の該当欄をマークしなさい。 [6]

① 刑部省

② 武家伝奏

③ 大犯三カ条

④ 飛鳥浄御原令

問7　下線部(7)の時期の前後に起こった出来事を古いものから順に並べたものを次の中から1つ選び，その番号の該当欄をマークしなさい。　7

ア　後鳥羽上皇は，幕府と対決して朝廷の勢力を挽回すべく，承久の乱を起こした。

イ　後白河天皇は，崇徳上皇による保元の乱を鎮圧した。

ウ　有力御家人の安達泰盛らが御内人代表（内管領）の平頼綱により滅ぼされた。

エ　後嵯峨上皇によって朝廷に院評定衆が置かれ，幕府の朝廷への影響力が強まった。

① イ → エ → ア → ウ

② イ → ア → エ → ウ

③ ア → イ → エ → ウ

④ ア → ウ → エ → イ

問8　空欄 (8) に該当する人物として最も適切なものを次の中から1つ選び，その番号の該当欄をマークしなさい。　8

① 源頼朝

② 源実朝

③ 北条泰時

④ 北条時政

問9　下線部(9)に関する記述として不適切なものを次の中から1つ選び，その番号の該当欄をマークしなさい。　9

① 幕府法・守護法を継承するのみで，国人一揆に関する規約などは排除されていた。

② 私的な家訓のみならず，家臣団を対象とする法的な規範も含んでいた。

③ 朝倉孝景条々には，一乗谷への家臣団の集住などの条項が設けられていた。

④ 武田信玄による甲州法度之次第には，喧嘩両成敗に関する条項が設けられていた。

問10　下線部(10)を全国に及ぼしたと解釈できる政策として最も適切なものを次の中から1つ選び，その番号の該当欄をマークしなさい。　10

① 刀狩令

② 人掃令

③　惣無事令

④　太閤検地

C　13世紀後半になると，(11)蒙古襲来（元寇）での恩賞不足や経済の発展に伴い，窮乏する御家人が出てくるようになった。そのため，(12)1297年に徳政令が発布され，御家人の救済が試みられたものの，抜本的な解決には至らず，幕府の求心力も次第に低下するに至る。

鎌倉幕府の滅亡後，(13)後醍醐天皇によって律令国家への回帰が試みられたが，(14)室町幕府は引き続き封建制度を採用した。その後，応仁の乱（応仁・文明の乱）に始まる戦乱の中で，(15)戦国大名という独自の地方権力が誕生することとなる。

問11　下線部(11)に関する記述として不適切なものを次の中から１つ選び，その番号の該当欄をマークしなさい。　11

①　元への朝貢を拒否したことをきっかけに，1度目の襲来である文永の役が始まった。

②　２度目の襲来である弘安の役では，元軍は博多湾に上陸することなく撤退した。

③　２度目の襲来に備え，博多湾近辺では異国警固番役の強化と石塁（石築地）の構築がなされた。

④　元軍の集団騎馬戦術に対し，日本の武士は「てつはう」と呼ばれる武器で対抗した。

問12　下線部(12)の徳政令を指す語として最も適切なものを次の中から１つ選び，その番号の該当欄をマークしなさい。　12

①　分一の徳政令

②　永仁の徳政令

③　貞永の徳政令

④　嘉吉の徳政令

問13　下線部(13)の天皇による政治を指す語として最も適切なものを次の中から１つ選び，その番号の該当欄をマークしなさい。　13

①　嘉元の新政

②　元久の新政

③　建久の新政

④　建武の新政

問14　下線部(14)の成立前後の出来事として不適切なものを次の中から１つ選び，その番号の該当欄をマークしなさい。　14

① 山城の一向一揆では，畠山軍を国外退去させた後，一揆による自治的支配が実現した。

② 守護の職権が拡大され，荘園・公領の年貢の徴収・納入も担うようになった。

③ 軍費調達のために守護が年貢の半分を徴収する半済令が初めて発布された。

④ 農民の自立的・自治的な村である惣村では，寄合という村民の会議がおこなわれ，惣掟と呼ばれる規約が定められた。

問15　下線部⒂に関する記述として最も適切なものを次の中から１つ選び，その番号の該当欄をマークしなさい。　15

① 家臣団に組み入れた多数の地侍を寺院に預ける形で組織化し，軍事行動における協力体制を敷いた。

② 国人や地侍の得分を貫高という基準で銭に換算し，彼らの地位・収入を保障する代わりにそれに見合った軍役を課した。

③ 守護大名と同様に，将軍から守護に任命された者が戦国大名として台頭した。

④ 戦国大名と守護を兼ねる者による領国支配体制のことを守護領国制という。

Ⅱ　次のＡ～Ｃの各文章を読んで，下記の設問に答えなさい。

Ａ　院政が行われている時代には，兄から弟に皇位を譲ることがトラブルの原因となることがあった。院政は原則として天皇の父や祖父などの直系尊属でなければ行えない。原則として弟や弟の子孫が在位すると院政が行えなくなるからである。

たとえば，崇徳天皇が鳥羽上皇の命により弟の近衛天皇に譲位しなければならなかったことは，譲位後の崇徳上皇に強い不満を引き起こした。皇子を残さないまま亡くなった近衛天皇にかわってその弟の後白河天皇が即位したが，崇徳上皇の不満はおさまらなかった。この崇徳上皇と後白河天皇の対立が，(1)鎌倉幕府の開創に至る12世紀後半の内乱の時代の幕を開けることになったのである。

鎌倉幕府の滅亡と南北朝時代の始まりにも，兄から弟への譲位が起こした問題が関係している。1246年，(2)後嵯峨天皇は自分の皇子である後深草天皇に譲位して院政を開始した。ところが，後嵯峨上皇はやがて後深草天皇に同母弟の亀山天皇への譲位を行わせた。このため，皇統は，後深草天皇の子孫の持明院統と亀山天皇の子孫の大覚寺統に分裂した。大覚寺統と持明院統は，ほぼ交互に天皇を即位させ，大覚寺統の天皇が在位するときには大覚寺統の上皇・法皇が，持明院統の天皇が在位するときには持明院統の上皇・法皇が院政を行うという妥協を図った。これを両統迭立《てつりつ》という。

ところが，大覚寺統でも傍流にあたり，両統迭立制度の下では自分の皇子に天皇の位を伝える望みが持てなかった後醍醐天皇は，両統迭立制度を支える鎌倉幕府の打倒を図って，1331年，決起を企てた。計画は幕府に漏れたが，後醍醐天皇が始めた幕府打倒の戦いは拡大した。鎌倉幕府軍の指揮を執っていた足利高氏が立場を変えて後醍醐天皇を支持し，六波羅探題を攻略して滅亡させた。足利高氏は，この功績によって天皇の名から一字を与えられ，足利尊氏と名のることになる。一方，関東では新田義貞が決起して鎌倉攻めを行い，鎌倉幕府も滅亡した。

ところで足利氏と新田氏は源義国を祖とする同族で，ともに現在の群馬県から栃木県にかけての北関東に本拠地を置いていた。源義国は，後三年合戦で藤原（清原）清衡を支持して戦った［(3)］の子である。しかし北条氏が権力を握る鎌倉幕府の下では足利氏と新田氏の待遇は大きく違っていた。足利氏は当主が北条氏から妻をめとるという高い待遇を受けていたが，新田氏はそれほど厚遇されてはいなかったのである。

問1　下線部(1)に関連して，12世紀後半の内乱に関する記述として不適切なものを次の中から一つ選び，その番号の該当欄をマークしなさい。［16］

① 保元の乱では崇徳上皇は藤原頼長と結んだが，信西・源義朝・平清盛らと結んだ後白河天皇方に敗れた。

② 平治の乱では藤原信頼が源義朝と結んで兵を挙げたが平清盛に敗れた。

③ 以仁王は平氏打倒を呼びかける令旨を発したが，その直後に敗死したため，その令旨はほとんど影響力を持たなかった。

④ 平氏滅亡後，源頼朝は奥州藤原氏をも滅ぼして陸奥・出羽両国を支配下に置いた。

問2　下線部(2)に関連して，後嵯峨天皇・後嵯峨上皇に関する記述として不適切なものを次の中から一つ選び，その番号の該当欄をマークしなさい。［17］

① 後嵯峨天皇は後鳥羽上皇の孫にあたる。

② 後深草天皇の兄にあたる宗尊親王を鎌倉幕府の将軍とした。

③ 書家としても知られ，青蓮院流の書法を創始した。

④ 幕府執権北条時頼の申し入れをうけて院評定衆を設置した。

問3　空欄［(3)］にあてはまる人名として最も適切なものを次の中から一つ選び，その番号の該当欄をマークしなさい。［18］

① 源満仲

② 源義家

③ 源頼信

④　源頼義

B　(4)後醍醐天皇の新政は大きな混乱をもたらした。この混乱を風刺した文書として「二条河原の落書」が伝えられている。「二条河原の落書」は，同時に，鎌倉の文化や武士の文化などの新しい文化が京都に入ってきて，京都の文化と混在していく様子が描かれている。「いたるところで連歌会が開かれるが（自分で歌を作る能力がないので）だれもが審判役を担当する」などと面白おかしく描かれており，(5)連歌のような新しい文化がこの新政の時期に受け入れられたことが読み取れる。

1336年，足利尊氏が京都を制圧して，後醍醐天皇にかえて光明天皇を擁立し，また征夷大将軍足利尊氏のもとに幕府が開かれることとなった。これに対して後醍醐天皇も吉野に移って自らが正統な天皇であることを主張したので，国内に二つの朝廷が並び立つこととなった。京都の朝廷を北朝，吉野の朝廷を南朝と呼ぶ。南北朝時代の始まりである。

南北朝の攻防は，1338年に一連の戦いがあったあと，畿内では足利幕府優位の情勢となり，1348年まで大きな戦いは起こらなかった。それにもかかわらず，南北朝の対立は長引いた。

その一つの要因は，南朝勢力が地方に拠点を置いて戦いを続けたからである。九州には後醍醐天皇の皇子である懐良《かねよし》親王が，地元の武士菊池氏の支持を得て勢力を拡大した。(6)日本の南北朝時代に，中国大陸では元から明への王朝交替が起こった。新興の明王朝が日本国王と認めた「良懐」はこの懐良親王のことであると考えられている。また，東国では，北畠親房が北関東の南朝勢力を率いて幕府側の勢力と戦った。また，足利幕府の内紛も対立が長引いた要因の一つである。これらの要因に，(7)社会の変化が重なり，内乱が長引いたのである。

しかし，幕府で足利義満が将軍になったころには地方の南朝勢力も弱体化し，1392年，足利義満の申し出に南朝が応じて南北朝の合一が実現した。

南北朝の対立を伝える軍記物(8)『太平記』はこの義満の時代の初期に成立したとみられる。『太平記』は，歴史を伝える著作としての一面とともに，物語としての側面も強い。たとえば楠木正成は後醍醐天皇に忠義を尽くした忠臣として描かれ，一方で高師直は天皇の権威も認めない悪人として描かれている。また『太平記』は足利氏と新田氏を対等のライバルとして描いている。この『太平記』の人物造型は後世に南北朝の対立を伝える上で大きな影響力を持った。

南北朝の合一では両統迭立が条件とされていたが，現実に南朝の皇統が天皇位につくことはなかった。このような情勢に，南朝皇統の子孫はたびたび反抗の姿勢を示した。南朝を支えた北畠親房の子孫も伊勢に引き続き勢力を保っていた。(9)1428年には北畠満雅が後亀山天皇（法皇）の孫と結び，南朝再興の反乱を起こしたが，鎮圧された。また，1443年には，南朝皇統の子孫が決起して内裏を襲撃する「禁闕《きんけつ》の変」が起こっている。(10)応仁の乱（応仁・文明の乱）では，西軍が，一時，南朝皇統の子孫を天皇に推戴しようという動きを示した。しかし，これを最後に，南朝の皇統が政治に影響力を持つことはなくなった。

問4　下線部(4)に関連して，後醍醐天皇の新政に関する記述として不適切なものを次の中から一つ選び，その番号の該当欄をマークしなさい。　19

① 後醍醐天皇は土地支配権の確認には天皇の綸旨が必要とする綸旨万能主義をとった。

② 新政の政府には鎌倉幕府の引付の役割を引き継ぐ雑訴決断所が設置された。

③ 新政の下で守護は廃止され，各国の支配は国司に任されることとなった。

④ 東北地方には陸奥将軍府，関東には鎌倉将軍府を設置してそれぞれの地方の政治を主導させた。

問5　下線部(5)に関連して，連歌に関する記述として最も不適切なものを次の中から一つ選び，その番号の該当欄をマークしなさい。　20

① 南北朝時代に二条良基が撰した『菟玖波《つくば》集』は勅撰和歌集と同格と見なされ，連歌の地位の向上に貢献した。

② 宗祇は正風連歌を確立し，弟子たちと「水無瀬三吟百韻」を詠んだ。

③ 戦国時代，戦乱の世であるにもかかわらず，連歌師は各地を遍歴し，その影響で，地方の大名・武士・民衆にも連歌を詠む風習が広がった。

④ 江戸時代の松尾芭蕉は自由な気風を特徴とする俳諧連歌を創始した。

問6　下線部(6)に関連して，14世紀の東アジア諸国との関係に関する記述として不適切なものを次の中から一つ選び，その番号の該当欄をマークしなさい。　21

① 足利幕府は天龍寺の造営費用をまかなうために元に天龍寺船を派遣した。

② 鎌倉幕府は建長寺の修造費用をまかなうために元に建長寺船を派遣した。

③ 元に渡って作画技術を学んだ道慈が帰国後水墨画を創始した。

④ 対馬・壱岐・松浦などを根拠地とする海賊集団が東アジアで活発に活動し，明や高麗から倭寇と呼ばれた。

問7　下線部(7)に関連して，鎌倉時代後期から南北朝時代にかけての社会の変化の記述として不適切なものを次の中から一つ選び，その番号の該当欄をマークしなさい。　22

① 荘園や公領で代官に年貢の納入を請け負わせる代官請が一般化した。

② 血縁によって結びついていた平安時代後期以来の武士団のあり方が崩れ，武士社会では地縁による結びつきが強くなった。

③ 農業生産力の向上をうけて，名主と呼ばれる有力農民の勢力が強まり，平安時代以来の惣村（惣）のあり方が崩れた。

④　武士社会では，嫡子が全部の所領を相続し，庶子が嫡子に従属する嫡子単独相続制が一般的になった。

問8　下線部(8)に関連して，『太平記』と同じ時代に著された書物についての記述として不適切なものを次の中から一つ選び，その番号の該当欄をマークしなさい。 23

①　北畠親房は『神皇正統記』で天皇を中心とする歴史を叙述して南朝の正統性を主張した。

②　『職原抄』は後醍醐天皇が著した有職故実書である。

③　『梅松論』は武家の立場で足利氏の政権確立までの歴史を描いた。

④　『増鏡』は源平争乱から後醍醐天皇の倒幕までの歴史を公家の立場から描いた。

問9　下線部(9)の北畠満雅の乱が起こった1428年から禁闕の変が起こった1443年までのあいだに起こった出来事として不適切なものを次の中から一つ選び，その番号の該当欄をマークしなさい。 24

①　アイヌがコシャマインの指導によって蜂起した。

②　永享の乱が起こり，鎌倉公方足利持氏が滅ぼされた。

③　将軍足利義教は「万人恐怖」と評される専制的な政治を行ったが，赤松満祐に殺害された。

④　4代将軍足利義持の時期に中断された日明貿易が再開された。

問10　下線部(10)に関連して，応仁の乱（応仁・文明の乱）についての説明として不適切なものを次の中から一つ選び，その番号の該当欄をマークしなさい。 25

①　応仁の乱（応仁・文明の乱）には牢人と呼ばれる軽装の徒歩の兵士が大量に参加した。

②　管領家の畠山氏・斯波氏の家督争いが細川勝元と山名持豊（宗全）の対立と連動して乱へと発展した。

③　将軍足利義政の弟義視は，当初は東軍側に味方したが，後に西軍に走り，東西二つの幕府が成立した。

④　1477年に東西両軍のあいだに和議が結ばれたが，南山城ではなお畠山氏の内紛による戦闘が続いた。

C　徳川家康は，自らを足利氏に対抗した新田氏の子孫に位置づけた。そうすることで，足利家にかわる将軍家としての正統性を主張したのである。これをうけて，徳川光圀が編纂を開始した『大日本史』は南朝を正統とした。足利将軍家は北朝を正統としていたから大きな歴史観の転換である。この転換は後の水戸学(11)の展開に大きな影響を与えている。

また，庶民文化でも，赤穂事件を題材として1748年に初上演された『仮名手本忠臣蔵』(12)では，作中の時代を南北朝時代に設定し，『太平記』で極悪人として描かれた高師直を吉良義央《よしなか》にあたる役に配している。『太平記』の人物造型の影響はこの時代にまで及んでいた。

明治維新後は，「神道は祭天の古俗」と論じて批判を浴びた［(13)］らが日本に実証的な歴史学を導入した。この流れのなかで，南北朝時代についても，実証的な研究が始められることになり，『太平記』にもとづく南北朝時代像の見直しが進んだ。しかし，後醍醐天皇・南朝に対する「忠臣」の顕彰はこの時代にも盛んに続けられ，南北朝時代の歴史は，この時代にあっても，政治的な論点になり続けた。

第二次桂内閣下の1911年(14)，『読売新聞』が，国定教科書で南朝と北朝を対等に扱っていることを非難する記事を掲載し，いわゆる「南北朝正閏《せいじゅん》論争」が巻き起こった。この結果，南朝が正統と定められ，「南北朝時代」は教科書では「吉野朝時代」と記述されることとなった。時代が昭和に入った1934年には，かつて九州で南朝を支えて戦った菊池氏の子孫にあたる菊池武夫が，商工大臣中島久《く》万吉《まきち》の足利尊氏論を攻撃，［(15)－ア］内閣に揺さぶりをかけた。菊池武夫は，この後，1935年に［(15)－イ］内閣の下で起こった天皇機関説事件でも，天皇機関説攻撃の口火を切る役割を果たしたことでも知られている。

第二次世界大戦後になって，私たちは，南北朝時代の歴史に対しても，『太平記』の記述に対しても，自由に，客観的に接することができるようになった。

問11　下線部(11)に関連して，水戸学についての説明として最も適切なものを次の中から一つ選び，その番号の該当欄をマークしなさい。［26］

① 19世紀に藤田幽谷・藤田東湖・会沢正志斎（会沢安）らの学者が登場して後期水戸学を担った。

② 朱子学の大義名分論を主張する山崎闇斎が創始した。

③ 尊王攘夷論は江戸幕府体制を否定するので，水戸学は尊王攘夷論には批判的だった。

④ 徳川光圀が開いた明倫館が水戸学の拠点となった。

問12　下線部(12)に関連して，江戸時代の文学・芸能上の出来事を時代順に並べたものとして最も適切なものを次の中から一つ選び，その番号の該当欄をマークしなさい。［27］

ア　人情本の作者為永春水が処罰された。

イ　菅原道真の左遷を題材とする『菅原伝授手習鑑』が発表された。

ウ　近松門左衛門が『曽根崎心中』や『冥途の飛脚』などの世話物を発表した。

エ　山東京伝らを作者とする洒落本・黄表紙本が広く流行した。

① ア → エ → イ → ウ

② イ → ア → ウ → エ

③ ウ → イ → エ → ア

④ エ → ウ → ア → イ

問13　空欄 ⒀ にあてはまる人名として最も適切なものを次の中から一つ選び，その番号をマークしなさい。 28

① 木村栄

② 久米邦武

③ 田口卯吉

④ 山路愛山

問14　下線部⒁に関連して，1911年の出来事として不適切なものを次の中から一つ選び，その番号をマークしなさい。 29

① 工場法が制定された。

② 第二次西園寺内閣が成立した。

③ 日米新通商航海条約が調印され関税自主権の回復が達成された。

④ 俳句雑誌『ホトトギス』が創刊された。

問15　空欄 ⒂－ア と ⒂－イ にあてはまる名の組み合わせとして最も適切なものを次の中から一つ選び，その番号をマークしなさい。 30

① ア　斎藤－イ　岡田

② ア　斎藤－イ　広田

③ ア　広田－イ　岡田

④ ア　林　－イ　広田

Ⅲ　次のＡ～Ｃの各文章を読んで，下記の設問に答えなさい。

Ａ　尾張国郡司百姓等解し申し請ふ官裁の事

裁断せられむと請ふ，当国の守藤原の朝臣 [(1)] ，三箇年の内に責取る非法(2)<u>官物</u>幷濫行横法三十一箇条の愁状

一　裁断せられむと請ふ，例挙の外三箇年の収納，暗に以て加徴せる正税四十三万千二百四十八束の息利十二万九千三百七十四束四把一分の事（後略）

出典：『尾張国郡司百姓等解文』（原漢文）

問１　空欄 [(1)] にあてはまる最も適切な人物を次の中から１つ選び，その番号の該当欄をマークしなさい。 [31]

① 秀郷

② 元命

③ 陳忠

④ 純友

問２　下線部(2)に関連して，９世紀から11世紀にかけての地方統治や租税制度に関する記述として不適切なものを次の中から１つ選び，その番号の該当欄をマークしなさい。 [32]

① 現地に赴任した国司の最上席者に権限が集中するようになり，地方支配を直接担っていた郡衙の役割は衰えていった。

② 課税の対象となる田地は，新たに名という徴税単位に編成された。

③ 耕作請負人は田所と呼ばれ，大規模な経営をおこなうものも現れた。

④ 荘園の多くは，朝廷や国司から官物・臨時雑役の免除を承認してもらった。

問３　この解文が差し出された前後に起こった出来事として，次のア～エの出来事が起こった順に並べたものを次の中から１つ選び，その番号の該当欄をマークしなさい。 [33]

ア　平将門が東国の大半を占領して新皇と自称したが，討伐された。

イ　女真族の刀伊が北九州に来襲したが，九州の武士らによって撃退された。

ウ　平忠常による反乱が，源頼信によって鎮められた。

エ　高麗が新羅を滅ぼして，朝鮮半島を統一した。

① ア → エ → ウ → イ

② イ → ウ → ア → エ

③ ウ → イ → エ → ア

④ エ → ア → イ → ウ

B 次の図は，室町時代を代表する建築の間取りの一部である。

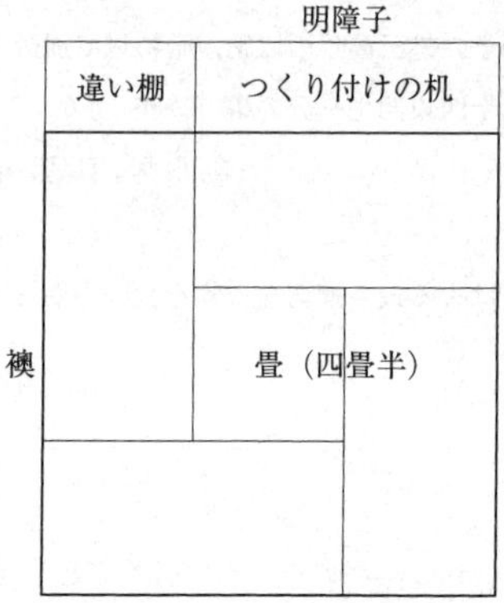

問4 この建築に関する記述として最も適切なものを次の中から1つ選び，その番号の該当欄をマークしなさい。 34

① この建築様式は，東三条殿に代表される貴族の邸宅を母体として発展した。

② 同じ特徴を持つ建築に，永保寺開山堂がある。

③ 民衆の地位が向上する室町後期になると，庶民の住宅にもこの建築様式が用いられた。

④ 簡素な部屋の装飾のため，写実的な似絵が発達した。

問5 この建築を建てた足利義政の治世に起こった出来事として不適切なものを次の中から1つ選び，その番号の該当欄をマークしなさい。 35

① 津軽の豪族支配下で勢力を拡大した和人の進出に対して，アイヌが蜂起した。

② 日本列島の南では，尚巴志が三山を統一して琉球王国を建てた。

③ 禅僧の雪舟が明に渡り，作画技術を学んだ。

④ 足利成氏が下総古河を拠点におき，室町幕府に反抗した。

問6 室町後期の文化に関する記述として不適切なものを次の中から1つ選び，その番号の該当欄をマークしなさい。 36

① 吉田兼倶は反本地垂迹説にもとづき，唯一神道を完成させた。

② 活字印刷術が伝えられて，天皇の勅命で，木製の活字による書物が出版された。

③ 『古今和歌集』の解釈・故実などが，秘事として特定の人だけに伝授された。

④ 足利将軍への政道助言として，一条兼良により，『樵談治要』が著された。

C　次の文章は婦選獲得同盟の機関誌に掲載されたものである。

新日本建設の礎石は置かれた。(3)普選案は予定の如く第五十議会を通過した。而してここに国民半数の婦人は，二十五歳以下の男子及「貧困に依り生活のため公私の救助を受け又は扶助を受くる」少数の男子と共に，政治圏外に取残された。我等女性は最早我等が一個の人間として，一個の国民として，国家の政治に参与することの如何に当然にして必要なるかの事由に就いては語るまい。此上はただ，内，(4)普選獲得の歴史に倣い，外，婦選獲得の実績に鑑み，一致団結の力によってその実現を一日も早からしむるように努めねばならぬ。されば多くの婦人がその感情や宗教，思想の別を措いて，唯女性の名によって協力すると共に，目的を参政権獲得の唯一に限り，凡ての力をここに集注すべきである。

出典：『婦選獲得同盟会報』第2号

（句読点を補足し，現代仮名遣い並びに旧字体を新字体に改めた）

問7　下線部(3)に関連して，当時の内閣総理大臣として最も適当な人物を次の中から1つ選び，その番号の該当欄をマークしなさい。　37

① 清浦奎吾

② 原敬

③ 犬養毅

④ 加藤高明

問8　下線部(4)に関連して，国民の政治参加に関する記述として不適切なものを次の中から1つ選び，その番号の該当欄をマークしなさい。　38

① 初の衆議院議員総選挙は，制限選挙であり，1890年におこなわれた。

② 1900年に制定された治安警察法は，政治結社や屋外大衆運動の届出などについて定め，政治運動を取り締まった。

③ 1919年には，選挙人の納税額による資格要件が，10円以上に引き下げられた。

④ 地方では，1878年の府県会規則などにより，住民の意向が行政に反映される道がひらかれた。

問9　女性と社会に関する記述として不適切なものを次の中から1つ選び，その番号の該当欄をマークしなさい。　39

① 婦人参政権獲得運動は，平塚らいてうや市川房枝，山川菊栄らによって結成された新婦人協会において進められた。

② 徴兵による労働力不足を補うため，1943年には女子挺身隊が編成され，女性が軍需産業で働かせられた。

③ 連合国による日本の占領政策には，女性の解放があり，1946年には日本初の女性議員が誕生した。

④ 戦後の民法改正により，戸主制度は廃止され，男女同権・夫婦中心の新しい家族制度が定められた。

Ⅳ　次のＡ～Ｃの各文章を読んで，下記の設問に答えなさい。

Ａ　日本の産業革命の中心は，綿糸を生産する紡績業であった。1883年に［(1)］らが設立した大阪紡績会社が開業し，蒸気機関を動力とした輸入紡績機械を使って業績をあげると，(2)つぎつぎに大規模な紡績会社が生まれた。

産業の発達と人口の増加によって，交通機関が発達する。(3)鉄道事業では1889年に官営の東海道線が全通し，日清戦争後には国内の主要幹線はほぼ完成した。海運業では海外航路が拡充され，日本郵船会社が政府の保護を受けて，インド，ヨーロッパ，北米，オーストラリアなどの遠洋航路や中国への定期航路をひろげ，貿易の発展をささえた。

日清戦争で多額の賠償を清国から得た政府は，軍備拡張とともに産業振興を図った。(4)1897年には貨幣制度を改めた。また鉄鋼の国産化を目指して官営の八幡製鉄所を建設し，1901年から操業を開始した。

問１　空欄［(1)］にあてはまる人名として最も適切なものを次の選択肢①～④の中から一つ選び，その番号をマークしなさい。［40］

① 松方正義
② 五代友厚
③ 渋沢栄一
④ 岩崎弥太郎

問２　下線部(2)に関連して，1880年代～1910年代の日本の紡績・織物工業の説明として不適切なものを次の中から１つ選び，その番号の該当欄をマークしなさい。［41］

① 綿糸は1890年を境に生産量が輸入量を上回った。
② 機械式大紡績工場の増加に伴い，ガラ紡による綿糸生産も1890年代に拡大した。

③ 手織機によって問屋制家内工業生産が行われていた農村の綿織物業では，豊田佐吉らが考案した小型国産力織機を導入して小工場に転換する動きが進んだ。

④ 綿糸・綿織物の輸出は増加したが，原料綿花は輸入に依存したため，綿業貿易の輸入超過は増加した。

問３　下線部(3)に関連して，1880年代～1910年代の日本の鉄道事業の説明として最も適切なものを次の中から１つ選び，その番号の該当欄をマークしなさい。　42

① 華族を主体として設立された日本鉄道会社が，政府の保護を受けて成功したことから，商人や地主らによる会社設立ブームが起こった。

② 日清戦争直後に，日本政府は軍事的な配慮から，鉄道国有法を公布し，主要幹線の民間鉄道会社17社を買収して国有化した。

③ 1889年には，官営鉄道の営業キロ数が民営を上回った。

④ 日露戦争後，第一次西園寺内閣は，戦後政治の総決算を掲げて，日本国有鉄道の民営化を断行した。

問４　下線部(4)に関連して，1897年に改められた貨幣制度の説明として最も適切なものを次の中から１つ選び，その番号の該当欄をマークしなさい。　43

① 日清戦争後に多量の金が海外に流出したため，政府は貨幣の改鋳によって貨幣の実質的価値を切り下げた。

② 日清戦争前の旧平価による金輸出解禁を実施して，外国為替相場の安定と経済界の抜本的整理を図った。

③ 日清戦争の賠償金をもとに，それまでの銀本位制にかわり先進国と同じ金本位制を確立した。

④ 日清戦争の勝利によって，日本の対外輸出が急増したため，大幅な円切り上げが実施された。

Ｂ　第一次世界大戦は，明治末期からの不況と財政危機を一気に吹き飛ばし，大戦景気(5)と呼ばれる好景気を迎えた。日本の工業生産力は飛躍的に増大し，工業国としての基礎が築かれた。しかし，第一次世界大戦が終わると，大戦景気で膨張していた日本経済は苦境に立たされた。生産過剰から企業の倒産が相次ぎ，さらに1923年には関東大震災で大きな打撃を受け，日本経済は慢性的な不況に苦しんだ。

1926年に成立した［ (6) ］の若槻礼次郎内閣は，緊縮財政によって日本経済を立て直そうとしたが，金融恐慌(7)の対応に行き詰まり総辞職した。1920年代(8)の日本経済は，電力関連の重化学工業の発展が見られる一方で，慢性的不況の状態が続いた。

問5　下線部(5)に関連して，大戦景気に関する説明として不適切なものを次の中から1つ選び，その番号の該当欄をマークしなさい。　44

① 世界的な船舶不足から，日本の海運業や造船業が活気づき，多くの船成金が生まれた。

② 重化学工業の発展に伴い，日産や日窒といった新興財閥が，朝鮮や満洲にも進出した。

③ 鉄鋼業が躍進し，欧米からの輸入が途絶えたことから機械工業，化学・薬品工業なども発達した。これによって工業生産額が農業生産額を上回った。

④ 物価が急激に上昇するなかで，一部商人の買い占めによって米価が高騰し，米騒動が発生した。

問6　空欄 (6) にあてはまる政党名として最も適切なものを次の中から一つ選び，その番号の該当欄をマークしなさい。　45

① 立憲改進党

② 日本社会党

③ 政友本党

④ 憲政会

問7　下線部(7)に関連して，金融恐慌に関する説明として不適切なものを次の中から1つ選び，その番号の該当欄をマークしなさい。　46

① 鈴木商店が破綻し，鈴木商店に巨額の融資をしてきた台湾銀行が経営危機に陥ったため金融界の混乱が深刻化した。

② 議会で不良債権をかかえた銀行名が公表されたことを契機に，預金の引き出しが相次ぎ，各地の中小銀行が休業や倒産に追い込まれた。

③ 恐慌対策のために政府が日本銀行券を増発したが，それによって，株式や土地が不良債権となり，それらを抱えた金融機関の経営を圧迫して，複合不況を引き起こした。

④ 金融恐慌後，預金が大銀行に集中し，三井・三菱・住友・安田・第一の五大銀行が支配的な地位を占めるようになった。

問8　下線部(8)の時期に起こった出来事を古いものから順に並べたものを次の中から1つ選び，その番号の該当欄をマークしなさい。　47

ア　合法的な無産政党である労働農民党（労農党）が結成された。

イ　日本共産党がコミンテルンの支部としてひそかに結成された。

ウ　関東軍が独断で張作霖爆殺事件を引き起こした。

エ　治安維持法が制定された。

① イ → エ → ア → ウ
② イ → ア → エ → ウ
③ ア → イ → エ → ウ
④ ア → ウ → エ → イ

C　第二次世界大戦後，連合国軍最高司令官総司令部（GHQ）が東京に設置され，(9)日本の占領管理が開始された。GHQの占領政策の基本方針は，軍国主義の排除と民主化の実現であった。また経済の民主化を目指して，財閥解体と農地改革が進められた。

朝鮮戦争がはじまると，アメリカは日本を資本主義陣営の一員として独立させ，その協力をえるために，日本との講和条約の締結を急いだ。そして，1951年９月にサンフランシスコで講和会議が開かれ，日本はアメリカなど48カ国とのあいだで(10)サンフランシスコ平和条約を締結した。

サンフランシスコ平和条約の調印と同じ日，(11)日米安全保障条約（日米安保条約）も調印され，日本の独立後もアメリカ軍が駐留し続けることになった。

問９　下線部(9)に関連して，GHQによる占領期に起こった出来事として不適切なものを次の中から１つ選び，その番号の該当欄をマークしなさい。　**48**

① 破壊活動防止法（破防法）が成立し，その調査機関として公安調査庁が設立された。
② アメリカと西欧諸国の共同防衛組織である北大西洋条約機構（NATO）が結成された。
③ インフレーションをおさえるために，政府は金融緊急措置令を施行して，預金を封鎖して新円への切替えを実施した。
④ １ドル＝360円の単一為替レートが設定された。

問10　下線部(10)に関連して，サンフランシスコ講和会議及び平和条約に関する内容として不適切なものを次の中から１つ選び，その番号の該当欄をマークしなさい。　**49**

① 主要な交戦国である中国は，中華人民共和国，中華民国のいずれも講和会議にまねかれなかった。
② アメリカとの対立関係にあったソ連は講和会議に欠席した。
③ 戦争で被害を与えた交戦国に対して，おもに役務（サービス）の供与による賠償を支払う義務を定めた。
④ 南西諸島・小笠原諸島はアメリカの信託統治が予定されていたが，アメリカはこれを

国際連合に提案せずに施政権下においた。

問11　下線部(11)に関連して，日米安全保障条約に関する記述として不適切なものを次の中から1つ選び，その番号の該当欄をマークしなさい。 50

① この条約に基づいて1952年に日米行政協定が締結され，日本は駐留軍に基地を提供し，駐留費用を分担することになった。

② 1960年に締結された日米相互協力及び安全保障条約（新安保条約）では，アメリカ軍の日本および「極東」での軍事行動を制約していた事前協議制が廃止された。

③ 1960年の新安保条約の国会批准の際には，大規模な反対運動が起こり，岸信介内閣は新条約の発効直後に総辞職した。

④ 1990年代，沖縄では，アメリカ兵による少女暴行事件をきっかけにアメリカ軍基地縮小を求める県民運動が起こり，新安保条約に基づいて日本に駐留するアメリカ軍の地位について定めた日米地位協定が問題化した。

世界史

（60分）

I　以下の設問に答えなさい。

問1　前漢の武帝の時に実施されたもので，各地の特産物を国家に納めさせ，不足する地域に転売する経済統制策として最も適切なものを次の中から1つ選び，その番号の該当欄をマークしなさい。　1

① 均輸
② 青苗
③ 市易
④ 平準

問2　明の永楽帝の命を受け，数度にわたり艦隊を率いて，東南アジア・インド洋沿岸の諸国に朝貢を勧誘した人物として最も適切なものを次の中から1つ選び，その番号の該当欄をマークしなさい。　2

① 王直
② 鄭成功
③ 鄭和
④ 李舜臣

問3　18世紀初めに清で採用され，人頭税を土地税にくりこんで簡略化をはかった税制として最も適切なものを次の中から1つ選び，その番号の該当欄をマークしなさい。　3

① 一条鞭法
② 租庸調制
③ 地丁銀制
④ 両税法

問4　10世紀にバグダードに入城して，アッバース朝のカリフから政治的実権を奪い，大アミールとしてイクター制を導入したシーア派の王朝として最も適切なものを次の中から1

つ選び，その番号の該当欄をマークしなさい。 4

① ウマイヤ朝

② カラハン朝

③ サーマーン朝

④ ブワイフ朝

問5　8世紀にイベリア半島のコルドバを首都として建てられたスンナ派の王朝として最も適切なものを次の中から1つ選び，その番号の該当欄をマークしなさい。 5

① 後ウマイヤ朝

② セルジューク朝

③ ファーティマ朝

④ マムルーク朝

問6　16世紀にスペインが占領し，メキシコのアカプルコ港とガレオン船でつないで対アジア貿易の拠点とした都市として最も適切なものを次の中から1つ選び，その番号の該当欄をマークしなさい。 6

① アンボイナ

② バタヴィア

③ マカオ

④ マニラ

問7　ヴァロワ朝の断絶後にフランス王に即位し，ユグノー戦争と呼ばれる内乱をおさめた人物として最も適切なものを次の中から1つ選び，その番号の該当欄をマークしなさい。

7

① シャルル7世

② アンリ4世

③ フィリップ4世

④ ルイ13世

問8　写実主義（リアリズム）・自然主義を代表する画家で，パリ＝コミューンに関わりスイスに亡命した人物として最も適切なものを次の中から1つ選び，その番号の該当欄をマークしなさい。 8

① ドラクロワ

② クールベ

③　ピカソ

④　ルノワール

問9　亡命先のイギリスで自由フランス政府を樹立し，ナチス＝ドイツに対する抗戦を呼びかけた人物として最も適切なものを次の中から1つ選び，その番号の該当欄をマークしなさい。　9

①　ド＝ゴール

②　ブリアン

③　ペタン

④　ミッテラン

問10　1969年に西ドイツで成立した社会民主党を中心とする連立政権で，ソ連や東欧社会主義国との関係改善をはかる東方外交を推進した人物として最も適切なものを次の中から1つ選び，その番号の該当欄をマークしなさい。　10

①　アデナウアー

②　コール

③　ヴァイツゼッカー

④　ブラント

Ⅱ　次の文章A～Cを読んで，以下の設問に答えなさい。

A　黒海と地中海を結ぶボスポラス海峡の東西両岸にまたがるのが，現在のトルコ最大の都市イスタンブルである。ヨーロッパとアジアの交差点とも呼ばれるこの街の変遷の歴史をたどろう。

紀元前7世紀中頃，この地に①ギリシア人の植民市ビザンティオン（ラテン語でビザンティウム）が建設された。漁業や海上貿易の要衝として栄えたビザンティオンは，②前2世紀にローマの支配下に編入された。330年には，③コンスタンティヌス帝がビザンティウムに遷都し，当地を「コンスタンティヌスの街」，すなわちコンスタンティノープルと改称した。395年の東西ローマの分裂後は，東ローマ帝国の首都として繁栄した。5世紀初めにコンスタンティノープルの人口は50万に達している。413年にはテオドシウス2世によって城壁が拡大され，それは現在もイスタンブルの旧市街に残っている。東ローマ帝国から④ビザンツ帝国の時代を通じて，コンスタンティノープルは東地中海世界の中心であり続けた。

問1　下線部①に関連して，ギリシア人の植民市として不適切なものを次の中から1つ選び，その番号の該当欄をマークしなさい。　11

① カルタゴ
② シラクサ
③ ネアポリス
④ マッサリア

問2　下線部②に関連して，前2世紀におきた出来事として最も適切なものを次の中から1つ選び，その番号の該当欄をマークしなさい。　12

① パルティア王国がササン朝ペルシアのアルダシール1世によって滅ぼされた。
② マガダ国のチャンドラグプタがマウリヤ朝を建てた。
③ 陳勝・呉広の乱にはじまる全国的な反乱によって秦王朝が滅亡した。
④ 朝鮮半島で衛満が衛氏朝鮮を建てた。

問3　下線部③に関連して，コンスタンティヌス帝に関する記述として最も適切なものを次の中から1つ選び，その番号の該当欄をマークしなさい。　13

① ローマ市民権を帝国内の全自由民に付与した。
② 皇帝の権威を高めるためにペルシア風の儀礼を初めて採用した。
③ 純度の高い金貨（ソリドゥス金貨）を発行し，国際交易の安定化を図った。
④ すべての異教を禁止してアタナシウス派キリスト教を国教とした。

問4　下線部④に関連して，ビザンツ様式建築の代表作として最も適切なものを次の中から1つ選び，その番号の該当欄をマークしなさい。　14

① ケルン大聖堂

② 聖ソフィア大聖堂（ハギア＝ソフィア大聖堂）

③ ピサ大聖堂

④ ノートルダム大聖堂（パリ大聖堂）

B　1204年に⑤第4回十字軍はコンスタンティノープルを占領し，ラテン帝国を建てた。ラテン帝国は1261年に崩壊し，コンスタンティノープルはビザンツ帝国の首都に復帰したが，この街の復興は進まなかった。

その後，ビザンツ帝国は次第に⑥オスマン朝の圧力にさらされるようになり，1453年，ついにコンスタンティノープルが陥落し，ビザンツ帝国は滅亡した。コンスタンティノープルに入城したオスマン帝国のメフメト2世は，この地を首都に定め，多くの教会をモスクに変えた。また彼は，モスクの他に学校，病院，バザール（市場）などの社会インフラを整えるとともに，各地から人びとを（場合によっては強制的に）移住させ，再びこの街を大都市にした。やがてこの街はイスタンブルと呼ばれるようになる。16世紀になると，オスマン帝国は⑦スレイマン1世のもと最盛期を迎え，イスタンブルも，オスマン艦隊の本拠地として，また国際貿易の中心地として栄華を極めることになった。

広大な版図をもつオスマン帝国にはムスリムとともに多くの異教徒が暮らしていたが，たとえば16世紀半ばのイスタンブルでは，人口40万人のうち約3割がキリスト教徒（正教徒やアルメニア教徒など），約1割がユダヤ教徒であったと言われている。

問5　下線部⑤に関連して，第4回十字軍の際の教皇として最も適切なものを次の中から1つ選び，その番号の該当欄をマークしなさい。　15

① インノケンティウス3世

② ウルバヌス2世

③ グレゴリウス7世

④ ボニファティウス8世

問6　下線部⑥に関連して，オスマン朝・オスマン帝国が採用した軍事封土制の名称として最も適切なものを次の中から1つ選び，その番号の該当欄をマークしなさい。　16

① カピチュレーション制

② ティマール制

③ デヴシルメ制

④　ミッレト制

問7　下線部⑦に関連して，スレイマン1世に関する記述として不適切なものを次の中から1つ選び，その番号の該当欄をマークしなさい。　17

①　マムルーク朝を滅ぼして，シリア，エジプトを支配下におさめた。

②　モハーチの戦いに勝利してハンガリーを属国にした後，ウィーンを包囲した。

③　スペイン，ヴェネツィアなどの連合艦隊をプレヴェザの海戦でやぶった。

④　行政法（カーヌーン）を整え，官僚制を整備した。

C　イスタンブルは，⑧19世紀にはいると，諸民族による反帝国主義運動の中心地となる一方で，ヨーロッパ資本やオスマン宮廷の手によって，電気，ガス，水道などのインフラが整備された。⑨第一次世界大戦後にトルコ人による反帝国主義運動がアナトリアでおこると，イギリスなどはイスタンブルを正式に占領した。その後，⑩オスマン帝国が滅亡し，1923年に首都をアンカラとするトルコ共和国が成立する。

問8　下線部⑧に関連して，19世紀のオスマン帝国に関する記述として不適切なものを次の中から1つ選び，その番号の該当欄をマークしなさい。　18

①　1826年，旧勢力を代表するイェニチェリ軍団が廃止された。

②　1838年，オスマン帝国とイギリスは通商条約を結んだが，これはイギリス側に有利な不平等条約であった。

③　1839年，アブデュル＝メジト1世は，ギュルハネ勅令を出し，パン＝イスラーム主義に立脚した改革（タンジマート）に着手した。

④　1878年，アブデュル＝ハミト2世は，76年に発布されていた憲法（ミドハト憲法）を停止した。

問9　下線部⑨に関連して，オスマン帝国と同様に同盟国側として第一次世界大戦に参戦した国として最も適切なものを次の中から1つ選び，その番号の該当欄をマークしなさい。

19

①　イタリア王国

②　セルビア王国

③　ブルガリア王国

④　ルーマニア王国

問10　下線部⑩に関連して，オスマン帝国の解体過程に関する記述として不適切なものを次の

中から１つ選び，その番号の該当欄をマークしなさい。　**20**

① 1914年，イギリスは戦争を機にエジプトをオスマン帝国の属国からイギリスの保護国とした。

② 1916年，イギリス，フランス，ロシアのあいだで，オスマン帝国の領土分割を約束したサイクス・ピコ協定が結ばれた。

③ 1920年のセーヴル条約を経てシリアとレバノンがイギリスの委任統治領となった。

④ 1922年，ムスタファ＝ケマルのアンカラ政府はスルタン制を廃止した。

Ⅲ 次の文章Ａ～Ｃを読んで，以下の設問に答えなさい。

Ａ　日本語で，民主政や民主主義と訳されるデモクラシーという言葉は，デモス（民衆，人民）のクラティア（権力）を意味する古代ギリシア語デモクラティアに由来する。しかし，古代のデモクラシーと近代のデモクラシーとのあいだにはその意味合いに重要な差異があることがしばしば指摘されてきた。すなわち，デモクラシーは，元々は，①古代ギリシアのポリスという共同体を前提とし，そこでみられるある統治形態を表わすための言葉であった。デモクラシーは，君主などの一人の支配者，あるいは貴族などの少数の支配者が統治する制度に対して，多数の民衆が支配する制度として理解されたのである。こうした民主政体としての古代のデモクラシーは②プラトン，アリストテレス，トゥキディデス（トゥキュディデス）らによって後世に伝えられ，ヨーロッパではだいたい18世紀末まで，それがデモクラシーの一般的理解となっていた。たとえば，③15世紀終わりから16世紀にかけてのイタリアで活躍したマキァヴェリは，都市貴族と民衆との対立のなかで民衆寄りの自由な体制に賛同していたために，時としてデモクラシー支持者と解釈されるが，その場合のデモクラシーは，やはりこうした古代的理解にとどまると考えてよい。

問１　下線部①に関連して，古代アテネの民主政に関する記述として不適切なものを次の中から１つ選び，その番号の該当欄をマークしなさい。　**21**

① 前６世紀初頭に，ソロンは，血統ではなく財産額の多少によって市民の参政権を定め，また，身体を抵当とする借財を禁止し負債を帳消しにして，市民の債務奴隷への転落を防いだ。

② 前６世紀末に，クレイステネスは，従来の血縁にもとづく４部族制を改めて，地縁にもとづく区域（デーモス）を基礎とした10部族制を創設し，民主政の制度的基盤を固めた。

③ 前５世紀半ば頃，ペリクレスのもとでアテネ民主政が完成したが，その背景には，軍

艦の漕ぎ手として戦争に参加した無産市民の発言力の高まりがあった。

④　前5世紀半ば頃に完成したアテネ民主政では，一般市民は裁判の判決には加わらなかったが，民会への参加を通じて政策決定には参加し，また，抽選によって行政に携わることもあった。

問2　下線部②の3人の人物に関連する記述として不適切なものを次の中から1つ選び，その番号の該当欄をマークしなさい。　22

①　プラトンの師であるソクラテスは，「人間は万物の尺度である」として真理の絶対性を説き，よきポリス市民としての生き方を模索した。

②　プラトンは，イデアこそが永遠不変の実在であるとし，選ばれた少数の有徳者・哲人こそが政治を担当するべきだと考えた。

③　プラトンの弟子であるアリストテレスは，経験と観察を重んじ，自然・人文・社会のあらゆる方面に思索をおよぼして「万学の祖」と呼ばれた。

④　ヘロドトスとならんで歴史記述の祖とされるトゥキディデス（トゥキュディデス）は，因果関係を批判的に考察しながら，ペロポネソス戦争の歴史を教訓的に描いた。

問3　下線部③に関連して，15世紀から16世紀にかけてのイタリアをめぐる状況に関する記述として最も適切なものを次の中から1つ選び，その番号の該当欄をマークしなさい。　23

①　当時のイタリアには半島全体を統一する勢力は出現しておらず，北イタリアではジェノヴァ，ミラノ，フィレンツェ，ヴェネツィアなどの都市国家が分立し，中部の教皇領をはさんで，南部にはナポリ王国があった。

②　15世紀末から16世紀半ばまで，イタリアの支配権をめぐってフランス王家とハプスブルク家とが争うイタリア戦争がおきたが，イギリスなどの周辺諸国は勢力均衡の立場から中立を貫いた。

③　レオナルド＝ダ＝ヴィンチ，ミケランジェロ，ラファエロといったルネサンスの三大巨匠が輩出し，ヴェネツィアのメディチ家，ミラノ公，ローマ教皇などがルネサンスの保護者として知られた。

④　マキァヴェリは『君主論』を執筆し，君主は，宗教的・倫理的徳にもとづいて統治しなければならないとする近代的な政治観を示した。

B　これに対して，近代のデモクラシーはポリスではなく近代的な領域国家を前提とするが，その特徴は，それが，単に統治形態を指す以上に，政治社会の構成原理として理解されるようになった点にあるとされる。近代においては，デモクラシーという言葉は，民主「政体」というだけでなく，民主「主義」として，すなわち，民衆が権力を奪取して身分制を徹底的に打破しようとする政治運動，およびその思想やイデオロギーを意味するようになった。しかしここで重要なのは，そうした見方を根底で支えたのが，政治社会は所与のものではなく，擬制として構成されるものだという理解，しかも，それを構成する担い手は，身分制にもとづく特権ではなく，およそ人間であるならば認められるべき自然権に由来する基本的人権の担い手としての自由で平等な諸個人であるという理解だったことである。こうしたデモクラシーの近代的理解・用語法は，18世紀後半の④アメリカ独立革命および⑤フランス革命がすすむ過程において明確になっていくが，構成原理の側面に着目すれば，⑥17世紀のイギリスにおける革命も重要である。ホッブズやロックは言うまでもなく，自然権，人民主権，成年男性普通選挙権などを基本とした人民協約という成文憲法の制定を，人民の契約として要求した水平派が登場したのも，この時期のイギリスだったからである。しかし水平派のこの運動は失敗に終わった。

問4　下線部④に関連して，以下の記述のうち，独立宣言の文言に含まれないものはどれか。最も適切なものを次の中から1つ選び，その番号の該当欄をマークしなさい。　24

① すべての人は平等につくられ，神によって，一定のゆずることのできない権利を与えられている。

② これらの権利を確保するために，人類のあいだに政府がつくられ，その正当な権力は被支配者の同意にもとづかねばならない。

③ 国王に請願することは臣民の権利であり，このような請願をしたことを理由とする収監または訴追は，違法である。

④ 現在のイギリス王の歴史はたびかさなる侮辱と権利侵害の歴史である。すべては，わが諸州の上に絶対専制政治をうちたてることを直接目的としているのである。

①②④：『詳説世界史　改訂版』山川出版社（2013年）　③：田中英夫 訳

問5　下線部⑤に関連する記述として最も適切なものを次の中から1つ選び，その番号の該当欄をマークしなさい。　25

① 1789年5月にヴェルサイユで三部会が開かれたが，第三身分の議員は大部分の特権身分の議員とともに，自分たちが真に国民を代表する国民議会であると宣言した。

② 国民議会は，1789年8月に，自由主義的貴族の提案で封建的特権の廃止を決定し，やはり自由主義的貴族であったラ＝ファイエットらが起草した人権宣言を採択した。

③ 1791年に制限選挙制によって成立した立法議会では共和主義のジロンド派が優勢となり，内外の反革命勢力を一掃するために革命戦争が開始され，国王も処刑された。

④ 男性普通選挙制によって新たに発足した国民公会では，急進共和主義のジャコバン派（山岳派）が権力を握り，独裁的な1793年憲法を施行して，恐怖政治をしいた。

問6　下線部⑥に関連する記述として最も適切なものを次の中から1つ選び，その番号の該当欄をマークしなさい。 26

① 王権神授説を唱えたジェームズ1世は，1628年に議会で可決された権利の請願を無視し，10年以上議会を開かなかったが，スコットランドの反乱に対処するため1640年春に議会を開いた。

② 1642年に王党派と議会派との対立から内戦がおこると，クロムウェルは，ピューリタンを中心によく統率された鉄騎隊を編成して議会派を勝利に導き，1649年に国王を処刑した。

③ 革命に勝利したクロムウェルは1653年には終身の護国卿として絶対王政を確立し，厳格な軍事的独裁体制をとったため，国民の不満は高まった。

④ 1660年に迎えられたジェームズ2世は，議会を尊重することを約束して王となったが，その後，専制的な姿勢をとってカトリックの擁護を試みたので，議会は名誉革命をおこした。

C　19世紀に入ると，デモクラシーは，アメリカ合衆国では，ジャクソン時代に典型的なように，体制化されていく。しかし，⑦フランスをはじめとする大陸ヨーロッパでは，そこでの革命運動が示すように，デモクラシーは，既存の秩序に対する民衆の批判や抵抗の原理として理解された。それはまた，平等の理念を介して急進主義や⑧社会主義と結びつけられることもあった。したがって，デモクラシーは，財産をもった人々にとって，嫌悪と恐怖の対象であった。

その一方で，デモクラシーの運動は，普通選挙実現の主張など，近代国家の機構改革の要求にも向かった。イギリスのチャーティスト運動はその一例である。そのイギリスでは，19世紀前半以降，議会制度や立憲主義をデモクラシーと接ぎ木し，従来の立憲政治を民主化する形でデモクラシーが発展した。こうした議会制デモクラシーは，アメリカ合衆国の大統領制とならんで，リベラル・デモクラシー（自由民主主義）の一つのモデルとなったが，元来，⑨議会制度や立憲主義はその起源においてデモクラシーと関係がない点は注意されてもよい。

なお，民衆の批判や抵抗の運動としてのデモクラシーは，20世紀に入っても，民衆の権力奪取による階級支配の絶滅を目指す革命運動とその思想として，生命を保ち続けた。その一つの極点は，⑩ロシア革命による社会主義体制の実現であった。冷戦の時期における東欧諸国が人民民主主義を自称したのも，同じようなデモクラシー理解にもとづく。20世紀末，ソ連をはじめとする東側諸国の自壊によって東西冷戦は終焉した。しかし，そのためにかえって，西側諸国で採用されてきたリベラル・デモクラシーは自己相対化の機会を失ったとも言える。コロナ禍において統治の実効性からみた権威主義体制の優位も議論される今日，改めて，われわれが拠って立つデモクラシーの原理が問い直されていると言えよう。

問7　下線部⑦に関連して，19世紀前半から半ばにかけてのフランスの政治状況に関する記述として最も適切なものを次の中から1つ選び，その番号の該当欄をマークしなさい。　27

① ブルボン朝を復活させたルイ18世は，厳しい制限選挙制をとる立憲君主政のもとで，貴族や聖職者を重視する政治を行なったが，1830年の七月革命で亡命を余儀なくされた。

② 自由主義者として知られたルイ＝フィリップが国王に迎えられた七月王政下では，制限選挙制のもと一部の上層市民が政治を主導したために，1848年の二月革命がおきた。

③ 二月革命の結果成立した革命自治政府パリ＝コミューンには社会主義者や労働者の代表も加えられたが，1848年4月の総選挙を経て穏健共和派の政府が成立したため，六月蜂起がおきた。

④ 六月蜂起が鎮圧されたあと，1848年12月の大統領選挙ではルイ＝ナポレオンが当選したが，彼は51年にクーデタをおこして独裁権をにぎり，国民投票の結果を無視して皇帝となった。

問8　下線部⑧に関連して，19世紀の社会主義思想に関する記述として不適切なものを次の中から1つ選び，その番号の該当欄をマークしなさい。　28

① イギリスのオーウェンは，労働者の待遇改善を唱え，労働組合や協同組合の設立に努力し，共産社会建設も試みた。

② フランスのサン＝シモンやフーリエは，共同体的な理想社会を構想して，労働者階級を保護する新しい社会秩序を樹立しようとした。

③ フランスのプルードンは，自立した小生産者の連合による社会変革を唱え，すべての政治的権威を否定するアナーキズム（無政府主義）の先駆となった。

④ ドイツのマルクスは，友人のエンゲルスと協力して，資本主義体制の没落は歴史の必然であるとし，「空想的社会主義」と批判された。

問9　下線部⑨に関連して，イギリスにおける議会制度や立憲政治の発展に関する記述として不適切なものを次の中から1つ選び，その番号の該当欄をマークしなさい。　29

① 失政を続け重税を課した国王ジョンに対し，貴族は1215年，新たな課税には高位聖職者と大貴族の会議の承認を必要とすることなどを定めた大憲章（マグナ＝カルタ）を認めさせた。

② 国王ヘンリ3世が大憲章を無視したため，貴族シモン＝ド＝モンフォールは国王に対抗してその軍を破り，1265年に，高位聖職者と大貴族だけでなく州と都市の代表をも加えて国政を協議した。

③　14世紀半ばには，議会は高位聖職者と大貴族を代表する上院と，州および都市を代表する下院とに分かれ，法律の制定や新課税には下院の承認が必要となった。

④　18世紀に入ると，内閣が王に代わって国政を執るようになったことで内閣が国王に対して責任を負う責任内閣制が成立し，「王は君臨すれども統治せず」という伝統が生まれた。

問10　下線部⑩に関連して，革命にいたるロシアの政治・社会状況に関する記述として最も適切なものを次の中から１つ選び，その番号の該当欄をマークしなさい。　30

①　1898年，ナロードニキの流れをくむロシア社会民主労働党が結成されたが，創設直後に，レーニンらのボリシェヴィキとプレハーノフらのメンシェヴィキとに分裂した。

②　1905年，血の日曜日事件の結果，革命状況になると，皇帝ニコライ２世は十月宣言を発して，国会（ドゥーマ）の開設や市民的自由などを認めたが，国会に立法権は認められなかった。

③　1906年，首相になったストルイピンは，帝政の支持基盤を広げるため農村共同体（ミール）を解体し，自作農を育成しようとしたが，かえって社会に混乱を招いた。

④　1917年３月，首都ペトログラードでパンと平和を求める民衆の大規模なデモやストライキがおこったため，軍隊はソヴィエトを組織して革命の鎮圧に努めたが，帝政は崩壊した。

Ⅳ　次の文章A～Cを読んで，以下の設問に答えなさい。

A　ラテンアメリカでは，アメリカ独立革命とフランス革命の影響を受けて，18世紀末から独立運動がおこった。まずフランス領サン＝ドマング（ハイチ）では，フランス革命中に黒人奴隷たちが蜂起し，〔　a　〕が指導者となった。〔　a　〕はナポレオン軍にとらえられて獄死したが，ハイチは1804年に世界初の黒人共和国として独立した。さらにナポレオン時代にスペインのラテンアメリカ支配がゆらぎ，〔　b　〕の指導のもとにベネズエラやコロンビアが独立し，〔　c　〕の指導のもとにアルゼンチンが独立し，チリ・ペルーも解放された。一方，メキシコでは，カトリック司祭イダルゴが民衆蜂起を指導した。これを契機として，メキシコは1821年に独立した。また〔　d　〕植民地のブラジルは1822年に独立した。<u>このようにして独立したラテンアメリカ諸国では多くの国で共和政が採用されたが</u>①，<u>寡頭支配が続き，貧富の差や社会的不平等が残った</u>②。

問1　文中の〔　a　〕～〔　c　〕に入る人名の組合せとして最も適切なものを次の中から1つ選び，その番号の該当欄をマークしなさい。　31

① a：トゥサン＝ルヴェルチュール　b：シモン＝ボリバル　c：サン＝マルティン
② a：トゥサン＝ルヴェルチュール　b：サン＝マルティン　c：シモン＝ボリバル
③ a：シモン＝ボリバル　b：サン＝マルティン　c：トゥサン＝ルヴェルチュール
④ a：シモン＝ボリバル　b：トゥサン＝ルヴェルチュール　c：サン＝マルティン
⑤ a：サン＝マルティン　b：トゥサン＝ルヴェルチュール　c：シモン＝ボリバル
⑥ a：サン＝マルティン　b：シモン＝ボリバル　c：トゥサン＝ルヴェルチュール

問2　文中の〔　d　〕に入る国名として最も適切なものを次の中から1つ選び，その番号の該当欄をマークしなさい。　32

① フランス
② ポルトガル
③ スペイン
④ イギリス

問3　下線部①に関連して，帝政をとって独立した国として最も適切なものを次の中から1つ選び，その番号の該当欄をマークしなさい。　33

① ベネズエラ
② コロンビア

③　ブラジル

④　ボリビア

問4　下線部②に関連して，独立後のラテンアメリカ諸国に関する記述として最も適切なものを次の中から1つ選び，その番号の該当欄をマークしなさい。　34

①　先住民に代わる労働力として黒人奴隷がアフリカから大量に輸入され始めた。

②　単一作物の生産と輸出に依存するアシエント制がもうけられた。

③　独立運動を担ったムラートは，独立後も大土地所有者としてクリオーリョを支配した。

④　独立後のラテンアメリカ諸国はとくにイギリス資本に依存したため，イギリスの経済的支配下におかれていった。

B　③アメリカ=メキシコ戦争にやぶれたメキシコでは内戦がおこったが，これに乗じたナポレオン3世はメキシコに出兵し，オーストリア皇帝の弟のマクシミリアンを皇帝にすえた。しかし先住民出身で土地改革を断行した〔　e　〕が1867年に皇帝を処刑して勝利した。〔　e　〕の死後，軍人〔　f　〕が内戦状態を収拾して権力をにぎったが，この長期独裁がメキシコを停滞させた。1910年にはメキシコ革命がおこる。自由主義者の〔　g　〕が武装蜂起を指揮し，翌年，〔　f　〕の独裁体制の崩壊にみちびいたのである。その後④この革命運動は1917年の革命憲法の制定に結実し，ほかのラテンアメリカ諸国の動向にも大きな影響を与えた。

問5　下線部③に関連して，この戦争に勝利した結果，アメリカ合衆国が獲得した領域として最も適切なものを次の中から1つ選び，その番号の該当欄をマークしなさい。　35

①　テキサス

②　フロリダ

③　ルイジアナ

④　カリフォルニア

問6　文中の〔　e　〕～〔　g　〕に入る人名の組合せとして最も適切なものを次の中から1つ選び，その番号の該当欄をマークしなさい。　36

①　e：ディアス　　f：マデロ　　g：フアレス

②　e：ディアス　　f：フアレス　　g：マデロ

③　e：マデロ　　f：フアレス　　g：ディアス

④　e：マデロ　　f：ディアス　　g：フアレス

⑤　e：フアレス　　f：ディアス　　g：マデロ

⑥　e：フアレス　　f：マデロ　　g：ディアス

問７　下線部④に関連する記述として最も適切なものを次の中から１つ選び，その番号の該当欄をマークしなさい。　37

①　メキシコ経済を支配していた外国資本の追放がめざされた。

②　アメリカ合衆国のセオドア＝ローズヴェルト大統領はこの革命に介入したが，メキシコ側の反発を招いた。

③　農民運動家のサパタの主張をとり入れて，エンコミエンダの解体が実現した。

④　この憲法は，政治的主張の異なる国内諸派の団結をはかるべく，政教一致を規定した。

Ｃ　冷戦のもとで，アメリカ合衆国は1948年，ラテンアメリカ諸国と米州機構（OAS）の結成を合意して，ラテンアメリカへの共産主義の拡大をふせごうとし，共産主義に反対するラテンアメリカの独裁的政権を支援した。他方，⑤ラテンアメリカでは強い民族主義に根ざした政権が登場しはじめ，輸入していた工業製品を自国で生産する政策が採用されたり，アメリカ合衆国の干渉に反発する動きも出てきた。1961年にアメリカ合衆国が反米的なキューバと断交すると，キューバは同年，社会主義共和国を宣言してソ連への接近姿勢を見せた。この対立は⑥翌1962年にキューバ危機をうんだ。1980年代には軍部が権力をにぎっていたアルゼンチンが，〔　h　〕支配下のフォークランド（マルビナス）諸島の奪回をはかったことから，〔　h　〕とのあいだで戦争がおこった。

問８　下線部⑤に関連して，1940～50年代におこった事柄についての記述として不適切なものを次の中から１つ選び，その番号の該当欄をマークしなさい。　38

①　アルゼンチンでは，大統領となったペロンが反米的な民族主義を掲げて社会改革を行なった。

②　チリでは，インフレと財政難でストライキやテロが頻発するなか，軍部のクーデタがおこり，ピノチェトが大統領となって，反米的な政策を断行した。

③　キューバでは，カストロとゲバラに指導された革命軍がアメリカ合衆国の援助を受けたバティスタ独裁政権を倒した。

④　グアテマラでは，左翼政権が成立して土地改革に着手したが，アメリカ合衆国に支援された軍部のクーデタで倒された。

問９　下線部⑥の危機のときのソ連の指導者が行なった事柄として最も適切なものを次の中から１つ選び，その番号の該当欄をマークしなさい。　39

① コミンフォルム設立
② アフガニスタン侵攻
③ グラスノスチ推進
④ スターリン批判

問10　文中の〔　h　〕に入る国名として最も適切なものを次の中から1つ選び，その番号の該当欄をマークしなさい。　40

① ブラジル
② アメリカ合衆国
③ イギリス
④ チリ

V　中国（中華人民共和国）とその周辺諸国に関連する次の年表について，以下の設問に答えなさい。

1921年	中国共産党結成
1924年	〔　①　〕
1949年	中華人民共和国建国
1950年	②朝鮮戦争勃発
1959年	③チベット動乱鎮圧
1962年	④中印国境紛争発生
1964年	⑤中国原子爆弾実験実施
1969年	⑥中ソ国境軍事衝突
1975年	〔　⑦　〕
1979年	⑧中越戦争勃発
1989年	⑨天安門事件
1996年	〔　⑩　〕

問1　空欄〔　①　〕に入る出来事として最も適切なものを次の中から1つ選び，その番号の該当欄をマークしなさい。　41

① 内モンゴルの人民革命党が外部の支援を得ることなく独立を宣言した。
② ロシア革命に反対する武装勢力が外モンゴルを占拠し，独立を宣言した。

③　ソ連の影響の下，外モンゴルでモンゴル人民共和国の成立が宣言された。

④　中国共産党の人民解放軍が内モンゴルに侵攻し，社会主義政権を樹立した。

問２　下線部②に関連して，朝鮮戦争において中国が果たした役割に関する記述として最も適切なものを次の中から１つ選び，その番号の該当欄をマークしなさい。　42

①　朝鮮民主主義人民共和国（北朝鮮）の李承晩首相が統一をめざして大韓民国（韓国）に侵攻することを支持した。

②　国連安全保障理事会が国連軍の派遣を決議しようとした際に，ソ連に要請して拒否権を行使させた。

③　仁川上陸作戦を敢行し，韓国軍とそれを支援するアメリカ軍を中心とする軍を釜山の周辺に追い詰めた。

④　アメリカ軍を中心とする軍が平壌を越えて北に北朝鮮軍を追い詰めたとき，義勇軍を派遣して北朝鮮側で参戦し，戦線を膠着状態に陥らせた。

問３　下線部③に関連して，20世紀のチベットに関する記述として不適切なものを次の中から１つ選び，その番号の該当欄をマークしなさい。　43

①　辛亥革命の影響を受けて，1913年に，チベットの指導者ダライ＝ラマ13世は独立を主張する布告を出した。

②　中華民国は，日本との関係が悪化するなかでイギリスの援助を得るために，チベットの自立を黙認した。

③　中華人民共和国は，1950年に，イギリスの支配の下に入ったチベットに侵攻し，武力でチベットの独立を回復した。

④　チベットの人々は，急進的な中国化に対して武力で抵抗したが弾圧を受けて，指導者ダライ＝ラマ14世は亡命した。

問４　下線部④と同じ年の出来事として最も適切なものを次の中から１つ選び，その番号の該当欄をマークしなさい。　44

①　アルジェリア独立

②　ベルリンの壁建設

③　ケネディ政権発足

④　朴正熙によるクーデタ

問５　下線部⑤に関連して，中国の原子爆弾実験実施より前の出来事として最も適切なものを次の中から１つ選び，その番号の該当欄をマークしなさい。　45

① 中国による水素爆弾実験実施
② インドによる原子爆弾実験実施
③ 部分的核実験禁止条約調印
④ 核拡散防止条約調印

問6　下線部⑥に関連して，中国とソ連との関係に関する記述として不適切なものを次の中から1つ選び，その番号の該当欄をマークしなさい。　46

① 1950年に中ソ友好同盟相互援助条約が締結された。
② 中国はソ連をモデルとして1958年からの大躍進政策を実施した。
③ 中国はソ連による資本主義国との平和共存外交を批判し，それは1963年に公開論争に発展した。
④ 1985年にゴルバチョフがソ連共産党書記長に就任すると，中ソ関係は改善に向かった。

問7　空欄〔　⑦　〕に入る出来事として最も適切なものを次の中から1つ選び，その番号の該当欄をマークしなさい。　47

① 中国の支援を受けたポル＝ポト派がカンボジアで政権をとった。
② 中国の支援を受けたバングラデシュがパキスタンから独立した。
③ 中国の支援を受けたスカルノがインドネシアで政権をとった。
④ 中国の支援を受けたシンガポールがマレーシアから独立した。

問8　下線部⑧に関連して，中国とベトナムについての記述として最も適切なものを次の中から1つ選び，その番号の該当欄をマークしなさい。　48

① 1946年，フランスがインドシナに侵攻したときに，中国共産党はフランスに協力してベトナム国を支援した。
② 中ソ対立を背景として中国が対米接近を図ったのに対し，ベトナム戦争が泥沼化したことを背景に，アメリカ合衆国も中国に接近した。
③ 南北統一を受けて1976年に成立したベトナム共和国は，中国の文化大革命を反面教師として，資本主義を採用した。
④ 1978年にベトナムが「ドイモイ」（刷新）政策を開始したとき，中国は懲罰を名目としてベトナムに侵攻した。

問9　下線部⑨に関連して，20世紀後半のアジアにおける民主化運動に関する記述として不適切なものを次の中から1つ選び，その番号の該当欄をマークしなさい。　49

① フィリピンでは，20年を超えるマルコス大統領の独裁が1986年に打倒された。

② 韓国では，1980年の光州事件で民主化運動が弾圧された。

③ インドネシアでは，スハルト大統領の独裁政権が1998年に崩壊し，民主的選挙による政権が誕生した。

④ 中国では，1990年代以降推進された改革開放政策によって経済成長が達成され，2013年に中国共産党の一党支配が終了した。

問10　空欄〔　⑩　〕に入る出来事として最も適切なものを次の中から1つ選び，その番号の該当欄をマークしなさい。　50

① 中国は，台湾（中華民国）で台湾独立を否定する勢力に民主進歩党（民進党）を結成させた。

② 台湾（中華民国）における総統直接選挙を牽制するため，中国は軍事演習を実施した。

③ 中国は，台湾（中華民国）における外省人と本省人の対立をあおって，二・二八事件を起こさせた。

④ 中国は，台湾（中華民国）政府に，中国に対立的な言論を取り締まるために1987年に発令された戒厳令の継続を呼びかけた。

政治・経済

（60分）

I　次の文章を読んで，以下の設問に答えなさい。

日本における議会政治は，1890年の帝国議会の開設に始まるとされる。その前年には①大日本帝国憲法（明治憲法）が発布されている。さらにこれに先んじて，内閣制度が1885年に制定されている。明治憲法の下では，天皇主権が掲げられていた一方で，立憲主義的な運動や政党政治の発展がみられた。②民本主義といった議論も唱えられ，成年男子の普通選挙制度も確立した。これは，大正デモクラシーという言葉に表れたように，日本の民主化への動きであった。しかし，政党政治への不信や社会不安の高まりのなかで，③治安維持法などを背景として社会の自由は徐々に失われ，国内外における軍部の暴走は体制を崩壊させた。

戦後の日本国憲法はこうしたことへの反省の上に制定された。日本国憲法は，国民主権，基本的人権の尊重，平和主義を３大基本原理としている。国民が主役となり，一人一人の④人権が尊重されるようになった。女性の参政権も1945年にようやく認められて⑤男女普通選挙が実現し，男女ともに⑥選挙権と被選挙権を有することとなった。戦後の⑦民主主義は，間接民主主義を前提としつつも，憲法の改正にあたっては⑧国民投票を求め，多くの⑨住民投票の実施もみてきた。

もちろん，戦後75年以上が過ぎ，さまざまな問題が指摘され，これを改める動きもみられた。国会議員を選出するための選挙に⑩「一票の格差」が存在するということは，有権者の投じる一票の価値，つまり有権者一人一人の価値に差があって，同じではないことを意味する。これは憲法に定められた法の下の平等の否定であり，選挙で選ばれた⑪国会議員の民主的正当性を傷つけるものである。それゆえに一票の格差の解消が目指されてきた。

ほかにも，今日，基本的人権が重視される一方で，さまざまな差別は依然として残っており，特に近年は⑫ジェンダーや性に基づく差別に対する認識が高まっている。⑬司法も一般国民の認識とのずれが指摘されるようになり，⑭国民の司法への参加が進んだ。⑮連邦制を採用する国がある一方で，日本では中央政府と地方公共団体の間の中央地方関係における集権的に過ぎる政治の仕組みが問題視され，地方分権が大きなテーマであり続けている。

民主化の途上で体制を崩壊させた日本は，戦後，非欧米地域においていち早く民主化と経済発展を両立させたシステムとして特徴的であった。東アジアや東南アジアの国々で⑯開発独裁が多くみられたのとは対照的である。自由で民主主義的な社会は自然に得られたものではない。

自由民主主義は今日，多くの国や地域で批判にさらされているが，今後も日本において自由で民主主義的な社会を擁護していけるのか，私たち一人一人に問われている。

問１　下線部①に関する記述として不適切なものを，次の①～④のなかから一つ選び，その番号をマークしなさい。　[1]

① 大日本帝国憲法はプロイセン憲法をモデルにした欽定憲法である。

② 大日本帝国憲法の起草には伊藤博文や植木枝盛が中心となってあたった。

③ 大日本帝国憲法では，立法権，行政権，司法権は究極的には全て統治権の総攬者《そうらんしゃ》としての天皇に属した。

④ 大日本帝国憲法の下で天皇は帝国議会の閉会中には単独で勅令を発することができたが，その後の議会で承諾を得る必要があった。

問２　下線部②に関連して，民本主義を唱えた人物として最も適切なものを，次の①～④のなかから一つ選び，その番号をマークしなさい。　[2]

① 千葉卓三郎

② 美濃部達吉

③ 鈴木安蔵

④ 吉野作造

問３　下線部③に関する記述として不適切なものを，次の①～④のなかから一つ選び，その番号をマークしなさい。　[3]

① 治安維持法は当初，天皇制や私有財産制度を否定する思想の広がりに備えて制定された。

② 治安維持法は普通選挙法と同じ年に制定された。

③ 治安維持法は労働運動や自由主義的な言論の弾圧にも用いられた。

④ 治安維持法の最高刑は1928年に終身刑に改められた。

問４　下線部④に関連して，人権に関するＡ～Ｄの出来事が起きた順番として最も適切なものを，次の①～④のなかから一つ選び，その番号をマークしなさい。　[4]

Ａ　アメリカ合衆国で南北戦争中に奴隷解放宣言が出された。

Ｂ　アメリカ合衆国の連邦最高裁判所で違憲審査権が確立した。

Ｃ　ロックが『統治二論』のなかで自然権について論じた。

Ｄ　イギリスで不法拘禁の制限および救済を規定した人身保護法が制定された。

① Ａ → Ｂ → Ｃ → Ｄ

② B → A → D → C
③ C → D → A → B
④ D → C → B → A

問5　下線部⑤に関連して，普通選挙権が認められた年を国別・男女別に示した表に当てはまる国の組み合わせとして最も適切なものを，次の①～④のなかから一つ選び，その番号をマークしなさい。　5

普通選挙権が認められた年

国名	男性	女性
A	1848年	1944年
B	1848年	1971年
C	1879年	1893年
D	1871年	1919年

① A スイス　B フランス　C ニュージーランド　D ドイツ
② A ドイツ　B スイス　C ニュージーランド　D フランス
③ A フランス　B スイス　C ニュージーランド　D ドイツ
④ A ニュージーランド　B フランス　C ドイツ　D スイス

問6　下線部⑥に関連して，各国の選挙権と被選挙権に関する記述として不適切なものを，次の①～④のなかから一つ選び，その番号をマークしなさい。　6

① 日本では，選挙権年齢は18歳以上，衆議院の被選挙権年齢は25歳以上，参議院の被選挙権年齢は30歳以上である。
② アメリカ合衆国では，選挙権年齢は18歳以上，下院の被選挙権年齢は20歳以上，上院の被選挙権年齢は25歳以上である。
③ イギリスとドイツではともに，選挙権年齢は18歳以上，下院の被選挙権年齢も18歳以上である。
④ 中国（中華人民共和国）では，選挙権年齢と被選挙権年齢はともに18歳以上である。

問7　下線部⑦に関する記述として不適切なものを，次の①～④のなかから一つ選び，その番号をマークしなさい。　7

① トマス・ペインは，『コモン・センス』のなかで，アメリカ合衆国はイギリスの民主主義を手本とするべきであると論じた。

② アメリカ合衆国のリンカン大統領は，ゲティスバーグ演説のなかで，「人民の，人民による，人民のための政治」を訴えた。

③ フランスの思想家トクヴィルは，『アメリカの民主政治』のなかで多数の専制について論じた。

④ チャーティスト運動とは，男子普通選挙制など6か条の人民憲章を発表し，議会への請願を行ったイギリスにおける運動である。

問8　下線部⑧に関連して，日本の国民投票制度に関する記述として最も適切なものを，次の①～④のなかから一つ選び，その番号をマークしなさい。　8

① 国民投票法には最低投票率に関する規定が明記されている。

② 国民投票法はその対象を憲法改正に限定している。

③ 憲法審査会に憲法改正原案の提出権はない。

④ 憲法改正のための国民投票は，国会による憲法改正の発議後30日以内に実施されるものと定められている。

問9　下線部⑨に関連して，住民投票を行った地方公共団体とその内容の組み合わせとして不適切なものを，次の①～④のなかから一つ選び，その番号をマークしなさい。　9

① 新潟県巻町－原子力発電所の建設

② 岐阜県御嵩町－産業廃棄物最終処分場の建設

③ 徳島県徳島市－市町村合併

④ 沖縄県名護市－海上ヘリポート建設

問10　下線部⑩に関する記述として最も適切なものを，次の①～④のなかから一つ選び，その番号をマークしなさい。　10

① 衆議院議員選挙における一票の格差は，1970年以降に最大5倍を超えたことがある。

② 衆議院議員選挙における一票の格差は，2017年に最大2倍を上回った。

③ 参議院議員選挙における一票の格差は，1970年以降に最大6倍を超えたことがある。

④ 参議院議員選挙における一票の格差は，2016年に最大でも3倍を下回った。

問11　下線部⑪に関する記述として不適切なものを，次の①～④のなかから一つ選び，その番号をマークしなさい。　11

① 国会議員は，国会の会期中は現行犯であっても逮捕されない。

② 国会議員は，議院での演説・討論・表決について院外で責任を問われない。

③ 国会議員が予算を伴わない法案を発議する場合，衆議院では20名以上，参議院では10

名以上の賛成を必要とする。

④　裁判官訴追委員会は，衆議院と参議院10名ずつの国会議員で構成される。

問12　下線部⑫に関連して，男女差別が争点とされた裁判として最も適切なものを，次の①～④のなかから一つ選び，その番号をマークしなさい。　12

①　堀木訴訟

②　家永訴訟

③　住友電気工業訴訟

④　苫米地訴訟

問13　下線部⑬に関連して，日本の司法制度に関する記述として不適切なものを，次の①～④のなかから一つ選び，その番号をマークしなさい。　13

①　明治憲法下では，皇族相互間の民事訴訟と皇族の身分に関する訴訟を裁判するための皇室裁判所が存在した。

②　国選弁護人制度とは，被疑者などの求めに応じて，被疑者を拘束している警察署や拘置所にいつでも接見に出向き，相談に応じる弁護士会の制度である。

③　政府や地方公共団体による行政行為に対する国民の異議申し立てである行政裁判は，民事裁判の形式に基づいて行われる。

④　検察審査会は，2021年8月現在，選挙権を有する20歳以上の国民のなかから，くじで選ばれた11人の審査員で構成される。

問14　下線部⑭に関連して，各国における国民の司法への参加制度に関する記述として不適切なものを，次の①～④のなかから一つ選び，その番号をマークしなさい。　14

①　日本では陪審制が採用されたことがある。

②　フランスでは参審制が採用されている。

③　イギリスでは参審制が採用されている。

④　アメリカでは陪審制が採用されている。

問15　下線部⑮に関連して，2021年8月現在，連邦制を採用している国として不適切なものを，次の①～④のなかから一つ選び，その番号をマークしなさい。　15

①　ベルギー

②　ロシア

③　ブラジル

④　キューバ

問16　下線部⑯に関連して，開発独裁を経験した国とその開発独裁を指導した政治指導者の組み合わせとして不適切なものを，次の①～④のなかから一つ選び，その番号をマークしなさい。　16

① 韓国（大韓民国）－朴正熙

② ミャンマー－アウン・サン・スー・チー

③ フィリピン－フェルディナンド・マルコス

④ インドネシア－スハルト

Ⅱ　次の文章を読んで，以下の設問に答えなさい。

今日，新型コロナウイルス感染症の世界的な流行や，地球規模の気候変動による様々な自然災害によって，①貧困や格差など現代社会の歪みが浮き彫りになった。②持続可能な社会の実現が求められている時代やアフターコロナを見据えて，私たちは資本主義経済の意義についてあらためて検証していく必要があるだろう。

資本・土地・③労働力といった④希少な資源の配分の調整を⑤市場に委ねる経済体制が資本主義経済である。資本主義経済は，18世紀後半のイギリスで始まった産業革命を通じて確立した。産業革命は，紡績・織物の機械化や蒸気機関の発明などの技術革新によって商品の大量生産を可能とし，生産力を飛躍的に向上させたが，生産手段を所有する資本家と，生産手段を持たずに労働力を商品として供給する労働者との分化を決定づけた。

19世紀後半になると，産業の中心は，ドイツやアメリカ合衆国を中心とする重化学工業へと移るが，資本主義の発展には，投資家から大量の資本を集約することを可能とする株式⑥会社制度が大きな役割を果たしてきたといえる。

他方，資本主義経済では，⑦景気変動や恐慌，失業や貧富の格差のほか，少数の大企業による⑧寡占・独占を招くなど，その弊害が目立つようになった。そこで，これらの問題に対処するため，政府が⑨財政政策や⑩金融政策を通じて積極的に経済活動に介入する［⑪A］の考え方のもと，資本主義諸国は，景気の安定や失業の防止など一定の効果をあげながら，経済成長を実現した。

⑫1970年代の⑬石油危機を契機に各国が不況に直面すると，⑭通貨量を安定的に供給することを重視する［⑪B］が唱えられるなど，［⑪C］が台頭し，⑮各国の経済政策へ大きな影響を与えた。しかし，市場原理を優先する［⑪C］は，失業や所得格差の拡大といった問題に適切な処方箋を用意することができなかった。

⑯1990年代以降，投資ファンドを中心に国境を越えた資本の移動が増大するなど，⑰経済のグローバル化の影響により，財やサービスを取引する実体経済から金融経済への移行が顕著に

なっている。

問1　下線部①に関連して，日本における貧困や格差に関する記述として最も適切なものを，次の①～④のなかから一つ選び，その番号をマークしなさい。　17

① 本人や家族の経済状況にかかわらず，就労を条件に一律に最低所得を保障する，ベーシックインカムの導入が予定されている。

② 求職者支援制度は，失業者に対して無料で職業訓練を行う機会などを提供しているが，訓練期間中の給付金の支給が認められていないことが課題である。

③ 大人一人で子どもを養育している世帯の相対的貧困率が高いにもかかわらず，生活保護の母子加算は廃止されて今日に至っている。

④ 生活保護法は，国民に最低限度の生活を保障するだけではなく，自立の助長も目的としている。

問2　下線部②に関する記述として不適切なものを，次の①～④のなかから一つ選び，その番号をマークしなさい。　18

① 途上国の貧困層を対象として，浄化した水を販売するなど，現地の社会的課題の解決と収益の確保を両立させるビジネスに日本企業が参入している。

② 2015年に，国連で持続可能な開発目標（SDGs）が採択され，あらゆる形の貧困の終《しゅう》焉《えん》や持続可能な生産・消費計画の実行など，複数の目標が掲げられた。

③ 平均寿命や平均就学年数などの人間の豊かさを測る数値を貨幣価値に換算して作成している人間開発指数（HDI）は，近年，国民総所得（GNI）に代わる指標として定着している。

④ アジア人初のノーベル経済学賞を受賞したセンは，各人がしたいことを自由に選択できることの必要性を説き，潜在能力（ケイパビリティ）の概念を提唱した。

問3　下線部③に関連して，以下のA～Dの日本の労働法制に関する出来事が起きた順番として最も適切なものを，次の①～④のなかから一つ選び，その番号をマークしなさい。

19

A　労働契約法が改正されて，要件を満たした有期雇用労働者などが，労働者の申込により無期労働契約に転換できる仕組みが導入された。

B　労働基準法が改正されて，高度の専門的知識等を有し，職務範囲が明確で一定の年収要件を満たす労働者を対象に，労働基準法の定める労働時間等の制限を除外する制度が導入された。

C　育児・介護休業法が改正されて，事業主に対して，3歳に満たない子を養育する労働者に対する短時間勤務制度の導入が義務づけられた。

D　労働者派遣法が改正されて，業種による派遣期間の上限の違いが撤廃された。

① A → D → C → B

② C → A → B → D

③ C → A → D → B

④ A → C → B → D

問4　下線部④に関する記述として最も適切なものを，次の①～④のなかから一つ選び，その番号をマークしなさい。　20

① 限られた工場のラインで商品Aを製造するか，あるいは商品Bを製造するかについては，トレードオフの関係にある。

② 機会費用とは，複数の選択肢の中からある選択を行うに際し，選択しなかった選択肢が与えてくれたと考えられる利益のうち最小のものを指す。

③ 選択に際して，すでに支払ってしまった費用も機会費用に含まれる。

④「効率性」を重視する意見と，「公平性」を重視する意見は，常にトレードオフの関係にある。

問5　下線部⑤に関連して，完全競争市場における市場メカニズムに関する記述として最も適切なものを，次の①～④のなかから一つ選び，その番号をマークしなさい。　21

① 消費者の所得が減少すると，需要曲線は右方に移動するため，均衡価格は上昇する。

② 代替品が豊富にある財の場合，一般に，価格が上昇すると需要曲線の傾きは垂直に近くなる。

③ 技術革新によって生産効率が高まると，供給曲線は右方へ移動するため，均衡価格は下落する。

④ 生活必需品については，一般に，価格が上昇すると需要曲線の傾きは水平に近くなる。

問6　下線部⑥に関する記述として最も適切なものを，次の①～④のなかから一つ選び，その番号をマークしなさい。　22

① 日本における株式会社のほとんどは，証券取引所に株式を上場している会社である。

② 取締役会は，経営を監査する役割を担う監査役を選任・解任する権限を有している。

③ 株式会社では，株式の譲渡を禁止することが認められている。

④ 合同会社は，社員全員が有限責任社員である会社である。

問7　下線部⑦に関連して，景気動向を示す指数や調査に関する記述として最も適切なものを，次の①～④のなかから一つ選び，その番号をマークしなさい。　23

① 企業物価指数は，消費者が小売段階で購入する財・サービスの物価水準を示す指標のことである。

② 景気動向指数は，内閣府が，生産・在庫・投資や雇用などの様々な動きを総合的にとらえた指標で，景気の現状の把握や将来予測に利用されている。

③ 全国企業短期経済観測調査（短観）は，経済産業省が，企業の業況や経済環境の現状・先行きに関して毎月実施している調査である。

④ 完全失業率は，景気の動きに先行して現れる指標のため，将来の景気変動を予測することに役立っている。

問8　下線部⑧に関連して，独占禁止法の目的に関する記述として不適切なものを，次の①～④のなかから一つ選び，その番号をマークしなさい。　24

① 不当な取引制限を禁止すること

② 事業支配力の過度の集中を防止すること

③ 消費者が，誤認などにより行った契約の取消しを可能にすること

④ 不公正な取引方法を禁止すること

問9　下線部⑨に該当する記述として不適切なものを，次の①～④のなかから一つ選び，その番号をマークしなさい。　25

① 政府が上下水道の整備を行うことによって，資源配分を調整すること

② 政府が累進課税制度を適用し，所得の再分配を行うこと

③ 政府が独立行政法人などを通じて融資し，資源配分の調整や経済を安定化させること

④ 政府が目標物価上昇率を設定することによって，経済を安定化させること

問10　下線部⑩に関する記述として最も適切なものを，次の①～④のなかから一つ選び，その番号をマークしなさい。　26

① 金融政策は，日本銀行総裁を含め９名の委員から構成される政策委員会の金融政策決定会合で決定されるが，その決定内容は非公開とされている。

② 現在，日本銀行は，コール市場における無担保コールレート（翌日物）の金利を，政策金利として誘導する手段を採っている。

③ 中央銀行による売りオペレーションと預金準備率の引き下げは，市中の通貨量を増大させる点において共通する手段である。

④ 日本銀行が保有する国債の保有期間を延長することや，国債以外の金融資産を買い入

れることを量的緩和と呼び，2013年に初めて実施された。

問11　空欄 ⑪Ａ から ⑪Ｃ にあてはまる用語の組み合わせとして最も適切なものを，次の①～④のなかから一つ選び，その番号をマークしなさい。　27

① Ａ 修正資本主義　Ｂ マネタリズム　Ｃ 新自由主義（ネオリベラリズム）

② Ａ 新自由主義（ネオリベラリズム）　Ｂ 有効需要の原理　Ｃ 修正資本主義

③ Ａ 修正資本主義　Ｂ 有効需要の原理　Ｃ 新自由主義（ネオリベラリズム）

④ Ａ 新自由主義（ネオリベラリズム）　Ｂ マネタリズム　Ｃ 修正資本主義

問12　下線部⑫に関連して，1970年代に起こった日本経済に関する記述として最も適切なものを，次の①～④のなかから一つ選び，その番号をマークしなさい。　28

① 日経平均株価が，戦後はじめて38,000円を超えた。

② 東海道新幹線が開通した。

③ 通年で実質経済成長率が戦後はじめてマイナスとなった。

④ 最低賃金法が制定された。

問13　下線部⑬に関連して，日本のエネルギー政策に関する記述として最も適切なものを，次の①～④のなかから一つ選び，その番号をマークしなさい。　29

① エネルギーの安定供給政策等を所管する資源エネルギー庁は，環境省の外局として設置されている。

② 2011年の福島第一原発事故を契機に，現在，原子力発電は，エネルギー基本計画におけるベースロード電源として位置付けられていない。

③ エネルギー源別発電電力量の構成比率をみると，2014年度以降，水力発電を含む再生可能エネルギーの比率が，液化天然ガスによる比率を超えている。

④ 再生可能エネルギー特別措置法の制定により，再生可能エネルギーを用いて発電した電力を固定価格で一定期間，電力会社が買い取る制度が導入された。

問14　下線部⑭に関する記述として不適切なものを，次の①～④のなかから一つ選び，その番号をマークしなさい。　30

① 現在，日本の当座預金などの預金通貨の流通規模は，現金通貨よりも大きい。

② 中央銀行が発行する兌換《だかん》紙幣は，金の価値に裏付けられたものである。

③ 暗号資産（仮想通貨）は，政府や日本銀行がその発行や管理をしている通貨には該当しない。

④ 金融機関を除く企業や個人のほか，政府や地方公共団体が保有する通貨総量をマネー

ストックという。

問15　下線部⑮に該当する1980年代における各国の経済政策として不適切なものを，次の①～④のなかから一つ選び，その番号をマークしなさい。　31

① イギリスの金融ビッグバンの実施

② テネシー川流域の開発

③ 日本電信電話公社の民営化

④ レーガノミクス

問16　下線部⑯に関連して，1990年代に生じた出来事に関する記述として最も適切なものを，次の①～④のなかから一つ選び，その番号をマークしなさい。　32

① 欧州中央銀行（ECB）が設立された。

② 日本がシンガポールとの間で経済連携協定（EPA）を締結した。

③ 中国が国際通貨基金（IMF）に加盟した。

④ 東南アジア諸国連合（ASEAN）が結成された。

問17　下線部⑰に関する記述として最も適切なものを，次の①～④のなかから一つ選び，その番号をマークしなさい。　33

① 経済のグローバル化が格差の縮小をもたらした結果，各国のジニ係数は1に近づいた。

② 2008年の世界金融危機以降，銀行の自己資本比率の厳格化を求めるなど，新たな基準によるBIS規制が段階的に導入されている。

③ 一国の一定期間における対外経済取引は国際収支によって表されるが，その内の経常収支は，財やサービスの国際取引収支のほか，海外子会社の設立などに関する直接投資から構成されている。

④ スミソニアン合意では，金に代わって特別引き出し権（SDR）を中心的な準備資産とすることが取り決められた。

Ⅲ　次の文章Ａ，Ｂを読んで，以下の設問に答えなさい。

Ａ．①人間の活動が地球温暖化に及ぼす影響は「疑う余地がない」。②国連の気候変動に関する政府間パネル（IPCC）は，2021年８月に公表した第一作業部会の第６次報告書で，二酸化炭素など③温室効果ガスの排出をはじめ，人類が④地球環境に大きな負荷をかけ気候変動を引き起こしている，と初めて言い切った。報告書は，産業革命前と比べた世界の平均気温の上昇幅が，今後20年間で1.5℃に達するとの予測を公表した。2018年の1.5℃特別報告書で示された予測がじつに10年ほど早まったのである。そのうえ第６次報告書は，二酸化炭素の排出量が大幅に減らなければ，平均気温の上昇幅は今世紀中に1.5℃はおろか２℃も突破すること，化石燃料への依存が続く最悪のシナリオでは2041～60年に2.4℃，2081～2100年に4.4℃まで上昇する可能性を示した。

1.5℃や２℃の上昇と聞いて，地球規模でみればごく僅かな変動でしかないと受けとめる人もいるだろう。しかし，産業革命前からの世界の平均気温が1.5℃上昇すれば，熱波などの極端な高温，干ばつ，極端な大雨が発生する可能性は，それぞれ8.6倍，2.0倍，1.5倍にまで急増すると予測されている。⑤日本はすでに世界の平均上昇幅を上回っている。このまま温暖化が進むと，自然災害の激しさや頻度が増大するおそれがある。

各国政府はこれまで無策だったわけではもちろんない。⑥1992年，初めての温暖化防止条約である国連気候変動枠組条約が採択された。しかし，その後の気候変動対策をめぐる国際的協議は紆余曲折を重ね，各国の足並みは揃わなかった。近年，とりわけ注目されたのは，2015年に⑦フランスを議長国として開催された国連気候変動枠組条約第21回締約国会議（COP21）であった。全ての参加国が，世界の平均気温上昇幅を２℃よりも十分低く保つ長期目標と，1.5℃未満を追求する努力目標に合意し，パリ協定が採択された。

協議の過程で鍵となったのは，近年の急速な開発によって二酸化炭素の排出量が増大している⑧発展途上国からどう合意を取り付けるかであった。なかでも⑨BRICSは，自国の経済に打撃を与えかねない削減目標の合意に強い難色を示した。こう着状態を打開したのは，先進国から途上国に提示された，寛大な条件での資金や技術提供による⑩支援であったとみられている。

加速する地球温暖化に対して人類にはもはやなす術がないのだろうか。世界各国では，⑪環境税の導入や再生可能エネルギーへの転換といった対策が次々と講じられている。

「未来にとって大事なのは，何かを予測することではなく，何を可能にするかなのだ」。IPCCのウェブサイトに掲載されたサン=テグジュペリの言葉が，重く響く。

Ｂ．日本には，2021年現在で1700を超える⑫地方公共団体がある。中央⑬地方関係は，1990年代半ば以降，段階的に地方分権改革が実施され，大きな変容をとげた。⑭小泉純一郎内閣は，⑮税源配分，地方交付税，⑯国庫補助負担金を同時に見直す「三位一体改革」を進めた。その改革の目的は，税源を国から地方公共団体に移すことで，地方財政の自主性を高めることにあった。しかし実際には，地方公共団体の裁量の幅は必ずしも拡大せず，国から地方への移転財源の減額分が地方税の増額分を上回ったことで，⑰厳しい財政難に追い込まれた地方公共団体が現れた。

問１　下線部①に関連して，「人間の活動」を原因とする地球環境問題の記述として適切なものはＡ～Ｃのなかにいくつあるか，その数を示すものを，次の①～④のなかから一つ選び，その番号をマークしなさい。　34

Ａ．化石燃料の大量使用による硫黄酸化物や窒素酸化物などが大気中で反応し，酸性の雨や雪が降る。

Ｂ．過放牧や過耕作，過度の薪炭材の採取，不適切な灌漑《かんがい》による農地の塩分濃度の上昇等によって，土地の砂漠化が進む。

Ｃ．フロンやハロンなどの化学物質の排出によって大気中のオゾン層が破壊され，有害な紫外線が増加する。

①　一つ
②　二つ
③　三つ
④　一つもない

問２　下線部②に関連して，国連貿易開発会議（UNCTAD）における「プレビッシュ報告」に関する記述として不適切なものを，次の①～④のなかから一つ選び，その番号をマークしなさい。　35

①「プレビッシュ報告」は，先進諸国の立場からGATT（関税と貿易に関する一般協定）の自由貿易制度の堅持を要求した。
②「プレビッシュ報告」は，途上国に対する先進国からの経済援助を要求した。
③「プレビッシュ報告」は，一次産品価格の安定化のための商品協定を要求した。
④「プレビッシュ報告」は，軽工業製品への特恵関税を要求した。

問３　下線部③に関する記述として最も適切なものを，次の①～④のなかから一つ選び，その番号をマークしなさい。　36

①　日本政府は，2021年４月の気候サミットで，2030年までに温室効果ガスを2013年比で10パーセント削減する新たな目標値を表明した。
②　温室効果ガスの排出削減目標を初めて定めた「京都議定書」が示した2013年の削減期間の終了にあわせて，締約国はそれを引き継ぐ新しい議定書に合意した。
③　2016年時点で確認できた日本の二酸化炭素の世界における排出量割合は，インドを上

回っていた。

④　メタンは温室効果ガスに含まれる。

問4　下線部④に関連して，環境アセスメントに関する記述として最も適切なものを，次の①～④のなかから一つ選び，その番号をマークしなさい。　37

①　1997年に特定の事業を対象に環境アセスメントを義務づける大気汚染防止法が成立した。

②　環境アセスメントとは，事業者に対して，開発行為にともなう環境への影響を事前に調査・評価させる制度である。

③　環境アセスメントの結果を事業者は公表する義務はない。

④　環境アセスメントは，1980年代後半に制定された循環型社会形成推進基本法で示された基本的な枠組みを踏襲している。

問5　下線部⑤に関連して，日本の環境基本法に関する記述として最も適切なものを，次の①～④のなかから一つ選び，その番号をマークしなさい。　38

①　環境基本法は，環境省の設置と同年に制定された。

②　環境基本法は，公害対策基本法と製造物責任法とを統合し，環境政策全体に関する基本方針と無過失責任を定めた法律である。

③　環境基本法は，国連環境開発会議の開催といった地球環境保全の動きを受けて制定された。

④　環境基本法にもとづく環境基本計画は，2021年現在に至るまで，一度も策定されていない。

問6　下線部⑥に関連して，1992年に日本で成立した国連平和維持活動（PKO）協力法に関する記述として不適切なものを，次の①～④のなかから一つ選び，その番号をマークしなさい。　39

①　同法によって，外国の軍隊等への補給・輸送・整備を含めた後方支援が可能になった。

②　同法のもと，自衛隊が東ティモール，ゴラン高原などに派遣された。

③　同法が成立した背景には，イラクによるクウェート侵攻に端を発した湾岸戦争後，日本の国際貢献をめぐる新たな論議がおこったことがある。

④　同法成立後も，国連平和維持軍（PKF）の本体業務への参加は凍結され，2001年の同法改正によって参加が可能になった。

問7 下線部⑦に関連して，フランスの人権宣言（人および市民の権利宣言）に関する記述として不適切なものを，次の①～④のなかから一つ選び，その番号をマークしなさい。

40

① 権利の保障が確保されず，権力の分立が規定されないすべての社会は憲法をもつものではない，とした。

② 主権は議会にあると明記した。

③ 自然権には，自由，所有権，安全および圧制への抵抗が含まれるとした。

④ フランス人権宣言に影響を与えたルソーは，『社会契約論』において，個人の自由な契約によって成立する社会を構想した。

問8 下線部⑧に関連して，発展途上国における経済に関する記述として不適切なものを，次の①～④のなかから一つ選び，その番号をマークしなさい。 41

① 発展途上国が抱える構造的な問題の一つであるモノカルチャー経済とは，輸出向けの単一または少数の一次産品の生産に依存した産業構造をさす。

② 南南問題とは，発展途上国間の格差をさす。

③ 1970年代には工業製品の輸出によって成長を遂げた台湾，シンガポールのようなNIEs（新興工業経済地域）と呼ばれる国々・地域が登場した。

④ 後発発展途上国（LDC）の認定基準は，国連開発計画（UNDP）によって10年ごとに見直される。

問9 下線部⑨に関する記述として最も適切なものを，次の①～④のなかから一つ選び，その番号をマークしなさい。 42

① 中国（中華人民共和国）では，1990年代に改正された憲法において，「社会主義市場経済」が明記された。

② インドは，1990年代初頭に保護主義的経済に転換し，国内の絶対的貧困率を一桁台にまで改善することに成功した。

③ 南アフリカでは，2000年にアパルトヘイト（人種隔離政策）が撤廃された。

④ 中国やインドなど50カ国以上が参加するアジアインフラ投資銀行（AIIB）は，世界銀行と国際通貨基金（IMF）の豊富な資金力に依拠している。

問10 下線部⑩に関連して，発展途上国への支援である政府開発援助（ODA）に関する記述として不適切なものを，次の①～④のなかから一つ選び，その番号をマークしなさい。

43

① 開発援助委員会（DAC）とは，発展途上国への援助について，構成国間の利害を調

整したり，援助の具体的な方法を検討・決定したりする経済協力開発機構（OECD）の下部組織である。

② ODA大国として知られるアメリカ合衆国は，1990年以降，年間の援助実績の金額において世界一位を維持している。

③ 日本のODA援助額の対国民総所得（GNI）比は，2016年の時点でみると，DAC加盟国の平均を下回る。

④ 1992年に日本政府が発表したODA大綱には，ODAの供与について，軍事目的への使用回避といった原則が掲げられた。

問11 下線部⑪に関する記述として不適切なものを，次の①～④のなかから一つ選び，その番号をマークしなさい。 44

① 環境税は，地球温暖化防止を目的として北欧諸国でいち早く導入された。

② 環境税を提唱したイギリスの経済学者ピグーは，ケインズと同時代人である。

③ 日本では，2012年に環境税として「地球温暖化対策税」が導入された。

④ 世界各国で導入されている環境税は企業に負担を求めるものではない。

問12 下線部⑫に関連して，日本の地方公共団体として不適切なものを，次の①～④のなかから一つ選び，その番号をマークしなさい。 45

① 東京23区

② 財産区

③ 第三セクター

④ 都道府県

問13 下線部⑬に関する記述として不適切なものを，次の①～④のなかから一つ選び，その番号をマークしなさい。 46

① 都道府県知事は議会の解散権を有し，議会は知事に対する不信任決議権をもっている。

② 地方公共団体に置かれる教育委員会の委員は，戦後，公選制によって選ばれていたことがある。

③ 神奈川県川崎市が全国初の情報公開条例を制定した。

④ 日本国憲法第95条は，一つの地方公共団体のみに適用される特別法の制定には，住民投票において過半数の同意を得なければならない，と定めている。

問14 下線部⑭に関する記述として最も適切なものを，次の①～④のなかから一つ選び，その

番号をマークしなさい。 47

① 政党助成法が制定され，公費から政党交付金が支出されるようになった。

② 公立高等学校授業料の実質無償化が実施された。

③ 周辺事態法が制定された。

④ 国民保護法が制定された。

問15　下線部⑮に関連して，日本の消費税に関する記述として最も適切なものを，次の①～④のなかから一つ選び，その番号をマークしなさい。 48

① 竹下登内閣のもとで，税率3パーセントの消費税が導入された際に，食品などの生活必需品に軽減税率が適用された。

② 森喜朗内閣のもとで，税率が5パーセントに引き上げられた。

③ 鳩山由紀夫内閣のもとで，「社会保障と税の一体改革」が合意され，消費増税を含む関連法案が成立した。

④ 安倍晋三内閣のもとで，税率が二度にわたって引き上げられた。

問16　下線部⑯に関連して，日本の国庫支出金に関する記述として不適切なものを，次の①～④のなかから一つ選び，その番号をマークしなさい。 49

① 国庫支出金とは，国が，地方公共団体が行う社会保障など特定の事業に要する経費を使途を指定して支出するものである。

② 国の補助金が，実際の事業にかかる費用より少ない場合，国は不足分を負担しなければならない。

③ 国庫支出金には，国の事務を委託する場合の経費の全額を支出する委託金がある。

④ 国庫支出金には，国が必要と認めた事業費の一定割合を支出する国庫補助金がある。

問17　下線部⑰に関連して，地方公共団体の財政に関する記述として不適切なものを，次の①～④のなかから一つ選び，その番号をマークしなさい。 50

① 地方債の発行に際し，都道府県は原則として総務大臣の許可を必要とし，市町村は都道府県知事の同意を必ず得なければならない。

② 北海道夕張市は，2007年に財政再建団体（現・財政再生団体）となった。

③ 2007年に，自治体の財政状況を統一的な指標で明らかにし，財政悪化に早期に対応するための地方財政健全化法が制定された。

④ 2018年度時点で，財政力指数（財政収入額÷財政需要額）が0.3を下回る都道府県がある。

数学

(60 分)

解答上の注意

(1) 問題の文中の ア , イウ , エオ , カキク などの には，数値が入る。

(2) ア，イ，ウ，… の一つ一つは，それぞれ 0 から 9 までの数字，または，負の符号(−)のいずれか一つに対応する。これらをア，イ，ウ，… で示された解答欄にマークする。

［例 1］ ア に 5 と答えたいとき

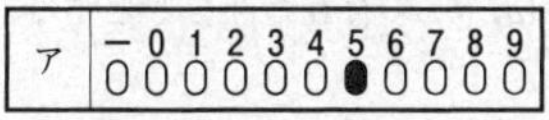

［例 2］ イウ に 1 9 と答えたいとき

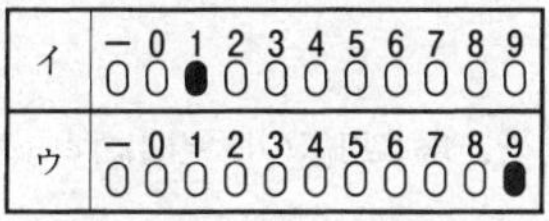

［例 3］ エオ に − 7 と答えたいとき

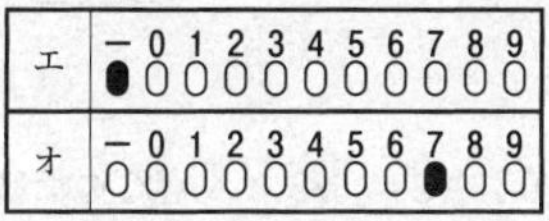

［例 4］ カキク に 1 8 6 と答えたいとき

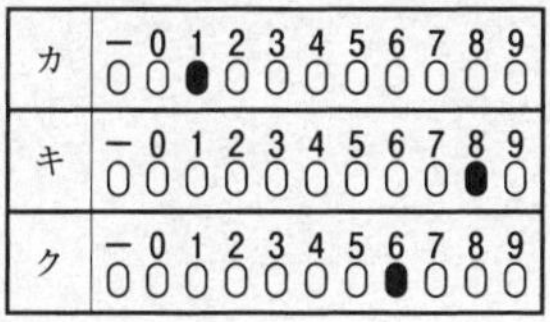

［例5］ $\boxed{\text{ケコサ}}$ に－３４と答えたいとき

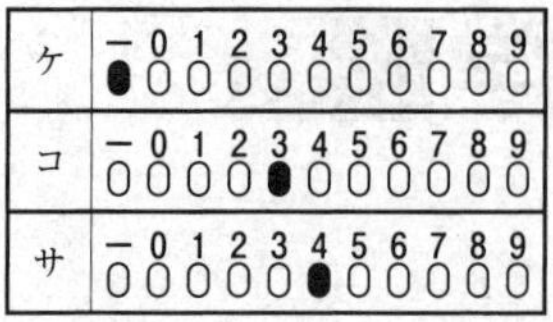

1　以下の問(1)～(3)の空欄 $\boxed{}$ に適する答を，解答用紙の所定欄にマークしなさい．

(1)　正九角形がある．正九角形の頂点を結んでできる三角形の個数は，$\boxed{\text{アイ}}$ 個である．このうち，正九角形と辺を共有しない三角形の数は，$\boxed{\text{ウエ}}$ 個である．

(2)　$a=\dfrac{1}{1+\sqrt{3}+\sqrt{7}}$，　$b=\dfrac{1}{1-\sqrt{3}+\sqrt{7}}$，　$c=\dfrac{1}{1+\sqrt{3}-\sqrt{7}}$，　$d=\dfrac{1}{1-\sqrt{3}-\sqrt{7}}$

とするとき，$\dfrac{1}{abcd}=\boxed{\text{オカ}}$ である．また，$a+b+c+d=\boxed{\text{キク}}$ である．

(3)　a，b を実数とする．2次方程式 $x^2+2ax+b=0$ が実数解 α，β をもつものとする．ab 平面において $\alpha^2+\beta^2 \leqq 18$ を満たす点 $(a,\ b)$ の存在範囲を S とすると，領域 S の面積は，$\boxed{\text{ケコ}}$ である．

2　以下の問(1)～(2)の空欄 $\boxed{}$ に適する答を，解答用紙の所定欄にマークしなさい．

(1)　x，y を実数とする．$x^2-4xy+5y^2-6x+6y+12$ は，$x=\boxed{\text{ア}}$，$y=\boxed{\text{イ}}$ のとき，最小値 $\boxed{\text{ウエ}}$ をとる．

(2)　△ABC において，∠A ＝ 105°，∠B ＝ 30°，AB ＝ $6\sqrt{2}$，△ABC の面積を S とすると，$S=\boxed{\text{オ}}+\boxed{\text{カ}}\sqrt{\boxed{\text{キ}}}$ である．

3　以下の問(1)～(3)の空欄 [　　] に適する答を，解答用紙の所定欄にマークしなさい．

(1)　2つの整数 a，b $(100 < a < b < 400)$ の最大公約数が17で，最小公倍数が3978であるとき，$a =$ [アイウ]，$b =$ [エオカ] である．

(2)　n が正の整数であるとき，$\left(\frac{5}{3}\right)^n$ の整数部分が10桁となる n の最大値は [キク] である．ただし，$\log_{10} 2 = 0.3010$，$\log_{10} 3 = 0.4771$ とする．

(3)　$a = \frac{\sqrt{6} - 2}{3}$ のとき，$27a^3 + 18a^2 - 30a + 2 =$ [ケコ] である．

4　裏と表のあるコインを横一列に並べる．隣接する2枚の組すべてに着目し，表表，裏裏，表裏，裏表となる組の個数をそれぞれ数える．例えば，4枚のコインを「表表表裏」の順に並べた場合，表表は，左から1枚目と2枚目のコインの組と左から2枚目と3枚目のコインの組があるため2個となり，表裏は，左から3枚目と4枚目のコインの組があるため1個となる．

以下の問(1)～(5)の空欄 [　　] に適する答を，解答用紙の所定欄にマークしなさい．

(1)　コインが16枚である場合で，表表が4個，裏表が3個であるとき，裏裏と表裏の個数の合計は，[ア] 個である．

(2)　コインが8枚である場合に，表裏の数が，裏表の数よりも多くなる並べ方は，[イウ] 通りある．

(3)　コインが13枚である場合に，表表が0個，裏裏が10個，表裏が1個，裏表が1個となる並べ方は，[エオ] 通りある．

(4)　コインが13枚である場合に，表表が0個，裏裏が8個，表裏が2個，裏表が2個となる並べ方は，[カキ] 通りある．

(5)　コインが13枚である場合に，表表が2個，裏裏が5個，表裏が3個，裏表が2個となる並べ方は，[クケコ] 通りある．

② 単純な情報から一定の個人像を作ることができる状況で、平凡に見える情報が実は重要な意味を持っていることを強調したいから。

③ 全体主義的な政治体制が市民のデータを自由にできる状況で、情報の重さを想起させたいから。

④ さまざまな種類の個人データが収集・利用できる状況で、情報の価値が下がっていることを知らせたいから。

問八　本文の内容と整合しないものを次の選択肢①～④の中から一つ選び、その番号をマークしなさい。解答番号は［37］。

① 収集が容易なデータからでも一定の個人像を浮かび上がらせることが可能な現代において、プライバシーの保護は重要である。

② 日本とアメリカにおいては、ヨーロッパと異なり、プライバシー権と個人データ保護の権利が完全に一体のものと考えられている。

③ プライバシーが侵害されたと感じる場面はさまざまであり、プライバシー保護の対象は羞恥感情にかかわるものだけではない。

④ プライバシーについての考え方は世界で共通しているとは言えず、それぞれの国の思想の違いを反映している。

① 傍線部(c)「すなわち」は、「プライバシー」と「羞恥心」との論理的関連について、例示を用いた導入的叙述から、端的な結論の提示へと、議論を転換する役割を果たしている。

② 傍線部(d)「ただし」は、「プライバシー」が「羞恥心」とかかわるものであるということに、現代的な視点から新たな内容を補足できることを示している。

③ 傍線部(e)「たとえば」は、「羞恥感情に影響を及ぼすとき」以外で、「プライバシーを侵害されたと感じる」ときの具体的な例を示そうとしている。

④ 傍線部(f)「すると」は、「電話やメールの内容のすべてが恥ずかしいものというわけではありません」ということの例として、「プライバシーの保護の対象」が「恥」にとどまらないことを挙げている。

問六　傍線部②「プライバシー保護は、単なる守秘義務とは異なります」とあるが、どのように異なるのか。その説明として最も適切なものを次の選択肢①〜④の中から一つ選び、その番号をマークしなさい。解答番号は 35 。

① プライバシーとは個人の秘密が守られるという当然の権利であり、法律で決められるようなものではない。

② プライバシーの保護の対象は個人の「人格」そのものであり、私生活に関する秘密に限定されたものではない。

③ プライバシーを守るためには各人の情報に対する意識が重要であり、守ることを他者の義務とすべきではない。

④ プライバシーの権利は誰もが持っている基本的なものであり、羞恥感情にかかわるものだけではない。

問七　本文中の「些細な」には、鉤括弧《かぎかっこ》が付けられているものがある。鉤括弧が付けられている理由として最も適切なものを、次の選択肢①〜④の中から一つ選び、その番号をマークしなさい。解答番号は 36 。

① 技術の進歩によって多くのデータが瞬時に処理される状況で、情報の軽さを印象付けたいから。

(b) 短絡的 [31]
① 時流に乗って判断し目先の利益ばかりを求めるさま
② 困難を乗り越えることを面倒に思い必要な努力を怠るさま
③ 事柄の本質をよく考えずに性急に二つの事柄を結び付けるさま
④ 前例や経験を軽く考えて過去と現在のかかわりを無視するさま

問三　空欄 [X] にあてはまる語句として最も適切なものを、次の選択肢①～④の中から一つ選び、その番号をマークしなさい。解答番号は [32] 。

①　非難　　②　教訓　　③　警鐘　　④　警戒

問四　傍線部①「自我の造形への不当な干渉」とは、どういうことか。その説明として最も適切なものを次の選択肢①～④の中から一つ選び、その番号をマークしなさい。解答番号は [33] 。

①　指標に基づいた類型化による人物像が、個性的なものであるべき各人の人格形成に影響を及ぼすこと。
②　本来はさまざまな情報の総体である人格から、データによる部分的な造形によって人物像が導かれること。
③　現代の最先端技術により認識された新たな人物像が、伝統的な方法で形づくられる自我に影響を及ぼすこと。
④　個人の脱人格化と一定の指標に基づいて造形された人物像が、自然に造形される自我の内面を暴露すること。

問五　傍線部(c)～(f)の接続語は、それぞれ文脈上どのような働きをしているか。その説明として適切でないものを次の選択肢①～④の中から一つ選び、その番号をマークしなさい。解答番号は [34] 。

(エ)　エツラン　[28]

① 不当なケンエツによって表現の自由が侵害される
② 決勝戦に備えてユエツに浸る暇もない
③ 数年の修行で師匠を超えるとは、まさにシュツランの誉れだ
④ 台風の大雨で多くの河川がハンランする

(オ)　ケンイキ　[29]

① 連敗して優勝のケンガイに去る
② 理想の未来がケンゲンしたような作品
③ 弁護士が被疑者とセッケンする
④ いかなる時も原則をケンジするよう努める

問二　傍線部(a)・(b)の表現の本文中の意味と最も近いものを、次の各群の選択肢①～④の中からそれぞれ一つずつ選び、その番号をマークしなさい。解答番号は(a)―[30]、(b)―[31]。

(a)　無用の長物　[30]

① あってもなくても同じで、どちらかというとない方がいいもの
② あっても役に立たないどころか、かえって邪魔になるもの
③ 役に立たないと思われているが、何かの折には重宝するもの
④ 使い道がわからず困っているが、実はとても役に立つもの

(ア)　コウキン　25

① 罪が露見してキンシン処分となる
② 反対派の代表者とキョウキンを開いて議論をする
③ 転居先のキコウが肌に合わず体調を崩した
④ 勝敗にコウデイしすぎて試合を楽しめなかった

(イ)　ホウガン　26

① 急な腹痛を抑えるため黒いガンヤクを飲む
② 専門家のガンチクに富む話に魅了される
③ ボウダイなデータを駆使して解決策をみつける
④ 次々に依頼が入り仕事量がホウワ状態になる

(ウ)　ケイチュウ　27

① 薬草から成分をチュウシュツする
② 両者のセッチュウ案で妥協する
③ 試験のケイコウを調べて対策を練る
④ 大コウケイの望遠鏡を備えた天体観測施設

人格を造形するための反芻《すう》プロセスも、プライバシーの一部として捉えることができます。すなわち、プライバシーは心の静謐《せいひつ》に宿り、自我と向き合う時間を必要とします。プライバシーは、集合の中に埋もれさせることができず、データとして記録にも留めることができない、他からの判断や評価からの自由な(オ)ケンイキを意味しています。その限りにおいて、プライバシーは、秘密を隠すことというよりは、人格の自由な発展に関連する情報を自らの管理下に置くことを意味します。

そのため、②プライバシー保護は、単なる守秘義務とは異なります。プライバシー保護は情報管理を通じて、他者との布置関係を本人に構築させる契機を与えています。このことはアメリカではいつ、どの程度自らの情報を他者に開示するかを決定する権利としての「自己情報コントロール権」と呼ばれてきました。これに対し、ドイツ的な発想では、情報のコントロールに主眼を置くのではなく、人格発展のプロセスに付随する様々な情報を自らの自己決定にかかわらしめる「情報自己決定権」という名称が広く使われてきました。両者の違いは単なる用語論にとどまるものではなく、根底にある思想の差異を反映しているものと考えられます。

（宮下紘『プライバシーという権利』より。一部改変・省略）

[注一]　ハンナ・アレント――政治哲学者（一九〇六―一九七五）。ドイツ生まれのユダヤ人で、アメリカに亡命した。

[注二]　創世記――旧約聖書の最初の書。

問一　傍線部(ア)～(オ)のカタカナに該当する漢字と同じ漢字を（傍線を付した部分の漢字表記に）含むものを、次の各群の選択肢①～④の中からそれぞれ一つずつ選び、その番号をマークしなさい。解答番号は(ア)― 25 、(イ)― 26 、(ウ)― 27 、(エ)― 28 、(オ)― 29 。

の領域と私的領域が相互にからみあっている中で人間が道具や手段になることはなく、究極目的として存在していることには留意する必要があります。

　このように、プライバシーを考えるにあたり、人間を手段ではなく目的として捉えるカント的発想は重要になります。

　特に、現代の最先端技術の多くは、本来ひとりひとり異なる存在を、一定の類型にはめ込んで評価の対象とすることに(ウ)ケイチュウしてきました。ＡＩによる評価、顔認証による類型化、またインターネットの(エ)エツラン履歴に基づくおすすめ商品の提示などにみられるように、データは、しばしば個人をデジタル・アイデンティティの囚人へと強制的に追いやります。すなわち、個人を脱人格化させた上で、一定の指標に基づいた個人像をデジタル空間において作り上げるのです。デジタル空間においては、そこで作り上げられた個人像が、生身の人格発展に影響を及ぼすことが決定的な問題となってきます。

　プライバシーが人格の自由な発展にとって不可欠であると考えられるのは、このような①自我の造形への不当な干渉を排除する必要があるからです。

　プライバシーの必要性を裏付ける単純な回答の一つは、人間を動物と区別するため、というものでしょう。[注二]創世記の冒頭がイチジクの葉で裸を隠す行為から始まるように、私たち人間は公共空間では衣類を身につけて行動することとされています。これは、訳もなく裸を他者に見せる行為は恥ずかしいことであるという人類共通の理性であり、この羞恥心は動物にはないと考えられます。(c)すなわち、古典的な意味において、プライバシーとは「恥」を隠すための人間の品位を保つための営為であるということができます。

　(d)ただし、より現代的な視点から考えると、話は複雑になってきます。私たちがプライバシーを侵害されたと感じるのは、羞恥感情に影響を及ぼすときに限られるわけではありません。たとえ衣類を身につけていても、(e)たとえば電話の内容を無断で聞かれたり、メールを勝手にのぞき見られたりするとき、プライバシーが侵害されたと感じることでしょう。

　もちろん、電話やメールの内容のすべてが恥ずかしいものというわけではありません。(f)すると、プライバシーの保護の対象となるのは、「恥」にとどまるものではなく、各人のあらゆる属性としての自我、より法的な言い方をすれば「人格」なのだと考えられます。

　すなわち、各人の言動はそれぞれの生き方を映しだしており、各人に関する情報はそれぞれの「人格」の一部をなしているのです。そのため、他人にみだりに干渉されず、独りにしておいてもらうことが、人間には必要です。

　「独りにしておいてもらう」とは、文字どおり物理的な居場所を確保するということを意味するとは限りません。自己に関する情報を自ら整理し、ドイツの個人データ保護法の解説書には、〝Datensparsamkeit〟という言葉が散見されます。ドイツ特有の概念で、この言葉に相当する日本語や英語はありません。あえて訳せば「データの倹約」となります。目的に不可欠なデータのみを収集し、できるだけ必要最小限のデータを利用しなければならない、という意味です。データは石油のように掘れば掘るほど出てくるものと考え、使えるデータはなりふりかまわず使おうとするデータ中毒者に対して鳴らすべき、歴史に裏付けられた［ X ］の言葉です。

ＥＵ基本権憲章において、私生活尊重の権利（第七条）と個人データ保護の権利（第八条）は、いずれも基本権としての性格を有しています。この基本権としての性格があるからこそ、ＧＤＰＲ（一般データ保護規則）と呼ばれる、ＥＵの厳格な個人情報保護法制が存在するのです。

では、プライバシーに関する私生活尊重の権利と個人データ保護は、どのような関係にあるのでしょうか。

私生活尊重の権利は、プライバシーに象徴される私秘性を保護の対象とするのに対し、個人データ保護の権利は、公開されたデータや「些細な」データであっても保護の対象としています。さらに、私生活尊重の権利は、古典的な私生活の平穏への干渉が問題となるのに対し、個人データ保護の権利は、収集・利用・共有・消去の一連のプロセスにおいて必要な目的に比例しているかどうかが争点となります。

しかし、通信履歴の保存期間の限定に関する訴訟において、ＥＵ司法裁判所は、私生活尊重の権利と個人データ保護の権利の二つの権利の侵害となりうることを示すなど、必ずしも両者は厳密に分離されているわけではありません。ＥＵの専門家の間でも、両者の関係を明確に整理しきれておらず、両者は異なる部分があるものの重なり合う相互補完的権利である、という理解が一般的です。

アメリカをはじめとするアングロサクソンの国では、個人データの領域においてもプライバシーという言葉が一般的に使われてきており、個人データ保護を(イ)ホウガンする場合があります。そのため、立法名や監督機関名にプライバシーという言葉が用いられてきました。

日本では、プライバシーと個人情報がそれぞれ異なる言葉として存在するように、一応の区分をすることは可能です。しかし、講学上、プライバシー権から個人情報保護の権利を独立させて捉えるのは現在の日本では一般的ではなく、両者は完全に分離されていません。

政治の領域と私的領域を対比させ、プライバシーというシェルターに身ごもることの有害さを論じたのはハンナ・アレント〔注一〕でした。プライバシー（privative）は、もともと欠如しているという意味であり、そのことから、真に人間的な能力さえ奪われ、他人にとっては意味も重要性もない存在を指していると説明されます。もっとも、アレントが近代の個人主義によりプライバシーの内実が著しく豊かに発展したと論じているように、政治

三　次の文章を読んで、あとの設問に答えなさい。

「自動データ処理という状況の下では、「些細な」データはもはや存在しない」

これは、一九八三年にドイツ連邦憲法裁判所が国勢調査法の一部を違憲無効と判断した判決の中の一文です。

現代の技術を用いれば、些細なデータだけからでも、一定の個人像を浮かび上がらせることができてしまいます。さらに、その個人に狙いを定め、心理的圧迫を与え、行動に影響を及ぼすことすらできるのです。しかし、各人の人格を索引や目録のようなデータとして扱うことは、どこか人間の尊厳と相容れないところがあります。そのことは歴史が証明しています。

ナチスのユダヤ人大量殺戮《りく》は、個人情報と深く関係していました。ナチスは国勢調査という名目で、ＩＢＭからパンチカード読み取り機を購入し、個人情報を収集して分析しました。パンチカードとは、厚手の紙にあいた穴の位置で情報を記録するメディアです。エドウィン・ブラック『ＩＢＭとホロコースト』によれば、60列×10行からなるパンチカードを利用して職業、住居、出身国などの単純な情報を相互参照し、ひたすら選別を繰り返す過程でユダヤ人の存在を明らかにするという、死の計算作業が行われました。たとえば、列22の宗教には行3のユダヤ人があり、それに該当する人々を調べると、ベルリンで最もユダヤ人が集中しているのはヴィルマースドルフ地区であり、約二万六〇〇〇人の教義遵守ユダヤ人が、同地区の人口の一三・五四％を占めているという結果が出てきました。さらに、列22・行3でユダヤ人とされた者と列27・行10でポーランド語を話す者を相互参照し選別することによって、ナチスはユダヤ人の中から誰を最初に資産没収、逮捕・(ア)コウキン、そして最終的に駆逐の標的にするかを決めることができたのです。

収集されたのは職業、住居、出身国といった「些細な」データだけです。しかし、その「些細な」データが、ユダヤ人の大量殺戮という人類の歴史における最大の汚点をもたらしたのです。アウシュヴィッツ強制収容所では、この国勢調査の犠牲となり収容されたユダヤ人の髪、目、皮膚の色などの身体的特徴も管理されていました。ナチスがヨーロッパ中を逃げ回るユダヤ人を見つけ出し、強制収容所における大量殺戮を実行した背景には、「些細な」データの存在があったのです。

プライバシーは公共の安全にとって(a)無用の長物にすぎず、むしろ危険な人物を解放する道具となりかねない、と主張する人もいます。しかし、ナチスによる個人情報の濫用は、そのような発想がいかに(b)短絡的であるかを証明しています。このような苦い歴史が、ドイツの個人データ保護法のマグナカルタと呼ばれる国勢調査法判決を生んだのです。

① 青銅台座の上にある鶴の像と現在の寸詰まりの像は飾られる高さが異なり別物の印象を受ける。それは、人気のある詩人として多くの詩集を出版した過去とそうでない現在という詩人の人生を象徴しているように思えたということ。

② 青銅台座の上で高々と天を目指す鶴の像と現在の寸詰まりの像は同じに見えても別物である。そこから、若々しく力に満ちていたかつての姿と、戦争によって多くのものを奪われた現在との対照が強く意識されたということ。

③ 青銅台座の上で高々と天を目指す鶴の像と現在の寸詰まりの像はまったくの別物である。鶴の像は雲形池に戻ったが、像全体のスケール感は大きく異なっており、経済成長のみが重視される戦後の日本で、利益を生まない芸術は軽んじられてゆくだろうという予感を詩人が抱いたということ。

④ 戦時には生活に必要なものまでも供出させられ、遊興のための噴水などは真っ先に持ち去られた。同様に、詩も戦争遂行のために不要なものとして排除された。鶴の像の変化を目の当たりにして、詩人が戦中の辛い経験を思い出したということ。

問七　傍線部⑤「人目にそばだつ鶴よりもむしろ台座の詩人であるか」とあるが、この表現によって筆者が伝えようとしているのはどういうことか。最も適切なものを次の選択肢①～④の中から一つ選び、その番号をマークしなさい。解答番号は 24 。

① 戦争によって青銅の台座が失われたように、丸山薫という詩人は、平和な世の中で受け入れられる穏やかな言葉で、平和の喜びを詩にしたということ。

② すぐれた作品には立派な台座が必要であるように、丸山薫という詩人は、文学史上に有名な作品に影響を与える、きらびやかな秀作を残したということ。

③ 台座が素晴らしい作品を陰で支えているように、丸山薫という詩人は、その誠実さとおおらかな人柄で、多くの才能ある詩人を育てたということ。

④ 隠れた存在である台座が鶴の像を際立たせていたように、丸山薫という詩人は、技巧に走らず率直に自分の言葉で、すぐれた詩を残したということ。

その番号をマークしなさい。解答番号は 21 。

① 詩興を喚起した「鶴」が既に無いことを確信している詩人の、それと似ても似つかぬ物への不快と蔑みの感情が表現されている。

② 目の前の物体に感動することから詩が生まれると考えている弟子の浅はかさへの、軽蔑と失望が表現されている。

③ 詩作のもととなった「鶴」を久しぶりに見る喜びと、それを弟子に気づかれたくないという恥じらいが表現されている。

④ 無くなったはずの「鶴」がもしかしたらあるかもしれないという期待と、やはり無かったという失望が表現されている。

問五　傍線部③「がっかりした」とあるが、なぜ筆者は「がっかりした」のか。その説明として最も適切なものを次の選択肢①〜④の中から一つ選び、その番号をマークしなさい。解答番号は 22 。

① 筆者は詩のモデルである「青銅の鶴」を丸山薫に見せることを楽しみにしていたが、詩人本人は過去の自分の詩に興味を失っており、像を見ても喜ばなかったため。

② 筆者は詩のモデルが雲形池の「青銅の鶴」ではないことを知らずに丸山薫に見せてしまい、敬愛する詩人を不快にしてしまったことを後悔したため。

③ 筆者は幼い時から見ている「青銅の鶴」に、愛誦詩のモデルとして強い愛着を持っており、それによって丸山薫とつながっているような感覚を持っていたのに、それを否定された気がしたため。

④ 筆者は幼いときに見ていた「青銅の鶴」が、丸山薫の詩のモデルと異なることを知らずにいたが、詩人本人の言葉によってそれが確認でき、前もって事実を確かめておかなかった自分自身を恥ずかしく思ったため。

問六　傍線部④「若き日の心象を托《たく》した鶴とは、おそらく情けないほど別物だった」とあるが、この時の詩人の思いの説明として最も適切なものを次の選択肢①〜④の中から一つ選び、その番号をマークしなさい。解答番号は 23 。

(b) 向う見ず　18

① 将来のことをよく考えないで行動すること
② 相手への配慮や遠慮をわざとせずに行動すること
③ 明確な将来像のもと自信を持って行動すること
④ 自分の才能や力量を過信して行動すること

(c) 臆面もなく　19

① 権威に対して恐れることなく堂々として
② 恥ずかしがったり遠慮したりする様子がなく
③ 他者の忠告に耳を貸すことなく思い切って
④ 確かな才能と技術を疑うことなく自信をもって

問三　傍線部①「腹が立つほど正直な批評が書いてあった」とあるが、この時の筆者の心情についての説明として最も適切なものを次の選択肢①～④の中から一つ選び、その番号をマークしなさい。解答番号は　20　。

① 自分の詩を酷評する詩人の姿勢に反感を持ち、訂正させるために押しかけようとしている。
② 歯に衣着せぬ詩人の批評に怒りを覚えたが、それも才能を認めている証しであると感じている。
③ 酷評を受けたことには傷ついたが、詩人には自分の作品のよさがわからなかったのだと思い直している。
④ 遠慮のない率直な批評から誠実な詩人の人柄を確信し、弟子となることを決意している。

問四　傍線部②「詩人はじろりと一瞥《いちべつ》して」とあるが、この表現についての説明として最も適切なものを次の選択肢①～④の中から一つ選び、

(ウ) シジ 15

① 職場で懇親会のカンジに指名されたので張り切っている
② 老齢人口がゼンジ増加したため社会保障制度が見直される
③ 有名作家の新作がシカ版として参加者に配られた
④ この思想家の教えから近代シミン革命が生まれた

(エ) ギキョ 16

① 祖母のために基本的なキキョ動作の介助を学ぶ
② 若い政治家のイッキョイチドウに注目が集まる
③ 緊急事態に直面してキギを得た適切な措置をとる
④ チームリーダーとしてのギリョウが試される

問二　傍線部(a)〜(c)の表現の本文中の意味と最も近いものを、次の各群の選択肢①〜④の中からそれぞれ一つずつ選び、その番号をマークしなさい。解答番号は(a)―17、(b)―18、(c)―19。

(a) あたら 17

① 楽しみにしていた事や時の到来に高揚し、わくわくして
② 価値のあるものが失われてしまい、何とも惜しく残念なことに
③ 期待どおりに事が進まず悔しいが、むしろよかったと前向きな心持ちで
④ 自らのふがいなさを強く感じ、情けなく悔しい気持ちで

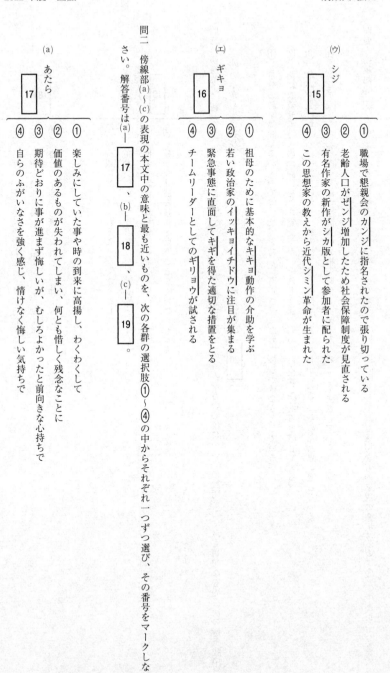

器用な存在が悠々とこの世にあることの、やすらぎ乃至《ないし》は元気が、こちらに伝わってくる。⑤人目にそばだつ鶴よりもむしろ台座の詩人であるか。そしてその詩篇には、大きな意志の悲しみが横たわる。

　病気と失恋のほかはなにもなかったような、ひたすら貧しいわが二十代ではあったが。顧みれば丸山薫に出会ったことの幸運が胸にひろがる。まことに詩は一行一行まっ正直に、力をひそめて書くものであろう。……さて、この文章にしてから、そのように私は書いているか。

（小沢信男『ぼくの東京全集』より。一部改変・省略）

問一　傍線部(ア)〜(エ)のカタカナに該当する漢字と同じ漢字を（傍線を付した部分の漢字表記に）含むものを、次の各群の選択肢①〜④の中からそれぞれ一つずつ選び、その番号をマークしなさい。解答番号は(ア)— 13 、(イ)— 14 、(ウ)— 15 、(エ)— 16 。

(ア)　ソアク　13

①　新しい首相がソカクに着手する
②　科学技術の進歩はシッソでも快適な生活を可能にした
③　五十年ぶりにフソの地を踏み感慨にふける
④　名声にあぐらをかいて作品をソセイランゾウする

(イ)　ケイトウ　14

①　専門家が一般人をケイハツして正しい知識に導く
②　漫才師の軽妙な掛け合いにホウフクゼットウする
③　代理人がケイヤクを締結する
④　当時この国は封建諸王によって分割トウチされていた

日比谷公園の雲形池には、いまも翼をひろげた青銅の鶴が、仰向いて水の珠をふきあげている。緑陰の池畔では、子供らが泥かきまわしてザリガニ採りに熱中している。

藤棚の下には由来書きの立札が、要旨つぎのようなことを語っている。――そもそも日比谷公園は一九〇三年（明治三十六）に開園した。本多静六博士の設計による、首都東京にはじめての洋風公園だった。雲形池もドイツの造園書を模範にして造られた。そして鶴の噴水は、東京美術学校の津田信夫、岡崎雪聲《せっせい》の両氏の共同制作の作品だった。日本で三番目の装飾噴水の由。

私は間違っていなかった。「噴水」のモデルの鶴は、やはりこれなのだ。ところが……詩人の眼は、やはり正しかった。

じつはこの池には、さんざんな来し方があった。まず戦争末期の一九四三年（昭和十八）に埋め立てられて、高射砲陣地がここに据えられた。公園をとりまく鉄柵も金属供出ですべて取りはずされ、青銅の鶴も、もちろん消えた。そして敗戦後は占領軍の専用公園だから、どのみち軍用地。ようやく一般人も立ち入りだした一九四九年春に、消えたはずの青銅の鶴が、こつぜんと心字池のほうに現れた。当時の写真によれば、水面の岩にいきなり佇《たたず》んで水を噴きあげ、子供らが翼によじ登って遊んでいる。

公園管理の職員が秘密裏に、物置のガラクタ品のなかへ押し込んでおいたのだとか。雲形池は一九五三年（昭和二十八）夏に、ようやく高射砲陣地跡を掘り返して十年ぶりに復元する。噴水用の石組みの台座もぶじに現れ、心字池からとりもどした鶴をその上へ据えた。

詩人をここへ案内したのは、それからほどなくであったのだ。そもそもは石組みの台座の上に、さらに青銅の丸い台座が積まれ、鶴はそのてっぺんで仰向いていた。まさに觜《くちばし》は天を刺し、翼は雲にとどきもしたか。だがその青銅台座は供出され、本体の鶴だけが心ある職員の(エ)ギキョにより生き延びたのだ。ようやく石組みの台座へ戻りはしたものの、とんと寸詰まりなのだった。

戦中の金属供出のすさまじさは、立ちならぶ街路灯も、橋の欄干も、制服の金ボタンさえも、根こそぎ持ち去られた。噴水ごときが生き延びるわけもなかった。そんな時代認識にくわえて、詩人の目は、その寸詰まりをずばり見抜いたのだな。④若き日の心象を托《たく》した鶴とは、おそらく情けないほど別物だった。

ちなみに現在は、消えた青銅台座の代わりに石板を重ねた台座が置かれている。が、やはりそもそもよりはやや寸詰まりなのかもしれない。そして心字池には、しばし鶴がいたところにいまは亀の噴水がある。

丸山薫氏は、大柄で、名のごとく丸い山がのっそり動くあんばいの人だった。いわゆる抒情《じょじょう》詩人の柔弱なイメージからはずれていた。なにか不若さとは(b)向う見ずなものだ。私自身は人見知りの塊《かたま》りなのに、(c)臆面もなく習作を「噴水」の詩人にあてて郵送したのだ。すると、おどろいたことに返信があった。封をひらくと、汝《なんじ》の詩は幼稚で愚劣で見所なしという、①腹が立つほど正直な批評が書いてあった。ちなみに、その証拠の文面が『丸山薫全集』第五巻の書簡の項に載っている。こんなことを自慢で言うのではないけれども、今更恥じてみせても仕方がない。とにかく私は仰天し、あとにはひけず、以来押しかけの丸山薫門下の一人となった。

丸山薫氏は豊橋にいた。やがて氏を後見人に、若者たちで薄い同人詩誌をつくり、同人は東北から関西まで散在していた。おおかた文通で氏のもとに慕い寄った仲間だった。その仲間たちとの交流から、ようやく私にも青春らしい哀歓が生じた。一九五〇年代の前半のことだ。

そのころ、所用で上京された丸山氏が、世田谷の私の家（正確には父の、私は脛《すね》かじりで）に一泊してくれたことさえあった。そのとき、氏を日比谷公園に案内した。というより、やや無理強いに引っぱっていった。例の愛誦詩「噴水」は、この公園の鶴の噴水がモデルであった。しかしあの鶴はもうないでしょう、と詩人が言うので、いやあります、と言い張って、その現の証拠を見せたかったのだ。

戦後の日比谷公園は、公会堂・音楽堂などが米軍に接収され、ほぼ占領軍用の公園だったが、やがて都に戻って、ぼちぼち整備中だった。日比谷の交叉《こうさ》点から入ってすぐが心字《しんじ》池。ずっと奥の雲形《くもがた》池のまん中で、青銅の鶴は翼をひろげ、仰向いて水を吐いていた。

「ほら、あるでしょう」

私は得意げな顔をしたにちがいない。②詩人はじろりと一瞥《いちべつ》して、

「違いますね」静かな、しかし断乎《だんこ》とした口調であった。「こんなものではありません。もっと猛々《たけだけ》しい、力強い、天を刺すような鶴でしたよ」

私はまたも仰天して、③がっかりした。少年時、私はこの公園の近くで育ち、この池にもオタマジャクシを掬《すく》いにきた。その頃からたしかにこの鶴の噴水はあったのだ。

だが、詩人は少年の私より先にこの噴水に出会っている。「氷柱の歌」という詩もあって、この青銅の鶴が翼から氷柱を垂らして立つ、鋭い冬の姿をうたったものだ。ほかにも鶴のイメージをうたった詩は何篇《べん》もある。この鶴の詩人が「違う」と言う言葉を信じないで、なにが(ウ)シジだろう。では、しかし、その猛々しい鶴の噴水は、どこにいて、どこへ飛びさってしまったのだろう?

あれから三十年。詩人はもうこの世におられない。私は、丁度あのときの詩人の年輩になった。

③　生徒C——日本の学校の授業では、答えだけでなくそこまでのプロセスにも正しいと決められた解法があって、学校ではそれに合わせることが強いられているのが現実だね。でも、正解に至る過程はさまざまなのだから、主体性を涵養するためには、どのような解法も等しく尊重されるべきだよ。

④　生徒D——さまざまな解法を試してみて、誤りや悪い点に気づいてさらに他の方法を考えてみる。その経験が主体的に学ぶということで、このような機会が学校で得られればいいんだけどね。学校教育で本当の意味での主体性を養うことは、きっと日本の社会にとってもプラスに働くと思うな。

二　次の文章を読んで、あとの設問に答えなさい。

鶴は飛ばうとした瞬間、こみ上げてくる水の珠《たま》に喉をつらぬかれてしまつた。以来　仰《あふ(あお)》向《む》いたまま、なんのためにかうなつたのだ？　と考へてゐる。

題して、「噴水」。丸山薫の第一詩集『帆・ランプ・鷗《かもめ》』一九三二年（昭和七年）刊に所収。おそらく作者二十代の折の作品である。

丸山薫の詩にはじめて出会ったのは『物象詩集』（一九四一年刊）においてで、中学生の私が新本屋で買ったわずか二冊の詩集のひとつ（もう一冊は『山之口貘《ばく》詩集』）なのだが。これには右の「噴水」はない。戦後に出た創元選書の詩集『十年』（一九四八年刊）にはあって、これはこの詩人の初期詩集五冊の合本だから有難かった。(ア)ソアクな紙のこの詩集をくりかえして読み、「噴水」などはたちまち暗誦《あんしょう》した。

当時、私は肺結核の療養中だった。敗戦でせっかく自由にはばたける時代がきたというのに、血痰《けったん》を吐いて安静を命じられ、(a)あたら二十歳《はたち》の身空で万年床に仰向いて、せめて本を読みちらしていた。

好きな詩集に出会うたびに、それを下手にまねた詩がやたらに書けた。ノートが何冊もたまった。そのうち、ただ書いているのでは物足らず、ひそかに(イ)ケイトウする詩人に読んでもらおうと思い立った。

問六　この文章の表現に関する説明として適切でないものを、次の選択肢①〜⑤の中から二つ選び、その番号をマークしなさい（解答の順序は問わない）。解答番号は 10 ・ 11 。

① 傍線部(a)「批判は甘んじて受ける」という表現は、筆者が自分の立論の弱点を自認する形を取りながらも、その弱点が自説にとって致命的ではないという見通しに基づき余裕をもっていることを読者に印象づけている。

② 傍線部(b)「鵜《う》飼いの鵜のようなものだ」という表現は、画一的な日本の教育を受けている子どもを「鵜飼いの鵜」にたとえることで揶揄《やゆ》し、そのような能力を育てることしかできない学校教育の問題点を読者に印象づけている。

③ 傍線部(c)「ちりばめられる」という表現により、学習指導要領のあちこちに登場する「自ら学び、自ら考える」とか「個性を生かす」という言葉がうわべだけの美辞麗句に過ぎないかもしれないと疑い、手放しで歓迎するのを控える筆者の心理が暗示されている。

④ 傍線部(d)「『正しい』」の「正しい」が鉤括弧《かぎかっこ》付きで表示されているのは、この「答え」が誤りであるにもかかわらず、教師によって「正しい」とされた恣意的なものであることを示そうとしたためである。

⑤ 傍線部(e)「のたまって」という古語の使用は、伝統的な文語文を読者に想起させることで、「学習指導要領」という文書が教育に携わる者にとって批判の許されない特別な権威のある存在であることを強調している。

問七　次に示すのは、本文を読んだ後に、四人の生徒が学校教育について話し合っている場面である。本文の趣旨と整合しない発言を、次の①〜④の中から一つ選び、その番号をマークしなさい。解答番号は 12 。

① 生徒Ａ——私たちは学校の試験を受けているとき、先生の設定した模範解答があることを何も疑わずに問題を解いているよね。

② 生徒Ｂ——そうそう、日本の学校の試験では事前に決められた模範解答が採点の基準とされるからね。社会人が直面するさまざまな問題にも多くの人が正しいと考える模範解答が存在するのが普通なので、それを模索して探し当てる能力を培うことが学校教育で重視されているのだろうね。

問四　傍線部③「日本の社会人は大量正確な咀嚼、嘔吐の能力の多寡をとても重要視している」とあるが、そのように筆者が論評する根拠は何か。最も適切なものを次の選択肢①～④の中から一つ選び、その番号をマークしなさい。解答番号は［8］。

① 日本の社会では、社会人に対する評価にあたり大学卒かどうかが重視されるが、およそ大学受験においては、入試難易度の高低を問わず、与えられた教育項目を大量かつ正確に飲み込み吐き出す能力が優れていなければ合格できない。

② 日本において、大学受験の結果は社会人の評価にも大きく影響する重大事であるが、大学受験で成功を収めるためには、教えられた項目を迅速・大量・正確に飲み込んで吐き出す能力が求められる。

③ 教えられた内容を大量かつ正確に飲み込んで吐き出す能力の多寡は、日本社会においては状況に適切に対処して仕事をこなす能力の程度と密接に相関するため、社会人の評価基準としても有用である。

④ 大量かつ正確な咀嚼および嘔吐の能力の育成は、小学校段階から日本の学校教育において第一の目的となっているため、社会人の評価に際しても、そのような能力の多寡が、真面目に学業に取り組んだかを知るための重要な資料となる。

問五　傍線部④「ぼくは、『ああ』と嘆息した」とあるが、この時の筆者の心情についての説明として最も適切なものを次の選択肢①～④の中から一つ選び、その番号をマークしなさい。解答番号は［9］。

① かつて自分が教師と異なる独自の解き方をして注意された時に味わった、苦しみと悔しさを思い出し、眼前の生徒（児童）に同情した。

② 主体的な学びというスローガンとは裏腹に、学習結果の等質性を重視する教育が昔と変わらず続いていることを目の当たりにして、驚くと同時に深く失望した。

③ 教師が自分たちの教えることだけを正しいと考え生徒（児童）を従わせようとする姿を見て、昔も今も変わらぬ日本の教師の独善的な態度に憤った。

④ 教師が教えたとおりに問題を解かない生徒（児童）の中に過去の自分の姿を見出し親近感を覚える一方で、その生徒（児童）が日本の社会では評価されないだろうと予想して悲しくなった。

① 限られた時間の中で多くの知識や解法を教えなければならない日本の学校教育において、教師は準備した計画に沿って授業を円滑に進めることに注力しており、それを妨げる子どもを歓迎しない。

② 日本の学習指導要領では、一人一人異なる子どもの個性を伸ばすことよりも、全員が同じプロセスで同じ答えに到達できるという等質な能力の養成を優先するべきだとされている。

③ 日本社会で効率が何よりも優先されることの現れとして、学校教育では、あらかじめ設定された正解に向けて決められた手順で迅速に答えを出すことのできる人物が高く評価される。

④ 日本の社会人に要求されるのは大多数の者が正しいと考える結論を効率よく選ぶ能力であり、その反映として大学受験においても、教えられた項目を無批判に大量に咀嚼して嘔吐する能力が重視される。

問三　傍線部②「アプローチの違いに過ぎない」とはどういうことか。その説明として最も適切なものを次の選択肢①～④の中から一つ選び、その番号をマークしなさい。解答番号は 7 。

① あらかじめ設定された正解に到達したかどうかが生徒を評価する最重要の基準であり、どのような道筋をたどってそこに至ったかは必ずしも重要視されないということ。

② 授業の主導者が生徒である場合も、事前に決められた特定の答えに到達することが期待されており、生徒自身の思考によって別の解答にたどり着くことは推奨されないということ。

③ 学習指導要領に謳《うた》われている主体性の涵養を達成するための授業手法は、生徒主導の授業スタイルに限られるものではなく、教師が授業を主導する方法も工夫次第では有効であるということ。

④ 一見すると生徒主導の形式をとっているように思われる授業であっても、実は、教師が事前に綿密に立てた計画に沿って進行する、教師主導の授業の一形態に過ぎないということ。

(ウ) キバン [3]

① 東京湾横断道路はしばしば強風のために通行がキセイされる
② 白熱した試合は両者譲らず同点のままシュウバンに差しかかった
③ 新しい大統領はカンバン政策である富裕層への課税強化を断行した
④ 政府に対する国民の信頼を取り戻すには徹底したコウキシュクセイが必要だ

(エ) コクゼ [4]

① ペンギンは南極のカコクな環境の中で雛《ひな》を育てる
② 人事院は国家公務員のボーナス減額をカンコクした
③ 会社経営者は部下の諫言《かんげん》よりもおセジを好みがちだ
④ 首相の政権運営に野党がゼゼヒヒの姿勢で対応する

(オ) ソガイ [5]

① 彼女は機転を利かせて警報器のボタンを押し犯人の逃走をハバんだ
② 地球に届く太陽の光が月によってサエギられる現象が日食である
③ 彼がファッションの流行にウトいことは今日の服装から一目瞭然だ
④ ステンレスの食器は粒子のアラい研磨剤で磨くと傷付いてしまう

問二 傍線部①「日本の教育者は教え子が主体的であるよりも、むしろそうでないことを望んでいる」とあるが、そのように筆者が論評する根拠は何か。最も適切なものを次の選択肢①～④の中から一つ選び、その番号をマークしなさい。解答番号は [6] 。

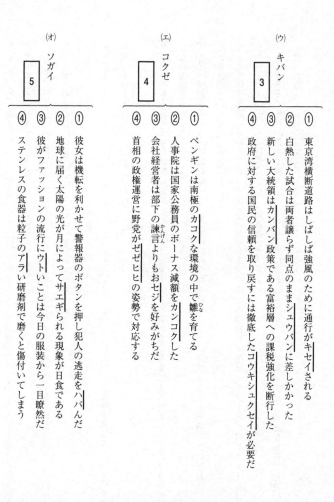

先生から見たら、ぼくは「かわいくない」困った生徒だったに違いない。

このように、日本ではいくら学習指導要領が「自ら学び、自ら考える」とか「個性を生かす」と(e)のたまっても、現実には「個性」が生かされることはない。日本の教師は等質なアウトカムを設定し、皆が同じようにあることを希求する。文部科学省も同じであり、子どもの親の多くも同じである。彼らの意見は食い違うことも多いが、その点では見事に一致している。彼らは子どもたちが「主体的に」学ぶのを、本心では望んでいないのである。効率が(オ)ソガイされるからだ。

（岩田健太郎『主体性は教えられるか』より。一部改変・省略）

問一　傍線部(ア)～(オ)のカタカナに該当する漢字と同じ漢字を（傍線を付した部分の漢字表記に）含むものを、次の各群の選択肢①～④の中からそれぞれ一つずつ選び、その番号をマークしなさい。解答番号は(ア)― **1** 、(イ)― **2** 、(ウ)― **3** 、(エ)― **4** 、(オ)― **5** 。

(ア)　コウケン　**1**

① 健康管理のため栄養士が毎日のコンダテを考える
② 死者の冥福を祈って仏事をおこなうことをエコウという
③ 彼は快男子だが唯一の欠点はコウオの差が激しいことだ
④ この問題を長年研究してきた者としてカンケンを申し述べたい

(イ)　テキギ　**2**

① 奈良を訪れる観光客の間で鹿は大仏にヒッテキする人気を博している
② 恐竜ブームの全盛期に理科教育の充実を訴えたのはジギを得た提言であった
③ 鼠《ねずみ》小《こ》僧《ぞう》は悪徳大名の金銭を盗んで貧しい人々に与えるギゾクだったとされる
④ 警察の粘り強い捜査が実を結んでついに巨額の横領がテキハツされた

「効率」。この価値をもっとも重視した国がアメリカであった。それを（無批判＝思考停止状態で）模倣してきたのが日本であった。

だから、日本の教育においてはできるだけ迷いがなく、まっすぐに、間違いを回避し、試行錯誤もないままに「正解」に飛びつくことのできる人物の方が優れていると評価される。日本社会全体が効率を最優先事項とし、それを(エ)コクゼとして進んできたのである。少なくとも3・11、東日本大震災以前はそうであった。

教育方針においてもそれが反映されないわけがない。この「効率重視社会」が福島第一原発の事故の遠因であると主張したのは村上春樹氏である（二〇一一年六月九日スピーチより）。ぼくも彼の意見に同意する（もちろん、遠因の全てではないとも思うが）。

数字の0.33333……×3は1ですよ、と教えられて、「はい、そうですか」とすぐに納得し、飲み込む生徒は優秀である。「そんなの納得いかない」と逡巡《しゅんじゅん》し続ける生徒は愚鈍と（は言われないだろうが、より「政治的に正しい」言葉を用いて、しかし実際には同じ意味で）評価される。自主的な、個性的な、主体的な、とスローガンで謳《うた》っていても、0.3333……×3がなぜ1なのかを何カ月も考え続けるような生徒は決して教室で評価されない。「そこはそういうものだと覚えておけよ」と言いくるめられておしまいである。個性を生かすと言いながらも、現実には、こういう「かわいくない」生徒が日本の学校では評価される可能性はとても小さい。もちろん、このような性向は受験では有利に働かず、むしろ裏目にでてしまう。

今年、ぼくはある小学校の授業を見学する機会を持ったが、そこでは算数の「割り算」を教えていた。ひとりユニークな方法で問題を解いていた生徒がいたが、先生はやんわりと「それでも答えは出せるけど……」と正しい解法（とされるもの）を生徒に教え、問題の解き方を修正していた。④ぼくは、「ああ」と嘆息した。思い出したのだ。ぼくも生徒・学生時代、よくオリジナルな方法で問題を解いて先生に注意されていたからである。

なぜオリジナルな方法になったかというと、授業中読書をしていて先生の説明を聞いていなかったからである。ぼくは昔から本を読むのが大好きで、読書に没頭すると周りが見えなくなってしまう性分だった。通学時も下校時も読書しながら歩いていた。本の続きが気になってしかたがなかったからである。授業はつまらなかったので、隠れて読書をしていた。その読書に没頭して、国語の時間が終わって、次の時間が算数になっても国語の教科書を衝立《ついたて》に読書を続けたりしていた。当然、授業は全然聞いていない。だから、問題の解き方が先生の教える「それ」と同じになるわけがない。

「答えは正しいけれども、やり方が間違っている」とぼくは先生に難じられたものだ。大人の寛容さを持たない子どものぼくは納得がいかない。

な国際社会に(ア)コウケンし未来を拓《ひら》く主体性のある日本人を育成する」と「主体性」という言葉そのものが使われている。「主体性のある日本人」というキーワードは小中高のいずれの「学習指導要領」にも見られる。

しかし、実際に小学校の授業を見学したり、大学に入学してきた学生を観察していて感じるのだけれど、日本の学校教育における「自ら考える」とか「主体性」というのは単に誘導され、あらかじめ与えられた教育を教員が授業で押し付けるのか、「自主的な学習」(self directed learning) で自ら獲得した(ように見える)ものかの違いに過ぎない。つまりは②アプローチの違いに過ぎない。

なぜかというと、それが教師主導であっても、生徒主導であっても、(d)「正しい」答えはあらかじめ用意されているからである。あらかじめゴールは決まっている。「正しい」答えは用意されている。それを教師が教えてきたのが旧来の授業、「自主的に」学んでいくのが近年の授業である。どちらも目的地は同じである。

正解はデフォルトで用意されており、そこには揺らぎや迷いはない。だから、国語においても、数学においても、英語においても、理科においても、そのデフォルトで与えられた教育項目をいかに迅速に、大量に、正確に「そのまま」咀嚼し、そして(イ)テキギこれを迅速に、大量に、正確に吐き出すかが大切となる。結局この点では何も変わっていない。

そして、その大量に正確に咀嚼して嘔吐《おうと》する能力の最大の発動機会は、もちろん大学受験である。大量正確な咀嚼、嘔吐が最も要求される機会である。日本において社会人の評価の大きな(ウ)キバンは「どの大学に入学したか」である。大学受験は(程度の差はあるけれど)今も昔も我々日本人にとっての重大事なのだ。つまり、③日本の社会人は大量正確な咀嚼、嘔吐の能力の多寡をとても重要視しているのである。

大量咀嚼、大量嘔吐の能力に「主体性」は必要ない。いや、むしろ主体性が足枷《あしかせ》になってしまう可能性が、高い。

主体的に学ぶとは、自らが自分の意志で学ぶことである。思考停止に陥ることなく、「ほんとうにそうだろうか」と前提を疑い続け、考え続ける態度で学ぶことである。したがって、そこには誤謬《ごびゅう》が伴わなければならない。なぜなら、思考を重ねるとは試行錯誤を重ねることであり、試行の果てには必ず「誤謬」があるからである。ああでもなく、こうでもなく、と試行錯誤を繰り返し、誤謬を重ねながら、正解の見えない正解を模索していくのが、主体的に学ぶということだからである。少なくとも、ぼくはそう思う。

大量咀嚼、大量嘔吐の能力に「誤謬」は必要ない。むしろ邪魔なだけである。効率良く、手っ取り早く、正解に直行することこそ大量咀嚼、大量嘔吐能力涵養の一番の早道である。

国語

（六〇分）

一　次の文章を読んで、あとの設問に答えなさい。

主体性はそもそも教えることができるのか。この点についてもぼくにはまだ確信がない。もしかしたら、そんな方法は存在しないのかもしれない。しかし、主体性を衰えさせる、主体性の涵養《かんよう》をはばむような（つまりネガティブに作用するような）教育のあり方はあるんじゃないかと考えている。そしてそれが日本の教育現場で展開されている。いや、①日本の教育者は教え子が主体的であるよりも、むしろそうでないことを望んでいるのではないか。そう感じられるふしすら、ある。

日本の学校教育は小学校から高校卒業まで、「いかに正確に、大量に咀嚼《そしゃく》し、それを正確に迅速に吐き出すか」という点に主眼を置いて行ってきた。これはぼくが生徒・学生のときもそうだったし、今もそうなんじゃないかと思う。ぼくは小学校や中学校の授業を観察する機会がときどきあるが、そのように見える（観察数が足りないとか、バイアスがあるんじゃないかという(a)批判は甘んじて受ける）。ターゲットとする教育項目を正確に「そのまま」飲み込み、「そのまま」吐き出すことができる生徒・学生は優秀とされ、正確に飲み込めない、あるいは正確に吐き出せない生徒・学生の能力は劣ったものと評価される。

正確に素早く飲み込み、正確に素早く吐き出す。(b)鵜《う》飼いの鵜のようなものだ。

この点は、以前話題になった「ゆとり」教育か「詰め込み」教育かという議論とは関係ない。「ゆとり」教育ではその咀嚼の絶対量が少なく、「詰め込み」教育では総量が多い。それだけのことだ。

確かに、近年「自ら学び、自ら考える」とか「個性を生かす」というキーワードが学習指導要領には(c)ちりばめられるようになり、「進んで平和的

解答編

■英語■

Ⅰ

解答　問1．②　問2．①　問3．②　問4．③　問5．④

Ⅱ

解答　問1．①　問2．④　問3．③　問4．②　問5．①

◀解　説▶

問1．「何かについてより多くを知ろうという，強い欲望をもっていたり示したりすること」とは，① curious「好奇心旺盛な，興味津々の」である。

問2．「何かがどれくらい費用がかかるか，もしくは，どれくらいの時間がかかるかなどを，数字を使って知ること」とは，④ calculate「～を計算する」ということ。

問3．「外国において，公式にその政府を代表する誰か」とは，③ diplomat「外交官」である。

問4．「危険，もしくは普通でないことが起こる，興奮する経験」とは，② adventure「冒険」である。

問5．「何かが，ある一定期間存在し続けるように，もしくは起こり続けるようにさせること」とは，① sustain「～を持続させる」ということである。

Ⅲ

解答　問1．②　問2．①　問3．④　問4．①　問5．③

◀解　説▶

問1．it turns out that ～「～だとわかる，判明する」

問2．fall short of ～「～に達しない」

問3．stick to～「～を断固として実行する」

問4．in honor of～「～に敬意を表して，～のために」

問5．every now and then「ときどき」

Ⅳ　解答　問1．①　問2．②　問3．④　問4．②　問5．④

◀解　説▶

並べ替えた英文は，以下の通り。

問1．(You are never late for anything.) How far ahead of time did you get (there?)　how far ahead of～「～よりどれくらい早く」

問2．(We) took the good weather for granted when we (lived in Hawaii.)　take *A* for granted「*A*を当たり前と思う」

問3．It goes without saying that you have to (be creative to be an artist.)　It goes without saying that～「～は言うまでもない，言うまでもなく～」

問4．(We) can not afford to lose any points at (this stage in the game.)　cannot afford to *do*「～する余裕はない」

問5．(I know you wanted to go out, but) what would you say to seeing a movie (at home tonight?)　What do〔would〕you say to～?「～はどう思いますか，いかがですか」

Ⅴ　解答　問1．②　問2．④　問3．②　問4．④　問5．③　問6．①　問7．③　問8．①　問9．③　問10．④

◆全　訳◆

≪魔法の断崖≫

太陽が沈む前に泳いだ。太陽は茶色いトウモロコシ畑が広がる，その向こうに沈んだ。川面とその美しい砂洲に残っていた暖かい空気が，だんだんと澄んでゆき，岸辺に生える草やヒマワリの匂いがした。ネブラスカのトウモロコシ畑を潤す，ほかの6つの流れ同様，その川は茶色だった。片方の岸には，切り立った低い崖が連なっていた。何本かの木が，丈の高い草に淡い影を投げかけていた。

私たちが焚き火を焚いたのは，小さな島の上だった。夏の夕方にはその島によく泳いで行って，砂の上に寝転がって休んだものだが，私たちはその場所の新鮮さを損なわないように注意していた。

それはその年最後に私たちが焚く焚き火だった。その翌週には，ほかの少年たちは，みんなサンドタウン高校に戻る予定だった。私は，最初の地方学校で教鞭を執りに行くことになっていた。私は，これほど多くの時間をいつも過ごしてきた友人たちの元を去ることを考えると，もう悲しくなっていた。

私たちは主にその川を通して友だちになった。私たちは多くの時間をその川で過ごした。私たちは6人いた。

ハスラー家の2人の男の子，フリッツとオットーがいた。彼らは町の仕立て屋の息子だった。兄オットーは，私たちの高校で数学が一番よくできた。

そばかす顔の太っちょの少年パーシー=パウンドがいた。彼はいつも，学校の机で探偵小説を読んでいたために居残りをさせられていた。

私たちのグループのひょうきんものである，ティップ=スミスがいた。彼は老人のように歩き，奇妙な笑い声を立てた。ティップは，午後は毎日父親の店で骨身を惜しまず働いた。

私たちの中で一番背が高いのはアーサー=アダムズだった。彼は緑の目をしていて，いい声をしていた。確かに，彼はほとんどの時間学校にいなかった。彼は17歳だった。彼はその前の年に高校を終えているはずだったが，いつもどこかほかの場所でサボっていたのだ。

アーサーの母親は亡くなっており，そして彼の父親は彼を学校へ追い払いたがった。私は彼を，日に焼けた背の高い賢そうな顔をした少年として記憶している。のちに人々は，アーサーは少年のときに非行癖がついたのだ，と言った。しかし，もし彼がほかの奴と，何か悪いことをしたとしても，彼はそういうところを私たちには決して見せなかった。私たちはアーサーの後を追ってどこへでも行っただろうし，彼は私たちを沼地やトウモロコシ畑よりも悪い所へは連れて行かなかった。

そしてもちろん私がいた。そして言ったように，私は初めての仕事を始めようとしていた。

十分な薪を集めてしまうまでに，夜がきた。私たちは火の回りに寝転んだ。

「北極星が見える」パーシーが言った。「誰でも迷子になるかもしれないだろ，だから北極星のことを知っておく必要があるのさ」

私たちは全員夜の空を見上げた。私たちはあお向けになり，世界をおおう暗いとばりをじっと眺めた。

「星って奇妙なものだよな」オットーが言った。「星で大体どんな形でも作ることができるんだ。星はいつも何かを意味しているように見えるんだ。すべての人の運命が，星の中に書き出されているって言う人もいるんだ，そうだろ？」

「昔の国の人はそう信じているよ」フリッツが言った。

アーサーが彼のことを笑った。「お前はナポレオンのことを考えているんだろ，フリッツ。戦闘に負け始めたときに，彼には消えた星があったんだ。サンドタウンの人を星は見ちゃいないと僕は思うよ」

誰かが叫んだ。「月が出たぞ！　赤い！」

「あんなふうに赤く月が出たときには，アステカの人々はかつて，神殿の上で囚人たちを生贄に捧げたんだ」パーシーが言った。

「パース，続けてくれ！　アーサー，本当だと信じるかい？」私は尋ねた。

「ああ」アーサーは答えた。「月は彼らの神々の一人なんだ。僕の父親は，かつて，彼らが囚人たちをその上で生贄に捧げていた石を見たんだ」

「この古い川には，金が隠されてたのかな？」フリッツが尋ねた。彼の兄は彼を笑った。

アーサーは真剣に見えた。「スペイン人のなかには，ここに金があると考えた人もいた」彼は言った。「彼らは金でいっぱいの町があると考えたんだ。かつてスペイン人たちは，この国中にいたんだ。彼らは金を探していたんだ」

「この川は実際どこから始まるんだろう」ティップが言った。

それは地図がはっきりとは教えてくれない，昔からのお気に入りのミステリーだった。地図の上では，細い黒い線は西のどこかで止まっていた。私たちは，どこから川が始まっているのか想像しようと，しばしば試みた。

それから，会話は，私たちが行ってみたい場所についての話に移った。ハスラー兄弟は大きな街へ行きたがった。パーシーはシカゴの大きな店を見たがった。アーサーは何も言わなかった。

「さあ，お前の番だ，ティップ」オットーが言った。

ティップは寝返りを打った。「僕の行きたい所は本当に遠く離れているんだ。おじさんのビルがそれについて教えてくれたんだ」彼は言った。

「それはどこなんだ？」私たちはみな尋ねた。

「ニューメキシコのどこか遠い所だよ」ティップは言った。

「へえ，続けろよ。それはどんな所なんだ？」

ティップは語り始めた。

「そこには，砂地から約900フィートの高さにそそり立つ大きな赤い岩があるんだ」彼は説明した。「その地帯一帯は全部平らなんだ。彼らはその岩を魔法の断崖と呼んでいる。側面は滑らかな岩で，壁のように垂直に立ち上がっている。人々が言うには，何百年も前に，スペイン人たちがやってくる前に，そこには村があったんだ。そこに住んでいた部族は，岩の側面に階段を作っていたんだ。人々は狩りをするのと水を手に入れるためだけに下へ降りた」

「彼らは平和的な部族で，戦争を避けるためにそこへ登ったんだ。わかるよね，彼らは彼らの小さな階段を上ろうとするどんな軍隊でも止めることができたんだ」

私たちは階段について質問し始めたが，ティップは口を挟まないように私たちに言った。

「あるとき男たちの何人かが下に狩りに行って，そしてひどい嵐がきたんだ。自分たちの岩に戻ったとき，彼らの階段がすべて粉々に壊れてしまっていたんだ。彼らが岩のふもとで野営しているあいだに，別の部族がやってきて，平和な部族の狩人たちを殺した」

「もちろん，その村の人々は決して降りてこなかった。彼らは上で飢え死にしたんだ。軍人たちが，子供たちが崖の端で泣いているのを聞いた。でも，一人も見かけなかったんだ。それ以来，誰もそこへは登っていない」

「そこにたくさんの人々がいたなんて，あり得ない」パーシーが言った。「てっぺんはどれくらい大きいんだい，ティップ？」

「すごく大きいよ。崖は数百フィートの高さのところでちょっと崩れているんだ。それもあって，その崖を登るのはとても大変なんだ」

私は，そもそもネイティブアメリカンたちは，どうやってその上に登ったのかと尋ねた。

「彼らがどうやって，いつ登ったかは誰も知らない。狩りをする集団が一度やってきて，上に町があるのを見た，それだけさ」

オットーは考え込んでいるようだった。「そこに登る方法が何かあるはずだ。ロープをわたして，はしごを引き上げるとかできないのかな？」

「まあ，そういうわけでそこへ行きたいんだよ，そして見たいんだ」ティップが言った。

フリッツはティップに，そこに登ったら何が見つかりそうか尋ねた。

「骨とか町の残骸だね」ティップが言った。「ほとんど何でもそこにはありそうなんだ。自分で見てみたいんだ」

「ほかの誰もそこに登っていないのは確かなのか，ティップ？」アーサーが尋ねた。

「ああ，これまでほとんど誰もそこに登ったことはないんだ。一度，何人かの狩人が岩に階段を掘ろうとしたけど，あまり高くまではたどり着けなかった。変な場所なんだ。何百マイルにもわたって，サボテンと砂漠のほかは何もないんだ，でも崖の真下には水と草がたくさんあるんだ」

突然焚き火の上方で叫び声が聞こえた。アメリカシロヅルだった。

私たちはツルを見ようと走ったが，それは素早く飛び去ってしまった。ハスラー兄弟が，空の様子から見て，もう真夜中過ぎに違いないと言った。私たちは眠ろうとしたが，私たちは魔法の断崖のことを考えていたんだと思う。

「なあ，ティップ，お前がそこへ行くときには僕を連れて行ってくれるかい？」私は尋ねた。

「たぶんね」ティップは返事した。

「俺たちの一人がお前より先にそこへ行ったとしてだな，ティップ？」アーサーが言った。

「誰であれ断崖に最初に行った奴は，残りのみんなにそこで見たことを正確に伝えると約束しなきゃいけない」ハスラー兄弟の一人が言って，このことに私たちはみな賛成した。

私は眠りに落ちた。私は断崖へたどり着く競争をしている夢を見ていたに違いない。というのは，ほかの連中が私の前を行き，私がチャンスを逃すという，ある種の恐怖感で目が覚めたからだ。

私は体を起こし，ほかの少年たちを見た。まだ暗かったが，空は明るくなりつつあった。至る所で鳥たちが鳴き始め，あらゆる種類の小さな虫たちも鳴き始めた。

ほかの少年たちが目を覚ました。私たちは太陽が昇ったらすぐに川へ飛び込んだ。私は今でもあの朝の太陽を覚えている。

のちに，クリスマスシーズンにサンドタウンへ帰省した際，私たち６人は集まって私たちの島へスケートですべって行き，魔法の断崖へ行くことについて再び話した。私たちはどうやってそこへ行くか，そして成功したらどうするか話し合った。私たちはみな，少なくとも私たちの一人はそこへ行くと確信していた。私は，ティップは確実にそこへ行くと思った。

それはもうずいぶんと昔のことだった。川でのあの夜から 20 年が過ぎ去っていたにもかかわらず，私たちの誰一人として魔法の断崖に登ってはいなかった。

パーシーは株式仲買人で，彼の赤い車で行ける場所にしか行かない。

オットーは鉄道関係で働いていて，片足を失った。そのあと，彼とフリッツは父親の仕事を引き継いで，町の仕立て屋になった。

アーサーは眠っているような小さな町サンドタウンでずっと何もせずに過ごした――彼は 25 歳になる前に亡くなった。

私が最後にアーサーを見たのは，私が教えている大学の休暇で帰郷したときだった。彼は大きな木の下で椅子に座っていた。彼はだらしなく見えた。しかし私にあいさつしようと立ち上がったとき，以前と同じように彼の目は澄んでいて温かかった。

彼と１時間ほど話して彼が笑うのを再び聞いたとき，私はなぜ彼はサンドタウンで人生を無駄に過ごしているのだろうと思った。

彼は断崖について軽口をたたいた。気候が涼しくなりしだい，そこへ行くと言ったのだ。彼はグランドキャニオンにも行くかもしれないと言った。

彼と別れるとき，私は，彼は自分の家の前庭にある木陰から出ることは，決してないだろうと確信していた。実際，ある夏の朝に彼が亡くなったのは，まさにその木の下だった。

ティップは今でも断崖を見に行くことについて話す。彼は田舎の娘と結婚して，息子が1人いる。私がこの前サンドタウンにいたとき，ある月夜の晩遅くに，彼が自分の店を閉めたあと彼と歩いて帰宅した。

ティップは，まだそこへ行くつもりだと言っている。彼は今は，息子のバートが彼と一緒に行ける年齢になるまで待とうと考えている。バートはあの話を聞かされていて，魔法の断崖のことばかり考えている。

そして私は思う，私たちの誰かがいつかそこへたどり着くのだろうか？と。

◀解　説▶

(注) 解説の必要上，英文中で1行空いている箇所で分け，第1部，第2部，第3部，第4部，第5部とする。

問1．第1部第4段最終文（There were six …）より，6人のグループであったとわかる。よって，②が正解である。

問2．第1部第3段第2・3文（The next week, … first country school.）より，「私」以外の5人が高校へ戻ることがわかるので，④が本文の内容と一致しない。

問3．第1部第6段（There was Percy …）がパーシーに関する記述であり，太ったそばかす顔の少年で，学校では探偵小説を読んでいたことがわかる。よって，②が本文の内容と一致する。

問4．第1部第18段（"When the moon …）より，生贄に捧げられたのはprisoners「囚人」だとわかる。よって，④が本文の内容と一致しない。

問5．第2部第1段最終文（Arthur said nothing.）より，アーサーは行きたい場所については何も言わなかったとわかる。つまり，「行きたいところはない」とも言ってはいない。よって，③が本文の内容と一致しない。

問6．第2部第8段第1文（"There's a big …）より，900フィートほどの高さの赤い岩であることがわかるが，第3部第4段第4・5文（It's a strange … plenty of grass."）に，真下には草と水があるものの，岩の周辺は何百マイルにもわたって，サボテンと砂漠しかないとあるので，①の「草原の中にある」という部分が一致しない。

問7．第2部第11段第1・2文（"One time some … broken to pieces.）より，階段は他部族が来る前に嵐によって壊れたことが理解できる。よって，③が本文の内容と一致しない。

問8．第3部第10段（“Whoever gets to …）より，誰であれ断崖に最初に行った者は，そこで見たことを残りのみんなに伝えると全員で約束したことがわかる。よって，①が正解。

問9．第4部第1段第3文（We were all …）より，彼らの少なくとも一人はそこに行くと確信していたことがわかる。全員ではなく，「少なくとも一人」なので，③が一致しない。

問10．第5部第6段第2文（He thinks now …）より，ティップは息子のバートと一緒にそこへ行こうとしていることがわかるので，彼自身も夢をあきらめていない。よって，④が本文の内容と一致しない。

Ⅵ　解答

問1．④　問2．②　問3．③　問4．④　問5．①
問6．①　問7．④　問8．③　問9．②　問10．①

◆全　訳◆

≪人間の組織の発達について≫

職場においてあまりにしばしば姿を見せるさまざまな病理のない組織を，私たちは作り出すことができるのか？　かけ引き，官僚主義，内部抗争のない，つまりストレスや燃えつきのない，あきらめ，後悔，無気力のない組織を作り出すことはできるのか？　組織を刷新することは可能なのか？仕事を生産的で，充実し，意味のあるものにする新しい形態を考案することは可能なのか？　私たちは，そこでは私たちの才能が開花し私たちの天職に敬意が払われるような魂のある職場――学校，病院，会社，そしてNPO組織――を作り出すことはできるのか？

もしあなたがある組織の創設者もしくはリーダーであり，異なった職場を作り出したいと思っているのならば，この質問に対するあなたの答えに，多くのことがかかっているのである！　あなたの周りの多くの人々がこの考えを甘えた考えとして退け，挑戦することさえ踏みとどまらせようとするであろう。「所詮人は人だよ」と彼らは言うだろう。「私たちには自我があって，かけ引きはするし，人を非難したり，批判したり，そして噂を広げたがる。このことは決して変わらないだろう」　誰がこのことに異論をはさむことができるだろうか？　しかし，その一方で，私たちはみな，チームワークの絶頂の瞬間を経験したことがある。そこでは業績は，喜びに満ちて，努力しなくてもやってきた。人類の発明の才覚には限界がなく，抜本的改革は，ときに突然にどこからともなく現れる。はるかにもっとワクワクする職場を作り出せないなんて，誰が言うだろう？

　では，どちらの声にあなたは耳を傾けるべきだろうか？　私たちが知っているマネージメントの領域を離れ，新世界へと針路を定めることは可能であろうか？　もしくは，あなたは，私たちの知っている世界のほかには何もないので，ただ世界の縁から落ちるだけであろうか？

　その答えの一部は，私はいくぶん思いがけなく発見したのだが，先を見ることではなく，過去を調べることで手に入るのだ。歴史の過程において，人類は，人が集まって仕事をする方法を何度も改善してきた。毎回，はるかに優れた新しい組織形態を作り出してきたのだ。さらに，この歴史的展望はまた，すぐそこで現れようとして待っているかもしれない，新しい組織形態を暗示しているのである。

　この歴史的展望の鍵は，興味深いことに，組織の歴史の分野ではなく，もっと広い，人類の歴史や発達心理学の分野からきているのである。歴史を通して，私たちが創り出した組織のタイプは，支配的な世界観や意識に結びつけられていたことが判明している。私たちが，種として世界についての考え方を変化させるたびに，より強力なタイプの組織を私たちは思いついてきたのである。

　膨大な数の人々，歴史家，人類学者，哲学者，神秘主義者，心理学者，そして神経科学者が，この最も魅惑的な疑問を掘り下げてきた。「いかにして人類は，人間意識の初期の形式から，現代の複雑な意識へと，進化してきたのか？」（ある者は，関連した次のような問いについて調査した。「いかにして，私たち人類は今日，出生時にもつ比較的単純な意識形態から，完全なる成人の成熟へと進化するのか？」）

　人々はこのような疑問を，可能な限りあらゆる角度から見てきた。アブラハム=マズローは，広く知られているように，人間が「必要とするもの」が，基本的欲求から自己実現へと，生涯においてどのように進化するかを考察した。他の者たちは，「世界観，認知能力，価値観，倫理的発達，自己同一性，精神性，リーダーシップ」などのレンズを通して，発達を考察した。

　彼らの探究において，彼らは一貫して，人間性が段階を踏んで進化することを発見した。私たちは絶えず成長する木々には似ていないのだ。私たちは突然の変態によって進化するのだ，蝶になる芋虫，あるいは蛙になるオタマジャクシのように。人間発達の段階についての私たちの知識は，いまやとても確固たるものである。特に2人の思想家，ケン=ウィルバーとジェニー=ウェイドが，すべての主な段階形態を比較対照して，特筆すべき仕事をなし，強い意見の一致を見ている。どの形態も山の一つの面を見ているかもしれない（たとえば，必要性を見る人もいれば，認知を見る人もいる）が，それは同じ山なのである。彼らはそれらの段階に，若干違う名前を与えるかもしれないし，ときにはそれらを違うふうに細分化したり，もしくは再編成したりするかもしれない。しかし，ちょうど華氏と摂氏が，水が凍る一点と水が沸騰するもう一つ別の一点があるということを——異なる表示で——認めるように，根本的な現象は同じなのである。この発達についての見解は，データの大いなる蓄積からの堅固な証拠によって裏付けられている。ジェーン=レービンガー，スザンヌ=クック-グロイター，ビル=トルバート，そしてロバート=キーガンのような研究者たちが，複数の文化において，組織や特に企業の場において，何千何万という人々を対象にこの段階理論について検証してきたのである。

意識の新しい段階へのあらゆる移行は，人間の歴史における全く新しい時代をもたらしてきた。すべての段階において，すべてが変化した。社会（家族の結束から部族，帝国，国家へと移行），経済（狩猟採集から園芸，農業，そして工業化へ），権力構造，宗教の役割が。一つの側面については，いまだにあまり注目されていない。人間の意識が新しい段階に移行するたびに，私たちの協働する能力も飛躍的に進歩し，新しい組織的形態をもたらしたのだ。私たちが今日知るところの組織は，単に私たちの現在の世界観，私たちの現在の発達段階を表しているに過ぎない。以前には他の形態があり，そしてより多くの形態がこれから出現することを，すべての証拠が示している。

では，人間の歴史における過去と現在の組織形態は何であろうか？　そして次の形態はどのようなものであろうか？　この章では，人間の意識の，そしてそれと呼応する組織形態の，発達における主な段階をめぐる足早なツアーへとあなたをお連れするだろう。私が各段階を表現するやり方は，多くの研究者，主にウェイドとウィルバーのメタ分析からの借用であり，それぞれの段階の異なった側面にごく簡単に触れている。つまり，世界観，必要性，認知発達，倫理的発達である。私はそれぞれの段階と，それに呼応する組織形態のことを，名前と色の両方で呼んでいる。段階に名前をつけるのには，いつも苦労する。一つの形容詞では，人間意識の段階の複雑な現実のすべてをとらえることは，決してできないであろう。私は，それぞれの段階に対して，最も想像力を刺激すると私が感じる形容詞を選んできたし，あるときは既に存在する段階理論からラベルを拝借し，またあるときは私自身の作ったラベルを選んだ。インテグラル理論では，しばしば段階のことを，名前ではなく色で呼んでいる。この色分けが殊に記憶に残りやすいと思う人もおり，そのため，私はこの本では，ある段階については一貫して同じ色で呼んでいる（しかし，私が意識段階を表現するやり方は，さまざまな学者たちの研究を私が個人的に統合したものからきており，それは，インテグラル理論が同じ段階を表現するやり方と，必ずしも完全に矛盾しないものではないかもしれない）。

◀解　説▶

問1．第2段第1文（If you are …）より，「あなた」のもつ考えが前向きなものであることを想定していることがわかる。同段第2文（Many people around …）より，多くの人々はこの考えを切り捨てるのであるから，彼らは否定的な考えであるとわかる。同段第3文（“People are people,” …）より，悪い意味で人は所詮人であり，人を変えることはできないと言う人々であるとわかる。よって，④が本文の内容と一致する。

問2．「はるかにワクワクする職場」とは，第1段に示されている。②の「非難や噂の流布も許容できる職場」については言及がない。

問3．第4段最終文（What's more, this …）に「さらに，この歴史的展望はまた，すぐそこで現れようとして待っているかもしれない，新しい組織形態を暗示しているのである」とあり，新たな組織形態は生まれ続けると想定されているので，③が合致しない。

問4．come up with ～「～を思いつく」

問5．下線部⑤を含む文（Two thinkers in …）より，①と一致すると判断できる。

問6．〔全訳〕参照。①が一致する。なお，水が沸騰する摂氏100度は華氏でいうと212度である。

問7．第9段第1文（Every transition to …）より，人間の意識の変化にともなって，すべてが変化することがわかる。まず，②「人々の意識」が変わり，同段第2文（At every stage, …）には，①「宗教の役割」が，同段第3文（One aspect hasn't …）で，③「協働する能力」が変化したものとして記述されている。記述されていないのは，④「エネルギーのタイプ」である。

問8．第10段の下線部⑧以降にあるように，本文中に述べられていないのは，③の「演劇の理論なども参考に…」の部分である。

問9．第10段の下線部⑨以降を参照。本文中に述べられていないのは，②である。①と②は正反対のことを述べているので，①が本文中に述べられている時点で，②が正解だと判断できる。また，同段最終文（Certain people find …）後半に，筆者はインテグラル理論の色分けを使用しているとあるので，筆者独自のものではない。

問10．第8段第2文（We are not …）に，人類の進化は木々の成長とは違うという内容が記述されているので，①が合致しない。

日本史

I

解答　問1．④　問2．②　問3．④　問4．③　問5．①
問6．③　問7．②　問8．③　問9．①　問10．③
問11．④　問12．②　問13．④　問14．①　問15．②

◀解　説▶

≪中世の政治・経済≫

問1．④誤文。保元の新制とは，荘園整理に関して1156年に出された新制（朝廷から出された法令）のこと。荘園管理の役職として新たに国司を置いたのではなく，後三条天皇時代に置かれた後に，役割を終え廃絶していた記録所を設置して荘園管理を行った。

問2．②正文。

①誤文。院政のなかで院庁から発給された公文書である院庁下文や院の命令を伝える院宣が権威をもつようになった。

③誤文。撰銭令を発出したのは，室町幕府や戦国大名などである。

④誤文。南都・北嶺の僧兵による強訴に対して，白河上皇は北面の武士を設置して武士を登用したため，武士が中央政界に進出するきっかけとなった。

問4．③正文。律令制度のもとでは，各戸を構成した民衆は戸主を代表として戸籍・計帳に記録され把握されていた。

①誤文。律令制度は中央集権的国家体制である。

②誤文。本領安堵や新恩給与といった御恩に対し，御家人が主人に奉公したのは鎌倉時代の封建制度である。

④誤文。律令制度において，班給される口分田には租が課され，口分田は売買できず，本人の死後は6年ごとの班年を待って収公された。

問5．①誤文。鎌倉幕府においては，問注所（のちに評定・引付も）が裁判事務をつかさどった。なお，下地中分には幕府裁許によるものと当事者間の和解によるものとがあった。

問7．②が正しい。イ．保元の乱鎮圧（1156年）→ア．承久の乱（1221年）→エ．院評定衆設置（1246年）→ウ．安達泰盛滅亡（霜月騒動，1285

年）の順。

問8．③が正しい。鎌倉幕府3代執権北条泰時は，父義時の後を受け幕政を導き，連署・評定衆設置や御成敗式目制定などを進めた。

問9．①誤文。分国法（家法）は幕府法や守護法を継承するほか，国人一揆の規約も吸収しており，中世における法典の集大成的性格があった。

問11．④誤文。「てつはう」は日本ではなく元軍が用いた火薬使用の武器。

問14．①誤文。室町幕府9代将軍足利義尚の時代（1485年）に，山城の国一揆が発生した。

II 解答

問1．③　問2．③　問3．②　問4．③　問5．④
問6．③　問7．③　問8．②　問9．①　問10．①
問11．①　問12．③　問13．②　問14．④　問15．①

◀解　説▶

≪中世～近代の政治・文化≫

問1．③誤文。以仁王の令旨は，以仁王が平氏によって滅ぼされた後も源行家によって各地の源氏にもたらされた。

問2．③誤文。青蓮院流の書法を創始したのは後嵯峨天皇ではなく尊円入道親王（後嵯峨天皇の曾孫，後深草天皇の孫）。

問4．③誤文。建武の新政では，国司と守護が併置された。

問5．④誤文。松尾芭蕉は俳諧連歌ではなく蕉風俳諧を創始した。

問6．③誤文。道慈は奈良時代の僧侶で三論宗に精通した。

問7．③誤文。鎌倉時代後期から南北朝時代にかけては，惣村（惣）ではなく荘園制のあり方が崩れるようになった。

問8．②誤文。『職原抄』は後醍醐天皇ではなく北畠親房の有職故実書である。

問9．①不適。コシャマインの蜂起（1457年）は室町幕府8代将軍足利義政の時代に起こった。

問10．①誤文。応仁の乱に参加したのは牢人ではなく足軽である。

問11．①正文。19世紀後半の水戸藩主徳川斉昭のもと，水戸学者として藤田幽谷・東湖父子や会沢正志斎が活躍した。

②誤文。山崎闇斎は，垂加神道を創始した人物。

③誤文。後期水戸学は，尊王斥覇の理論から尊王攘夷を説いた。

④誤文。徳川光圀が開き，水戸学の拠点となったのは，彰考館である。

問12．③が正しい。ウ．『曽根崎心中』『冥途の飛脚』発表（元禄期）→イ．『菅原伝授手習鑑』発表（宝暦・天明期）→エ．洒落本・黄表紙流行（寛政期）→ア．為永春水処罰（天保期）の順。

問14．④不適。『ホトトギス』は1897年創刊。

III 解答

問1．②　問2．③　問3．④　問4．①　問5．②
問6．②　問7．④　問8．③　問9．①

◀解　説▶

≪古代～近代の政治・文化≫

問2．③誤文。耕作請負人は田所ではなく田堵と呼ばれた。

問3．④が正しい。エ．高麗の朝鮮半島統一（936年）→ア．平将門討伐（940年）→イ．刀伊の北九州襲来（刀伊の入寇，1019年）→ウ．平忠常の乱（1028年）の順。

問4．①正文。図の建築様式は書院造。書院造は，平安時代の貴族の住宅様式であった寝殿造が武家住宅に取り入れられるなかで発展した。

②誤文。永保寺開山堂は南北朝時代の禅宗様建築であり，書院造は採用されていない。

③誤文。書院造は武家住宅の様式であり，庶民の住宅には見られない。

④誤文。似絵は鎌倉時代に発達した肖像画であり，書院造との関連はない。

問5．②誤文。尚巴志による琉球王国建国は，足利義教の室町幕府6代将軍就任年と同年（1429年）である。

問6．②誤文。後陽成天皇の勅命で木製活字の書物が出版されたのは室町後期ではなく安土・桃山時代である。

問8．③誤文。1919年には原敬内閣のもとで納税額が10円以上ではなく3円以上に引き下げられた。

問9．①誤文。山川菊栄は新婦人協会結成には加わっておらず，赤瀾会結成に加わった。

Ⅳ 解答

問１．③　問２．②　問３．①　問４．③　問５．②
問６．④　問７．③　問８．①　問９．①　問10．②
問11．②

◀解　説▶

≪近現代の政治・経済・外交≫

問２．②誤文。1890 年代，ガラ紡は輸入による機械紡績に押され衰退した。

問３．①正文。

②誤文。鉄道国有法が公布されたのは，1906 年であり，日露戦争後である。

③誤文。1889 年には，民営鉄道の営業キロ数が官営を上回った。

④誤文。戦後政治の総決算を掲げて，国鉄民営化に踏み切ったのは，中曽根康弘内閣である。

問５．②誤文。日産や日窒などの新興財閥は第一次世界大戦ではなく満州事変以降に成長した。

問７．③誤文。複合不況は，1991 年以降のバブル経済崩壊後の平成不況のことをいう。

問８．①が正しい。イ．日本共産党結成（1922 年)→エ．治安維持法制定（1925 年)→ア．労働農民党結成（1926 年)→ウ．張作霖爆殺事件（1928 年）の順。

問９．①誤文。破壊活動防止法成立・公安調査庁設立は占領終了後の 1952 年のこと。

問10．②誤文。ソ連はポーランド・チェコスロヴァキアとともにサンフランシスコ講和会議に出席したものの，平和条約への調印は拒否した。

問11．②誤文。1960 年の日米新安保条約では，事前協議制が廃止されたのではなく規定された。

世界史

Ｉ　解答

問１．①　問２．③　問３．③　問４．④　問５．①
問６．④　問７．②　問８．②　問９．①　問10．④

◀解　説▶

≪古代から現代までの小問集合≫

問２．①誤り。王直は明代の倭寇の頭目である。

②誤り。鄭成功は明末清初，明の復興をかかげて戦い，1661 年に台湾からオランダ勢力を追い出して同地を根拠地とした武将である。

④誤り。李舜臣は壬辰・丁酉倭乱の際に水軍を率いて活躍した朝鮮の武将である。

問６．①誤り。アンボイナは香辛料の産地モルッカ諸島に含まれる島である。ポルトガルやイギリス，オランダなどが交易の利権を争ったが，17 世紀前半のアンボイナ事件でオランダの支配が確立した。

②誤り。バタヴィアは，17 世紀前半，ジャワ島西部にオランダによってアジア交易の拠点が置かれた都市である。

③誤り。マカオは，16 世紀半ば，ポルトガルが明から居住権を獲得し，アジア交易の拠点とした港市である。

Ⅱ　解答

問１．①　問２．④　問３．③　問４．②　問５．①
問６．②　問７．①　問８．③　問９．③　問10．③

◀解　説▶

≪イスタンブルの歴史≫

問２．①誤文。パルティアが滅ぼされたのは３世紀。

②誤文。マウリヤ朝の成立は前４世紀末頃。

③誤文。秦王朝の滅亡は前３世紀末。

問３．①誤文。ローマ市民権を帝国内の全自由民に付与したのはカラカラ帝。

②誤文。ペルシア風の儀礼を初めて採用したのはアレクサンドロス大王。

④誤文。すべての異教を禁止してアタナシウス派キリスト教を国教とした

のはテオドシウス帝。

問７．①誤文。マムルーク朝を滅ぼしたのはセリム１世。

問８．③誤文。タンジマートは西欧的な制度を導入することなどで近代化をはかるものであった。パン=イスラーム主義に立脚した政治を行おうとしたのは，アブデュル=ハミト２世である。

問10．③誤文。シリアとレバノンはフランスの委任統治領となった。イギリスが委任統治領としたのは，イラク・トランスヨルダン・パレスチナである。

Ⅲ　解答

問１．④　問２．①　問３．①　問４．③　問５．②
問６．②　問７．②　問８．④　問９．④　問10．③

◀解　説▶

≪「デモクラシー」をめぐる歴史≫

問１．④誤文。アテネには一般市民から抽選で選ばれた陪審員が裁判を行う民衆裁判所が存在した。

問２．①誤文。「人間は万物の尺度である」は代表的なソフィストであるプロタゴラスの言葉である。

問３．②誤文。イタリア戦争は，フランスのヴァロワ家と神聖ローマ帝国のハプスブルク家の争いが中心だが，イギリスなどの周辺諸国も戦況に応じて参戦し，戦われた。

③誤文。メディチ家の根拠地はフィレンツェである。

④誤文。マキァヴェリは，『君主論』において，政治を宗教や倫理から分離して考えることを主張した。

問４．やや難。③正解。これは 1689 年に制定された権利の章典の文言である。

問５．①誤文。国民議会を宣言したのは，第三身分の議員と一部の特権身分の議員である。

③誤文。ルイ 16 世の処刑は，国民公会期のことである。

④誤文。1793 年憲法は人民主権など民主的な内容を含んでいたが，平和の回復まで施行が延期され，結局施行の前にジャコバン派が権力を失ったので，施行されることはなかった。

問６．①誤文。ジェームズ１世は 1625 年に死去している。この記述は次の王であるチャールズ1世の行動を示している。
③誤文。「絶対王政を確立」が誤り。クロムウェルが就任した護国卿は，コモンウェルス（共和政）期における最高官職である。
④誤文。1660年は王政復古の年で，チャールズ2世がフランスから帰国して国王となった。その後，弟のジェームズ2世が即位したが，カトリックの擁護を試みたので名誉革命（1688～89年）が起こった。
問7．①誤文。1830年の七月革命で亡命したのは，ルイ18世の弟で次の王となったシャルル10世である。
③誤文。パリ=コミューンが成立したのは，プロイセン=フランス戦争に敗北した直後の1871年のこと。
④誤文。ルイ=ナポレオンは，人民投票における圧倒的多数の賛成を受けて皇帝に即位した。
問8．④誤文。マルクスやエンゲルスは，イギリスのロバート=オーウェンやフランスのサン=シモンなどの思想を「空想的社会主義」として批判した。
問9．④誤文。責任内閣制は，内閣が議会に対して責任を負う制度である。
問10．①誤文。ナロードニキの流れをくむ社会主義政党は社会革命党で，結成は1901年。
②誤文。ドゥーマは立法権を有していた。
④誤文。ソヴィエトは革命の中心的存在となった。

Ⅳ　解答

問1．①　問2．②　問3．③　問4．④　問5．④
問6．⑤　問7．①　問8．②　問9．④　問10．③

◀解　説▶

≪ラテンアメリカ近現代史≫

問4．①誤文。先住民に代わる労働力として黒人奴隷が盛んに導入され始めたのは，16世紀以降のことである。エンコミエンダ制の導入により先住民が酷使されたこと，また，ヨーロッパからもたらされた伝染病により先住民の人口は激減した。
②誤文。単一作物の生産と輸出に依存するのはモノカルチャー経済である。アシエントはラテンアメリカへの奴隷供給請負契約のことである。
③誤文。ラテンアメリカの独立運動を担ったのはクリオーリョである。

問 7．②誤文。セオドア=ローズヴェルト大統領の任期は 1909 年までなので，1910 年に開始するメキシコ革命に介入していない。

③誤文。エンコミエンダ制は，16 世紀末にはほぼ実質的な意味を失い，18 世紀にほぼ廃止された。

④誤文。メキシコにおける教会は，革命までは特権的地位を占めてきたが，1917 年に制定されたメキシコ憲法ではその教会の権利をおさえ，むしろ政教分離へと向かった。

問 8．②誤文。チリでは 1973 年の軍部クーデタによってアジェンデ政権が倒れ，翌年ピノチェトが大統領に就任し，親米の姿勢をとった。

V　解答

問 1．③　問 2．④　問 3．③　問 4．①　問 5．③
問 6．②　問 7．①　問 8．②　問 9．④　問 10．②

◀解　説▶

≪20 世紀の中国とその周辺諸国との関係≫

問 2．①誤文。朝鮮戦争時の朝鮮民主主義人民共和国（北朝鮮）の首相は金日成である。

②誤文。朝鮮戦争時，ソ連は国連の安全保障理事会を欠席しており，拒否権を行使できなかった。

③誤文。仁川上陸作戦を行ったのはアメリカ軍中心の国連軍である。

問 3．やや難。③誤文。辛亥革命以降チベットは事実上独立していたが，1950 年に中国の人民解放軍がチベットに侵攻し，武力によってチベットを支配下におさめた。

問 5．中国の原子爆弾実験実施は 1964 年のこと。

③適切。部分的核実験禁止条約調印は 1963 年。

①不適。中国の水素爆弾実験実施は 1967 年。

②不適。インドの原子爆弾実験実施は 1974 年。

④不適。核拡散防止条約調印は 1968 年。

問 6．②誤文。1953 年からの第 1 次五カ年計画はソ連をモデルとしたが，中ソ関係が悪化するなかで，1958 年からの大躍進政策では，中国はソ連の援助なしに独自の社会主義建設をめざした。

問 7．②誤り。第 3 次インド=パキスタン戦争の結果，バングラデシュが独立したのは 1971 年である。

③誤り。スカルノがインドネシア共和国の初代大統領に就任したのは 1945 年。

④誤り。シンガポールがマレーシアから独立したのは 1965 年。

問 8．①誤文。1946 年の段階ではまだベトナム国は成立していない。バオダイを元首とするベトナム国は 1949 年に成立した。同じく 1949 年に成立した中華人民共和国の中国共産党は，ベトナム民主共和国を支援した。

③誤文。1975 年のサイゴン陥落によってベトナム共和国が崩壊し，翌 1976 年の南北統一選挙によってベトナム社会主義共和国が成立した。

④誤文。ベトナムが「ドイモイ」（刷新）政策を開始したのは 1986 年のこと。1979 年，中国がベトナムに侵攻した中越戦争は，ベトナムがカンボジアに侵攻したことに対する懲罰を名目として開始された。

問 9．④誤文。改革開放政策は 1978 年に開始された。また，現在も中国は中国共産党による一党支配が続いている。

問 10．難問。①誤り。台湾（中華民国）の民主進歩党（民進党）は，台湾独立を主張する政党である。

③誤り。二・二八事件は 1947 年に起こったもので，中華人民共和国の成立（1949 年）以前の出来事。

④誤り。台湾に施行されていた戒厳令は 1987 年に解除された。

政治・経済

Ⅰ　解答

問１．②　問２．④　問３．④　問４．④　問５．③
問６．②　問７．①　問８．②　問９．③　問 10．③
問 11．①　問 12．③　問 13．②　問 14．③　問 15．④　問 16．②

◀解　説▶

≪日本の議会政治≫

問１．②誤文。大日本帝国憲法の起草者は伊藤博文のほか，井上毅・伊東巳代治・金子堅太郎。植木枝盛は自由民権運動の思想家で，最も民主主義的な私擬憲法「日本国国憲按（東洋大日本国国憲按）」を起草し，提案した人物である。

問３．④誤文。1928 年に実施された第１回普通選挙で無産政党から８名の当選者が出たことを受け，当時の田中義一内閣は緊急勅令により治安維持法を改正，最高刑を死刑に引き上げた。

問４．④が正しい。Ａの奴隷解放宣言が南北戦争中の 1863 年，Ｂの違憲審査権の確立が 1803 年，Ｃのロックの『統治二論』が 1690 年，Ｄのイギリスの人身保護法が 1679 年である。

問５．③が正しい。Ｃの 1893 年に世界最初に女性参政権を獲得したのは英領ニュージーランド。Ｄの 1919 年に国として最初に女性参政権を認めたのはドイツのワイマール憲法である。1848 年に世界最初の男性普通選挙を実施し，女性参政権も早く認めているＡがフランスである。

問６．②誤文。アメリカの被選挙権年齢は，上院が 30 歳以上，下院が 25 歳以上である。

問７．①誤文。『コモン・センス』では，イギリス民主主義の実態を批判し，アメリカが独立することによって，真に自由で民主的な国家をつくるべきであると主張した。

問８．②正文。

①誤文。国民投票法には最低投票率の規定はない。

③誤文。憲法改正案は各議院の憲法審査会で審議し，各本会議で議決する必要がある。

④誤文。国民投票は「60日以後180日以内において，国会の議決した期日に行う」（国民投票法第2条）とある。

問9．③が誤り。徳島市の住民投票は市町村合併についてではなく，吉野川可動堰建設の可否についてである。

問10．③正文。1989年，1992年の参議院選挙では6倍を超えた。

①誤文。衆議院選挙における一票の格差は，1972年の4.987倍が最大であり，5倍を超えたことはない。

②誤文。衆議院の小選挙区では2017年に一票の格差が2倍未満となるように，「0増6減」の選挙区見直しが行われた。

④誤文。2016年の参議院選挙での一票の格差は3.077倍であった。

問11．①誤文。日本国憲法第50条の国会議員の不逮捕特権は「法律の定める場合を除いては」とあり，具体的には「院外における現行犯罪の場合を除いては，会期中その院の許諾がなければ逮捕されない」（国会法第33条）とある。ゆえに，現行犯や所属する院の許諾があれば逮捕されることもある。

問12．③が正しい。

①誤り。堀木訴訟は，障害福祉年金と児童扶養手当の併給禁止が日本国憲法第25条の生存権と第14条の平等権に違憲であるとして争われた裁判。

②誤り。家永訴訟は教科書検定制度が違憲であるとして争われた裁判。

④誤り。苫米地訴訟は衆議院議員資格をめぐる裁判で，判決で「高度に政治性のある国家行為は司法判断の対象外」という統治行為論が用いられた。

問13．②誤文。国選弁護人制度ではなく，当番弁護士制度の説明である。

問14．③誤文。イギリスは参審制ではなく，陪審制を採用している。

問16．②誤り。アウン=サン=スー=チーは民主化運動の指導者である。

II 解答

問1．④ 問2．③ 問3．③ 問4．① 問5．③
問6．④ 問7．② 問8．③ 問9．④ 問10．②
問11．① 問12．③ 問13．④ 問14．④ 問15．② 問16．①
問17．②

◀解　説▶

≪資本主義経済の動向≫

問1．④正文。

①誤文。ベーシックインカムは「就労を条件に」していないことと,「導入が予定されている」が誤り。

②誤文。訓練期間中の給付金の支給は認められている。

③誤り。生活保護の母子加算は2009年に廃止されたが,その後に復活している。

問2.③誤文。人間開発指数(HDI)の説明は正しいが,「国民総所得(GNI)に代わる指標として定着している」とは言えない。

問3.③が正しい。Aの無期転換ルール施行は2013年,Bの高度プロフェッショナル制度施行は2019年,Cの育児・介護休業法改正は2010年,Dの労働者派遣法改正は2015年である。

問4.①正文。トレードオフとは「何かを得ると別の何かを失うこと」であり,選択肢の場合では,「商品Aを製造すれば商品Bが製造できない関係(その逆も)」なので正しい。

②・③誤文。機会費用とは「それを選択しなかったことによる最大の逸失利益のこと」なので,②は最小ではなく最大,③のすでに支払った費用は含まれないので,それぞれ誤り。

④誤文。効率性と公平性を両立することは可能なので「何かを得ると別の何かを失う」関係のトレードオフとは言えない。

問5.③正文。

①誤文。所得の減少で,需要の数量が減少するので,需要曲線は右ではなく左に移動する。

②誤文。代替品が豊富にある場合,価格の上下により需要が代替品に流れたり戻ったりするので変化が大きく,需要曲線は価格の上下により数量が大きく変化するため,水平に近くなる。

④誤文。生活必需品は,価格が下がっても需要が大幅には増えないので,需要曲線は価格により数量が変化せず,垂直に近くなる。

問6.④正文。

①誤文。上場している会社は株式会社の一部である。

②誤文。監査役の選任も株主総会で行う。

③誤文。譲渡制限を行うことは可能だが,株式譲渡自由の原則(会社法第127条)により禁止することは認められない。

問7.②正文。

①誤文。企業物価指数は企業同士の取引価格の指標である。

③誤文。全国企業短期経済観測調査（短観）は経済産業省ではなく，日本銀行が発表する指標。

④誤文。完全失業率は景気に遅れて動く遅行指数である。

問9．④誤り。財政の3つの機能のうち，①は資源配分機能，②は所得再分配機能，③は経済安定機能の例である。④の目標物価上昇率を設定することは経済を安定化することにはつながらない。

問10．②正文。

①誤文。政策委員会の決定は公開である。

③誤文。売りオペレーションは通貨量を減少させる。

④誤文。「国債以外の」が誤り。

問11．①が正しい。Aは「積極的に経済活動に介入」なので修正資本主義が，Bは「通貨量を安定的に供給することを重視」とあるのでマネタリズムが入る。

問12．③正文。1974年，第一次石油危機により実質経済成長率は戦後初めてマイナスを記録した。①はバブル期の1989年，②は1964年，④は1959年。

問14．④誤文。マネーストックとは，金融機関と中央政府を除いた経済主体が保有する通貨の合計額のことである。

問16．①適切。欧州中央銀行は1993年に発効したマーストリヒト条約により，ユーロ圏の単一金融政策を担う中央銀行として1998年に設立された。

問17．②正文。2010年に「バーゼル3」が公表され，自己資本比率の水準の引き上げと，普通株や内部留保など，より資本性の高いものを多く保有するよう求められるようになった。

III　解答

問1．③　問2．①　問3．④　問4．②　問5．③
問6．①　問7．②　問8．④　問9．①　問10．②
問11．④　問12．③　問13．③　問14．④　問15．④　問16．②
問17．①

◀解　説▶

≪地球環境問題と地方自治改革≫

問2．①誤文。プレビッシュ報告とはUNCTADの第1回会議での基調報告のことで，発展途上国側の立場からGATTの自由貿易制度に不満を表している。

②～④正文。「援助よりも貿易を」をスローガンに，一次産品に対する先進国の門戸開放，製品・半製品に対する特恵関税の供与，国民所得の1％援助などを求めた。

問3．④正文。

①誤文。日本は2013年比46％削減を表明した。

②誤文。京都議定書は2020年までを第二約束期間として延長し，パリ協定に引き継がれた。

③誤文。インドが世界3位，日本は5位である。

問6．①誤文。PKO協力法は国連のPKO活動に参加するための法律。

問7．②誤文。第3条に「いかなる主権の原理も本質的に国民に存する」とあり，議会ではなく国民主権を明記している。人権宣言に影響を与えたルソーが直接民主制を唱えていたことを思い出せば正解を導ける。

問8．④誤文。後発発展途上国（LDC）該当国の見直しは3年ごとに行われる。

問9．①正文。1993年に改正された憲法第15条に「社会主義市場経済を実行する」という文言が明記された。

②誤文。「保護主義的経済に転換」が誤りであり，絶対的貧困率の改善も最近のことである。

③誤文。南アフリカのアパルトヘイト廃止は1991年。

④誤文。アジアインフラ投資銀行（AIIB）は中国の資金力に依拠しており，IMFや世界銀行とは関係がない。

問10．②誤文。1991年から2000年まで，金額では日本が世界1位の援助国であった。アメリカが1位になったのは2001年以降である。

問11．④誤文。環境税は環境汚染の原因となる化石燃料などに課税され，それを利用する個人・企業が負担することになる。

問13．③誤文。最初の情報公開条例は1982年の山形県金山町のもので，川崎市が最初に導入したのは1990年のオンブズマン制度である。

問 15. ④正文。消費税率は，安倍晋三内閣時の 2014 年 4 月に 5％から 8％に，2019 年 10 月に 10％に引き上げられた。

①誤文。軽減税率導入は 2019 年の 10％引き上げ時。

②誤文。1997 年に 5％に引き上げたが，森喜朗内閣ではなく，橋本龍太郎内閣。

③誤文。「社会保障と税の一体改革」の合意は野田佳彦内閣である。

問 17. ①誤文。地方債の発行は許可ではなく事前協議制。仮に同意がない場合であっても，地方公共団体は議会に報告すれば地方債を発行できる。

数学

1　解答

(1)アイ．84　ウエ．30

(2)オカ．-3　キク．12

(3)ケコ．36

◀解　説▶

≪場合の数，平方根と式の値，2つの放物線に囲まれた部分の面積≫

(1)　正九角形のどの3個の頂点も一直線上にないから，3個の頂点を選ぶと1つの三角形が決まる。よって，正九角形の頂点を結んでできる三角形の個数は

$${}_9C_3=\frac{9\cdot8\cdot7}{3\cdot2\cdot1}=84\text{ 個}\quad(\to\text{アイ})$$

このうち，正九角形と2辺を共有する三角形は，正九角形の1個の頂点に対して1個決まるから，その個数は9個である。

また，三角形の1辺だけを正九角形の辺と共有するとき，残りの1個の頂点は共有する辺の両端，および，そのそれぞれ両隣以外の頂点を選べばよい。

共有する1辺の選び方は9通りあり，そのどの場合に対しても，残りの1個の頂点のとり方は

$$9-4=5\text{ 通り}$$

よって，正九角形と1辺だけ共有する三角形の個数は

$$9\cdot5=45\text{ 個}$$

以上より，正九角形と辺を共有しない三角形の数は

$$84-(9+45)=30\text{ 個}\quad(\to\text{ウエ})$$

(2)
$$\frac{1}{ab}=(1+\sqrt{3}+\sqrt{7})(1-\sqrt{3}+\sqrt{7})=\{(1+\sqrt{7})+\sqrt{3}\}\{(1+\sqrt{7})-\sqrt{3}\}$$
$$=(1+\sqrt{7})^2-(\sqrt{3})^2=8+2\sqrt{7}-3=5+2\sqrt{7}$$
$$\frac{1}{cd}=(1+\sqrt{3}-\sqrt{7})(1-\sqrt{3}-\sqrt{7})=\{(1-\sqrt{7})+\sqrt{3}\}\{(1-\sqrt{7})-\sqrt{3}\}$$
$$=(1-\sqrt{7})^2-(\sqrt{3})^2=8-2\sqrt{7}-3=5-2\sqrt{7}$$

よって

$$\frac{1}{abcd}=\frac{1}{ab}\cdot\frac{1}{cd}=(5+2\sqrt{7})(5-2\sqrt{7})=5^2-(2\sqrt{7})^2$$

$$=25-28=-3 \quad (\rightarrow \text{オカ})$$

また

$$a+b=\frac{1}{(1+\sqrt{7})+\sqrt{3}}+\frac{1}{(1+\sqrt{7})-\sqrt{3}}$$

$$=\frac{\{(1+\sqrt{7})-\sqrt{3}\}+\{(1+\sqrt{7})+\sqrt{3}\}}{\{(1+\sqrt{7})+\sqrt{3}\}\{(1+\sqrt{7})-\sqrt{3}\}}$$

$$=\frac{2(1+\sqrt{7})}{(1+\sqrt{7})^2-(\sqrt{3})^2}=\frac{2(1+\sqrt{7})}{8+2\sqrt{7}-3}$$

$$=\frac{2(1+\sqrt{7})}{5+2\sqrt{7}}$$

$$c+d=\frac{1}{(1-\sqrt{7})+\sqrt{3}}+\frac{1}{(1-\sqrt{7})-\sqrt{3}}$$

$$=\frac{\{(1-\sqrt{7})-\sqrt{3}\}+\{(1-\sqrt{7})+\sqrt{3}\}}{\{(1-\sqrt{7})+\sqrt{3}\}\{(1-\sqrt{7})-\sqrt{3}\}}$$

$$=\frac{2(1-\sqrt{7})}{(1-\sqrt{7})^2-(\sqrt{3})^2}=\frac{2(1-\sqrt{7})}{8-2\sqrt{7}-3}$$

$$=\frac{2(1-\sqrt{7})}{5-2\sqrt{7}}$$

よって

$$a+b+c+d=\frac{2(1+\sqrt{7})}{5+2\sqrt{7}}+\frac{2(1-\sqrt{7})}{5-2\sqrt{7}}$$

$$=\frac{2(1+\sqrt{7})(5-2\sqrt{7})+2(1-\sqrt{7})(5+2\sqrt{7})}{(5+2\sqrt{7})(5-2\sqrt{7})}$$

$$=\frac{2(-9+3\sqrt{7})+2(-9-3\sqrt{7})}{5^2-(2\sqrt{7})^2}$$

$$=\frac{-36}{25-28}=12 \quad (\rightarrow \text{キク})$$

(3)　2次方程式 $x^2+2ax+b=0$ が実数解をもつとき，判別式 D について

$$\frac{D}{4}=a^2-b\geqq 0$$

すなわち　　$b \leqq a^2$　……①

また，解と係数の関係より

$$\alpha+\beta=-2a,\ \alpha\beta=b$$

よって

$$\alpha^2+\beta^2=(\alpha+\beta)^2-2\alpha\beta$$
$$=(-2a)^2-2b$$
$$=4a^2-2b$$

$\alpha^2+\beta^2 \leqq 18$ のとき，$4a^2-2b \leqq 18$ であるから

$$b \geqq 2a^2-9 \quad \cdots\cdots②$$

ab 平面における 2 曲線 $b=a^2$，$b=2a^2-9$ の交点の a 座標は

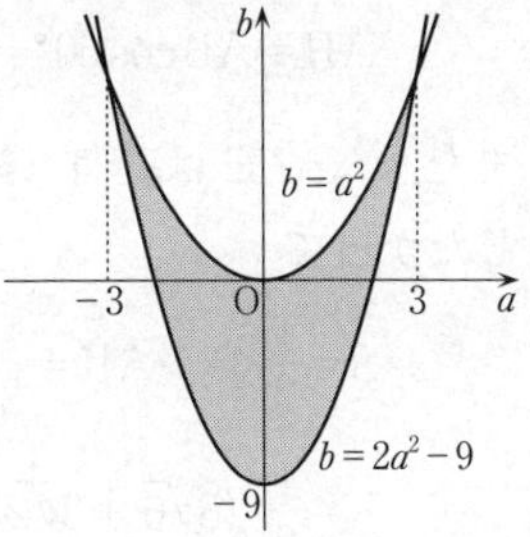

方程式　　$a^2=2a^2-9$

すなわち　　$a^2=9$

を解いて　　$a=\pm 3$

①，②より，$-3 \leqq a \leqq 3$ では，$a^2 \geqq 2a^2-9$ であるから，求める面積 S は

$$S=\int_{-3}^{3}\{a^2-(2a^2-9)\}\,da$$
$$=-\int_{-3}^{3}(a+3)(a-3)\,da$$
$$=-\left(-\frac{1}{6}\right)\{3-(-3)\}^3=36 \quad (\to ケコ)$$

2　**解答**　(1)ア．9　イ．3　ウエ．-6
(2)オ．9　カ．9　キ．3

◀解　説▶

≪2 変数関数の最小値，三角比≫

(1)　$x^2-4xy+5y^2-6x+6y+12$

$$=x^2+(-4y-6)x+5y^2+6y+12$$
$$=\{x-(2y+3)\}^2-(2y+3)^2+5y^2+6y+12$$
$$=(x-2y-3)^2+y^2-6y+3$$
$$=(x-2y-3)^2+(y-3)^2-6$$

x，y は実数であるから

$$(x-2y-3)^2 \geqq 0,\ (y-3)^2 \geqq 0$$

したがって　　$x-2y-3=0$, $y-3=0$

すなわち，$x=9$，$y=3$ のとき，最小値 -6 をとる。（→ア～エ）

(2)　点Aから辺BCにおろした垂線の足をHとすると

$$\angle BAH=180°-(\angle ABH+\angle AHB)$$
$$=180°-(30°+90°)=60°$$

ゆえに

$$\angle CAH=\angle BAC-\angle BAH=105°-60°=45°$$

よって

$$BH=AB\sin 60°=6\sqrt{2}\cdot\frac{\sqrt{3}}{2}=3\sqrt{6}$$

$$AH=AB\cos 60°=6\sqrt{2}\cdot\frac{1}{2}=3\sqrt{2}$$

また，△AHCは直角二等辺三角形であるから　　CH＝AH

したがって

$$S=\frac{1}{2}\cdot BC\cdot AH=\frac{1}{2}\cdot(BH+CH)\cdot AH$$

$$=\frac{1}{2}\cdot(3\sqrt{6}+3\sqrt{2})\cdot 3\sqrt{2}=9+9\sqrt{3}$$　（→オ～キ）

3　解答

(1)アイウ．221　エオカ．306

(2)キク．45　(3)ケコ．－2

◀解　説▶

≪最大公約数と最小公倍数，整数部分の桁数，平方根と式の値≫

(1)　$a=17a'$，$b=17b'$ とする。

ただし，a'，b' は互いに素な整数で　　$a'<b'$

条件から　　$3978=17a'b'$

すなわち　　$a'b'=234=2\cdot 3^2\cdot 13$　……①

①および $a'<b'$ を満たす a'，b' の組は

$(a',\ b')=(2,\ 117)$，$(3,\ 78)$，$(6,\ 39)$，$(9,\ 26)$，$(13,\ 18)$

このうち，a'，b' が互いに素であるのは

$(a',\ b')=(2,\ 117)$，$(9,\ 26)$，$(13,\ 18)$

このとき

$(a,\ b)=(34,\ 1989),\ (153,\ 442),\ (221,\ 306)$

このうち，$100<a<b<400$ を満たすものは

$a=221,\ b=306$　(→ア～カ)

(2)　$\log_{10}\left(\frac{5}{3}\right)^n=n\log_{10}\frac{5}{3}=n(\log_{10}5-\log_{10}3)$

$=n\left(\log_{10}\frac{10}{2}-\log_{10}3\right)=n(\log_{10}10-\log_{10}2-\log_{10}3)$

$=n(1-0.3010-0.4771)$

$=0.2219n$

よって　$\left(\frac{5}{3}\right)^n=10^{0.2219n}$

$\left(\frac{5}{3}\right)^n$ の整数部分が10桁であるとき

$10^9\leqq 10^{0.2219n}<10^{10}$

底10は1より大きいから

$9\leqq 0.2219n<10$

$\therefore\ \frac{9}{0.2219}\leqq n<\frac{10}{0.2219}$　……②

ここで

$\frac{9}{0.2219}=40.558\cdots,\ \frac{10}{0.2219}=45.065\cdots$

より，②を満たす正の整数 n は

$n=41,\ 42,\ 43,\ 44,\ 45$

このうち，最大の数は　45　(→キク)

(3)　$a=\frac{\sqrt{6}-2}{3}$ より　$3a+2=\sqrt{6}$

両辺を2乗して　$(3a+2)^2=6$

ゆえに　$9a^2+12a-2=0$

すなわち　$9a^2=-12a+2$

よって

$27a^3+18a^2-30a+2$

$=3a(9a^2+6a-10)+2$

$=3a\{(-12a+2)+6a-10\}+2$

$=3a(-6a-8)+2$
$=-18a^2-24a+2$
$=-2\cdot 9a^2-24a+2$
$=-2(-12a+2)-24a+2$
$=24a-4-24a+2$
$=-2$　(→ケコ)

4　解答

(1)ア．8　(2)イウ．64　(3)エオ．12
(4)カキ．54　(5)クケコ．126

◀解　説▶

≪コインの並べ方≫

(1)　コインとコインの間は15カ所あるから，表表，裏裏，表裏，裏表の個数の合計も15個である。
よって，表表が4個，裏表が3個であれば，裏裏と表裏の個数の合計は

$15-(4+3)=8$ 個　(→ア)

(2)　コインを左から順に1枚ずつ横一列に並べるとする。
以下，「左から n 枚目のコイン」を単に「n 枚目」と表現する。
コインを n 枚並べるとき，表裏が裏表より多ければ，1枚目が表，かつ，n 枚目が裏である。また，表裏と裏表が同数であれば1枚目と n 枚目の表裏が一致し，表裏が裏表より少なければ1枚目が裏，かつ，n 枚目が表である（後述の〔参考〕を参照）。
よって，コインが8枚で，表裏が裏表より多くなる並べ方は，1枚目が表，8枚目が裏のときである。
2枚目から7枚目の6枚は表でも裏でもよいから

$2^6=64$ 通り　(→イウ)

参考　表裏，裏表の個数に着目することで，1枚目と n 枚目（左端と右端）の表裏がわかるということは，以下で説明ができる。
1枚目が表のとき，数直線上の座標1に点Pをおく。1枚目が裏のときは座標0に点Pをおく。
以降，点Pは，コインを並べるごとに表から裏の変化で -1，裏から表の変化で $+1$ だけ移動させ，表から表や裏から裏のように，変化がないときは移動させないとする。

コインをn枚並べるとき，例えば1枚目が表（座標1）とする。

n枚目が表（座標1）のとき，表裏（-1）と裏表（$+1$）が同数である。

n枚目が裏（座標0）のとき，表裏（-1）が裏表（$+1$）より1個多い。

これと同様に，1枚目が裏（座標0）のときも考える。

n枚目が裏（座標0）のとき，表裏（-1）と裏表（$+1$）が同数である。

n枚目が表（座標1）のとき，表裏（-1）が裏表（$+1$）より1個少ない。

(3)　表裏，裏表が同数であるから，(2)で述べたことより，1枚目と13枚目の表裏が一致する。

表裏，裏表いずれも1個であることに着目し，13枚のうちの3枚について

(i)表$_1$，裏$_1$，表$_2$　　(ii)裏$_1$，表$_1$，裏$_2$

とおき，残り10枚の配置を考える。

表表が0個，裏裏が10個であるから，残り10枚はすべて裏である。

1枚目が表のときは，(i)の場合であって，裏$_1$の隣に残りの裏10枚がすべて入るから1通りある。

1枚目が裏のときは，(ii)の場合であって，残りの裏10枚が(ii)の裏$_1$か裏$_2$の隣に入るが，それぞれに何枚入るかの決め方は，○が10個，｜が1個の並べかえに等しく

$$\frac{11!}{10!1!}=11\text{ 通り}$$

以上から　　$1+11=12$ 通り　（→エオ）

(4)　表裏，裏表が同数であるから，(2)で述べたことより，1枚目と13枚目の表裏が一致する。表裏，裏表いずれも2個であることに着目し，13枚のうちの5枚について

(i)表$_1$，裏$_1$，表$_2$，裏$_2$，表$_3$　　(ii)裏$_1$，表$_1$，裏$_2$，表$_2$，裏$_3$

とおき，残り8枚の配置を考える。

表表が0個，裏裏が8個であるから，残り8枚はすべて裏である。

1枚目が表のときは，(i)の場合であって，残り8枚は裏$_1$か裏$_2$の隣に入るが，それぞれに何枚入るかの決め方は，○が8個，｜が1個の並べかえに等しく

$$\frac{9!}{8!1!}=9\text{ 通り}$$

1枚目が裏のときは，(ii)の場合であって，残り8枚は $裏_1$ か $裏_2$ か $裏_3$ の隣に入るが，それぞれに何枚入るかの決め方は，○が8個，｜が2個の並べかえに等しく

$$\frac{10!}{8!2!}=45 通り$$

以上から　　$9+45=54$ 通り　（→カキ）

(5)　表裏が裏表より多いことから，(2)で述べたことより，1枚目は表，13枚目は裏である。

表裏が3個，裏表が2個であるから，13枚のうち6枚について

$表_1$，$裏_1$，$表_2$，$裏_2$，$表_3$，$裏_3$

とおき，残り7枚の配置を考える。

表表が2個，裏裏が5個であることから，残り7枚のうち2枚が表で，5枚が裏である。

表2枚は $表_1$ か $表_2$ か $表_3$ の隣に入るが，それぞれに何枚入るかの決め方は，○が2個，｜が2個の並べかえに等しく

$$\frac{4!}{2!2!}=6 通り$$

さらに，裏5枚は，$裏_1$，$裏_2$，$裏_3$ の隣に入るが，それぞれに何枚入るかの決め方は，○が5個，｜が2個の並べかえに等しく

$$\frac{7!}{5!2!}=21 通り$$

以上から　　$6\cdot21=126$ 通り　（→クケコ）

▲解　説▼

問三　歴史的な経験を踏まえ、未来に向けて危険を予告し警戒を促すことを表す語が入る。また、「警鐘を鳴らす」の形で使用する。

問四　傍線部直前に「このような」とあるので、前段落を見ると、「個人を脱人格化させた上で、一定の指標に基づいた個人像をデジタル空間において作り上げ」「生身の人格発展に影響を及ぼす」とある。

問五　(f)「すると」以降は、「電話やメールの内容のすべてが恥ずかしいものというわけでは」ないという具体的事実から導かれる考えを述べている。

問六　傍線部直前に「そのため」とあるので、前段落を見ると、「プライバシーは、秘密を隠すことというよりは、人格の自由な発展に関連する情報を自らの管理下に置くこと」とあり、傍線部(f)を含む段落でも「プライバシーの保護の対象となるのは……『人格』なのだ」とある。

問七　鉤括弧は強調・区別のためのものであり、字義どおりの意味ではないので注意が必要な場合に使用される。この場合、第五段落のユダヤ人大量殺戮のように、「些細」なデータがまったく「些細」ではなく重大な影響があることを表現している。

問八　第十二段落でアメリカでは「プライバシーという言葉が……個人データ保護をホウガン（包含）する場合があ」るとあり、第十三段落で日本では「一応の区分をすることは可能」、しかし「完全に分離されていません」とあるため、②「完全に一体のもの」は言い過ぎである。

で、②の「詩のモデルが雲形池の『青銅の鶴』ではない」は誤り。

問六　傍線部前に「戦中の金属供出のすさまじさは……根こそぎ持ち去られた」とあり、この時代認識のもとに「寸詰まり」の矮小な姿になった鶴の姿を見たと読める。〈戦争によって失われたもの〉と見るべきで、②が正解。④は「詩も……排除された」ことについて本文に記述がない点が不適切となる。

問七　「人目にそばだつ」は〝非常に目立つ〟という意味。「人目にそばだつ鶴」であるよりも「台座」であるということは、非常に目立つわけではないが、（鶴の台座が鶴の力強さを支えたように）目立たない土台を表現する詩人であったと読み取れる。また、冒頭の詩は飾り気がない言葉で書かれており、文中の丸山氏の発言は率直で遠慮がない。そうした描写を踏まえて、正解は④である。詩に関係することについてはかなりきつく頑固な発言をしているので、③の「おおらかな」は誤り。

三

出典　宮下紘『プライバシーという権利』〈第1章　プライバシーはなぜ守られるべきか　2　プライバシーとは何か〉（岩波新書）

解答

問一　(ア)―④　(イ)―②　(ウ)―③　(エ)―①　(オ)―①

問二　(a)―②　(b)―③

問三　③

問四　①

問五　④

問六　②

問七　②

問八　②

二

出典　小沢信男『ぼくの東京全集』（ちくま文庫）

解答

問一　(ア)—④　(イ)—②　(ウ)—①　(エ)—②
問二　(a)—②　(b)—①　(c)—②
問三　④
問四　①
問五　③
問六　②
問七　④

◀解　説▶

問三　「腹が立つほど正直」は〝厳しいけれど率直〟の意で、この後筆者は丸山氏を慕うようになったと読める。傍線部後に「押しかけの丸山薫門下の一人」になったとあり、さらに次段落に「（丸山氏を）慕い寄った仲間」という表現がある。

問四　冒頭の記述から「噴水」が一九三二年刊行の詩集所収であること、第十六段落以降の記述から日比谷公園の鶴がその後戦時中に一度取り去られたことがわかる。また、そのことを丸山氏が知っていたことが第七段落の「しかしあの鶴はもうないでしょう」という言葉でわかる。傍線部後の「断乎とした口調」の「こんなものではありません」という言葉からも、現在の鶴に対する不快感が読み取れる。

問五　直後に「少年時、私はこの公園の近くで育ち」とあることから、鶴は筆者の身近なものであったことがわかる。また、若いころは「噴水」の詩を暗誦するほどであった。敬愛する師とともに鶴を見たかったのだと思われる。筆者は丸山氏の「詩人の眼」を信じているが鶴の噴水そのものは日比谷公園にあるもので間違いはないという説明が続くのな道筋をたどってそこに至ったかは必ずしも重要視されない」は、本文第十五段落以降の、思考の「道筋」が教育現場で限定されている（＝重視されている）という記述から不適切。

問四　傍線部と同段落に「大学受験は……日本人にとっての重大事」であり、大学受験は「大量に正確に咀嚼して嘔吐する能力の最大の発動機会」とある。よって日本における大学受験の重視が咀嚼、嘔吐能力の重視の根拠となる。①は「大学卒かどうか」とあるが、傍線部前に「どの大学に入学したか」が問題とあるので誤り。

問五　小学校の授業見学と筆者の過去の経験の記述の後、最終段落で「このように……」とまとめが述べられており、「日本の教師は等質なアウトカム（＝〝成果、結果〟）を設定し、皆が同じようにあることを希求する」とある。学習指導要領がどう改訂されようと、筆者の小学生時代とその点で変わりがないことに嘆息した表現。

問六　④「『正しい』答え」とは生徒の主体的思考を経なくても到達が求められるデフォルトの解答、他の正解を認めない解答の意味であり、「誤り」という意味はない。また、「正しい」と設定するのは教師とは限らない。

⑤「のたまって」という言葉は〝おっしゃって〟の意であるが、「批判の許されない特別な権威のある存在」であることを示すのではなく、傍線部後に「現実には」と続くことから、ここでは〝ご立派な理想を述べても〟の意味を示すと考えられる。「現実」の対義語は〈理想〉である。

問七　②「社会人が直面するさまざまな問題にも多くの人が正しいと考える模範解答が存在するのが普通」が誤り。本文に記述がない。むしろ現在の社会においては、合意形成の場などで異なる立場の人々が〈解答を作り上げる〉能力が必要とされており、教育においてもそうした〈新しい学力〉が求められているのが現状であり、こういった知識があれば解答しやすい。

国語

一

出典　岩田健太郎『主体性は教えられるか』（筑摩選書）

解答

問一　(ア)―①　(イ)―②　(ウ)―②　(エ)―④　(オ)―①

問二　③

問三　②

問四　②

問五　②

問六　④・⑤

問七　②

▲解　説▼

問二　第十五段落に「日本社会全体が効率を最優先事項」とし、日本の教育においては「間違い」や「試行錯誤」をせずに「『正解』に飛びつく」ことが評価されるとある。また、第十二段落に「主体的」思考とは「誤謬」や「試行錯誤」を繰り返すものだとある。よって〈教育現場において効率優先の考えのせいで試行錯誤が許されない＝主体的思考を否定する〉とする③が正解。

問三　「アプローチの違いに過ぎない」は、次段落の「『正しい』答えはあらかじめ用意されている」ことに変わりはないということ。すなわち、解答は決定していて、生徒自身の「試行錯誤」や「誤謬」は歓迎されない。①の「どのよう

//////////////////// · memo · ////////////////////

教学社 刊行一覧

2025年版 大学赤本シリーズ

国公立大学（都道府県順）

374大学556点 全都道府県を網羅

全国の書店で取り扱っています。店頭にない場合は，お取り寄せができます。

1 北海道大学（文系−前期日程）
2 北海道大学（理系−前期日程） 医
3 北海道大学（後期日程）
4 旭川医科大学（医学部〈医学科〉） 医
5 小樽商科大学
6 帯広畜産大学
7 北海道教育大学
8 室蘭工業大学／北見工業大学
9 釧路公立大学
10 公立千歳科学技術大学
11 公立はこだて未来大学 総推
12 札幌医科大学（医学部） 医
13 弘前大学 医
14 岩手大学
15 岩手県立大学・盛岡短期大学部・宮古短期大学部
16 東北大学（文系−前期日程）
17 東北大学（理系−前期日程） 医
18 東北大学（後期日程）
19 宮城教育大学
20 宮城大学
21 秋田大学 医
22 秋田県立大学
23 国際教養大学 総推
24 山形大学 医
25 福島大学
26 会津大学
27 福島県立医科大学（医・保健科学部） 医
28 茨城大学（文系）
29 茨城大学（理系）
30 筑波大学（推薦入試） 医 総推
31 筑波大学（文系−前期日程）
32 筑波大学（理系−前期日程） 医
33 筑波大学（後期日程）
34 宇都宮大学
35 群馬大学 医
36 群馬県立女子大学
37 高崎経済大学
38 前橋工科大学
39 埼玉大学（文系）
40 埼玉大学（理系）
41 千葉大学（文系−前期日程）
42 千葉大学（理系−前期日程） 医
43 千葉大学（後期日程） 医
44 東京大学（文科） DL
45 東京大学（理科） DL 医
46 お茶の水女子大学
47 電気通信大学
48 東京外国語大学 DL
49 東京海洋大学
50 東京科学大学（旧 東京工業大学）
51 東京科学大学（旧 東京医科歯科大学） 医
52 東京学芸大学
53 東京藝術大学
54 東京農工大学
55 一橋大学（前期日程）
56 一橋大学（後期日程）
57 東京都立大学（文系）
58 東京都立大学（理系）
59 横浜国立大学（文系）
60 横浜国立大学（理系）
61 横浜市立大学（国際教養・国際商・理・データサイエンス・医〈看護〉学部）
62 横浜市立大学（医学部〈医学科〉） 医
63 新潟大学（人文・教育〈文系〉・法・経済科・医〈看護〉・創生学部）
64 新潟大学（教育〈理系〉・理・医〈看護を除く〉・歯・工・農学部） 医
65 新潟県立大学
66 富山大学（文系）
67 富山大学（理系） 医
68 富山県立大学
69 金沢大学（文系）
70 金沢大学（理系） 医
71 福井大学（教育・医〈看護〉・工・国際地域学部）
72 福井大学（医学部〈医学科〉） 医
73 福井県立大学
74 山梨大学（教育・医〈看護〉・工・生命環境学部）
75 山梨大学（医学部〈医学科〉） 医
76 都留文科大学
77 信州大学（文系−前期日程）
78 信州大学（理系−前期日程） 医
79 信州大学（後期日程）
80 公立諏訪東京理科大学 総推
81 岐阜大学（前期日程） 医
82 岐阜大学（後期日程）
83 岐阜薬科大学
84 静岡大学（前期日程）
85 静岡大学（後期日程）
86 浜松医科大学（医学部〈医学科〉） 医
87 静岡県立大学
88 静岡文化芸術大学
89 名古屋大学（文系）
90 名古屋大学（理系） 医
91 愛知教育大学
92 名古屋工業大学
93 愛知県立大学
94 名古屋市立大学（経済・人文社会・芸術工・看護・総合生命理・データサイエンス学部）
95 名古屋市立大学（医学部〈医学科〉） 医
96 名古屋市立大学（薬学部）
97 三重大学（人文・教育・医〈看護〉学部）
98 三重大学（医〈医〉・工・生物資源学部） 医
99 滋賀大学
100 滋賀医科大学（医学部〈医学科〉） 医
101 滋賀県立大学
102 京都大学（文系）
103 京都大学（理系） 医
104 京都教育大学
105 京都工芸繊維大学
106 京都府立大学
107 京都府立医科大学（医学部〈医学科〉） 医
108 大阪大学（文系） DL
109 大阪大学（理系） 医
110 大阪教育大学
111 大阪公立大学（現代システム科学域〈文系〉・文・法・経済・商・看護・生活科〈居住環境・人間福祉〉学部−前期日程）
112 大阪公立大学（現代システム科学域〈理系〉・理・工・農・獣医・医・生活科〈食栄養〉学部−前期日程） 医
113 大阪公立大学（中期日程）
114 大阪公立大学（後期日程）
115 神戸大学（文系−前期日程）
116 神戸大学（理系−前期日程） 医
117 神戸大学（後期日程）
118 神戸市外国語大学 DL
119 兵庫県立大学（国際商経・社会情報科・看護学部）
120 兵庫県立大学（工・理・環境人間学部）
121 奈良教育大学／奈良県立大学
122 奈良女子大学
123 奈良県立医科大学（医学部〈医学科〉） 医
124 和歌山大学
125 和歌山県立医科大学（医・薬学部） 医
126 鳥取大学 医
127 公立鳥取環境大学
128 島根大学 医
129 岡山大学（文系）
130 岡山大学（理系） 医
131 岡山県立大学
132 広島大学（文系−前期日程）
133 広島大学（理系−前期日程） 医
134 広島大学（後期日程）
135 尾道市立大学 総推
136 県立広島大学
137 広島市立大学
138 福山市立大学 総推
139 山口大学（人文・教育〈文系〉・経済・医〈看護〉・国際総合科学部）
140 山口大学（教育〈理系〉・理・医〈看護を除く〉・工・農・共同獣医学部） 医
141 山陽小野田市立山口東京理科大学 総推
142 下関市立大学／山口県立大学
143 周南公立大学 新 総推
144 徳島大学 医
145 香川大学 医
146 愛媛大学 医
147 高知大学 医
148 高知工科大学
149 九州大学（文系−前期日程）
150 九州大学（理系−前期日程） 医
151 九州大学（後期日程）
152 九州工業大学
153 福岡教育大学
154 北九州市立大学
155 九州歯科大学
156 福岡県立大学／福岡女子大学
157 佐賀大学 医
158 長崎大学（多文化社会・教育〈文系〉・経済・医〈保健〉・環境科〈文系〉学部）
159 長崎大学（教育〈理系〉・医〈医〉・歯・薬・情報データ科・工・環境科〈理系〉・水産学部） 医
160 長崎県立大学 総推
161 熊本大学（文・教育・法・医〈看護〉学部・情報融合学環〈文系型〉）
162 熊本大学（理・医〈看護を除く〉・薬・工学部・情報融合学環〈理系型〉） 医
163 熊本県立大学
164 大分大学（教育・経済・医〈看護〉・理工・福祉健康科学部）
165 大分大学（医学部〈医・先進医療科学科〉） 医
166 宮崎大学（教育・医〈看護〉・工・農・地域資源創成学部）
167 宮崎大学（医学部〈医学科〉） 医
168 鹿児島大学（文系）
169 鹿児島大学（理系） 医
170 琉球大学 医

2025年版　大学赤本シリーズ

国公立大学 その他

171 〔国公立大〕医学部医学科 総合型選抜・学校推薦型選抜※ 医 総推
172 看護・医療系大学〈国公立 東日本〉※
173 看護・医療系大学〈国公立 中日本〉※
174 看護・医療系大学〈国公立 西日本〉※
175 海上保安大学校／気象大学校
176 航空保安大学校
177 国立看護大学校
178 防衛大学校 総推
179 防衛医科大学校(医学科) 医
180 防衛医科大学校(看護学科)

※No.171～174の収載大学は赤本ウェブサイト(http://akahon.net/)でご確認ください。

私立大学①

北海道の大学(50音順)

201 札幌大学
202 札幌学院大学
203 北星学園大学
204 北海学園大学
205 北海道医療大学
206 北海道科学大学
207 北海道武蔵女子大学・短期大学
208 酪農学園大学(獣医学群〈獣医学類〉)

東北の大学(50音順)

209 岩手医科大学(医・歯・薬学部) 医
210 仙台大学 総推
211 東北医科薬科大学(医・薬学部) 医
212 東北学院大学
213 東北工業大学
214 東北福祉大学
215 宮城学院女子大学 総推

関東の大学(50音順)

あ行(関東の大学)

216 青山学院大学(法・国際政治経済学部ー個別学部日程)
217 青山学院大学(経済学部ー個別学部日程)
218 青山学院大学(経営学部ー個別学部日程)
219 青山学院大学(文・教育人間科学部ー個別学部日程)
220 青山学院大学(総合文化政策・社会情報・地球社会共生・コミュニティ人間科学部ー個別学部日程)
221 青山学院大学(理工学部ー個別学部日程)
222 青山学院大学(全学部日程)
223 麻布大学(獣医、生命・環境科学部)
224 亜細亜大学
226 桜美林大学
227 大妻女子大学・短期大学部

か行(関東の大学)

228 学習院大学(法学部ーコア試験)
229 学習院大学(経済学部ーコア試験)
230 学習院大学(文学部ーコア試験)
231 学習院大学(国際社会科学部ーコア試験)
232 学習院大学(理学部ーコア試験)
233 学習院女子大学
234 神奈川大学(給費生試験)
235 神奈川大学(一般入試)
236 神奈川工科大学
237 鎌倉女子大学・短期大学部
238 川村学園女子大学
239 神田外語大学
240 関東学院大学
241 北里大学(理学部)
242 北里大学(医学部) 医
243 北里大学(薬学部)
244 北里大学(看護・医療衛生学部)
245 北里大学(未来工・獣医・海洋生命科学部)
246 共立女子大学・短期大学
247 杏林大学(医学部) 医
248 杏林大学(保健学部)
249 群馬医療福祉大学・短期大学部
250 群馬パース大学 総推
251 慶應義塾大学(法学部)
252 慶應義塾大学(経済学部)
253 慶應義塾大学(商学部)
254 慶應義塾大学(文学部) 総推
255 慶應義塾大学(総合政策学部)
256 慶應義塾大学(環境情報学部)
257 慶應義塾大学(理工学部)
258 慶應義塾大学(医学部) 医
259 慶應義塾大学(薬学部)
260 慶應義塾大学(看護医療学部)
261 工学院大学
262 國學院大學
263 国際医療福祉大学 医
264 国際基督教大学
265 国士舘大学
266 駒澤大学(一般選抜T方式・S方式)
267 駒澤大学(全学部統一日程選抜)

さ行(関東の大学)

268 埼玉医科大学(医学部) 医
269 相模女子大学・短期大学部
270 産業能率大学
271 自治医科大学(医学部) 医
272 自治医科大学(看護学部)／東京慈恵会医科大学(医学部〈看護学科〉)
273 実践女子大学 総推
274 芝浦工業大学(前期日程)
275 芝浦工業大学(全学統一日程・後期日程)
276 十文字学園女子大学
277 淑徳大学
278 順天堂大学(医学部) 医
279 順天堂大学(スポーツ健康科・医療看護・保健看護・国際教養・保健医療・医療科・健康データサイエンス・薬学部) 総推
280 上智大学(神・文・総合人間科学部)
281 上智大学(法・経済学部)
282 上智大学(外国語・総合グローバル学部)
283 上智大学(理工学部)
284 上智大学(TEAPスコア利用方式)
285 湘南工科大学
286 昭和大学(医学部) 医
287 昭和大学(歯・薬・保健医療学部)
288 昭和女子大学
289 昭和薬科大学
290 女子栄養大学・短期大学部 総推
291 白百合女子大学
292 成蹊大学(法学部ーA方式)
293 成蹊大学(経済・経営学部ーA方式)
294 成蹊大学(文学部ーA方式)
295 成蹊大学(理工学部ーA方式)
296 成蹊大学(E方式・G方式・P方式)
297 成城大学(経済・社会イノベーション学部ーA方式)
298 成城大学(文芸・法学部ーA方式)
299 成城大学(S方式〈全学部統一選抜〉)
300 聖心女子大学
301 清泉女子大学
303 聖マリアンナ医科大学 医
304 聖路加国際大学(看護学部)
305 専修大学(スカラシップ・全国入試)
306 専修大学(前期入試〈学部個別入試〉)
307 専修大学(前期入試〈全学部入試・スカラシップ入試〉)

た行(関東の大学)

308 大正大学
309 大東文化大学
310 高崎健康福祉大学
311 拓殖大学
312 玉川大学
313 多摩美術大学
314 千葉工業大学
315 中央大学(法学部ー学部別選抜)
316 中央大学(経済学部ー学部別選抜)
317 中央大学(商学部ー学部別選抜)
318 中央大学(文学部ー学部別選抜)
319 中央大学(総合政策学部ー学部別選抜)
320 中央大学(国際経営・国際情報学部ー学部別選抜)
321 中央大学(理工学部ー学部別選抜)
322 中央大学(5学部共通選抜)
323 中央学院大学
324 津田塾大学
325 帝京大学(薬・経済・法・文・外国語・教育・理工・医療技術・福岡医療技術学部)
326 帝京大学(医学部) 医
327 帝京科学大学 総推
328 帝京平成大学 総推
329 東海大学(医〈医〉学部を除くー一般選抜)
330 東海大学(文系・理系学部統一選抜)
331 東海大学(医学部〈医学科〉) 医
332 東京医科大学(医学部〈医学科〉) 医
333 東京家政大学・短期大学部 総推
334 東京経済大学
335 東京工科大学
336 東京工芸大学
337 東京国際大学
338 東京歯科大学
339 東京慈恵会医科大学(医学部〈医学科〉) 医
340 東京情報大学
341 東京女子大学
342 東京女子医科大学(医学部) 医
343 東京電機大学
344 東京都市大学
345 東京農業大学
346 東京薬科大学(薬学部) 総推
347 東京薬科大学(生命科学部) 総推
348 東京理科大学(理学部〈第一部〉ーB方式)
349 東京理科大学(創域理工学部ーB方式・S方式)
350 東京理科大学(工学部ーB方式)
351 東京理科大学(先進工学部ーB方式)
352 東京理科大学(薬学部ーB方式)
353 東京理科大学(経営学部ーB方式)
354 東京理科大学(C方式、グローバル方式、理学部〈第二部〉ーB方式)
355 東邦大学(医学部) 医
356 東邦大学(薬学部)

2025年版　大学赤本シリーズ

私立大学②

357 東邦大学（理・看護・健康科学部）
358 東洋大学（文・経済・経営・法・社会・国際・国際観光学部）
359 東洋大学（情報連携・福祉社会デザイン・健康スポーツ科・理工・総合情報・生命科・食環境科学部）
360 東洋大学（英語〈3日程×3カ年〉）
361 東洋大学（国語〈3日程×3カ年〉）
362 東洋大学（日本史・世界史〈2日程×3カ年〉）
363 東洋英和女学院大学
364 常磐大学・短期大学 総推
365 獨協大学
366 獨協医科大学（医学部） 医

な行（関東の大学）

367 二松学舎大学
368 日本大学（法学部）
369 日本大学（経済学部）
370 日本大学（商学部）
371 日本大学（文理学部〈文系〉）
372 日本大学（文理学部〈理系〉）
373 日本大学（芸術学部〈専門試験併用型〉）
374 日本大学（国際関係学部）
375 日本大学（危機管理・スポーツ科学部）
376 日本大学（理工学部）
377 日本大学（生産工・工学部）
378 日本大学（生物資源科学部）
379 日本大学（医学部） 医
380 日本大学（歯・松戸歯学部）
381 日本大学（薬学部）
382 日本大学（N全学統一方式－医・芸術〈専門試験併用型〉学部を除く）
383 日本医科大学 医
384 日本工業大学
385 日本歯科大学
386 日本社会事業大学 総推
387 日本獣医生命科学大学
388 日本女子大学
389 日本体育大学

は行（関東の大学）

390 白鷗大学（学業特待選抜・一般選抜）
391 フェリス女学院大学
392 文教大学
393 法政大学（法〈I日程〉・文〈II日程〉・経営〈II日程〉学部－A方式）
394 法政大学（法〈II日程〉・国際文化・キャリアデザイン学部－A方式）
395 法政大学（文〈I日程〉・経営〈I日程〉・人間環境・グローバル教養学部－A方式）
396 法政大学（経済〈I日程〉・社会〈I日程〉・現代福祉学部－A方式）
397 法政大学（経済〈II日程〉・社会〈II日程〉・スポーツ健康学部－A方式）
398 法政大学（情報科・デザイン工・理工・生命科学部－A方式）
399 法政大学（T日程〈統一日程〉・英語外部試験利用入試）
400 星薬科大学 総推

ま行（関東の大学）

401 武蔵大学
402 武蔵野大学
403 武蔵野美術大学
404 明海大学
405 明治大学（法学部－学部別入試）
406 明治大学（政治経済学部－学部別入試）
407 明治大学（商学部－学部別入試）
408 明治大学（経営学部－学部別入試）
409 明治大学（文学部－学部別入試）
410 明治大学（国際日本学部－学部別入試）
411 明治大学（情報コミュニケーション学部－学部別入試）
412 明治大学（理工学部－学部別入試）
413 明治大学（総合数理学部－学部別入試）
414 明治大学（農学部－学部別入試）
415 明治大学（全学部統一入試）
416 明治学院大学（A日程）
417 明治学院大学（全学部日程）
418 明治薬科大学 総推
419 明星大学
420 目白大学・短期大学部

ら・わ行（関東の大学）

421 立教大学（文系学部－一般入試〈大学独自の英語を課さない日程〉）
422 立教大学（国語〈3日程×3カ年〉）
423 立教大学（日本史・世界史〈2日程×3カ年〉）
424 立教大学（文学部－一般入試〈大学独自の英語を課す日程〉）
425 立教大学（理学部－一般入試）
426 立正大学
427 早稲田大学（法学部）
428 早稲田大学（政治経済学部）
429 早稲田大学（商学部）
430 早稲田大学（社会科学部）
431 早稲田大学（文学部）
432 早稲田大学（文化構想学部）
433 早稲田大学（教育学部〈文科系〉）
434 早稲田大学（教育学部〈理科系〉）
435 早稲田大学（人間科・スポーツ科学部）
436 早稲田大学（国際教養学部）
437 早稲田大学（基幹理工・創造理工・先進理工学部）
438 和洋女子大学 総推

中部の大学（50音順）

439 愛知大学
440 愛知医科大学（医学部） 医
441 愛知学院大学・短期大学部
442 愛知工業大学 総推
443 愛知淑徳大学
444 朝日大学 総推
445 金沢医科大学（医学部） 医
446 金沢工業大学
447 岐阜聖徳学園大学 総推
448 金城学院大学
449 至学館大学 総推
450 静岡理工科大学
451 椙山女学園大学
452 大同大学
453 中京大学
454 中部大学
455 名古屋外国語大学 総推
456 名古屋学院大学 総推
457 名古屋学芸大学 総推
458 名古屋女子大学 総推
459 南山大学（外国語〈英米〉・法・総合政策・国際教養学部）
460 南山大学（人文・外国語〈英米を除く〉・経済・経営・理工学部）
461 新潟国際情報大学
462 日本福祉大学
463 福井工業大学
464 藤田医科大学（医学部） 医
465 藤田医科大学（医療科・保健衛生学部）
466 名城大学（法・経営・経済・外国語・人間・都市情報学部）
467 名城大学（情報工・理工・農・薬学部）
468 山梨学院大学

近畿の大学（50音順）

469 追手門学院大学 総推
470 大阪医科薬科大学（医学部） 医
471 大阪医科薬科大学（薬学部） 総推
472 大阪学院大学 総推
473 大阪経済大学 総推
474 大阪経済法科大学 総推
475 大阪工業大学 総推
476 大阪国際大学・短期大学部 総推
477 大阪産業大学 総推
478 大阪歯科大学（歯学部）
479 大阪商業大学 総推
480 大阪成蹊大学・短期大学 総推
481 大谷大学 総推
482 大手前大学・短期大学 総推
483 関西大学（文系）
484 関西大学（理系）
485 関西大学（英語〈3日程×3カ年〉）
486 関西大学（国語〈3日程×3カ年〉）
487 関西大学（日本史・世界史・文系数学〈3日程×3カ年〉）
488 関西医科大学（医学部） 医
489 関西医療大学 総推
490 関西外国語大学・短期大学部 総推
491 関西学院大学（文・法・商・人間福祉・総合政策学部－学部個別日程）
492 関西学院大学（神・社会・経済・国際・教育学部－学部個別日程）
493 関西学院大学（全学部日程〈文系型〉）
494 関西学院大学（全学部日程〈理系型〉）
495 関西学院大学（共通テスト併用日程〈数学〉・英数日程）
496 関西学院大学（英語〈3日程×3カ年〉） 新
497 関西学院大学（国語〈3日程×3カ年〉） 新
498 関西学院大学（日本史・世界史・文系数学〈3日程×3カ年〉） 新
499 畿央大学 総推
500 京都外国語大学・短期大学 総推
502 京都産業大学（公募推薦入試） 総推
503 京都産業大学（一般選抜入試〈前期日程〉）
504 京都女子大学 総推
505 京都先端科学大学 総推
506 京都橘大学 総推
507 京都ノートルダム女子大学 総推
508 京都薬科大学 総推
509 近畿大学・短期大学部（医学部を除く－推薦入試） 総推
510 近畿大学・短期大学部（医学部を除く－一般入試前期）
511 近畿大学（英語〈医学部を除く3日程×3カ年〉）
512 近畿大学（理系数学〈医学部を除く3日程×3カ年〉）
513 近畿大学（国語〈医学部を除く3日程×3カ年〉）
514 近畿大学（医学部－推薦入試・一般入試前期） 医 総推
515 近畿大学・短期大学部（一般入試後期） 医
516 皇學館大学 総推
517 甲南大学 総推
518 甲南女子大学（学校推薦型選抜） 新 総推
519 神戸学院大学 総推
520 神戸国際大学 総推
521 神戸女学院大学 総推
522 神戸女子大学・短期大学 総推
523 神戸薬科大学 総推
524 四天王寺大学・短期大学部 総推
525 摂南大学（公募制推薦入試） 総推
526 摂南大学（一般選抜前期日程）
527 帝塚山学院大学 総推
528 同志社大学（法、グローバル・コミュニケーション学部－学部個別日程）

2025 年版　大学赤本シリーズ　No. 292

成蹊大学（法学部－A 方式）

編　集　教学社編集部
発行者　上原 寿明
発行所　教学社
〒606-0031
京都市左京区岩倉南桑原町56
電話　075-721-6500
振替　01020-1-15695
印　刷　共同印刷工業

2024 年 7 月 25 日　第 1 刷発行
ISBN978-4-325-26350-0
定価は裏表紙に表示しています